济全球化的历史视角

第一次经济全球化与中国

国家社科基金项目研究成果，项目批准号：06BJL050

经济全球化的历史视角

第一次经济全球化与中国

张丽 等著

ZHEJIANG UNIVERSITY PRESS
浙江大学出版社

图书在版编目（CIP）数据

经济全球化的历史视角：第一次经济全球化与中国/张丽
等著. —杭州：浙江大学出版社，2012.7
ISBN 978 - 7 - 308 - 10252 - 0

Ⅰ.①经… Ⅱ.①张… Ⅲ.①经济全球化 - 经济史 -
研究 Ⅳ.①F114.41

中国版本图书馆 CIP 数据核字（2012）第 156291 号

经济全球化的历史视角：第一次经济全球化与中国
张丽 等著

责任编辑 赵 琼
文字编辑 刘 逸
装帧设计 王小阳
出版发行 浙江大学出版社
　　　　　（杭州天目山路 148 号 邮政编码 310007）
　　　　　（网址：http://www.zjupress.com）
排　　版 北京京鲁创业科贸有限公司
印　　刷 浙江印刷集团有限公司
开　　本 640mm×960mm 1/16
印　　张 20.75
字　　数 270 千
版 印 次 2012 年 8 月第 1 版 2012 年 8 月第 1 次印刷
书　　号 ISBN 978 - 7 - 308 - 10252 - 0
定　　价 48.00 元

序　言

几年前，我的一个在美国学习的学生打来电话，说他对美国市场上商品种类的丰富和价格的便宜十分惊讶。他说他没觉得美国人有多么累地工作，可全世界最好的产品都跑到美国来卖，而且还卖得都非常便宜，特别是电子产品，很多价格只有中国的一半多，但产品下面或背面写的又都是"中国制造"。

"怎么可能呢？"这位学生好奇地问，"在中国生产的美国笔记本电脑和手机，但它们在中国的价格却竟然比美国高出那么多！真是不可思议！"

我没有在电话里跟学生讲"国际不平等交换"，也没有说其实那样大的价格差异仅用关税和运输费用等是不能解释的。我说："你知道吗？假如现在世界各国，特别是发展中国家突然都搞起闭关锁国来，那么美国人今天的富有和舒适生活就会大打折扣。美国人今天所消费的远远大于其所能生产的，是国际贸易和国际劳动分工体系使美国富有。"

其实，不光是美国，也不光是在今天。在过去的几百年中，西方国家一直都在享受着国际劳动分工和国际贸易的红利。如果没有国际贸易和国际劳动分工体系，那么西方人就不可能会有今天这样舒适和富有的生活。正是通过国际劳动分工体系的建立和国际不平等交换，通过一个有中心和有边缘、有主导和有附庸、有权力等级结构的世界经济体系的建立，西方国家可以用其工人单位小时劳动的产品换取发展中国家工人多个小时的劳动产品，使西方人可以无需像发展中国家的人那样拼命地工作，却可以拥有一个远高于发展中国家的生活水准。而这个以国际劳动分工和国际不平等交换为核心内容的世界经济体系的建立就是我们这本书中所说的"全球化"或"经济全球化"。而这个"全球化"从500年前就已经开始了。

本书把今天的全球化放到过去500年世界经济发展的历史框架中进行考察，并把"全球化"的讨论与"大分流"的讨论联系起来，与"为什么一些国家富有，一些国家贫穷"这一萦绕了学术界多年的问题联系起来。确切地说，没有1500年后的第一次经济全球化，也就不会有所谓的18或19世纪的中西大分流，"中西大分流"正是在"全球化"的过程中产生的。

然而，要在三年的课题时间里完成一部从历史角度全面、系统、深入讨论全球化，并在理论、资料和论证方面都有所创新，把"全球化"与"中西大分流"之间的关系予以充分和深入论证的经济史著作，实话说是不太可能的。所以，我们后来采用了"问题研究的方法"——在"经济全球化"与"中西大分流"这个大的问题框架下，选取一些我们认为可以以小见大、窥一斑而视全豹的微观问题进行研究。同时，我们也采用了"团队工作的方式"——不同的研究者撰写不同的章节，然后由笔者做统一的修改和润色。

全书共分十章。第一章、第二章、第四章、第八章，以及第三章和第十章的引言、第四章至第六章的概论，由笔者完成；第三章由关永强撰写；第五章由赵亚楠和刘强撰写；第六章由刘强撰写；第七章由笔者与骆昭东合写；第九章由维也纳大学的比尔·福瑞斯撰写，骆昭东翻译，笔者审译；第十章由骆昭东撰写，笔者改写。

第一章和第二章专注于全球化的定义、本质、核心内容，及其历史性和当前的理论争论问题。第一章提出了"两次经济全球化"的观点，并把西方的崛起与第一次经济全球化紧密地联系起来，把国际劳动分工与国际资源和财富的不平等分配紧密地联系起来，认为"全球化"与"国富国穷"密不可分，正是在第一次经济全球化中的世界经济体系的建立中产生了"中西大分流"。第二章从国际劳动分工体系的角度对当今经济全球化的进程、表现，以及第二次经济全球化与第一次经济全球化之间的关系和异同点，中国在当今全球化国际经济竞争中的地位和表现进行了论述。两章的中心观点就是"全球化"等于"世界经济一体化"，即一个有中心和有边缘、有主导和有附庸、有权利等级结构的单一世界经济体系的建立。其中，国际劳动分工和国际不平等交换是全球化的核心内容，国际资源与财富的不平等分配则是全球化的本质。

第三章实际上是对第一章和第二章中有关国际劳动分工和国际贸易的观点做进一步的拓展和更深入的讨论。研究从理论、历史和现实三方面对比较优势和赶超优势这两种发展战略模式进行讨论，进一步论证了国际劳动分工和国际贸易在国际资源和财富分配中的重要作用。作者采用历史主义的研究方法，用大量的历史案例研究说明当初并不发达的英国、德国、美国和日本等国，都是通过走赶超优势的道路而跻身于世界强国之列的——一方面通过占领国际劳动分工体系的高端获得竞争优势，一方面又通过国际贸易将自己的竞争优势予以变现。

第四章至第六章则是把第一次经济全球化中中国的衰落和西方的崛起具体落脚在了对中国丝织、茶叶和瓷器三大龙头产业丧失其垄断地位的讨论上，采用的是微观实证的研究方法，但体现的依然是前三章的一些主要观点：第一，中西大分流是在第一次经济全球化中产生的；第二，西方政府在其崛起过程中对其经济生产和贸易活动是积极参与和强烈干预的，采用的是贸易保护主义和幼稚工业辅助政策；第三，相对于西方，明清政府在对本国制造业发展和其产品在国际市场上的竞争，采取的倒是一个比较放任自由或漠不关心的态度，凭借的完全是制造业厂主和贸易商人的个人经济理性；第四，西方的崛起与西方在国际劳动分工和贸易体系中的地位上升是同行并进的，中国的衰落也是与中国在国际劳动分工和贸易体系中的地位下降同行并进的。

丝绸、茶叶和瓷器是最能代表第一次经济全球化中中国世界经济地位变化的产品。三种产品在生产技术和国际市场上垄断地位的丧失是中国在第一次经济全球化中逐渐落后于欧美日，以至于最后沦为半殖民地边缘国家的重要标志。其具体的表现便是中国从一个丝织生产大国变成了一个向欧美丝织工业提供生丝的生丝生产大国；从一个垄断着世界茶叶生产技术和欧美茶叶消费市场的茶叶出口大国，变成了一个中国茶叶逐渐被英国东印度公司在英殖民地发展起来的印度茶和锡兰茶排挤出欧美市场的国家；从一个完全垄断着瓷器生产技术和欧美瓷器消费市场的国家，变成了一个中国瓷器逐渐被欧洲本土瓷器排挤出欧洲市场，被日本瓷器排挤出日本市场，被欧美瓷器排挤出美国和部分亚洲市场，以至最后中国自己也大量进口欧美日瓷器的国家。

第四章的讨论主要集中在中国是如何从一个丝织生产大国转变为一个生丝出口大国的。第五章主要讨论中国在第一次经济全球化中是怎样丧失其在茶叶生产贸易中的垄断地位。第六章则讨论中国是怎样丧失其在瓷器生产贸易中的垄断地位的。

第七章把对中国在第一次经济全球化中衰落的讨论从产业竞争扩展到商业竞争的讨论上，因为中国在第一次经济全球化中经济地位的下降不光体现在中国丝织、茶叶、瓷器三大产业在国际生产贸易中的地位下降，而且也体现在中国商人在国际贸易中的地位下降。研究跳出"就中国而论中国"的传统研究范式，把明清商帮的兴衰与国际市场对中国产品需求的变化以及中国商人在国际贸易竞争中的成败联系起来，从全球经济发展的视角对明清商帮的兴衰做出新的解释。

第八章把17、18世纪"中国潮"在欧洲的潮起潮落与当时欧洲的经济发展联系起来进行分析，一方面通过对"中国潮"潮起潮落的讨论，进一步阐述中国产品在世界生产贸易中垄断地位的丧失，另一方面把欧洲"中国潮"的潮起潮落与商品的虚拟价值和国家的虚拟实力联系起来。"中国潮"在欧洲商业革命中兴起，工业革命中衰落。研究对这一所谓文化现象背后所隐藏的强大经济利益动机进行了探究和论述。相比于欧洲政府和商人在主导和推动"中国潮"中所表现出来的积极进取和有为，中国政府和商人的表现则是无反应和无作为。中国政府和商人在欧洲"中国潮"潮起潮落中的这种漠然、无为和被动其实已经反映出了当时中国国家虚拟实力的缺乏，这已为后来中国之落后于西方埋下了伏笔。

第九章和第十章的讨论相对比较宏观，主要集中在对导致"中西大分流"的原因的探究和讨论上。

其实"为什么一些国家富有，一些国家贫穷"这一问题已经在学术界争论了很多年，但始终没有一个统一的答案。而近年来关于"中西大分流"的热烈讨论，不过是原来"国富国穷"这一问题讨论的进一步延伸。事实上，今天西方国家的富有和大多数亚非拉国家的贫穷正是当初西方与其他地区"大分流"的结果，而这种"大分流"恰恰是在"全球化"中产生的。16 世纪初到 20 世纪初是第一次经济全球化时期。其间，从 18 世纪中叶到 20 世纪初又是西方国家全力致力于在全球营造出一个以西方经济发展为主导和中心，以国际劳动分工为基础的世界经济体系的时期。第一次经济全球化的结果就是西方的崛起以及中国和印度等国的衰落。那么为什么西方在第一次经济全球化中崛起，中国在第一次经济全球化中衰落呢？虽然很多学者给出了他们自己各自不同的原因，但实际上是很难用一个、两个或三个原因予以概之。

第九章主要就 17－19 世纪中英两国政府在国家财政管理和税收能力以及军队规模、军费开支和军事动员能力上的不同点进行了讨论。研究认为中英两国政府在财政税收政策和执行能力上的区别以及中国和欧洲一些国家在国家军事动员能力和军费开支上的差异是导致"中西大分流"的一个重要原因。第十章则把导致"中西大分流"的原因主要归结于中西所创建的贸易体系的不同。两种观点都有其闪光独特的地方，当然也都有其不全面的地方。可谁又能把导致"中西大分流"的原因一一不漏，且轻重缓急、主次分明地说清呢？

我们认为导致"中西大分流"的原因交织盘结、错综复杂，其中既有自然资源禀赋、宗教、文化、军事、政治以及经济组织制度上的原因，也有地理大发现和资源获得等方面的原因。很多时候，很难说清楚什么就一定是"因"，什么就一定是"果"，因为有时在某一个时间段被看做为"因"的事物，而实际上又是上一个时间段里另一些事物的"果"。

在这本书的讨论中，我们不追求观点的全面和完美无瑕，而更意在探索。这本书从不同的侧面讨论中国在第一次经济全球化中的表现，其宗旨则在于探索"全球化"与"大分流"之间的关系。我们感兴趣和意在探究和回答的问题是：在第一次全球经济整合的激烈竞争中，中国是怎样逐渐落伍于西方的？其间，西北欧国家的政府和商人做了些什么，明清政府和商人又做了些什么？而这些与中国商人之先失去海洋贸易，后在鸦片战争后又在国内市场上受到洋商洋货挤压，以及中国产品之不但被挤出欧美市场，最后连其在国内的生产贸易空间也受到洋厂洋货的挤压有何关系？在本书中，我们谨把我们的思考和研究成果呈献给读者，相信每一位读者也都有自己的解读、理解、判断和结论。

张　丽

2012 年 6 月于北京航空航天大学

目　　录

第一章 "两次经济全球化"

"全球化"（Globalization）是自20世纪80年代末以来越来越被频繁使用的一个词汇，其中"经济全球化"首当其冲，被政治家、企业家、社会活动家以及学者等屡屡提及。在过去的20来年中，关于经济全球化的讨论尤为激烈。很多人把"经济全球化"当作一种新现象，认为是近20来年来随着高科技，特别是90年代以来电脑、网络、无线通信等技术之迅速发展，世界空间相对变小，各国间经济合作日益增强的产物。然而，无论是赞扬者还是反对者，大家并没有在定义上拥有一个统一的共识。

第一节 经济全球化的定义及其核心内容

根据美国经济学家赫尔曼·德雷（Herman E.Daly）的定义："全球化是指通过自由贸易，资本自由流动，以及较少或完全不受限制的劳动力自由流动使世界各国经济向一个全球经济的整合。"[①]德雷特别强调"全球化"不是"国际化"。其差异在于"国际化"不过是各国间贸易往来和经济合作的加强，其基本单位将继续保持为一个个彼此独立的国家经济实体；而"全球化"则是要把一个个独立的国家经济实体融合到一个整体的世界经济体系中去，其结果将是国家作

---

① Herman E.Daly, "Globalization Versus Internationalization," 1999, http://glass-net.tripod.com/globalforum/id4.html, accessed on 2006/7/10.

为一个独立经济实体的瓦解和消失以及一个全球经济体系的建立。德雷认为在向一个全球整体经济的整合中，原有各国经济体系间的界限将会消失，每一个个体国家将丧失其的经济独立性而成为全球经济体系中的一个组成部分或特定功能部门①。

按照德雷的解释，"世界经济全球化"即为"世界经济一体化"，即一个以某一地区为中心的全球经济体系的建立，而在全球经济体系的建立中将会产生世界范围内的劳动分工和资源财富的分配；各国经济都将被纳入到全球的整体经济当中去，在全球经济体系中发挥着自己各自的功能，扮演着自己各自的角色。在这里，"世界经济体系的建立"和全球范围内"国际劳动分工体系的产生"是"经济全球化"的关键。

第二节　经济全球化的历史性

如果把"世界经济全球化"定义为"世界经济一体化"，即各国经济向一个全球整体经济体系的整合纳入，并在整合过程中产生全球范围内的劳动分工的话，那么我们今天所经历的"经济全球化"绝不是历史上的第一次"经济全球化"。因为早在1492年哥伦布发现新大陆之后，欧洲中心国家就曾致力于建立一个以欧洲为中心的全球经济体系。这个体系在第一次世界大战前已基本形成。然而，体系形成中所产生出来的各种内部矛盾和利益冲突又通过两次世界大战的形式将这个体系结束。在对今天经济全球化的研究中，不少学者认为直到20世纪90年代末，世界经济的整合程度还没有达到当年19世纪末到第一次世界大战前的水平②。

沃勒斯坦在其1999年的文章中就提出"经济全球化"并不是20

---

① Daly：1999.

② 参见 Ferguson, Niall. "Sinking Globalization," *Foreign Affairs*, 2005, pp.64 – 77, also, "Political Risk and the International Bond Market Between the 1848 Revolution and the Outbreak of the First World War," *Economic History Review*, vol.59, no.1, 2006, pp.70 –112, and "The Empire Effect: The Determinants of Country Risk in the First Age of Globalization, 1880 –1913," *Journal of Economic History*, vol.66, no.2, 2006, pp.283–312.

世纪 90 年代后的新现象，经济全球化的过程早在 500 年前就已经开始[1]。虽然沃氏没有在此文章中就这一话题展开深入的讨论，但其上述观点在其三卷本巨著《现代世界体系》中已依稀可见[2]。类似的表述同样可见于斯塔夫里阿诺斯的《全球通史：1500 年以后的世界》[3]，也可见于萨米尔·阿明和贡德·弗兰克等人的著作中[4]。弗兰克在其后来的著作中虽然强调更多的是 1500 年后欧洲经济体系对早已存在的世界经济体系的加入[5]，但在他 1998 年出版的《白银资本》（Re Orient）中也曾明确地指出"全球性（远不止全球化）乃是至少自 1500 年以来整个世界的一种活生生的事实"[6]。而萨米尔·阿明则更是把今天的"全球化"与 1492 年以来的西方"帝国主义"

---

[1]　Wallerstein, Immanue."Globalization or The Age of Transition? A Long-Term View of the Trajectory of the World-System," 1999, http：//fbc.binghamton.edu/iwtrajws.htm, 2007/3/5.

[2]　伊曼纽尔·沃勒斯坦著，吕丹等译：《现代世界体系》，1—3 卷，北京：高等教育出版社，1998 年。

[3]　斯塔夫里阿诺斯认为全球意义上的世界历史直到 15 世纪末才开始。他说："1500 年以前的欧洲几乎一直是今日所谓的不发达地区。西欧诸民族地处边缘地带，从那里窥视内地。"然而，"到 1914 年时，欧洲已称霸全球。这是一个漫长过程的非凡顶峰，这一漫长过程从 500 年前葡萄牙船长沿非洲海岸摸索前进时就开始了"。[美]斯塔夫里阿诺斯著，吴象婴和梁赤民译：《全球通史：1500 年以后的世界》，上海：上海社会科学院出版社，1999 年，第 562 页。

[4]　Amin, Samir. Translated by Brian Pearce. Accumulation on A World Scale：A Critique of the Theory of Underdevelopment.London：Monthly Review Press, 1974 [1970], and Imperialism and Unequal Development.New York：Monthly Review Press, 1977. Frank, Andre Gunder. World Accumulation, 1492−1789.The Macmillan Press, 1978, and Dependent Accumulation and Underdevelopment.The Macmillan Press, 1978.

[5]　Frank, Andre Gunder, and Barry K.Gills, eds.The World System：Five Hundred Years or Five Thousand? London：Routledge, 1993.贡德·弗兰克著，刘北成译：《白银资本》，北京：中央编译出版社，2000 年。

[6]　在其早期的著作中，弗兰克也曾强调和倾向于 1492 年后由欧洲推动的世界经济体系的形成。（如 Frank. World Accumulation, 1492−1789. The Macmillan Press, 1978, and Dependent Accumulation and Underdevelopment.The Macmillan Press, 1978）但是，在其后来的著作中，弗兰克对自己原来的观点进行了修正，认为世界经济体系早在 1500 年之前就已经存在，1500 年后的欧洲不过是加入到早已存在的世界经济体系中去而已（参见 Frank and Gills, eds.1993；弗兰克 2000：451）。然而，不管是在其早期还是后来的著作中，弗兰克一直都在强调近代西方的崛起是与新大陆的发现和 1500 年后世界经济体系市场下的劳动分工和国际不平等交换以及剩余积累的不平等分配有关。

直接联系起来①。

阿明是最早把"中心"与"边缘"概念引入到世界经济体系讨论中的学者，也是最早对世界经济体系中劳动分工、资本扩张、剩余财富分配以及不平等交换等予以特别关注和讨论的先驱学者之一。在其早期著作中，阿明就对世界体系中的中心与边缘地区间的不平等关系，以及中心地区之富有和边缘地区之贫穷之间的因果关系给予了特别的关注。阿明认为从 1492 年起，西方资本主义已经历过了两次大扩张，如今正在进入第三次大扩张。他说"帝国主义并不是资本主义的一个阶段，甚至不是它的最高阶段"，从一开始，也就是从 1492 年哥伦布发现新大陆的那一时刻起，帝国主义就是与西方资本主义的扩张同行并进、水乳交融的②。

还有很多其他的学者也注意到了历史上的"全球化"现象。由于其中很多学者并不是经济史学者，所以在讨论 16 至 19 世纪的全球化时，很多学者所讨论的常常是广义的"全球化"，而不是全球化中的经济发展，特别是世界经济体系的建立和国际劳动分工体系的形成。虽然这些学者没有像前面沃勒斯坦、斯塔夫里阿诺斯、阿明和早期的弗兰克等人那样从"世界经济体系建立"的角度来看待历史上的全球化，但是他们都认为"全球化"并不是 20 世纪 80 年代后出现的新现象。

乔治·瑞德森（George Raudzens）把 1492 年作为全球化的起点，把 1500 年到 1788 年间欧洲的军事和经济扩张称之为"帝国扩张时代的全球化"。他认为在这一期间，全球化中的中心帝国先后是葡萄牙、西班牙、荷兰、法国、和英国。英国的中心主导地位在第一次世界大战中受到强烈削弱，到第二次世界大战后则完全被美国取

---

① Amin, Samir. *Capitlaism in the Age of Globalization: the Management of Contemporary Society*. London: Zed books, 1997; Amin. "Imperialism and Globalization," *Monthly Review*, vol.53, no.2, 2001: pp.6 −24; Houtrart, Francois and Francois Polet, ed. *The Other Davos: The Globalization of Resistance to the World Economic System*. London and New York: Zed Books, 2001, pp.17 −24.

② Samir 2001a: 6 −24.

代①。乔福瑞·古恩（Geoffrey Gunn）把 1500 年到 1800 年间欧亚间的交流称之为"第一次全球化"，但主要讨论的是文化上的交流和碰撞②。罗比·罗伯森（Robbie Robertson）认为到目前为止，人类经历了三次全球化浪潮。第一次兴起于 1500 年之后，但在 18 世纪中变得踌躇蹒跚，主要集中在世界贸易网络的建立上；第二次从 1800 年后开始，后销迹于 20 世纪初，主要集中在工业化推动力的获得上；第三次浪潮衍生于 1945 年后所建立起来的世界新秩序，目前正在进行中，至于后果如何，还有待静观③。而在博德和泰勒主编的著作《全球化的历史视角》（*Globalization in Historical Perspective*）中，作者们分别从历史的角度探讨了世界经济从 16 世纪初到第二次世界大战前，由于海洋贸易，铁路修建和电话通信的发展而发生的变化④。

还有纽约时报专栏作家托马斯·弗里德曼 2005 年在美国出版，影响颇大的《世界是平的》（*The World is Flat*）。托马斯·弗里德曼在过去几年中先后出版了两本在美国颇有影响的有关全球化的著作，《雷克萨斯和橄榄树》（*The Lexus and the Olive Tree*）和《世界是平的：二十一世纪简史》（*The World Is Flat：A Brief History of the Twenty-first Century*）。在他的新作《世界是平的》（*The World is Flat*）中，弗里德曼把全球化分为三个阶段：全球化 1.0，从 1492 年到 1800 年，是由国家扩张和资源竞争所推动的全球化时代；全球化 2.0，从 1800 年到 2000 年，是由国际大公司所推动的全球化时代；全球化 3.0，从 2000 年到现在，是个人扩张的全球化时代⑤。

---

① Raudzens, George. *Empires：Europe and globalization，1492－1788*. Sutton Publishing, 1999.

② Gunn, Geoffrey C. *First globalization：the Eurasian exchange，1500－1800*. Rowman & Littlefield Press, 2003.

③ Robertson, Robbie. *Three Waves of Globalization：A History of A Developing Global Consciousness*. London and New York：Zed Books, 2003, p.4.

④ Bordo, D.Michael, Alan M.Taylor, and Jeffrey G.illiamson, ed. *Globalization in Historical Perspective*. Chicago：Chicago University Press, 2003.

⑤ Friedman, Thomas L. *The World Is Flat：A Brief History of the Twenty-first Century*. New York：Farrar, Straus, Giroux, 2005, pp.10－11.

第三节　两次经济全球化

以"国际劳动分工体系的形成"和"世界经济体系的建立"作为经济全球化的核心内容，我们认为今天所经历的"经济全球化"并不是历史上的第一次"经济全球化"。第一次经济全球化开始于哥伦布发现新大陆之后，结束于第一次世界大战之中。第二次经济全球化开始于 20 世纪 80 年代末，一直延续至今。

从 1500 年到现在世界经济经历了两次全球化的整合。第一次世界经济的全球化整合发生在哥伦布发现新大陆之后，其前提条件是欧洲造船技术对海洋交通障碍的突破，并由此带来的欧洲向拉丁美洲、非洲、和亚洲的殖民和经济扩张。第一次经济全球化带来了西方的崛起；其主要是靠坚船利炮的殖民手段所推动和实现的；其特点是西方国家的经济殖民和以欧洲为中心的世界资本主义经济体系的建立，最后是西方国家在世界资源分配，国际劳动产业分工中的胜利以及其在世界经济竞争中绝对优势地位的确立。

今天的经济全球化浪潮发生在 20 世纪 80 年代末和 90 年代初，其前提条件是前苏东共产主义制度的解体和美苏冷战结束后西方市场对国际政治障碍的突破，并由此带来了西方资本和经济向前苏东国家和中国及东南亚等国家的扩张和发展。今天的经济全球化依然是由西方所主导和推动的；其特点是西方国际大企业公司在自由贸易和自由市场经济理论下的资本扩张，带来的将是新一轮的资本、资源、劳力和技术的重新组合和新的国际劳动分工体系的产生。此次经济全球化到底是带来现有世界经济格局中原有等级的维持和加强——进一步增强西方发达国家在资本、技术和经营管理上的竞争优势以及其在国际劳动分工和世界资源与财富分配中的利益份额，还是将带来一个新的世界经济格局体系的产生？这在很大程度上将取决于此次经济全球化的推动手段和运行规则，以及发展中国家，特别是中国和印度等发展中国家，对当今经济全球化的认识、反应和在其中的表现。

一、第一次经济全球化

从时间上看，第一次经济全球化起始于 16 世纪初，在新大陆发现后的西方海外扩张中开始，终止于 1914 年，在第一次世界大战的战火中结束。第一次经济全球化开始之前，世界各地区虽有贸易交往，但彼此间相互独立，并不存在着以某一个地区为支配中心的国际劳动分工体系，但到第一次世界大战前，经过几个世纪的殖民扩张，一个以西方为支配中心的国际劳动分工体系已基本形成。

斯塔夫里阿诺斯说："从 1500 年至 1763 年间，欧洲由于控制了各大海洋和西伯利亚及南北美洲人烟比较稀少的地区，已从默默无闻的地区中崛起。"而从"1763 年至 1914 年这一时期是欧洲直接或间接地成为全球主人的时期"。"到 1914 时，欧洲已称霸全球……欧洲霸权不仅在广度上，而且在深度上也是前所未有的……欧洲已变成世界的银行家……而且已成为世界的工业工场……欧洲资本和技术大量输出的结果是全球经济的空前统一。"①

第一次世界大战前，国际贸易量达到了历史上的最高纪录。"世界贸易的价值从 1851 年的 64 100 万英镑上升到了 1880 年的 302 400 万英镑，1900 年的 402 500 万英镑和 1913 年的 784 000 万英镑。"②而当时世界经济体系中的核心国家英国，每年"建造世界上 2/3 的新船只，出口它所生产的 7/9 的棉布，1/3 的煤和 1/4 的钢铁"③。"到 1914 年时，英国在海外的投资已达 40 亿英镑，占其全部国民财富的 1/4，法国的投资达 450 亿法郎，相当于其国民财富的 1/6，德国的投资达 220 亿至 250 亿马克，为其全部财富的 1/15。"④一些学者认为无论是在贸易额上，还是在资本和劳动力的流动上，如今的世界经济整合程度都没有达到第一次世界大战前的水平⑤。

凯恩斯在他的著作 *The Economic Consequence of the Peace* 中曾经这样描述第一次世界大战前夕英国伦敦居民的生活：

---

① 斯塔夫里阿诺斯 1999：560—562。
② 斯塔夫里阿诺斯 1999：318
③ 斯塔夫里阿诺斯 1999：670。
④ 斯塔夫里阿诺斯 1999：562。
⑤ 参见 Niall 2005：64，2006a：70 −112，and 2006b：283−312；Rodrik，Dani. "Sense and Nonsense in the Globalization Debate," *Foreign Policy*，no.107，1997，p.22；Sakakibara，Eisuke."New Globalization and A Need for Strategic Alliance," 2001，www.map.gsec.keio.ac.jp/files/chile_mar01.pdf，2007/02/07。

躺在床上喝着早茶，伦敦居民可以通过电话，根据自己所需要的量，订购全地球上各种各样的产品，理所当然地期待着这些产品被及时地送到自己的门前。同时，他还可以在同一个时间，用同样的办法把自己的财富投资于全世界任何一个角落的自然资源和新型企业上去，不用费力，就可以分享未来的果实和好处。他还可以根据自己的想当然或者资料的推荐，购买任何一个大陆上任何一座城市的政府债券。如果他愿意的话，他还可以立即获得廉价和舒适的交通工具，不需要护照和各种官方手续，到世界上的任何一个国家和地区去。为了方便，他可以派他的仆人到附近的银行去取些贵金属，他也可以携带现金，然后到外国去，无需知道那里的宗教，语言和风俗。如果他的上述行为受到了哪怕一丁点儿的干涉，他都会感到惊讶，觉得受到了侵犯。①

这段描述生动地反映出了当时英国作为世界经济体系中的核心国家，其在世界经济运行中的主导优势地位以及这种地位给其国民所带来的舒适和自由的生活。

在第一次经济全球化过程中，推动经济全球化的中心主导力量先后从葡萄牙、西班牙、到荷兰，到法国、最后转移到英国。第一次世界大战前夕的世界经济体系无疑是以英国为核心、西欧诸国和美国为中心区域的世界经济体系。然而，由于这是一个有等级，国际资源财富不平等分配的体系，所以在这个体系的形成过程中，一直酝酿着尖锐的矛盾和利益冲突——中心国家之间因经济竞争和殖民地争夺的矛盾，中心国家与边缘国家之间的矛盾，殖民地国家与宗主国国家之间压迫与反压迫的矛盾。其实，正是这个体系下中心国家间的经济竞争和对殖民地争夺中的各种利益冲突导致了第一次世界大战的爆发。

从表面上看，第一次世界大战的直接起因是奥地利大公弗兰茨·

---

① Keynes, John M. *The Economic Consequences of the Peace*. London：Macmillan，1919，pp.11—12.

费迪南在萨哈热窝的被刺，而实际上，导致其爆发的真正原因源于第一次世界经济体系建立中所产生的欧洲列强间的利益冲突。斯塔夫里阿诺斯曾将其归纳为下面四个方面：经济上的竞争，殖民地的争夺，相互冲突的联盟体系，和势不两立的民族主义愿望[①]。正是经济竞争和殖民地的争夺导致了欧洲列强间互相冲突的联盟体系的形成，如德奥意的"三国同盟"和俄法英的"三国协约"。而欧洲中心国家对欧洲边缘国家的政治压迫和经济差距又刺激了欧洲诸从属少数民族的民族主义愿望。正是这种欧洲边缘国家和欧洲中心国家之间的矛盾，和欧洲列强自己之间因利益冲突所形成的两大互相冲突的联盟体系导致了第一次世界大战的爆发。

第一次世界大战不但打断了当时世界经济全球化的进程，而且动摇了世界经济体系中原有的等级结构。英国的核心地位就是在第一次世界大战中受到冲击，并自此后开始衰落的；而美国也是在第一次世界大战中开始成为世界政治经济军事舞台上的一个重要角色。第一次世界大战后，世界经济一体化的步伐明显放慢，国际贸易量大幅度下降。第一次世界大战虽然动摇了中心国家间的等级结构，但并没有解决中心国家间原有的矛盾和利益冲突。在苛刻的《凡尔赛条约》下，协约国对战败德国的利益瓜分反而使原来的矛盾和利益冲突变得更加激烈。这些激化了的矛盾和利益冲突很快又导致了第二次世界大战的爆发。

如果说第一次世界大战冲击和减缓了第一次经济全球化的进程的话，那么第二次世界大战则将自1492年以来的经济全球化浪潮彻底埋葬。第二次世界大战后整个世界基本上被分为两大政治军事阵营。从欧美大陆上看是"北约"和"华沙"的对峙；从世界范围上看是"资本主义阵营"和"共产主义阵营"的对峙。在世界两大阵营政治军事的对峙中，两个阵营国家间的经济交往和贸易活动基本上处于隔离状态；世界范围内的资本流动和经济整合更是无从说起。第一次经济全球化运动彻底结束。

---

① 斯塔夫里阿诺斯 1999：578−585。

二、第一次经济全球化带给世界经济的变化

从1500年到第一次世界大战前夕，世界经济发生了巨大的变化。很多学者认为1500年前的欧洲无论是在生产技术、生产方式、经济总量和产品的质量和数目上都不具有任何优势[①]。当哥伦布发现新大陆和达·伽马找到经好望角通往东印度群岛的航道时，欧洲并没有什么产品可以同亚洲交换，一直到18世纪早期，欧洲在同亚洲贸易中还以贵金属为他们的主要出口物[②]。然而，到第一次世界大战前夕时，欧洲中心国家已在技术、生产方式、经济总量和产品的质量和数量上占有着绝对的优势，并且统领着全球经济的发展。

从人口分布上看，1500年前的欧洲人只局限在欧洲大陆，而到第一次世界大战前，欧洲白人的足迹已遍布全世界，并且成为美洲大陆、澳洲大陆、和新西兰等国家的主要居住人口，还有相当一部分欧洲人的后裔居住在部分非洲（如南非、津巴布韦等）地区。

从贸易和经济格局上看，1500年前的世界是多中心的，存在着多个贸易体系；而第一次世界大战前的世界是单中心的，欧洲中心国家几乎控制和主导着全世界的贸易网。到第一次世界大战前夕，世界上绝大部分非欧洲地区都已成为欧洲中心国家的殖民地或半殖民地，同西方国家之间存在着经济上的从属关系；欧洲中心国家占据着世界经济产业链条的最高端，享受着世界资源和财富分配中的最大份额（参见表1.1）。

---

① 20世纪80、90年代以来，越来越多的学者在他们的著作中表达了类似的观点，特别是90年代兴起的加州学派学者更是对传统的欧洲中心论进行了一系列的挑战。一些学者认为直到1800年欧洲在经济上才开始超过亚洲，但在当今国际经济史学界中，这还是一个非常有争议的问题。参见 Blaut, J.M. *The Debate on Colonialism, Eurocenterism, and History.* African World Press Inc, 1992, pp.1-63；Newitt, Malyn. *A History of Portuguese Overseas Expansion, 1400-1668.* London：Routledge, 2005；Reid, Anthony. "The System of Trade and Shipping in Maritime South and Southeast Asia, and the Effects of the Development of the Cape Route to Europe." *The European Discovery of the World and Its Economic Effects on Pre-Industrial Societh, 1500-1800*, edited by H. Pohl.Stuttgart：Franz Steiner Verlag, 1990, pp.73-97. 斯塔夫里阿诺斯1999。

② 1615年，荷兰东印度公司全部出口物价值的94%为金银，实物只占6%。从1660年到1720年间，荷兰东印度公司向亚洲输出总值的87%为贵金属。参见弗兰克2000：118。

表 1.1　1500 年前到第一次世界大战前世界经济结构的变化

人口的变化

	欧洲	美洲大陆	非洲	新西兰	澳大利亚	东亚	南亚
1500 年前	欧洲人	印第安人	非洲黑人	土著人	土著人	东亚人	南亚人
第一次世界大战前夕	欧洲白人	欧洲白人	非洲黑人、欧洲白人	欧洲白人	欧洲白人	东亚人	南亚人、少数白人

	受西方主导支配的经济地区
1500 年前	欧洲大陆
第一次世界大战前夕	欧洲大陆、美洲大陆、澳洲、新西兰、印度、东南亚、中国、部分非洲

全球商品贸易的变化

	中国出口	印度出口	中亚出口	西方中心地区		南美出口	非洲
				欧洲出口	北美出口		
1500 年前	丝绸、瓷器、漆器、纸张等	棉布、香料	银器、马匹	贵金属	—	—	黄金
第一次世界大战前夕	生丝、茶叶、烟草、大豆、棉花等	棉花、茶叶等	银器、马匹	军工、化工、通讯、纺织品、其他工业制造品	钢铁、其他工业制品	烟草、棉花、蔗糖、矿产等	矿产、木材等

（一）贸易方式的变化

1492 年哥伦布发现新大陆之前，世界各地区间虽然存在着相当的贸易往来和经济交往，但并不存在着一个由某一地区绝对控制垄断的全球海洋贸易体系，也不存在着一个由某一地区主导支配，有着直向隶属关系的全球经济体系。

图 1.1　18 世纪英国东印度公司船队

资料来源：李国荣、林伟森，《清代广州十三行纪略》，广州：广东人民出版社，2006 年。

1500 年前的世界存在着三大海洋贸易体系：（1）以威尼斯和热内亚为中心的欧洲地中海贸易体系，（2）从波斯湾到红海的印度洋贸易体系，（3）以中国为中心的中国南海贸易体系①。那时候的贸易主要是和平的多边贸易，虽然偶然间也有一些地区间的矛盾发生，但总体上大家是平等的；各地商人彼此相互容忍，共同获利。即使存在着某些商人对某些商品的贸易主宰地位，也多是市场竞争的结果，如由阿拉伯人在印度洋对香料生意的主宰，威尼斯和热内亚商人在欧洲对东方奢侈品贸易的主宰。

1500 年后，首先发生变化的是国际贸易方式。当葡萄牙人闯入印度洋的时候，葡萄牙人无须缔造贸易体系，因为那里的贸易体系早

---

① 参见 Abu-Lughod, Janet L. *Before European Hegemony：The World System A.D. 1250－1350*.Oxford University Press, 1989, p.365；Reid 1990：73；弗兰克 2000：94。

已存在。但是，葡萄牙人，还有后来的荷兰人和英国人彻底改变了那里的贸易方式①。随着欧洲的海外扩张，以往以和平自愿为主的多边贸易方式和商人被驱逐出外，取而代之是一种"贸易加抢劫"（trade-cum-plunder）和一种靠军事武力维持的暴力垄断贸易方式。而且这种"贸易加抢劫"的贸易方式从印度洋贸易扩展到后来所有新的海洋贸易区，葡萄牙人和西班牙人对直布罗陀海峡的军事封锁，葡萄牙人16世纪对印度洋的军事控制和贸易垄断②，荷兰人17世纪对亚洲贸易的军事垄断以及对从好望角到麦哲伦海峡的航道的封锁③，英国17世纪中叶的《航海条例》④还有英国后来对印度的市场垄断等，就是这种军事垄断贸易的体现⑤。

针对17世纪荷兰人对印度洋贸易的军事垄断，西印度尼西亚马卡萨（Makassar）的一位首领曾经这样抗议道："上帝创造了陆地和海洋，把陆地在众人中进行分配，把海洋作为公共品赠给所有的人。我们从来没有听说过任何人会被禁止在海上航行。"⑥

（二）贸易量增加，贸易商品变化和新贸易体系的形成

15世纪末和16世纪初的海外发现首先带来的是大量美洲白银和非洲黄金的流入欧洲，并因此导致了欧洲的价格革命。伴随着"价格革命"而随之而来的则是商业革命。商业革命一方面带来了贸易量的

---

① Abu-Lughod 1989：361-362.

② 葡萄牙人对印度洋的贸易垄断始于1509。在达·伽马于1498年找到从非洲到达印度的航线后，葡萄牙人便开始在印度洋对其他商船，特别是以往曾经主宰着印度洋贸易的穆斯林商船实行无情的恐怖主义打击。通过巡弋印度洋，封锁红海，控制马六甲海峡，并建立一系列的军事要塞和贸易站，葡萄牙人得以实行对印度洋贸易的军事垄断。参见沃勒斯坦1998，卷1：130—138。

③ 葡萄牙对印度洋贸易的垄断在17世纪初遇到了荷兰人的强烈挑战，从1618年到1658年，荷兰人先后将葡萄牙人从东印度群岛、马六甲海峡和锡兰等地赶了出去，并于1624年在台湾建立了一个基地，"从那里控制了前往中国，日本和东印度群岛的商业航线"（斯塔夫里阿诺斯1999：167）。同时，荷兰人还于1652年"在好望角建立了第一个荷兰前哨，扼住了通往东印度群岛的咽喉"（沃勒斯坦1998，卷1：97）。

④ 自1651起，英国批准了若干《航海条例》。这些条例限制任何非英国船只在英殖民地进出口商品。参见斯塔夫里阿诺斯1999：170。

⑤ 英国东印度公司于1757年开始统治印度。在对印度的统治期间，英国抑制印度棉纺织工业的发展，致力于使印度成为英国棉花和茶叶的生产基地，而且同时规定印度只能进口英国的棉纺织品。

⑥ Reid 1990：73.

显著增加，一方面带来了商品结构的变化。14 世纪 90 年代，欧洲每年花费大约 17 吨的白银购买亚洲的奢侈品[①]，而在 17 世纪初，不算荷兰人经中国台湾输往日本、东南亚和葡萄牙人运往果阿和欧洲的中国货物，仅每年直接从中国出口菲律宾，然后再由葡萄牙商人输往日本的中国商品就有 427 万—487 万两白银，约合 17 吨[②]。

从 1545 年到 1800 年，美洲大约出产了 137 000 吨白银，其中约有 60 000 吨，大约 1/3—1/2 的美洲白银，最终流向了中国[③]。平均下来，从 1545 年到 1800 年，欧洲每年约从中国购买走价值 226 吨白银的货物，是 1500 年前欧洲每年购买所有亚洲货物的 20 倍之多。而从 1470 年到 1780 年，欧洲商船的运载量增加了有 30 余倍，从 1470 年的 120 000 多吨增长到 1780 年的 3 856 000 吨[④]。从 1500 年到 1599 年，共有 770 只船从葡萄牙、荷兰、英国、法国等七个欧洲国家抵达亚洲；1600 年到 1700 年，抵达亚洲的船只数达到 3 161 只，而 1700 年到 1800 年，这个数字已上升到了 6 661 只[⑤]。"从 1715 年到 1787 年，法国从海外地区输入的进口商品增加了 10 倍，而出口商品增加了 7 至 8 倍。英国……从 1698 年至 1775 年的这一时期中，进口商品和出口商品都增长到 500% 至 600% 之间。"[⑥]

在贸易量增加的同时，贸易商品的种类也大大地增加了。1500 年前的欧洲并没有什么可以向亚洲出口的商品。"尽管欧洲人急切想购买（东方的）香料、真丝、棉布和其他舶来品，他们缺少东方人所需求的高值产品或制造品。"[⑦]1498 年，当达·伽马绕过好望角，渡过印度洋，找到到达印度的航线时，葡萄牙（和整个欧洲）还生产不出什么能使东方诸民族感兴趣的东西。那时候的"欧洲制造品通常比

---

① Reid 1990：74.

② 张铠：《晚明中国市场与世界市场》，《中国史研究》，1998 年第 3 期。

③ 关于到底有多少白银流入了中国，目前学术界的观点并不一致，这里不作赘述。上面所引用的数字为大多数学者所认同的数字。参见弗兰克 2000：202—212。

④ 安格斯·麦迪森，伍晓鹰等译：《世界经济千年史》，北京大学出版社，2003 年，第 69 页。

⑤ 安格斯·麦迪森，伍晓鹰等译：《世界经济千年史》，北京大学出版社，2003 年，第 54 页。

⑥ 斯塔夫里阿诺斯 1999：227。

⑦ Newitt 2005：4.

东方产品质量差，价格高"①。为了获得东方的产品，那时候的欧洲只好支付金银。

按照弗兰克的观点，欧洲是用美洲白银买了亚洲经济列车上的一个座位②。欧洲人用从美洲获得的白银购买中国的丝绸和瓷器以及印度的棉布和南亚的香料等。大量舶来奢侈品的涌入，刺激了欧洲人的消费欲望；而消费欲望，又伙同海外贸易的高额利润以及海外资本和资源的获得，刺激了欧洲本土制造工业的发展。如16世纪末开始兴起的瓷器制造业，17、18世纪在欧洲迅速发展和普及的丝织工业，以及18世纪中突飞猛进的英国棉纺织工业。正是这样，欧洲逐渐地开始成为全世界的制造业中心，往日靠金银换取东方制造品的贸易形式不再出现。取而代之的是西北欧中心国家生产军事武器和工业制造品，殖民地和边缘地区国家生产农矿产品和工业原材料的国际劳动分工。低技术、低利润的农矿产品和工业原材料从殖民地和边缘地区国家流向欧洲中心国家；高技术和高利润的武器和工业制造品从欧洲中心国家流向殖民地。在著名的"大西洋三角贸易"中，满载着武器、盐、布匹、五金、念珠和朗姆酒的船只从欧洲出发，驶向非洲；到达非洲后，这些船只将从欧洲带来的货物卸下，再装上非洲的奴隶；然后，满载着非洲奴隶的船只再驶向美洲，越过大西洋，在新大陆靠岸；船主将奴隶卖给新大陆甘蔗园、棉花园和玉米园的农场主，再把美洲大陆的糖、棉花、烟草、稻米和小麦等农作物运回欧洲本国。在全球范围内，一个由欧洲中心国家所主导和控制的全球贸易体系逐步形成。

（三）国际劳动产业分工和世界经济体系的建立

国际劳动分工是经济全球化的关键和核心内容。1500年前的世界经济是多中心的，虽然也有经济发达地区和不发达地区之分，但彼此间相互独立，自成系统，并不存在于一个全球范围内，在一个中心主导下，有着纵向从属关系的经济体系。1500年前的世界虽然也有一定程度上的地区产业分工，如中国的丝绸和瓷器生产，印度的棉

① 斯塔夫里阿诺斯1999：132。
② 弗兰克2000：317—380。

布和香料生产，以及中东的银器生产和威尼斯的玻璃产品生产等，但确切地说，那更多是产业"分布"，而不是劳动"分工"。它与1500年后在欧洲中心国家主导下所形成的产业上下链上的国际劳动分工有着本质上的不同。例如，当时印度出产棉布，中国出产丝绸。两者各行其是，彼此间并没有产业链条上的直接联系，更没有什么谁主导谁，谁支配谁的问题。它与后来印度在英国的殖民下，必须为英国棉纺织工业生产原棉，同时必须进口英国棉纺织品的劳动分工有着本质上的不同。

1500年之后，欧洲中心国家所致力于建立的是一个在欧洲领导下、以欧洲为中心的国际劳动分工体系。与以往蒙古帝国、波斯帝国和奥斯曼帝国靠征收税负的敛财方法不同，近代欧洲帝国所做的努力是将其殖民地的经济转化为其帝国经济的一部分。他们在那里"组建生产体系"，使其一方面成为欧洲中心国家农矿产品和工业原材料的供应地，另一方面又成为中心国家工业制造品的销售市场，就像英国一方面使印度成为英国棉纺织工业的棉花生产基地，另一方面又使印度成为英国棉纺织品的销售市场；一方面使爱尔兰成为英国毛纺织工业的羊毛供应地，另一方面又使爱尔兰成为英国毛纺织品的销售市场。其他的例子还有葡萄牙在巴西的甘蔗园和蔗糖生产基地，荷兰在东印度群岛的咖啡生产基地，以及英国在印度和锡兰的茶叶生产基地等。

斯塔夫里阿诺斯把近代欧洲的这种殖民方式称之为"新帝国主义"，指出"虽然罗马通过掠夺，通过收集主要以粮食为形式的贡物，简单，直接地剥削其殖民地，但是他的剥削并不特别影响经济生活和结构……传统的帝国主义包含剥削，但不包含根本的经济变化和社会变化……新帝国主义迫使被征服国家发生彻底的变化"[1]。而沃罗斯坦则把这种殖民方式称为"生产的剥削利润"，并指出只有"生产的剥削利润才是资本主义世界经济体占据领先地位唯一的坚实基础"[2]。

---

[1] 斯塔夫里阿诺斯 1999：316。
[2] 沃勒斯坦 1998，卷2：54。

随着欧洲海外殖民地的不断开发和海外资源的不断涌入，一个有利于欧洲中心地区的世界贸易和国际劳动分工体系出现了：一方面，金银、棉花、烟草、咖啡、蔗糖、桐油等农矿产品从拉丁美洲和非洲殖民地源源流向欧洲中心地区，粮食和木材也从落后的东欧流向发达的西欧中心国家，从而节省了欧洲中心国家的土地资源，为那里的工业发展提供了土地和劳力；另一方面，欧洲中心地区的工业制造品和移民又源源不断地流向新大陆和拉丁美洲，从而进一步刺激了欧洲的科学技术和工业发展并减少了人口对土地的压力。在这个良性循环中，欧洲中心地区逐渐成为全世界的制造业中心，占领着世界产业分工中技术含量和利润最高的那一部分，成为世界经济发展中的最大受益者，为未来西方的富有奠定了坚实的基础。正是这种欧洲中心国家主导下的国际劳动分工，使全球经济围绕着一个中心地区向一体化趋近，并逐渐形成了一个全球化的经济。很难想像，如果没有殖民地农矿及工业原材料产品以及东欧粮食木材的进口替代，英国和其他西欧国家可以大搞圈地运动，腾出土地搞工业化。

斯塔夫里阿诺斯对 18 世纪欧洲主导下的世界经济体系有一个非常精辟的描述：

> （到了 18 世纪下半叶）第一次国际分工已大规模地完成。世界正在成为一个经济单位。南北美洲和东欧（与西伯利亚一起）生产原料，非洲提供人力，亚洲提供各种奢侈商品，而西欧则指挥这种全球性活动，并愈益倾全力于工业生产。[1]

弗兰克在其后来的著作中曾将世界经济体系的存在推延到了5000年前，认为世界经济体系已经存在了 5000 年，而不是 500 年，并且认为1500 年以前的世界经济体系同样具有等级性和中心支配地区[2]。然而，弗兰克的 1500 年以前的世界经济体系的等级性和所谓的中心支配地区主要是以经济分量、生产技术、生产力和生活水平等

---

[1]　斯塔夫里阿诺斯 1999：221。
[2]　Frank and Gills 1993；弗兰克 2000。

作为指标来划分的[1]。它与1500年之后那种单个中心下，由某一地区主导支配，有着直向隶属关系的世界经济体系非常不同。在与弗兰克的辩论中，沃勒斯坦则特别强调了他所说的"现代世界经济体系"是带着破折号的，以欧洲为中心的"现代资本主义"世界经济体系，比之1500年以前，有着本质上的不同[2]。

笔者认为弗兰克在其晚期著作中所说的世界体系，其实和沃勒斯坦、阿明、还有他自己早期著作中所承认的"现代世界经济体系"是两个不同的概念。弗兰克所谓的"1500年以前的世界经济体系"，其实主要是指各地区间的贸易往来和经济联系，虽然在经济分量、生产技术和生产力发展水平上也能分出等级来，但并没有1500年以后欧洲中心地区对边缘地区的那种直接的经济参与和控制，如欧洲中心国家把美洲、非洲和亚洲等殖民地国家和地区变成为为自己提供农产品和工业原材料生产基地的那种经济殖民关系。而沃勒斯坦和阿明等所说的"现代世界经济体系"的最大特点就是经济体系中中心地区和边缘地区之间的劳动分工，如宗主国英国通过对其殖民地印度棉纺织业的抑制和用政治和法律手段强迫印度只能进口英国棉布等，进而把印度变为英国棉纺织工业原材料棉花供应国和棉纺织品出口市场的努力。从某种意义上讲，1500年之前世界各地区间的贸易往来和经济联系更像德雷所说的"国际化"，而1500年之后则是在欧洲中心地区主导下的世界经济整合，也就是本书所定义的"全球化"。

第一次经济全球化中的世界经济整合，在19世纪下半叶中国最终也被纳入到以欧洲为中心的世界经济体系中达到高潮。中国进入国际劳动分工体系的首要特征就是生丝和茶叶等农产品和原材料的大量出口，以及洋纱洋布等外国机器制造品的大量进口。从19世纪下半叶到20世纪40年代，中国向西方发达国家出口的产品主要以农副产品和原材料为主，而从西方进口的则主要为机器设备和工业制造品。

---

[1] 弗兰克2000：27。

[2] Wallerstein, Immanuel. "World System versus World-Systems: A Critique," *The World System: Five Hundred Years or Five Thousand?* Edited by Frank and Gills. London: Routledge, 1993, pp.294-295.

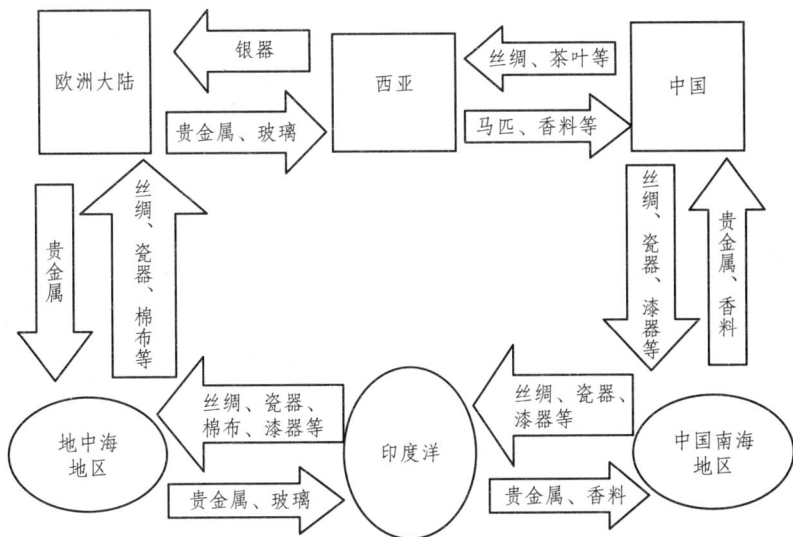

图1.2 1500年前的世界贸易图

这种在世界经济格局中处于世界经济产业链条低端的定位，很难说跟中国近代经济转型失败之间没有关系①。

随着世界上的最后一个堡垒远东中国被攻破，以欧洲为中心的世界经济体系基本上已覆盖全球。20世纪初，第一次国际劳动分工基本上完成。那时黑奴买卖已经不复存在，美国也已经崛起，成为西方中心国家中的一员。当时的世界经济格局是西方中心国家统领着世界，占据着世界经济生产链条的最高端，主要从事高技术、高利润的军工、化工材料、近代通讯和机械制造业的生产；东欧、南美洲，以及广大亚洲国家则主要从事农矿产品和工业原材料的生产。边缘国家向中心国家出口利润低、耗费资源的农矿产品、工业原材料和初级工业产品；中心国家向边缘国家出口利润高、技术含量高的机械设备和工业制造品。

这一经济贸易结构已与1500年前以至16、17世纪时的完全不同。16、17世纪时，欧洲还没有什么制造品可以和外面交换，而是用从美洲获得的大量白银购买中国的丝绸、瓷器、茶叶、棉布、漆

_____

① 一个典型的例子就是中国生丝生产在西方发明了尼龙和人造真丝后，因欧美对生丝需求的大减而衰落。鉴于篇幅的问题，本文对这一问题不作赘述。

器，以及印度的棉纺织品和南亚的香料等。显然，那时候的中国是世界上制造业最发达的国家，在技术含量高的丝绸和瓷器生产上拥有着垄断优势。然而，到了 19 世纪下半叶和 20 世纪初，中国已完全丧失了其以往在制造业上的优势，已沦为一个主要向西方国家出口生丝、茶叶、棉花、烟草、大豆和桐油等农产品和工业原材料的半殖民地国家。

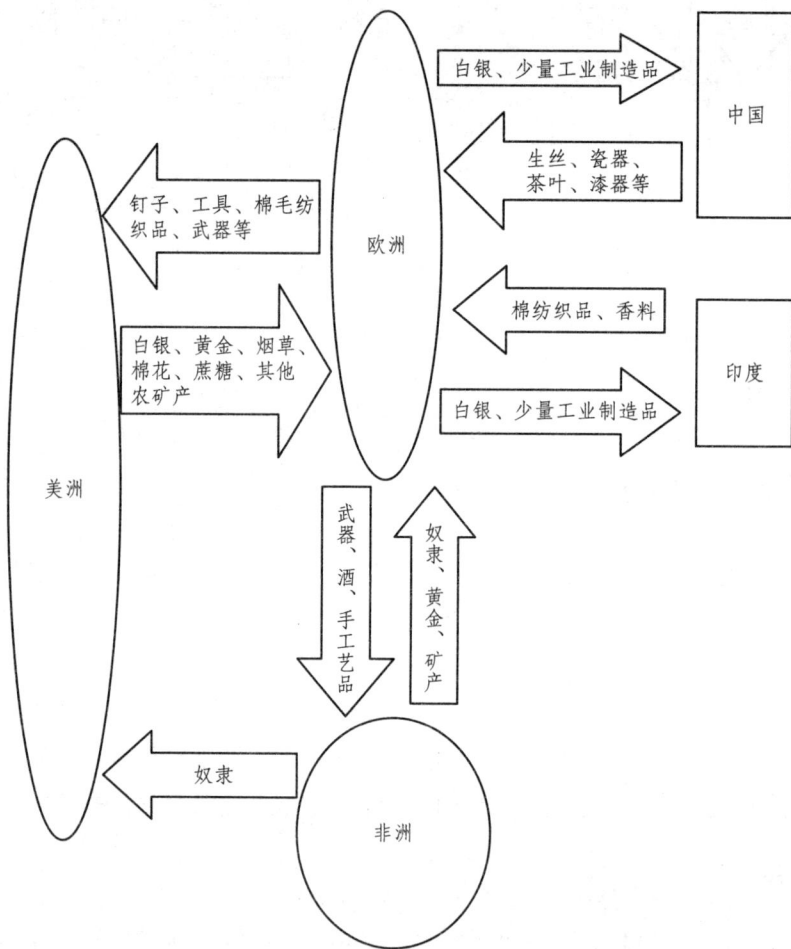

图 1.3 18 世纪上半叶欧洲与其他地区的贸易图

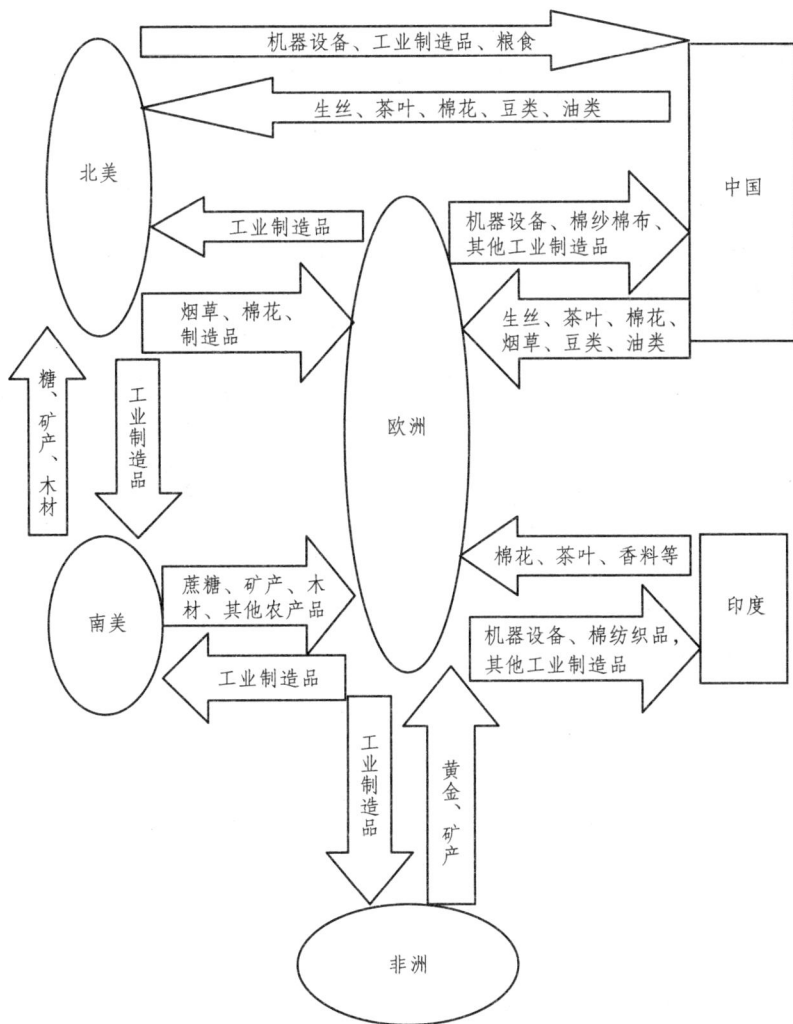

图1.4 第一次世界大战前的世界贸易图

三、第二次经济全球化的兴起和理论争论

第一次经济全球化世界经济体系形成中所酝酿出来的矛盾和利益冲突通过两次世界大战的形式将第一次经济全球化彻底结束。第二次世界大战之后，一直到20世纪80年代末，是世界上两大政治军事阵营对峙的冷战时期。20世纪80年代末到90年代初，随着苏东共产主义制度的相继瓦解，阻碍两大阵营经济交往，特别是优势一方资本扩张的政治障碍消除，新的一轮经济全球化重新开始。

关于今天的经济全球化，学术界有很多争论。一些学者对其予以高度的赞扬和支持，认为它是一种由技术推动或市场引发的自发的自动的世界经济整合，在自由市场经济的运行中，它将会使所有的人受益[1]；另一些学者则认为它实际上是由国际大企业公司和西方政府在经济自由主义意识形态下有意识推动的计划；凭借着市场的力量，它将会使强者更强，弱者更弱，带来的将是进一步的两极分化和国家内部及国家间的利益冲突[2]。还有一些学者，他们认为在一定的控制和管理下，全球化可以给人们带来益处；他们不反对当今的经济全球化，但是对靠新自由主义经济手段全力推动经济全球化持保留或反对意见，认为仅靠市场来推动全球化是危险的，特别是国际货币基金组织所倡导的那种金融自由化，它将会给发展中国家带来惨痛的灾难[3]。

不过，无论是倡导者还是批评者，大家都不否认今天的经济全球化是在新自由主义经济理论框架下进行的。关于新自由主义意识形态在今天全球化中的正统统治地位，雅·史欧特（Jan Aart Scholte）在他的著作中曾经有过这样一段描述：

> 从20世纪80年代早期，新自由主义就已经开始盛行为全球化的统治语言。大多数政府，特别是那些重要国家的政府，在过去二十多年就已经采取了一种新自由主义方向的全球化。在国际

---

[1]　Friedman, Thomas L. *The Lexus and the Olive Tree*. New York: Farrar, Straus, Giroux, 1999. Wolf, Martin. *Why Globalization Works*. Yale University Press, 2004.

[2]　Amin, Samir. *Capitlaism in the Age of Globalization: the Management of Contemporary Society*. London: Zed books, 1997. Danaher, Kevin and Roger Burbach, ed. *Globalize This! The Battle Against the World Trade Organization and Corporate Rule*. Copyrighted Materials, 2000. George, Susan. "A Short History of Neo-Liberalism: Twenty Years of Elite Economics and Emerging Opportunities for Structural Change." *The Other Davos*, edited by Houtart and Polet. London and New York: Zed Books, 2001, pp. 7 - 16. Hardt, Michael and Antonio Negri. *Empire*. Harvard University Press, 2000. McMichael, P. *Development and Social Change: A Global Perspective*. Pine Forges Press, 2000.

[3]　Bhagwati, Jagdish. *In Defense of Globalization*. London: Oxford University Press, 2004; Held, David. "Globalisation: the Dangers and the Answers," 2004, http://www.opendemocracy.net/debates/article.jsp? id = 6&debateId = 27&articleId, 2007/8/6; Stiglitz, Joseph E. *Globalization and Its Discontents*. London: Penguin, 2002.

组织这方面，像国际货币基金组织、世界贸易组织以及经济合作组织，也是不断地把全球化和自由化联系在一起……对新自由主义的拥护赞扬同样盈溢于商界，特别是在金融市场和国际大公司的管理人员当中。在大众媒体中，主流电台和电视上的商业经济节目，还有主要的商业报纸和杂志如《华尔街日报》和《经济学家》也一直普遍地对新自由主义政策予以支持。在校园里，不管是知名还是不知名的大学，其商业和经济学课程都在吹捧称赞全球自由市场的好处。而其他的研究人员则通过势力雄厚的研究所如华盛顿特区的国际经济研究所推动新自由主义经济政策……在广大精英的认同下，新自由主义已成为当今全球化的正统政策。的确，新自由主义思想已经好像常识一样被人们广泛地，毫不质疑地接受，享受着从官方，到商界，到媒体和学术界的最大支持。①

其实，从一开始，西方政府，以及世行、世贸和国际货币基金组织等就不讳言他们对新自由主义经济全球化的倡导和追求。此次经济全球化兴起于 20 世纪 80 年代末苏东共产主义政权解体之际。对于在资本、技术和生产量上占有绝对优势的西方发达国家来说，苏东共产主义制度的解体无疑意味着新的投资市场和新的商品市场的涌现。正是在这种历史背景条件下，深受英国撒切尔和美国里根政府极力推崇和推行的新自由主义经济政策亦成为主导全球化的正统权威政策。很多学者和社会活动家也因此把今天的全球化或称之为"大公司的全球化"（Corporate Globalization），或"新自由主义全球化"（Neoliberalism Globalization），或"美国化或西方化的全球化"（Americanized or Westernized Globalization）。

对新自由主义经济全球化的倡导曾在 90 年代中期达到顶峰。"减少政府干预，降低关税，开放市场，建立一个让资本和商品可以在全球范围内自由流动的全球经济"几乎成为 20 世纪 90 年代历

---

① Scholte, Jan Aart. *Globalization*：*A Critical Introduction*. Palgrave Macmillan, 2000，p.39.

届"八国首脑会议"中的一个重要议题，也成为世行、世贸和国际货币基金等国际组织向发展中国家所极力推广的政策建议和项目实施的方针①。而"反全球化"者，也理所当然地把他们的矛头直接指向"七国政府"，以及世贸、世行和国际货币基金等国际经济组织。从尤金②、到西雅图③、到华盛顿特区④、到布拉格⑤、到热内亚⑥……反全球化活动家步步紧跟，不断地追随在"八国首脑会议"，和世行、世贸和国际货币基金组织的各种会议后面举行大规模的示威游行抗议。"全球化"因此也成为一个在西方社会各界备受争议的论题。

在对当今经济全球化的批评中，不少学者把今天的经济全球化与1500 年以来的西方帝国主义和当今世界新秩序的建立联系起来。阿明把今天的全球化称之为资本主义扩张的第三次浪潮，认为尽管其面目新颖，形式翻新，但其目的一如既往，依然是为了控制扩大了的市场，抢劫世界资源，和对边缘国家的劳动力储备进行超强度的剥削，是一种新型的、没有殖民地的帝国主义⑦。

把今天的全球化与帝国主义和世界霸权联系起来还有很多其他学者，如罗纳德·切尔科特（Ronald Chilcote），麦克·鲁珀特（Mark Rupert）和努曼·乔姆斯基（Noam Chomsky）等。切尔科特与阿明的观点颇为相似。他也把近代欧洲的帝国主义划分为三个阶段：1400—1600 年，欧洲从外部地区敛取原材料如黄金和白银的时期；1650—1770 年，欧洲强权为了自己的利益进行奴隶买卖和寻求商品的时期；1770—1870 年，英国失去大部分美洲殖民地后，在非洲和

---

① 可参见特别是 20 世纪 90 年代"七国会议"、"八国会议"的内容。也可参见世行、世贸和国际货币基金组织的网站。

② 1999 年 6 月 18 日在英国伦敦，美国尤金和德国科隆等地爆发的"全球反资本主义大集会"，简称 J18。当时正值"八国首脑会议"在德国科隆举行的第一天。

③ 1999 年 11 月 30 日在西雅图世贸组织会议期间所爆发的大规模反全球化示威游行，简称 N30。

④ 2000 年 4 月在华盛顿特区举行的反国际货币基金组织的反全球化大游行。

⑤ 2000 年 9 月在布拉格世界银行和国际货币基金组织会议期间所爆发的大规模的反全球化示威游行。

⑥ 2001 年 7 月在热内亚"八国会议"期间所爆发的大规模的反全球化示威游行。

⑦ Samir 2001a：11.

亚洲寻找市场的时期。他说今天的"全球化只能被理解为帝国主义和带有破坏性的资本主义秩序的一个展现"（Globalization can only be understood as a manifestation of imperialism and the devastating capitalist order）[①]。

鲁帕特则把当今的"全球化"与世界新秩序的建立联系起来。他同样认为全球化是资本主义对资本积累和资本扩张无限追求的结果，并在历史上曾经上演过：在历史上的全球化过程中，（强势国家的）资产阶级可以通过一种特定形式和特定内容的国际资本流动的运作，重新组织，发展和巩固他们在国内和国际上的霸权地位（Rupert 2000：42-49）。而乔姆斯基则更是把当今的经济全球化与世界新秩序与美国霸权直接联系起来[②]。

笔者认为，当今技术，特别是现代交通和通讯等技术的发展的确带来了一些世界各地区间和个人之间自愿自发的在文化、宗教、和经济上的交流，而且这种地区和个人间自愿的交流合作在很大程度上是互利和良性的。然而，这种因技术发展所带来的地区间和个人间自愿平等的经济交流的增加并不是本文讨论中所定义的"经济全球化"，在本文中这种交流合作被定义为"国际化"而不是"全球化"。

如前所述，本文中所讨论的"经济全球化"是意在建立一个以一定国家或地区为主导中心的世界经济体系的全球经济一体化运动；它的关键是国际劳动分工体系的建立和依附在国际劳动分工体系上的国际资源财富的不平等分配。从1500—1914年，正是通过对全球贸易网络的控制和对国际劳动分工体系形成的主导，西欧国家在世界经济结构中建立了自己的绝对优势和主导地位。虽然两次世界大战中断了第一次经济全球化的进程，并强烈冲击了1914年时的世界经济体系结构，但由第一次经济全球化所产生出来的西方在政治、经济、和军事上的优势地位并没有消失，而是一直维持至今，只是后来又加入了

---

① Chilcote, Ronald H. "Globalization or Imperialism?" *Latin American Perspective*, vol.29, no.6, 2002, pp.81-83.

② Chomsky, Noam. "Globalization and the New World Order," *Democracy Now* (audio tape), 1999-10-21.

亚洲的日本，还有就是第一次世界大战前世界体系中英国的核心地位被今天的美国所取代。

第四节　两次经济全球化之对比

把今天的经济全球化与 1500—1914 年间的经济全球化相比，两者在形式上，特别是推动手段上，存在着很大的不同，但在内容上，却又有很多相似之处（参见表 1.2）。这些相似之处不光表现为国际贸易量和资本流量的大幅度增加和技术上的突飞猛进，而且更重要的表现为资本、资源、劳力和技术在全球范围内跨空间的结合。

两次经济全球化最大的共同点就是两者全都致力于一个国际劳动分工体系的建立和一个在这个劳动分工体系上建立起来的世界经济体系。而最大的不同点则是当第一次经济全球化开始之前，欧洲还是世界经济的边缘，并不具有经济上的优势；而在 20 世纪 80、90 年代新的经济全球化浪潮兴起之时，西方中心国家（西北欧、北美和日本）无论是在经济上、技术上还是在政治、军事和文化上都已经具备了强大的优势[①]。

第一次经济全球化中，经济生产中并不具有优势的欧洲主要是依靠坚船利炮——先是军事暴力的海洋贸易垄断，然后是殖民地的占领掠夺和殖民地生产基地的建立，再后来是资本投资，逐步把世界上其他地方的经济先后纳入到了一个以欧洲为中心的世界经济体系中去。从 16 世纪到 19 世纪下半叶，国际劳动分工的形成在很大程度上是靠暴力的殖民手段和不平等的殖民地经济政策来推动的，如大西洋三角贸易中的奴隶买卖，美洲大陆的奴隶制庄园经济，还有宗主国对殖民地制造业发展的抑制政策，等等。而此次经济全球化则主要是靠

---

① 阿明认为当今世界体系中的中心国家具有五种垄断优势：第一，技术垄断优势，第二，世界范围内金融市场的垄断优势，第三，对获取地球资源手段的垄断优势，第四，对媒体舆论的垄断优势，第五，拥有大规模杀伤武器的垄断优势。他说这五种垄断优势规划着当今全球化运转的规则和条件；而这些表现着中心国家利益和愿望的规则和条件将会抹去边缘国家因工业化发展所应带来的良性效用，使边缘国家的生产劳动贬值，中心国家的利润增值；其结果将是世界范围内更加不平等的收入分配和两极分化；边缘国家的工业将更加从属于中心国家，进一步沦为中心国家工业的下属合同工的角色。(Samir 1997：3-5)

表 1.2 两次经济全球化几个主要异同点的比较

	第一次经济全球化	第二次经济全球化
时间段	1500—1914	20 世纪 80、90 年代至今
推动力量	欧洲列强国家的政府和商人	国际经济组织，西方国家政府及其国际大企业集团
核心国家	先后有两个核心国家：荷兰和英国	美国
中心地区国家	到一战前夕主要为英、法、德、荷等西北欧国家	西北欧、北美、日本
最初开始的推动力	非洲的黄金和奴隶、东南亚的香料、中国的丝绸等	资本的扩张利用海外利用廉价资源和廉价劳动力的超额利润
主要的推动手段	坚船利炮的殖民手段	新自由主义经济理论
主要过程	海上贸易垄断、土地占有、资源掠夺、奴隶买卖、奴隶农场经营，殖民地生产基地的建立，以及后来的资本流动和投资	全球范围内、资本、劳力、资源和技术的跨地区的重新组合，以及全球范围内资本在银行、股票和货币兑换中的自由活动
实际利益	原始资本的获得和积累（美洲白银和黄金、非洲黄金的获得，殖民地的高额利润，殖民地土地资源和矿产资源的获得，殖民地生产基地的高额利润等），殖民地海外市场的获得	在资源、劳动和技术等生产要素的重新组合中，通过利用发展中国家的廉价劳动力实现利润的最大化。凭借雄厚的资本实力在银行、股票和货币交换生意中获得巨大利润
营造国际劳动分工体系的主要手段	强迫性的殖民政策和市场引导相结合	比较优势管理理论和市场引导
国际劳动分工体系的主要表现特征	全球范围内产业链条上的分工：边缘、半边缘地区或殖民地国家从事农矿、工业原材料和低级工业品的生产，欧洲中心国家从事高技术的工业和军事武器的生产	全球范围内的产业链条和产品生产组织的形成：高技术、高利润、低污染、低资源耗费的产业或跨国公司的技术开发部门留在发达中心国家内，高污染、高资源和高消费的跨国公司的产业向发展中国家转移
最终的结果	国际劳动分工体系基础上，一个有中心、有等级的世界经济体系的建立，以及这个体系中发达地区与不发达地区间的不平等交换（产品劳动价值的不等价交换）	全球劳动分工体系基础上，一个有中心、有等级的世界经济体系建立，以及这个体系中发达地区与不发达地区间的不等交换（产品劳动价值的不等价交换）

市场的力量和新自由主义经济意识形态推动的，特别是通过资本的自由流动，建立起一个以西方为中心的世界经济体系。今天经济全球化中的国际劳动分工主要是靠国际资本流动带动下所产生的资源、劳力和技术的重新组合来推动的。

在第一次经济全球化中，资本、资源和劳力的跨地区结合主要表现为宗主国在殖民地生产基地的建立和中心国家与边缘国家间"国际产业链条"的形成；前者如葡萄牙之巴西蔗糖生产基地的建立，荷兰之印度尼西亚咖啡生产基地的建立，和英国之印度和斯里兰卡的茶叶生产基地的建立等；后者如边缘国家之主要生产农矿产品和工业原材料，中心国家之主要生产军工武器和工业制造品的产业分工。而在今天的经济全球化中，资本、资源和劳力的跨地区结合不光表现为第一次经济全球化中的那种边缘国家为中心国家生产工业原材料的"国际产业链条"上的分工，如当年印度为英国棉纺织工业生产原棉，中国为欧美丝纺织工业生产生丝等，而且更重要地表现为全球范围内"产品生产流水线"上的分工。这种全球"生产流水线"式的国际劳动分工，比第一次经济全球化中的那类"产业链条"式的国际劳动分工更具体，更深入，不光表现为发达国家和不发达国家在工业原材料生产和工业制造品生产上的产业分工，而且表现为同一件产品生产过程中不同部件生产上的分工，如当今苹果电脑，惠普打印机和诺基亚手机等国际大企业公司产品在全球的"产品生产流水线"。这些高科技产品中的关键技术元件部分由发达国家自己生产，而其中低技术的附件以及最后成品的组装则在发展中国家进行。

从过去 20 年来经济全球化的普遍实践来看，一是发达国家内制造工业（技术含量低，比较耗费资源和人工，且对环境污染比较厉害的制造业）向发展中国家的转移，典型的例子如耐克运动鞋、各种玩具和日用化工品生产向中国和东南亚国家的转移；二是发达国家内高科技产品生产中低技术零件生产和成品组装向发展中国家的转移，如苹果、惠普等国际大公司在中国进行的电脑附件（键盘、鼠标等）生产和最后成品的组装，还有苹果、摩托罗拉、诺基亚等国际大公司在中国进行的手机附件生产和最后成品的组装等。这两种转移所带来的国际劳动分工结果将是发达国家拥有高科技、高利润、节省资源、节省劳力、对污染环境较少的产业以及高科技产品的研究开发部门（research and development）；而发展中国家则主要拥有低技术、低利润、耗费资源、耗费劳力、并对环境污染较大的产业以及高科技产品中低端技术附件的生产和成品组装。这种国际劳动分工后面最重要的部分当然是利润的分配和走向。

以上这种国际劳动分工形式曾经受到很多倡导全球化的国际机构和学者的推崇，但也有一些学者对其提出了质疑。德雷认为当资本可以在全球范围内自由流动的时候，"比较优势"已无关紧要，"绝对优势"将取而代之。他说当国际货币基金组织基于李嘉图的比较优势理论主张和促进资本的解放时，人们所忽略了的一点是"资本自由流动的一个重要结果恰恰是彻底动摇李嘉图的比较优势理论，因为当初李嘉图的比较优势理论是以贸易国家之间没有资本流动为假设前提的"。"当资本自由流动时，国家间的贸易其实已变成地区间的贸易"，比较优势亦无从说起①。

笔者对德雷这段话的理解是，比较优势是就国家之间而言的，当国家间没有资本流动时，是本国企业利用本国的比较优势进行商品生产和贸易竞争；本国企业从中获利，并通过缴税和消费的方式，将这些利润留在本国。而当在资本的自由流动下，外国企业到发展中国家建厂，利用发展中国家的廉价劳动力和廉价资源进行商品生产和贸易竞争时，从比较优势中获取利润的是外国企业；流向外国企业的利润，大部分不会被留在当地国家，被用于当地国家的军事和社会基础设施的建设。简言之，只有当一个国家的比较优势被本国所开发利用，其所产生的利润归本国所有时，其所谓的"比较优势"才有意义。反之，当一个国家的比较优势被外国资本开发利用，其所产生的利润主要归外国所有的时候，那么，其所谓的比较优势其实已不复存在。因此，德雷认为在今天资本自由流动的经济全球化中，占支配地位的将是绝对优势，比较优势已无关紧要。

同上一次经济全球化一样，这次经济全球化同样是由西方主导和推动的。如果说第一次经济全球化中，在经济上处于劣势的欧洲是用

---

① Daly 1999.

坚船利炮打破了原有的世界经济格局，构建了自己在世界经济体系中的优势地位的话，那么今天处于优势地位的西方发达国家是不希望打破现有世界经济体系中的原有等级结构的。从经济理性的角度上讲，任何强势一方所希望的都是保持和加强而不是削弱自己的原有优势。这种保持和加强自己原有优势的理性愿望极大地影响着当今强势一方对推动经济全球化手段的抉择。因此，这次经济全球化主要是在和平的倡导资本和商品自由流动的新自由主义经济理论下展开的。很多学者，包括一些对当今全球化并不反对的学者（如 Bhagwati、Held 和 Stiglitz 等），也都认为市场的力量会更倾向于优势的一方。没有关税保护的自由贸易和发展中国家中没有政府支持辅助的弱小工业无疑将更有利于资金雄厚、技术发达、产品质优那一方的市场竞争。

值得一提的是，几年前写下"这次经济全球化主要是在和平的倡导资本和商品自由流动的新自由主义经济理论下展开的"这句话时，美国和欧洲的经济发展形势还是一片大好。不想，2008 年美国发生金融危机。自此后，全球经济表现得越来越动荡，充满了不稳定性和不确定性。如今，世界金融市场依然是危机四伏。而且，欧美经济所呈现出的问题越来越多，越来越严重，大有要演变成为一场世界经济危机的趋势。新自由主义经济学理论也因之受到了强烈的质疑和挑战。在这种情况下，处在世界经济体系中心，且有着政治、经济、军事、文化强势地位的西方，在面临国内巨大经济问题，全球经济体系结构发生变化，自己中心地位受到挑战的情况下，是依然选择用一种和平的，新自由主义经济学理论下倡导资本和商品自由流动的方式下来解决其所面临的经济困境，维持、巩固和加强其在世界经济体系中的中心主导地位？还是像第一次经济全球化时那样，用军事战争手段打破不利于自己的形势僵局，通过制造战争而做大自己的国际蛋糕——用军事手段掠夺资源，造成非西方地区的混乱，阻止发展中国家的发展，进而转嫁危机，扭转和缓解自己国内的经济危机和维持巩固自己在世界经济体系中的中心主导地位？从近来的世界形势来看，似乎第二种手段也开始介入。

回到本章开头所讨论的关于经济全球化的定义和核心内容，其中最重要的就是全球经济整合中国际劳动分工体系的形成，以及在国际劳动分工体系基础上建立起来的世界经济体系。就像第一次经济全球化中所产生出来的世界经济体系是一个有中心、有主导、有国际劳动分工的世界经济体系一样，这次经济全球化意在维持或建立的也是一个有中心和有边缘，有主导和有附庸，有着国际劳动分工的世界经济体系。也就是说，不同国家在世界经济格局中的不同地位将带来不同国家在世界资源和财富分配上的不同份额。不管世贸、世行和国际货币基金组织在倡导全球化时如何强调全球化将会使全人类共同受益，缩短贫富国家的差距，事实是在资本自由流动的国际劳动分工体系中拥有资本的一方（资本家）将在利润的分配上占有绝对优势。没有人怀疑主导当今经济全球化的是发达的西方和我们今天世界经济体系中的等级性。

杰姆·米特曼（James Mittelman）在说到 1997 年福特基金会主席苏珊·白瑞斯福特（Susan V. Berresford）对全球化的定义时，特意提到虽然白瑞斯福特在定义全球化时抓住了全球化的主要表现特征如"跨国境流动"，但却回避了全球化中的权力等级关系①。其实，这是一个普遍存在的问题。很多经济全球化的倡导者都有意无意地忽视或回避了经济全球化中的"权力等级结构"和"利益分配关系"。

其实西方国家自己是非常清楚全球经济体系中的这种权利等级结构以及这种等级结构与利益分配之间的关系的。2006 年 1 月 31 日美国总统布什在美国国会上所做的"国情报告"中曾经这样说道：

> 我们将通过加强我们在世界经济中的领导地位而构建我们的繁荣……为了保持美国的经济竞争力，我们需要为所有美国人所制造和所种植的产品打开更多的市场……为了保持美国的竞争力，我们首要的任务是继续在人力资本和创造力上领导世界。我

---

① Mittelman，James H. *The Globalization Syndrome：Transformation and Resistance*. Princeton University Press，2000，p.5.

们在世界上的最大优势一直是我们受过良好教育，工作刻苦，雄心勃勃的人们，而我们将要继续保持这个优势……鼓励我们经济中的发明创造，让我们的后代有一个扎实的数学和科学基础。①

在这几句话中，美国政府力图通过构建和领导世界经济体系进而构建自己繁荣的思想跃然纸上。显然，美国——这个当今世界经济体系的核心国家是非常清楚地知道世界经济体系结构与其自身经济发展之间的紧密关系的。

---

① George Walker Bush，http：//www.whitehouse.gov/stateoftheunion/2006/index.html.

第二章　全球化下的国际劳动分工体系
　　　与国际不平等交换

第一节　经济全球化与国际劳动分工体系

　　如前所述，"全球化"并不是"国际化"。其差异在于"国际化"不过是各国间贸易往来和经济合作的加强，其基本单位将继续保持为一个个彼此独立的国家经济实体；而"全球化"则是要把一个个独立的国家经济实体融合到一个整体的世界经济体系中去，其结果将是国家作为一个独立经济实体的瓦解和消失以及一个全球经济体系的建立。正如德雷所说的："就像打破鸡蛋做摊鸡蛋一样"，在向全球整体经济的整合过程中，原有各经济体系间的界限将会消失；每一个个体国家将丧失自己的经济独立性而成为全球经济体系中的一个组成部分或特定功能部门，在全球经济体系中发挥着自己各自的功能，扮演着自己各自的角色。

　　把"经济全球化"定义为"全球经济一体化"，即一个整合了世界各地区经济的单一世界经济体系的建立，那么，经济全球化的核心内容一定是"国际劳动分工"，因为一个单一的世界经济体系必然要建立在一个全球范围内的国际劳动分工体系之上，否则这个单一的世界经济体系将无法运行。所以，全球范围内"国际劳动分工体系的建立"是"经济全球化"的核心内容，而它的目的则是国际劳动分工体系上一个单一的"世界经济体系"的建立。而且，这个体系将是一个有中心、有主导和有着权力等级结构的世界经济体系，而体系中权力等级结构下资源和财富的"不平等分配"则是建立在国际劳动分工体系上的世界经济体系运行的实质。在过去二十来年各种对经济全球化的讨论中，虽然很多人对经济全球化持保留或批评的态度①，但只有极少数讨论直接把"经济全球化"与"国际劳动分工"联系在了一起②。

第二节 国际劳动分工体系，国际不平等交换与国际资源财富的不平等分配

亚当·斯密在他的《国富论》中非常强调劳动分工对生产效率和技术进步的重要作用③，但是他却忽视了劳动分工中的社会等级性。尽管新自由主义经济学的许多理论讨论忽视了劳动分工与社会等级之间的关系，但现实社会中的绝大部分人都知道，不同的社会劳动分工会带来不同的社会地位和劳动报酬，致使绝大多数人都希望能在社会

① 如斯蒂格里茨（Joseph E. Stiglitz）等许多西方学者。虽然他们也看到了全球化的弊面，在讨论中对国际大企业公司、世界经济组织和西方政府在全球化中的所作所为提出了批评，但其批评并不是建立在国际劳动分工和世界经济体系结构的分析框架上。参见 Hardt, Michael and Antonio Negri. *Empire*. Cambridge：Harvard University Press, 2000；Held, David. "Globalisation：the Dangers and the Answers," http：//www. opendemocracy. net/globalization-vision _ reflections/article _ 1918. jsp, 2007/10/29；Hirst, P. and G. Thompson. *Globalization in Question：The International Economy and the Possibilities of Governance*. Cambridge：Polity Press, 1996；McMichael, P. *Development and Social Change：A Global Perspective*. Pine Forges Press, 2000；Stiglitz, Joseph E. *Globalization and Its Discontents*. London：Penguin, 2002；Stiglitz, Joseph E. *Making Globalization Work*. London：W. W. Norton, 2007.

② 萨米尔·阿明（Samir Amin）、伊曼纽尔·沃勒斯坦（Immanuel Wallerstein）、赫尔曼·德雷（Herman E. Daly）等是少数几个在理论上从世界经济体系和国际劳动分工角度对全球化予以定义和剖析的学者。参见伊曼纽尔·沃勒斯坦，吕丹等译：《现代世界体系》（1—3卷），北京：高等教育出版社，1998年；Wallerstein, Immanuel. "Globalization or The Age of Transition? A Long-Term View of the Trajectory of the World-System," http：//fbc. binghamton. edu/iwtrajws. htm, 1999；Amin, Samir. "Imperialism and Globalization," *Monthly Review*, vol. 53, no. 2, 2001a, pp. 11—26；Amin, Samir. *Capitalism in the Age of Globalization：the Management of Contemporary Society*. London：Zed Books, 1997；以及德雷关于全球化定义的论述，参见 Daly, Herman E. Daly, "Globalization Versus Internationalization," http：//glassnet. tripod. com/globalforum/id4. html, 1999.

③ ［英］亚当·斯密，杨敬年译：《国富论》，西安：陕西人民出版社，2001年，第7—26页。

以及在自己工作单位的劳动分工中，拥有一份较高职位的工作。然而，这样一个极为简单的常识道理却常常在关于经济全球化和国际经济的理论讨论中迷失。在比较优势理论的笼罩下，经济全球化中国家间残酷激烈的经济竞争常常在理论上被演绎成为一幅共享双赢的美好图面。

在过去的二十多年中，诸多倡导全球化的国际经济组织都曾对全球范围内的国际劳动分工予以积极的鼓励和推动，并从经济理论上对这种分工予以高度的推崇和赞扬，认为它将会带来发达与不发达国家双方双赢共享的局面。然而，不少学者却对此种行为和观点提出了质疑。德雷认为当资本可以在全球范围内自由流动的时候，"比较优势"已无关紧要，"绝对优势"将取而代之。他说当国际货币基金组织基于李嘉图的"比较优势理论"主张和促进资本的解放时，人们所忽略了的一点是，"资本自由流动的一个重要结果恰恰是彻底动摇李嘉图的比较优势理论，因为当初李嘉图的比较优势理论是以贸易国家之间没有资本流动为假设前提的"。"当资本自由流动时，国家间的贸易其实已变成了地区间的贸易"，比较优势亦因之无从说起。①

正如第一章中所说，笔者对德雷这段话的理解是，比较优势是就国家之间而言的。当国家间没有资本自由流动时，是本国企业在利用本国的比较优势进行商品生产和贸易竞争；是本国企业从中获利，并通过缴税和消费的方式，将这些利润留在本国。而当资本在国家间自由流动时，是外国企业到发展中国家建厂，利用发展中国家的廉价劳动力和廉价资源进行商品生产和贸易竞争；因此，从比较优势中获取超额利润的是外国企业；流向外国企业的利润，大部分不会被留在当地国家，被用于当地国家的军事和社会基础设施的建设。简言之，只有当一个国家的比较优势被本国所开发利用，其所产生的利润归本国所有时，其所谓的"比较优势"才有意义。反之，当一个国家的比较优势被外国资本开发利用，其所产生的利润主要归外国所有的时候，那么，其所谓的"比较优势"其实已经不复存在。因此，德雷认为在当今资本自由流动的经济全球化中，占支配地位的将是"绝对优

---

① Daly 1999.

势"，"比较优势"已无关紧要。

虽然这些年来国际大企业公司极力推动和建立其产品在全球范围内的国际劳动分工生产流水线，且国际经济组织也对这种国际劳动分工予以高度赞扬，但现实中的事实是，不同的国际劳动分工一定会带来国际资源和财富分配的不同。这一点毫无疑问！在当今的经济全球化中，这种通过国际劳动分工而使资源和财富向发达国家倾斜的实践主要表现在两个方面。一方面，国际大企业公司通过在第三世界国家开设公司工厂，利用第三世界国家的廉价资源、廉价劳动力、和在法律上对工人和环境保护的漏洞，直接将超额利润转移到西方国际大企业的腰包中去；另一方面，则通过世界经济体系等级结构下所产生的国际贸易中的"国际不平等交换"，将边缘国家产品中的大部分剩余价值以隐蔽的方式从边缘国家转移到中心国家。

法国经济学家阿吉里·伊曼纽尔（Arghiyi Emmanuel）是最早对"国际不平等交换"予以全面和深入论述的学者。他认为，在国际不平等交换中，富国剥削了穷国，通过劳动价值的不等价交换，穷国的大批财富（产品的大部分剩余价值）被以隐蔽的方式转移到了富国。伊曼纽尔是现代"国际不平等交换"理论的创建者，但他把产生"不平等交换"的原因仅仅归咎于贫富国之间国民工资的差距，同时又把富国之富有，穷国之贫穷作为了贫富国家间工人工资差距的根源[1]。在伊曼纽尔提出了他的"不平等交换"理论之后，很多学者加入讨论，对产生国际不平等交换的原因做了进一步的探讨。其中萨米尔·阿明和贡德·弗兰克（Andre Gunder Frank）曾从世界经济体系结构和中心国家与边缘国家之间的等级关系的角度，对中心国家在政治军事上的强势、资本扩张、垄断和超额利润等因素在"国际不平等交换"中的作用有过相当精辟的论述[2]。阿明认为相对价格和比较

---

[1] 阿吉里·伊曼纽尔著，文贯中等译：《不平等交换——帝国主义贸易研究》，北京：中国对外经济贸易出版社，1988年。

[2] 阿明著，高铦译：《不平等发展——论外围资本主义的社会形态》，北京：商务印书馆，1990年。（Amin, Samir. *Accumulation on A World Scale: A Critique of the Theory of Underdevelopment*, London: Monthly Review Press, 1974）Frank, Andre Gunder. *Dependent Accumulation and Underdevelopment*. London: Macmillan Press, 1978.

实际工资并不是带来国际不平等交换的唯一因素，中心国家在政治经济军事上的强势以及其获得自然资源的方式同样是造成国际不平等交换的重要因素①。根据阿明的观点，国际垄断资本可以通过对不发达国家的资源、原料、生产阶段的直接控制，通过控制世界贸易，通过技术垄断和价格垄断，来制造不平等交换②。其实，在当今的经济全球化中，这种现象并不少见，像沃尔玛（Wal-Mart）和宜家（IKEA）这类国际零售商销售大公司，他们即在发展中国家建厂，直接控制原料和生产阶段，同时又完全控制着销售链条，并且凭借着这种对生产和贸易的垄断，可以将工人的工资压到最低，从而从中获得超额利润。

在当今的经济全球化中，中国与西方发达国家在贸易上的不平等交换不光表现在中国工人和西方国家工人在同等生产率下，生产同一质量的产品，但中国工人的产品价格只是西方工人产品价格的几分之一上（如同一质地、式样和质量的衬衫，在国外商店，中国生产的卖价约为10美元，西方生产同类商品的卖价约为70—80美元）；而且表现在因劳动分工不同，中国用10亿双袜子或千万件衬衫换一架美国波音747飞机这种事情上；也表现在中国工人不得不在"劳动力再生产"的工资水平下为国际高科技大企业公司生产和组装在国际市场上高价出口的电脑和手机等产品，如目前流行的IPhone系列产品。这种因位于"国际劳动分工体系"下端而不得不在贸易中接受"不平等交换"的经济发展模式不仅带来中国财富向发达国家的隐蔽转移，不利于中国现在的资源和环境保护，而且这种增长方式仰人鼻息，受制于人，缺乏可持续性。正是由于这些原因，如何应对全球化的挑战，在国际劳动分工体系中占领一个高势能的地位对未来中国的发展至关重要。

第三节　当今的世界经济体系

第一次经济全球化造就了一个以英国为核心，以西北欧诸国和美

---

① 阿明1990：113-128。
② 阿明1990：126-128。

国为中心区域的世界经济体系，但是这个体系形成中所产生出来的各种内部矛盾和利益冲突后来又通过两次世界大战的形式将这个体系结束。然而，虽然两次世界大战中断了第一次经济全球化的进程，并强烈冲击了 1914 年时的世界经济体系结构，但由第一次经济全球化所产生出来的西方在政治、经济、军事和文化上的优势地位并没有消失，只是后来又加入了亚洲的日本，还有第一次世界大战前世界体系中英国的核心地位被当今的美国所取代。今天的世界经济体系无疑是在第一次经济全球化中所形成的世界经济体系上发展起来的。其在很大程度上也继承了第一次经济全球化中"世界政治经济体系"中的权利等级结构。

今天的世界经济体系无疑是以美国为核心，以西北欧、北美和日本为中心的世界经济体系。在美国《经济周刊》所评选出来的 2007 年世界上最有创新的 50 家国际大企业中，除了这几年脱颖而出的两家韩国企业外，其余均为老牌发达国家（西北欧、北美和日本）的企业。其中，美国企业占 70%（35 家）①。这些企业几乎囊括了全世界从金融、到媒体、到能源、到制药、到电子高科技生产的各个领域。而根据 2007 年 7 月由美国《财富》评选出来的世界 500 强企业名单，世界上所有高技术领域的最大企业全部由发达国家拥有，极少的数十家入选世界 500 强的发展中国家企业，则大多为国有的资源和能源开发生产公司（如石油和矿产等）②。这表明，在当今的世界经济体系中，发达的中心国家占有着在资本、技术和管理上的绝对优势。

中心国家在当今世界经济上的绝对优势地位并不光表现为其在金融、资本和技术上的控制和垄断，而且表现在其对国际经济组织的控制和垄断。这种对国际经济组织的控制和垄断一方面帮助加强和巩固中心国家在世界经济格局中的优势地位，另一方面则有助于中心国家对世界经济发展的操纵和主导。这种经济上的优势和西方国家在国际政治、军事和文化上的优势相得益彰，互为因果。一方面，对国际经

---

① "The World's 50 Most Innovative Companies," *Business Week*. http：//bwnt.businessweek.com/interactive_reports/most_innovative/index.asp, 2008/3/21.

② "Fortune Global 500," http：//money.cnn.com/magazines/fortune/global500/2007/full_list/index.html, 2007/12/5.

济组织的控制和垄断得到了西方国家强大的政治和军事地位的保护，是西方政治和军事和文化积极运作的结果；另一方面，其又支撑和加强着西方国家的政治、军事、文化的优势地位。

阿明认为当今世界体系中的中心国家具有五种垄断优势：（1）技术垄断优势；（2）对世界范围内金融市场的垄断优势；（3）对获取地球资源手段的垄断优势；（4）对媒体舆论的垄断优势；（5）拥有大规模杀伤武器的垄断优势。他说这五种垄断优势规划着当今全球化运转的规则和条件，而这些代表着中心国家利益和愿望的规则和条件将会抹去边缘国家因工业化发展所应带来的良性效用，使边缘国家的生产劳动贬值，中心国家的利润增值。其结果将是世界范围内更加不平等的收入分配和两极分化；边缘国家的工业将更加从属于中心国家，进一步沦为中心国家工业的下属合同工的角色[①]。

在第一次经济全球化中，国际劳动分工体系的形成在很大程度上是靠暴力的殖民手段和不平等的殖民地经济政策来推动的，如大西洋三角贸易中的奴隶买卖、美洲大陆的奴隶制庄园经济、还有宗主国对殖民地制造业工业发展的抑制政策，等等。此次经济全球化则主要是在各种国际经济组织的倡导下，在新自由主义经济学理论的指导下，通过国际资本自由流动下所产生的资源、劳力和技术的组合，建立起一个以西方为中心、在西方国际大企业公司主导下、新的国际劳动分工体系之上的世界经济体系。

第四节　中国在国际分工体系中的位置与未来发展

由于经济全球化的核心内容是国际劳动分工体系的建立，而国际劳动分工体系又是世界资源和财富分配的基础，所以努力在国际劳动分工体系中占领一个高势能的位置将对中国未来的经济发展和政治稳定至关重要。

从过去20年的经济全球化的普遍实践来看，主要有如下特点：其一，发达国家内制造工业（技术含量低，比较耗费资源和人工且对环

---

① Samir 1997：3-5.

境污染比较厉害的制造业）向发展中国家的转移，典型的例子如鞋类、玩具以及日用化工品等产业生产向中国和东南亚国家和地区的转移；其二，发达国家内高科技产品生产中低技术零件生产和成品组装线向发展中国家的转移。如苹果、惠普和戴尔等西方大公司在中国进行的电脑附件（如键盘、鼠标等）的生产和最后的成品组装，还有诸如苹果、摩托罗拉、诺基亚等国际大公司在中国进行的手机附件生产和最后成品的组装等。这两种转移所带来的国际劳动分工结果将是发达国家拥有高科技、高利润、节省资源、节省劳力对污染环境较少的产品制造业和高科技产品的研发部门，而发展中国家则主要拥有低技术、低利润、耗费资源、耗费劳力并对环境污染较大的产业以及高科技产品中低端技术附件的生产和成品组装。正如前面阿明所说，在当今西方国际大企业公司在全球范围内所建立的这种产品生产流水线中，很多发展中国家事实上的确是处在一个低级劳动合同工的地位。这种国际劳动分工背后最重要的东西当然是利润的分配走向以及中心国家对高科技的掌控和垄断。当一个地区的自然资源和生态环境变得越来越糟糕，越来越不适合于人的居住时，那么这个地区相对于其他地区的土地资源价格比也就会越来越低；那里的劳动力也就越来越没有讨价还价的能力；其在国际劳动分工体系和国际不平等交换中的地位也就越来越低。于是，便形成了一种贫穷的恶性循环：有科技研发能力的人力资本和有消费能力的富人会越来越向富有地区流失，从而也就更加增加了富有地区的技术创新和对技术的垄断，更加刺激了富有地区的市场消费，使富有地区在国际分工体系中的位置越来越高①。

　　作为一个发展中国家，当今的中国无疑正处在一个十分关键的发展关口。一方面，国家经济在改革开放近 30 年来保持了每年 9% 以上的 GDP 增长率②，把服装、玩具、家庭日常用品和电脑配件等产品

---

① 在经济全球化的国家竞争中，最关键的是人才竞争。其实，给美国带来最大财富的是发展中国家高科技人才向美国的源源流入，从而使美国进入了一种高科技经济的良性循环。所以，有人说美国最盈利的产业是其教育。由于这个问题已超出了本文的研究重点，所以对此不做赘述。
② 金碚，《1978 年以来中国发展的轨迹与启示》，《中国工业经济》，2007 年第 5 期，第 7 页。

推向了世界各地，成为广大欧美家庭日常消费中不可缺少的产品；另一方面，又始终处在国际劳动分工体系的下盘，主要靠低技术、低利润、高污染、高资源和高劳力消耗的制造业产品换取外汇，在国际产品的利润分配中获利极少。在美国《经济周刊》所评选出来的"2007年世界上最有发明创造的50家国际大企业"当中，没有一家是中国企业，说明尽管这些年来中国经济增长迅速，但这种增长主要靠的是资本、资源和劳力的投入，而不是技术的创新。而在美国杂志《财富》所评选出来的"2007年世界500强企业"中，中国有17家企业入选，但其中只有"中国移动"和"中国电信"两家国有公司可以算做高技术企业；其余15家均为国有的银行、建筑、保险和原材料生产等部门企业。这些公司是以资产数量庞大而入选，而不是以技术创新和资本回报率高而入选。以上情况说明中国的这辆经济快车，这些年虽然走得很快，但主要是靠大量的资源消耗和大量的资本和劳动力投入从后面推动的，而不是靠能到全世界各地捞大钱的国际大公司带动的。如美国的苹果、微软、英特尔、IBM、谷歌、通用、沃尔玛等国际大公司带动美国的经济发展；德国的西门子、BMW、奔驰、SAP等公司带动德国的经济发展；日本的索尼、丰田、三菱等公司带动日本的经济发展；荷兰的菲利浦、贝壳、Macro等公司带动荷兰的经济发展；还有瑞典的沃尔沃（Volvo）、宜家（IKEA）和Ericsson，以及芬兰的诺基亚等。

笔者认为，衡量一个国家是否经济发达，主要是看这个国家有多少资本雄厚、技术发达、管理先进的国际一流大企业公司。这一点从前面50家全世界最有创新的国际大企业公司的国家分布状况中清晰可见。美国是当今世界经济体系的核心，世界上的第一大经济强国；其在50家中占有35家。其余15家则主要分布在世界经济体系中心地区国家中，如德国、日本、英国、荷兰、瑞典、芬兰、加拿大等国家。韩国这些年来在世界经济体系中的地位迅速上升，其突出的表现就是近年来像三星和LG等韩国大企业公司的崛起。因为这些资本雄厚、管理先进、技术发达的国际化大企业公司可以依靠自己的资本垄断和技术垄断到全世界各地捞钱，然后通过缴税的方式将其所赚的一部分钱交给他们的国家，而他们的国家则可以用这些钱来搞社会福利和社会保险的建设。所以，尽管与中国相比，一些发达国家的失业率并不低，但是由于其社会福利高，他们依然可以有一个不错的生活。虽然现代经济学研究常用一个统一的基尼系数值来预警一个国家财富分配差距的危险临界点，但是实际上，一个富国对基尼系数的承受能力要远远大于一个穷国，因为富国的财富积累和国民生活水准的基点远高于穷国。

中国近二十年来虽然经济增长迅速，但却缺少龙头企业，即那些实力雄厚，能够靠技术创新和高水平管理在全世界捞钱的国际高科技大企业公司。所以，目前的中国依然是处在国际劳动分工体系的下盘，在国际不平等交换中处于劣势的地位。由于中国占据的主要是很多国际大公司产品从设计—生产—销售中的低端"生产"环节，中国所拿到的那部分极少的利润又是以耗费中国资源和污染中国环境为代价的[①]。这种缺少高技术垄断和技术创新，主要依靠资源和劳力的经济增长方式不利于中国在国际经济中的竞争，一方面使中国位于国际劳动分工体系的低端，在国际资源和财富分配中处于一个弱势地位，另一方面也使国家面临着一个经济增长的可持续性问题，而且还有可能会给未来留下的一个资源匮乏、环境破坏、公民身体健康受到威胁的负资产。

纵观第一次经济全球化，欧洲中心国家几乎无一不是在一个统一强大的政府的引导干涉下，靠实行贸易保护，辅助幼稚工业，发展高端产业，鼓励科技创新起家的[②]。从 1500 年到 1914 年的世界经济整合中，虽然海外财富的获得，殖民地资源的占有，和海外市场的扩大等对西方大国的崛起贡献甚大，但大国地位的保持和经济繁荣的维系主要依靠的还是西方大国后来在世界经济体系下国际劳动分工体系中所占有的位置。从 1500 年到 1914 年，葡萄牙、西班牙、荷兰、法国和英国都曾先后在世界舞台上独领风骚，但真正实现世界霸主地位的

---

① 由于空气和河流的污染并没有在目前的产品利润计算中体现出来，所以，近年来有学者提出了"绿色 GDP"的概念。所谓"绿色 GDP"就是要从现行 GDP 中扣除环境资源成本和对环境资源的保护服务费用。

② 参见 Ha-Joon-Chang. *Kicking Away the Ladder：Development Strategy in the Historical Perspective*. London：Anthem Press，2003.

只有荷兰和英国。沃勒斯坦认为，从 1500 年至今，世界上只有荷兰、英国和美国三个国家真正实现了世界霸主的地位，因为只有这三个国家真正做到了在世界金融、生产和贸易三方面的第一①。虽然葡萄牙和西班牙也曾经在海外扩张中崛起，在军事和贸易上独领风骚，但由于两个国家都没有坚持在国际劳动分工体系中刻意追求那些可以为国家经济带来可持续性增长的产业经济发展（在当时就是高技术和高利润的工业制造业和军工制造业的发展），所以很快便在后来的世界经济整合中衰落了。而英国、荷兰、法国、德国等国家则一直比较重视、保护和鼓励国内大公司和技术创新企业的发展。

发展科学技术不但可以提高生产力，降低成本，提高利润，而且还意味着可以通过技术垄断而搞价格垄断，从而取得利润的垄断。因此，如何在此次经济全球化中，趋利避害，发展创新经济，加强竞争优势，在国际劳动分工体系中占领一个制高点对于当今和未来的中国来说尤为重要。笔者认为中国是否能够真正腾飞，挤进世界强国的行列，在很大程度上将取决于中国经济能否向创新型经济转型的成功，特别是取决于中国能否在世界经济发展格局也就是国际劳动分工体系中占领一个高势能的优势地位，从以往低技术、低利润、高污染、主要靠出卖廉价劳动力和自然资源的经济增长方式，转向为高技术、高利润、低污染、主要靠科学技术推动的经济增长方式。用一段比较直白的语言来说，就像一个家庭，如果有一两个位于社会分工体系上盘、能挣大钱的孩子，其家庭经济状况会远远胜过一个有着十来个位于社会分工下端、虽辛苦劳动、却挣钱不多的孩子的家庭。

第五节　面对全球化，是加入还是回避？

沃勒斯坦曾经多次对"世界资本主义体系"进行批判，认为"现代世界资本主义体系"的出现其实是一件不幸的事情②。由于资本主义对资本扩张的无限追求，对资本积累的无限追求，以及其为了追求

---

① 沃勒斯坦 1998，卷 2：45。
② 沃勒斯坦 1998，卷 1：1—2。

利润要把任何东西都商品化的倾向，所以其最终将会带来世界生态资源的破坏和枯竭①；而其本质上的帝国主义性质和其体系内的竞争和利益冲突必然会带来战争②。沃勒斯坦认为，当今的全球化不过是过去 500 年世界资本主义经济体系发展中的又一个发展阶段而已，也因此对当今的全球化持有非议③。基于与沃勒斯坦相似的认识，很多西方学者和社会人士坚决反对和抗议当今的全球化，并鼓励世界各地人民拒绝"新自由主义的全球化"，认为只要大家认识到了问题所在，然后一起努力就可以改变世界资本主义体系或全球化的发展轨道④。然而，笔者却并没有那样乐观。笔者认为不管有多少人反对和拒绝全球化，并试图改变世界资本主义发展的轨道，但其最后的努力结果很可能并不乐观。因为资本主义制度是建立在人自私本性上的一个制度，它不光将人类本性中对金钱和财富追求的愿望合理化和合法化，而且对其进行鼓励。资本主义制度对人们对金钱和最高利润追求的鼓励符合人类对金钱和财富追求的本性，所以这个制度不会终止，相反人们会像飞蛾扑火一样地扑向这个制度。

① Wallerstein, Immanuel. "Ecology and Capitalist Costs of production: No Exit," Confereace Paper, PEWS XXI Conference （全球生态环境与世界体系第二十一次会议）, http://fbc.binghamton.edu/iwecol.htm, 2007/9/26. 沃勒斯坦不否认在前资本主义社会中也有"扩张"(expansion) 和"征服"(conquest)，但是认为那时候的社会从没有像资本主义社会那样把资本扩张和资本积累这种实践和意识形态推到极限，当成社会的一种首要事情来做。沃勒斯坦 1998，卷2：45。
② Wallerstein, Immanuel. "U.S. Weakness and the Struggle for Hegemony," *Monthly Review*, vol.55, no.3, 2003, pp.23−29.
③ Wallerstein, Immanuel. "Globalization or The Age of Transition? A Long-Term View of the Trajectory of the World-System," http://fbc.binghamton.edu/iwtrajws.htm, 2007/9/26.
④ Danaher, Kevin and Burbach Roger, eds. *Globalize This! The Battle Against the World Trade Organization and Corporate Rule*. Monroe, ME: Common Courage Press, 2000; George, Susan. "A Short History of Neo-Liberalism: Twenty Years of Elite Economics and Emerging Opportunities for Structural Change," *The Other Davos*, edited by Francois Houtart and Francois Polet. London and New York: Zed Books, 2001, pp.7−16; Mittelman, James H. *The Globalization Syndrome: Transformation and Resistance*. Princeton: Princeton University Press, 2000; Mittelman, J.H. *Globalization: Critical Reflections*. Boulder/London: Lynne Rienner Publishers, 1996; Wallerstein, Immmanuel. "A Left Politics for An Age of Transition," *Monthly Review*, vol.53, no.8, 2002, pp.17−23.

可以说，逐利是经济全球化的起因，而国际跨国大企业公司则是经济全球化的主要推动力量。这些跨国公司所追求的当然也是它们利润的最大化。这是由资本扩张的本性以及现代交通和通讯技术发展又使其得以开始新的一轮扩张的可能性所决定的。因此，不管是拥护也好，反对也好，或愿意也好，不愿意也好，经济全球化将会以一种不可逆转的趋势继续蔓延扩张。这是一场所有国家都不得不参加的游戏或比赛（Game）。如果说这场游戏的最终后果（也是人类的结局）是不确定的或者是失败的，那么参加与不参加的结果都是失败，而且不参加的结果是更早的失败。就像当年的印第安人和黑人，当欧洲人到达了他们的土地上的时候，参加与不参加已不是他们的选择。既然必须进入游戏，那么积极参与并努力在参与中获胜将是唯一的选择。所以，对于当今的中国来说，不是拒绝全球化的问题，而是如何参加与参与的问题。此次经济全球化到底是带来现有世界经济格局中原有等级的维持和加强——进一步增强西方发达国家在资本、技术和管理上的竞争优势及其在世界资源和财富分配中的分配份额，还是将带来一个新的世界经济格局的产生？这在很大程度上将取决于发展中国家——特别是中国和印度等发展中国家对经济全球化的认识，以及他们在当今经济全球化中的反应和表现。

正如前面所论述的，经济全球化并不是简单的国际贸易往来和经济合作，它要建立的是一个以国际劳动分工为基础的世界经济体系，而且这是一个有中心和有边缘，有主导和有附庸，有着权力等级结构的世界经济体系。西方发达国家以往和当今在国际政治经济军事上的强势使他们在现在的经济全球化中占有明显优势，而所谓的"市场力量"将会给在资本、技术和管理上占有优势的西方跨国公司以更大的优势。通过资本的自由流动和对高科技的垄断，西方国家可以进一步巩固和坚强他们在国际经济竞争中的优势，维持他们在国际劳动分工体系中的高端地位。而对中国等发展中国家来说，由于在资本、技术和管理经验上的劣势地位，所谓自由贸易和自由市场下的竞争其实就是让强者和弱者的自由竞争（譬如拳击场上一流拳击手和初学男孩儿的竞争），其胜负结果可想而知。因此对于中国这类发展中国家来说，国家政局的稳定，政府对幼稚工业的辅助，政府在贸易中对自己国家公司的保护，以及资本的集中使用等就显得尤为重要。特别是在向创新型经济的转化中，政府的作用尤为重要，因为企业都是趋利的，很多具有长远效益的研发投资项目一定要有政府的鼓励和资助。在未来的经济发展中，政府怎样在贸易政策和税收政策上引导和诱导中国企业走向创新，是中国经济能否从低端制造业成功地向高端技术产业转移的关键。

第三章　比较优势与赶超经济：
理论、历史与现实

　　谈国际劳动分工和国际不平等交换，不能不对"比较优势"和"赶超经济"这两种发展战略模式进行讨论。比较优势理论最早由英国经济学家李嘉图提出，并受到 19 世纪英国政府和主流经济学家的极力倡导和推崇——尽管英国自己是在关税保护、"航海法案"和幼稚工业辅助政策下发达起来的，而都铎王朝的亨利七世更可以说是实行贸易保护和幼稚工业辅助的鼻祖。19 世纪，英国是世界上经济和工业生产技术最为发达的国家；当时英国对自由贸易和比较优势理论的极力推崇很难说与其在全球经济发展中的绝对优势地位无关。自由贸易和比较优势理论符合当时正致力于国际劳动分工体系建立的大英帝国的利益需求，有助于维持、巩固和加强 19 世纪初英国在军工生产和工业生产上的竞争优势地位，也有助于一个以英国制造业经济为中心的国际劳动分工体系的形成。

　　李嘉图的《政治经济学及赋税原理》（1817）诞生于英国工业革命高潮之中。当时正是英国需要完成工业化，彻底成为一个以工业立国的国家的时期，也是英国资产阶级特别需要扩大国际贸易，更好地利用英国工业在技术和成本上的优势地位而获得更大利润的时期。当时在政治和经济实力上已经远远超过农业庄园主阶级的英国工业资产阶级迫切需要扩大生产规模，彻底解除英国庄园主经济对英国工业发展的最后羁绊，将英国变成一个完全以军工和工业制造业为核心的国家，同时需要扩大国际贸易，将其在工业成本和技术上的国际竞争优势转换为国际贸易利润。所以，站在英国工业资产阶级立场上的李嘉图在《政治经济学及赋税原理》中极力主张发展工业，实现工业资本积累，同时提出比较优势理论，帮助推动英国的国际贸易。毫无疑问，李嘉图的经济学理论符合当时在政治和经济上日益强大的英国资产阶级的利益和需求，自然也受到英国资产阶级的广泛推崇。

19 世纪英国对比较优势和自由贸易理论的倡导和推崇针对的主要是当时那些在工业经济发展上还落后于英国，但在全球生产贸易，特别是在殖民地经济市场份额占领中，却又是英国巨大的潜在竞争对手的国家，如欧洲的德国、法国、比利时和瑞典等，还有刚刚从英国独立出来不久的位于美洲大陆的美国。特别是德国和美国，当时虽然在工业生产技术上落后于英国，但却国土辽阔，资源丰富，而且具有一定的工业发展基础；如果他们在工业发展上赶超上来，那么英国在军工和高技术工业产品的生产和贸易中无疑将又不得不面临另外两个新增的强大竞争对手。尤其是美国，尽管在 1776 年获得了政治上的独立，但在经济上却依然扮演着向英国出口农产品（木材、小麦、玉米等）和工业原材料（棉花、烟草、皮毛等），从英国进口武器、机器设备和高端工业产品的边缘国家角色。如果美国也致力于高技术的军工和复杂工业产品的生产，其结果必然是减少对英国农产品和工业原材料的供应和减少对英国武器、机器设备和其他高端工业产品的依赖。这自然会影响到英国工业生产的原材料供应和工业产品的销售，显然不符合英国的利益。因此，亚当·斯密在他的《国富论》里警告美国不要企图用关税保护等措施辅助她的幼稚工业，声称如果美国那样做，其不光不能促进美国的发展，反而会阻碍美国的繁荣和富强①。而英国的亚当·斯密自由主义经济学在 19 世纪的美国和德国遭到一些政治精英和经济学家的质疑和抵制也毫不奇怪。美国首任财长亚历山大·哈密尔顿，南北战争时期的总统亚伯纳罕·林肯，经济学家丹尼尔·雷蒙、马修·凯里和亨利·凯里，还有德国的经济学家弗里德里希·李斯特都曾是逆亚当·斯密自由主义经济理论而行，倡导

---

① 参见张夏准著，肖炼等译：《富国陷阱》，北京：中国社会科学院文献出版社，2006年，第 7 页。

贸易保护和幼稚工业辅助的人。他们都对本国经济向军工和高端工业生产的成功转型作出了巨大的贡献。也正是在这种对英国自由主义经济学的质疑和批判中，以李斯特为代表的德国历史学派得以诞生和兴起。

后来，随着法国、比利时、德国、瑞典等欧洲国家，还有北美的美国相继完成他们的工业革命，整个西方一起成为全球经济发展中以军工和工业制造业生产为主的先进发达地区。1914年第一次世界大战爆发前夕，第一次经济全球化的国际劳动分工体系已基本形成；西方国家已经作为整体一起成为世界经济体系的中心；虽然依然存在着中心国家之间的经济竞争和对殖民地的争夺，并因此导致了先后两次世界大战的爆发，但在国际劳动分工上，西方国家共同占据着国际劳动分工体系的高端位置，主导着世界经济的发展。与这一经济发展现象相对应的，则是第二次世界大战之后西方各国主流经济学界在经济学理论上的日渐统一；自由主义经济学说得到了西方国家的普遍认同和推崇，再也没有出现像当年美国和德国那样，对自由贸易和比较优势理论的强烈质疑和反驳。第二次世界大战之后一直到20世纪80年代，在很长一段时间里，比较优势理论基本上被沉放箱底，或者说至少不太是西方主流经济学界热衷于讨论的一个话题。虽然在这一时期，非主流的"中心依附学派"还有一些来自于赶超国家的经济学家，如日本的筱原三代平和阿根廷的普雷维什等，都对比较优势理论表现出了讨论的热情，但是他们的质疑、修正、批评和讨论并没有得到西方主流经济学界的呼应。

比较优势理论研究热潮在西方主流经济学界的再一次兴起则是在20世纪80年代末和90年代初，正是第二次经济全球化浪潮兴起之际。当时随着苏东共产主义政权的相继垮台和西方现代高科技产业的发展，新一轮的资本扩张蓬勃兴起。在资本扩张和高科技发展的带领下，西方产业结构提升，世界经济重新整合，新的国际劳动分工体系需要建立。正是在新一轮的世界经济整合中，"比较优势理论"变得空前红火，受到国际经济组织和西方主流经济学界的高度推崇。在比较优势理论的倡导下，西方国家低技术、低利润、比较耗费资源和消耗劳力的产业开始向东欧、中国和东南亚国家大量转移，新一轮的国际劳动分工体系开始形成。

第一节　经济学理论中的比较优势与赶超战略

关于比较优势和赶超经济这两种发展战略的争论，已经有了超过一百年的历史，至今依然没有停止，本章首先对这两种理论作一个简单的介绍，然后以200年来世界各国的发展历史来印证这两种政策的实际效果，最后联系今天中国所面临的现实状况做一点讨论。

一、比较优势理论

一般认为，亚当·斯密的《国富论》（1776）开创了现代意义上的自由贸易和分工理论。他提出由于各国生产商品存在着技术水平和生产成本的绝对差别，每个国家都可以通过专业化生产自己具有优势的产品，然后再以此对方国内更便宜的价格相互进行交换，这样双方都可以通过专业化提高本国的劳动生产率并从国际自由贸易中获利。

1817年，英国经济学家李嘉图在《政治经济学及赋税原理》一书中进一步提出了比较优势理论，认为两国之间即使没有生产技术水平的绝对差异，而只要存在相对的差异（即一国的各种商品生产率均高于另一国，但只要两国在不同商品中的相对优势不同），就可以通过自由贸易获得利益，具有绝对优势的国家可以集中生产优势较大的产品，而处于绝对劣势的国家则可以专门生产劣势较小的产品。

为了说明这一点，李嘉图举了英国与葡萄牙贸易的著名例子[①]：英国生产毛呢需要100人一年的劳动，而酿制葡萄酒则需要120人一年的劳动；葡萄牙生产葡萄酒只需要80人劳动一年，而生产毛呢则需要90人劳动一年。在这里，葡萄牙生产毛呢和葡萄酒都具有优势而英国均处于劣势，但是葡萄牙生产葡萄酒的优势要大于毛呢，而英国生产毛呢的劣势要小于葡萄酒。因此，通过让英国集中生产毛呢而输入葡萄酒，葡萄牙集中生产葡萄酒而进口交换毛呢，经过自由贸

① 彼罗·斯拉法主编，郭大力、王亚南译：《李嘉图著作和通信集·第一卷·政治经济学及赋税原理》，北京：商务印书馆，2009年，第111页。

易，可以实现英国以 100 人的劳动交换原本需要 120 人劳动的产品，而葡萄牙则可以用 80 人的劳动换取原本需要 90 人劳动的产品，而葡萄酒和毛呢的国际比价则会位于两国原有的国内比价之间。换句话说，两个国家通过自由贸易实现了双赢。（当时的实际情况其实是英国拥有毛呢生产的绝对优势，然而有趣的是，李嘉图却在他的例子中把葡萄牙假设成为一个在毛呢和葡萄酒生产中都占有绝对优势的国家，而且回避了当时毛呢生产在利润、未来市场规模扩大和技术变革潜力上远大于葡萄酒生产的事实）

在李嘉图这里，劳动力是唯一的生产要素，衡量各国生产比较优势和劣势的标准是劳动生产率。而到了 20 世纪 20 年代，瑞典的经济学家赫克歇尔（Eli Heckscher）和俄林（Bertil Ohlin）又提出了生产要素禀赋理论，区分了劳动和资本两种生产要素，以各国劳动和资本丰裕程度的差异来作为比较优势差异形成的基础；各国被区分为资本资源比较优势和劳动资源比较优势，一国应该集中使用自己拥有最丰富的要素生产和出口商品，才能在国际贸易中获得最大的收益。这就形成了我们今天所经常见于报端并被主流经济学家奉为圭臬的"比较优势理论"。

在上述比较优势理论中，至少忽略了两个问题：（1）比较优势是一个静态的模型，没有考察贸易过程中技术可能发生的变化和由此可能引起比较优势的逆转或技术差距的扩大，而这些都会导致双方贸易地位的变化；（2）比较优势没有注意到各国生产能力上的限制，并不是英国生产出的每一单位毛呢都必然有对应的葡萄酒来交易，这种交易数量的不对等也会导致双方贸易地位的不对等。因此，比较优势理论从一开始就遭到了很多学者的质疑。

二、赶超经济理论

保护本国幼稚产业和实施赶超经济的战略是由美国的政治家汉密尔顿（Alexander Hamilton）所提出的。1791 年，时任财政部长的汉密尔顿在呈交给美国众议院的《关于制造业的报告》中指出，来自海外的竞争会抑制美国新兴产业的发展，因此需要政府采取过渡性的保护和扶植政策，通过保护性关税、禁止进口竞争型商品、禁止出口制造业原料、财政补贴、减免制造业原料的进口关税、鼓励新技术和新发明、加强技术检验、政府提供运输和资金汇款的便利的手段，来推动本国制造业的发展。

汉密尔顿的赶超经济思想被德国经济学家李斯特发展成为一套完整的理论体系。在 1841 年出版的《政治经济学的国民体系》一书中，李斯特对自由贸易理论提出了强有力的批判，指出经济发展是一个动态的过程，包括若干个阶段，每个国家应该根据自己所处的历史阶段来决定对应的经济政策，英国在经济发展的初期也采取过贸易保护政策，只是到了本国产业占据国际技术优势的时候才使用自由贸易政策，以德国为代表的大多数国家仍比较落后，还不适于自由贸易政策，而应当保护和发展自己的幼稚产业，采取赶超经济的战略。

李斯特指出"英国向来有一个牢不可破的准则，认为一个国家只有用工业品来交换农产品与原料，只有进行这样的国外贸易，才能达到最高度富强，这一点在这里却一字不提。这一准则在当时直到现在依然是英国国家的一个秘密，以后从未见公开提起，不过实际上却是越来越认真地在坚决执行"①。这种表面上基于比较优势的自由贸易，可以使对手在短期内获得一定的利润从而诱使其放弃对自身工业的保护和发展，然而在长期却牺牲了高技术生产制造的能力，被置于出口低技术水平产品的地位。李斯特认为政治经济学的主体应该是民族国家，而李嘉图的比较优势理论则刻意混淆了民族和世界的差别，在表面上以世界主义者、博爱主义者自居，实际上反映的是英国作为先发国的利益，由于英国事先已经具备了技术的优势，可以通过自由贸易抑制后期国家的技术发展，这正如当一个人已登上了高峰以后，就会把他登高时所使用的那个梯子一脚踢开，免得别人跟着他爬上来。

李斯特的理论又被后来的一些日本经济学家所继承和发展。20世纪 50 年代，筱原三代平提出了"动态比较成本理论"，认为一国的

---

① 弗里德里希·李斯特著，陈万煦译：《政治经济学的国民体系》，北京：商务印书馆，1961 年，第 308 页。

比较优势和劣势在经济发展过程中是可以转化的，而不仅仅取决于生产要素的丰裕程度，在某一时点上处于劣势的产品经过一定时期政府的有力扶持，有可能转化为优势产品。因此政府可以选择收入弹性高（即需求相对于收入变化很敏感）和技术进步率快的产品生产进行保护和支持，使之成为独立的具有出口竞争力的产业，进而形成新的比较优势。而如果按照李嘉图的比较理论，发达国家将其重点放在重工业和高技术等收入弹性高的产业，而发展中国家只发展农产品等收入弹性低、技术进步率低的初级产业，这种国际分工持续下去，就会使发达国家与发展中国家的收入差距进一步加大。

同样在 50 年代，阿根廷经济学家普雷维什（Raúl Prebisch）和英国经济学家辛格（Hans Singer）还提出了落后国家长期贸易条件恶化的理论，即著名的"普雷维什—辛格命题"，指出在以比较优势为基础的自由贸易中，发展中国家出口的初级产品价格相对于发达国家的工业制成品价格长期呈现下跌的趋势，即发展中国家的贸易条件（出口产品价格/进口产品价格）在长期是逐渐恶化的，这也印证了以往学者对比较优势和自由贸易战略的质疑。

此外，以克鲁格曼为代表的新贸易论者在 20 世纪 80 年代以来发展出了战略性贸易理论，认为可以通过政府的关税保护和产业支持等战略性政策，推动本国企业的成长进而实现规模经济，提高本国企业的国际竞争力，扩大国际市场份额；这尤其在产业内贸易领域也对比较优势理论形成了巨大的冲击。

三、今天中国经济学界的争论

近年来，国内很多学者也就比较优势和赶超经济理论及其在当代中国的适用性展开了激烈的讨论。

林毅夫等学者（1995、1999）认为日本和亚洲四小龙经济体的成功发展均得益于比较优势战略，而凡是实行赶超战略的国家都由于不符合资源禀赋的比较优势，只好倚赖扭曲价格和国家保护政策，最终压抑了市场机制的作用，不仅没有实现赶超，反而拉大了与实行比较优势发展战略的国家之间的经济差距，因此"必须用比较优势发展经济"、"发展经济舍比较优势别无捷径"。当今的中国必须结合本国资源和传统产业特点来发展劳动密集型产业，政府的职能应当是建立和维护市场规则、打击垄断和改善市场环境，而不是去干预市场。

另一些经济学家则对此提出了异议，如洪银兴（1997）就认为由于发达国家存在资本和技术对劳动的替代，使得发展中国家的劳动密集型产品并不真正具有国际竞争优势，单纯以劳动和自然资源密集型产品出口为主的国家就会因此而落入"比较利益陷阱"，因此中国应当引进高新技术以与劳动力资源相结合，将比较优势转化为竞争优势。左大培（2000）也指出落后国家发展经济的根本途径是尽快实现产业升级和产业结构的技术密集化，单纯的自由贸易对发展中国家的是有害的，中国应当采取的贸易政策是通过关税和非关税手段来保护目前生产率比较低、提高潜力很大的装备制造业和高技术产业。

第二节　真实历史中的英国与葡萄牙贸易

李嘉图在介绍比较优势理论时，以英国和葡萄牙分别专业生产纺织品和葡萄酒为例来印证自由贸易可以为双方带来双赢，但历史事实并非如此。

一、英葡贸易的背景与发展

1640 年葡萄牙摆脱西班牙的统治而获得独立后，立即开始向欧洲各国寻求政治和外交上的同盟以反对西班牙，但并没有得到法国和荷兰的热烈响应。1642 年，葡萄牙使团得到了英王查理一世的承认并签订了和平通商条约，英国许诺在未来可能发生的战争中保持中立，双方依据条约进行平等通商；到 1654 年，两国又签订了新的条约，允许英国商人在葡萄牙各地设厂同时可以在葡萄牙的果阿、第乌、柯钦、巴伊亚、伯南布哥和里约热内卢等海外殖民地进行经商活动；1661 葡萄牙公主嫁给英王查理二世，双方又签订了第三个条约，将孟买和丹吉尔作为嫁妆送给了英国，英国则许诺对葡萄牙及其海外殖民地给予保护。

通过这一系列贸易条约的保障，1670 年英国对葡萄牙的出口扩大到了 1640 年的 3 倍①，但葡萄牙对英国的出口则远没有这么大的增长。为了摆脱这种贸易上的被动处境，1675 年至 1690 年间担任葡萄牙国务大臣的弗朗迪拉侯爵和埃利塞拉公爵采取了贸易保护和经济赶超政策，大力促进本国纺织品、玻璃、皮革和铸铁的生产，同时禁止从国外进口这些产品。1682 年，葡萄牙从英国科尔切斯特等地招聘了很多工匠来指导葡萄牙的纺织品生产。这些毛纺织厂在政府的支持下迅速获得了发展。到 1686 年，葡萄牙政府就禁止了英国皮革制品的进口，1688 年又禁止了所有的毛毯进口。

但是这种重商主义政策并没有能够长期实行下去；在埃利塞拉公爵去世后不久，葡萄牙就放弃了对本国幼稚工业的保护政策。1701 年，西班牙王位继承战争爆发后，英国和奥地利等国结盟对法国展开了激烈的战争，停止从法国输入葡萄酒，转而以此引诱葡萄牙在 1703 年签订了著名的《梅休因条约》(The Methuen Treaty)，规定：(1) 葡萄牙永远准许英国的呢绒和其他毛纺织品自由进入葡萄牙；(2) 英国永远准许葡萄牙的葡萄酒进入英国，同时相对法国的葡萄酒降低 1/3 的关税。

在此之前，英国虽然一直从葡萄牙进口葡萄酒，但其占英国葡萄酒总消费的比例很低。在 1675 年至 1678 年间，英国每年从法国进口葡萄酒约为 8 500 桶，而从葡萄牙进口仅为 120 桶。后来由于英法之间的战争关系，从葡萄牙进口的数量才逐步攀升，但是直到 1700 年前后，来自葡萄牙的葡萄酒也仅占英国葡萄酒总消费的 1/4 左右。《梅休因条约》的签订使得葡萄牙的葡萄酒销量大幅增加到英国总消费量的一半以上，到 18 世纪 40 年代以后又上升到整个英国市场需求的 70% 左右②，应当说葡萄牙的葡萄酒生产在短期内的确获得了相当数量的经济利益。

《梅休因条约》签订后，英国的纺织品在葡萄牙的销售更是大幅

---

① Shillington, Violet, and Wallis Chapman. *The Commercial Relations of England and Portugal.* New York: Burt Franklin, 1970, p.214.

② Shillington and Chapman 1970: 220 −221, 334; Schumpeter, Elizabeth. *English Overseas Trade Statistics, 1697 −1808.* Oxford: Oxford University Press, 1960, pp. 48 −59.

增长，从18世纪初的年均30多万英镑，迅速增加到了18世纪50年代的年均近百万英镑。

双方的贸易内容确实如李嘉图书中所说的那样，英国的纺织品和葡萄牙的葡萄酒均占据了彼此向对方出口的绝大部分：英国纺织品占英国出口葡萄牙商品总值的70%左右，而葡萄酒则占葡萄牙出口英国商品总值的约80%[①]。然而和李嘉图书中所说的双赢不同，在这一贸易过程中，只有英国才是唯一的赢家。

二、英国的巨额贸易盈余

英国出口的纺织品作为生活必需和工业制成品，不仅在葡萄牙及其殖民地有着广泛的需求，同时还享有规模经济和技术提高所带来的优势，在《梅休因条约》签订后的数十年中，英国出口到葡萄牙的纺织品的价值远远大于进口葡萄酒的价值，英国的贸易顺差不断扩大。（见图3.1）

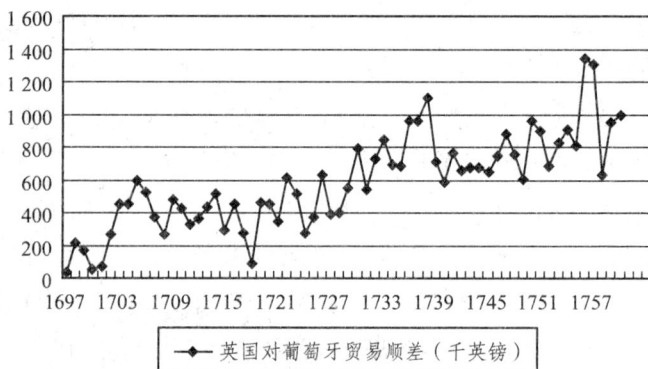

图3.1　英国从葡萄牙获取的贸易顺差（1697—1760）

资料来源：Fisher 1971：142-143.

为了弥补巨额的贸易逆差，葡萄牙被迫将从殖民地获得的大量贵金属转而输往英国。据估计，从1700年到1760年间，葡萄牙向英国大约输出了价值2 500万英镑的黄金和白银[②]，大量的巴西黄金只是

---

① Fisher, Harold. *The Portugal Trade：A Study of Anglo Portuguese Commerce, 1700 -1770.* London：Methuen & Co Ltd, 1971, pp.144, 146.

② Fisher 1971：20.

蜻蜓点水般地路过葡萄牙就立即经由里斯本运到了伦敦，有时候巴西每周有 5 万磅的黄金运入伦敦。由于葡萄牙历史性的慷慨，英国的工业技术发展得以高速有效地进行，而欧洲金融中心也因此转移到了伦敦①。这些资金又支持了英国工业化的进一步发展和双方技术水平与贸易差距的进一步扩大。

葡萄牙历史学家马丁斯也对此评论说"巴西的黄金仅仅是经过葡萄牙而在英格兰抛锚卸船，这是为了支付英国供给我们吃穿的面粉和布匹；歌剧和信仰构成了我们的工业"②。

三、葡萄牙的历史性衰落

对于葡萄牙来说，比贸易赤字更为重要的是，这种基于比较优势的贸易方式把葡萄牙的资本和劳动力资源引向了葡萄酒生产，而葡萄牙自己幼稚的棉纺织业却被大量的英国纺织品输入扼杀在了摇篮里。

即使是葡萄酒行业的贸易，也由于各种原因而被英国商人所垄断，当英国葡萄酒市场渐趋饱和之后，英国人便开始对葡萄酒农场施压，不断降低收购价格或延长付款周期。

后来任葡萄牙首相的彭巴尔侯爵（Marquis of Pombal）曾提到，1754 年时的葡萄牙实际上什么也不生产，2/3 的生活必需品都由英国提供，甚至连在殖民地干活的黑奴都穿着英国制造的衣服。

李嘉图先生阐述比较优势理论时所采用的经典案例，便是这样真实地呈现在我们的面前，历史学家桑德罗·西德尼（Sandro Sideri）把这种分工和贸易关系称之为"非正式的殖民"。这实际上是一种隐蔽的殖民，一种以比较优势为伪装的骑士与马的分工。在这场基于比较优势理论的分工和贸易中，葡萄牙丧失了实现工业化和提高本国生产能力的机会，极不体面地沦为了英国源源不断从葡萄牙殖民地获取贵金属的提款机。

---

① 爱德华多·加莱亚诺著，王玫等译：《拉丁美洲被切开的血管》，北京：人民文学出版社，2001 年，第 49 页。

② 伊曼纽尔·沃勒斯坦著，吕丹等译：《现代世界体系：重商主义与欧洲世界经济体的巩固（1600—1750）》（第二卷），北京：高等教育出版社，1998 年，第 248 页。

四、英国的重商主义政策

事实上，英国的重商主义有着一套复杂而严密的涉及国内国际各个方面的政策体系，《梅休因条约》仅仅是其中的一个闪光点而已，在基于所谓比较优势的自由贸易中，被英国边缘化和半边缘化的国家远不止一个葡萄牙，很多东南欧国家都是这样沦为农产品输出国的[①]。

在英国尚未建立较其他国家具有技术优势的时期，英国政府十分重视对经济的干预以促进本国工商业及其出口贸易的发展，其主要政策包括通过灵活的宗教和移民政策从欧洲大陆国家吸引技术工人，颁布《航海法令》以限制外国商船，颁布特许状鼓励本国商人建立海外贸易公司，颁发奖励金和补助金以推动航运业和制造业的发展，大力发展海军以掠夺殖民地和保护本国商人的利益，推行进出口禁令以保护国内市场等，还在殖民地颁布了《大家畜法》、《爱尔兰毛纺织品法》、《羊毛法令》、《冶铁法令》、《帽子法令》、《糖浆法令》等以抑制殖民地幼稚工业的发展，使其成为本国工业品永久的销售市场。

仅以纺织业为例，14世纪时英国就通过增加羊毛关税和出口禁令来保护本国毛纺织业的发展，此后又曾经禁止出口纱线、花边，废除毛织品的出口关税同时降低原料的进口关税。为了抵制亚洲棉纺织品对国内毛纺织业生产的影响，1678年英国政府曾经专门通过法案勒令每个治丧者必须用呢绒衾埋葬死者，1700年又通过议案禁止从印度、伊朗和中国进口棉布以刺激本国棉纺织业的发展，在把印度变为殖民地以后，又规定印度从英国进口丝、棉织品仅征关税3.5%，毛织品关税2%，而印度输往英国的棉织品则要征收70%—80%的关税，在这里我们没有看到一丁点儿的比较优势和自由贸易的影子。

需要特别注意的是，重商主义者并不等于贸易保护，其关键是要实现本国贸易收益的最大化。正像李斯特所说的，无论是贸易保护还是自由贸易都只是适用于不同发展阶段的政策手段而已。所以，到了亚当·斯密和李嘉图的时代，英国已经建立起了相对于其他国家的产

---

① 沃勒斯坦 1998：169－236。

业技术优势，就开始鼓吹自由贸易了。如果说李嘉图先生向大家推销比较优势理论是揣着明白装糊涂的话，那么如今把他国根据自己优势量体裁衣而制定出来的权宜之计，或阶段性政策当作放之四海而皆准的真理的国家和人们就实在是有些刻舟求剑的味道了。

第三节 比较优势？日本和亚洲四小龙经济体的发展

让我们把眼光转向亚洲，日本和亚洲四小龙经济体的经济起飞和成功同样是对比较优势理论的证伪。

一、近代日本的三环节贸易

明治时期的对外贸易政策被日本经济学家名和统一、清水贞俊等概括为"三环节贸易"理论。第一环节是日本与西欧和美国这些发达国家的贸易，第二环节是与东南亚、中南美等相对较落后国家的贸易，第三环节是与朝鲜、中国台湾和东北这些前日本殖民地的贸易。

在与第一环节发达国家的贸易中，日本主要出口生丝、丝织品和茶叶等传统商品，同时进口工业制成品，如钢铁和机器等，随后立即在国内仿照发达国家的工业生产，发展本国的制造业。

在与第二环节较为落后国家的贸易中，日本主要是进口各类食品和棉花，同时向它们不断加大本国刚刚制造出来的针织品、棉纺织品、玻璃制品、灯、洋伞和火柴等工业制品的出口。

在与第三环节日本殖民地地区的贸易中，这些地区不断向日本本土输出大量的廉价食品、矿石和豆油，同时又成为日本重化工业产品的俘房市场。据统计，在 20 世纪 30 年代，日本的稻米有 15% 以上来自朝鲜和台湾地区，砂糖 70% 来自台湾地区，东北则提供了大量的豆油、豆饼和矿产品资源；在此期间，日本从殖民地进口了约 7 亿日元的粮食及原料，同时出口了约 5 亿日元的棉纺和轻工产品以及约 4 亿日元的重化工产品[1]。

---

① 中村隆英、尾高煌之主编，许向东、张雪译：《日本经济史 6：双重结构》，北京：生活·读书·新知三联书店，1997 年，第 275 页。

很显然，这种三环节贸易是基于模仿发达国家工业生产同时对东亚地区进行殖民贸易的结果，非但不是基于比较优势的自由贸易，而且带有很明显的赶超经济特色。

最典型的例子是在从英国购买军舰时，日本派遣技术人员驻英，从订货到交货一直充当生产监督官，实际上是学习英国船只的设计、制造乃至海军的技术，不久日本就能自行生产制造主力舰了，而这又推动了日本在东亚的军事和贸易扩张。

在机械工业方面，明治政府出资建立了东京、大阪炮兵工厂，横须贺造船厂，八幡制铁所等大型国有企业，又采取了关税保护和倾斜财政政策鼓励民间小型机械厂的发展，这些工厂的产品质量初期较为低劣，但由于政府支持，最终得以在国内乃至国际市场上站稳了脚跟。

在航运领域，日本政府把 13 艘国有的航船无偿交给了三菱公司经营，又促成了三菱和国营共同运输会社的合并，合并成立的日本邮船株式会社迅速垄断了日本国内航运，并在中国航运业中占据了优势地位。

在缫丝和丝织业，明治政府 1872 年出资从法国购买机器设备以设立模范制丝工厂，又从意大利、法国引进机器制丝技术，1880 年又将这些国营示范企业的大部分低价卖给私人经营，将进口的棉纱机以无息和按揭还款的优惠条件出售给民间，迅速带动了日本制丝业的技术进步，很快就在国际市场上战胜了意大利和中国丝。到 1929 年世界经济危机来临之时，日本政府在贸易保护的同时已向蚕丝业者提供了超过一亿日元的补助金，帮助他们渡过难关。

面对 1929 年的世界经济危机，日本不仅没有打击垄断、维护市场竞争，而且特别设立了临时产业审议会和临时产业合理局，专门通过《重要出口统治法》和《重要出口产品工业组合法》等法案倡导购买国货，鼓励大企业的合并和中小企业的卡特尔化，以应对国外大企业的竞争。

在这一系列赶超型经济政策的推动下，日本国内的工业水平迅速提高，成为所谓的"中进国"；这也很快就在日本对外贸易的结构上体现了出来。从国别结构来看，日本对发达国家工业品进口的依赖不断下降，第一环节发达国家占日本进口总额的比重从 19 世纪 80 年代的 90% 以上下降到了 20 世纪 30 年代的不足 50%，而日本对亚洲落后国家的出口则从 19 世纪 80 年代占日本出口总额的 20% 左右上升到了 20 世纪 30 年代的 50% 以上[1]。从贸易品的技术水平来看，日本进口商品中的制成品从 19 世纪 80 年代的 80% 下降到了 20 世纪 30 年代的 40%，而初级产品则从 20% 上升到了 60%；日本出口商品中的工业制成品比重由 19 世纪 80 年代的 70% 上升为 20 世纪 30 年代的 90% 以上，初级产品从 30% 下降到了不足 10%[2]。这些表明日本已经通过这种赶超经济战略，成为新的工业化经济强国。

二、战后日本的产业政策

第二次世界大战以后的日本延续并发展了近代的赶超经济战略；日本战后的产业政策和贸易政策在相当程度上正是前述筱原三代平动态比较成本说的写照——和比较优势理论没有什么关系。

20 世纪后到 20 世纪 50 年代中期是日本经济和产业的复兴时期。日本政府并没有根据比较优势理论去发展劳动密集型和低资本、低技术、低能耗的产业，而是先后实行了倾斜生产方式政策和产业合理化运动：前者确定了以煤炭和钢铁这两个生产基础工业部门为优先发展产业，在资金、定价和物资上保证其发展；后者则是通过减免税收、政府补贴和关税保护等方式鼓励重化工业的投资。在此基础上，日本政府颁布了一系列的产业振兴法案，包括《合成纤维产业育成对策》、《合成树脂工业育成对策》、《石油化学工业育成对策》、《机械工业振兴临时措施法》、《电子工业振兴临时措施法》、《航空工业振兴法》，使这些产业能得到财政税收、银行低息贷款等各方面的优惠扶植（单是看这些政策和法案的名称，我们也能知道它们是幼稚产业保护和赶超经济的策略）。

到了 20 世纪 60 年代，日本基础工业体系基本建立，海外市场也逐步打开。政府一方面持续推动钢铁、石油、合成纤维等行业的设备

---

[1]　安藤良雄编：《近代日本经济史要览》，东京：东京大学出版会，1981 年，第 23 页。
[2]　大川一司和南亮进编：《近代日本的经济发展》，东洋经济新报社，1975 年，第 578—581 页。

投资，实现了重化工业的体系并在生产技术上达到了国际先进水平；另一方面颁布了《石油工业法》、《电气事业法》、《核反应堆与核燃料开发事业团法》等法案来扶植新能源产业的发展，又由政府组织和支持专门成立了日本电子计算机股份公司，力图推进产业结构的高技术化。

1973 年石油危机爆发后，日本政府加大了节能产业和高技术产业的推动力度，将产业结构的重心从资本密集型的重化工业向高科技产业转移，制定了《特定机械产业振兴临时措施法》，明确规定加强对集成电路、电子计算机、飞机等产业的扶持，对尖端技术领域的开发提供政策补贴、税收和信贷优惠，使得日本迅速占据了世界高技术产业的领先地位。

为了配合这些产业升级政策，日本推行了强有力的战略性贸易政策，一方面推出出口优惠金融制度、出口振兴税收制度和出口保险制度，积极协助国内企业开拓国际市场；另一方面对原材料进口减免税收，而对在本国内具有发展前景的工业制成品进口征收高额关税，从而提高了相关产业的有效保护率。直到日本加入了关贸总协定（WTO 的前身）以后，20 世纪 60 年代的日本仍有 160 多种商品受到进口限制保护，进口小汽车的关税仍高达 40%。这有力地支撑了日本汽车工业从默默无闻发展成为日本的第一大出口产业。

需要特别指出的是，在战后日本的经济发展中，美国起到了极为重要的作用。在第二次世界大战之后的冷战时期，为了防止亚洲出现一片红，增强对共产主义苏联和中国的对抗，美国不遗余力地帮助日本恢复经济、开拓海外市场。1953 年美国与日本签订了贸易协定，允许日本的制造业产品自由进入美国市场，1955 年，又允许日本加入了关贸总协定；美国还和欧洲和亚洲的一些国家签订三边协定，以美国关税让步为代价要求这些国家向日本开放国内市场。

而最关键的是，在 1951 年的针对第二次世界大战赔款的《旧金山对日和约》中，特别提到"日本可通过向当事国提供生产、沉船打捞等劳务，来达到赔偿损害的目的"；日本于是借机对东南亚国家采取了以实物赔偿为中心、辅以低息贷款和直接投资的赔偿方式，以战争赔款为名顺利地敲开了缅甸、菲律宾、印尼、越南、柬埔寨、老挝、泰国、马来西亚、新加坡等国家的大门，大量倾销日本的工业制成品和投资建厂，为国内产业高速发展找到了新的市场需求。

很显然，一百多年来日本经济的高速发展，不仅与比较优势发展战略毫无关系，而且是一种深谋远虑的赶超经济战略。

三、亚洲四小龙又如何？

亚洲四小龙的经济发展路径大致可以分为两类。香港地区和新加坡——尤其是香港地区，以转口贸易和国际金融为主要产业，辅之以加工制造业的技术和资本密集化，与其说是比较优势，不如说是港口经济的发展模式，而且在其发展过程中，政府都起到了十分重要的指导和扶助作用。而韩国和我国台湾地区的发展则与日本相类似，都是通过对重点产业的倾斜发展和强烈的国家干预来实现的。

1962 年韩国政府设立了经济企划院，专门负责定期编制长短期经济计划和财政预算，以指导国内经济的发展和产业的升级。在对外贸易上，韩国先后实行了出口奖励补助金制度、出口产业育成资金和出口振兴基金制度、出口特别产业资金制度、出口用原料进口金融制度和出口产业用设备材料进口的外汇贷出制度等，以鼓励本国幼稚产业的发展。在政府采购上，韩国政府明确规定即使本国产品价格较高也要优先采用。在市场垄断与竞争问题上，1966 年韩国政府把大量官方经营的企业移交给私人大企业经营，同时鼓励产业内的相互兼并以保障其生产规模和国际竞争力，还对国内的大型企业集团提供特殊的保护，向它们提供巨额的低息优先贷款、大量的出口补贴和鼓励金，以谋求实现生产的规模化和国际竞争力的提高。

在 20 世纪 60 年代到 20 世纪 70 年代初期，韩国主要是进口原材料，发展加工装配业。到了 20 世纪 70 年代，韩国发布了"重化工业宣言"，提出以电子、机械、钢铁、金属、造船、石化等重化工业和电力、国防发展为产业导向，旨在提高产业结构和国际竞争力。为此，韩国政府颁布了《技术研究开发促进法》、《新技术产业化投资税金扣除制度》、《科研设备投资税金扣除制度》、《技术转让减免所得税制度》等大量法律规章，以鼓励这些产业的投资和技术创新。

20 世纪 80 年代以后，韩国又提出了"科技立国"的口号，促进产业向技术密集型发展，引导资金向电子、光学、机械等高精尖产业部门转移。经过两个五年计划之后，韩国重大装备进口的依赖度从42%下降到了26%，到新世纪已经形成了以汽车及零部件、液晶、半导体、电子产品、造船和机械设备为主体的产业结构。

我国台湾地区的情况也大同小异。1955年，台湾通过了《所得税法修正案》以鼓励企业投资，规定对新创立的生产性企业三年免除营利事业所得税，对新增投资达30%以上的生产性企业的新增所得三年免税，同时还采取了出口补贴、出口退税等政策扶植早期的棉纺、塑胶等工业部门。1960年，台湾又通过了《货物管制进口准则》限制进口，而新的《奖励投资条例》也将新创立企业和新增30%以上投资企业的免税优惠从三年延长到五年。

1970年以后，《奖励投资条例》又数次被修订，特别增加了对资本密集型生产企业的加速折旧条款和为技术和资本密集型产业提供投资抵减的条款。政府一方面通过"十项建设"工程，推动了钢铁、石化、运输基础设施、造船等重、化工业和能源、金属、精密机械和电视机生产的发展。另一方面设立了工业技术研究院（工研院），专门为台湾地区今后的高科技产业发展提供技术支持和意见参考。

1980年，台湾地区设立了新竹科学工业园区，此后吸引了大量的海外归国人员创办高科技企业；现今，半导体和计算机已经成为台湾地区的支柱性产业。20世纪80年代，工研院从美国引进了光罩技术，由政府投资创立了联华电子和台积电公司研制生产芯片；今天的台积电已经成为全球最领先、规模最大的专业集成电路制造商。20世纪90年代，台湾又选定光盘生产为重点辅导产业，由工研院提出研究计划，政府提供优惠贷款鼓励企业生产经营，台湾又迅速成为全球最大的CD光盘生产商。到2000年时，台湾工研院已经有专业人员1.5万人，其中1.2万人加入了高新技术产业。

台湾地区的发展经验表明，"发展导向国家的培育角色愈重，私有之本国后起者扮演的角色愈大，则高科技产业会成长得更快"①。

---

① 瞿宛文和安士敦著，朱道凯译：《超越后进发展：台湾的产业升级策略》，台北：联经出版事业股份有限公司，2003年，第207页。

第四节　比较优势！近代中国对外贸易的失败

　　把日本和亚洲四小龙经济体的经济发展归因于比较优势战略是一种误解，而近代中国的对外贸易倒真的应了李嘉图比较优势的模型。由于列强的入侵及其导致的近代中国政局的长期紊乱，晚清和民国的历任政府始终无法具备足够的力量和资源，也未能形成完整的外贸政策。在这种政府保护和支持缺位的情况下，民族企业自然无法形成赶超的力量，对外贸易也就表现为一种以比较优势为基础的局面——主要出口农产品和矿产品、进口工业制成品[①]。

　　近代中国进口商品中的八项主要工业制成品分别是棉布、棉纱、棉花、染料颜料油漆凡力水、煤油、面粉、钢铁、机器及工具，即使这些工业品进口，也主要被用于私人奢侈消费或军事目的，用于生产资料的比重很小。出口商品中的十项主要农矿产品分别是茶、丝、豆、豆饼、花生、桐油、猪鬃、蛋、锡、钨砂，除了棉纱在 20 世纪 20 年代后逐渐占有一席之地以外，近代中国基本没有工业制成品的出口。这种局面从 19 世纪 80 年代到 20 世纪 30 年代始终无法得到改变，下面就让我们来回顾一下比较优势和自由贸易给近代中国带来的沉重后果。

一、巨额贸易赤字

　　和 18 世纪的葡萄牙一样，比较优势的贸易首先带给了近代中国巨额的贸易赤字。（见图 3.2）

　　从图 3.2 我们可以看出，从 1867—1936 年这 70 年间，近代中国的贸易逆差随着贸易规模的膨胀而不断扩大，从每年数百万两海关银逐渐增加到了数亿两。即使不计算利息，中国的贸易逆差总额也已经达到了 75.76 亿两海关银，折合 1936 年币值约为 172.23 亿元。

---

① 严中平等编：《中国近代经济史统计资料选辑》，北京：科学出版社，1955 年，第 76 页。

图 3.2　近代中国的对外贸易赤字（1867—1936）

资料来源：郑友揆著，程麟苏译，《中国的对外贸易和工业发展（1840—1948），史实的综合分析》，上海：上海社会科学院出版社，1984 年，第 334—337 页。

　　这个数字意味着什么呢？对比以下几个相关的数据或许能给我们一些直观的感受。按 1936 年币值计算，1887 年中国国民生产总值仅为 143.43 亿元，1914 年的国民生产总值也仅为 187.64 亿元，而 1936 年中国全部产业资本的总额仅有 99.91 亿元[①]。这也就是说，在这 70 年间从中国对外贸易中流出的资金，要超过 1887 年全国的国民收入，即使把这笔钱拿到 1936 年，也几乎可以把当时的整个产业、商业和金融业的规模再扩大 2 倍。

　　这表明，相对于国际产业分工高端国家的产品，处于分工低端的中国所出售的商品越来越不值钱；19 世纪 80 年代用 1 个单位中国商品所能购买到的外国产品，20 世纪 30 年代需要 1.3 个单位。购买等量的外国产品，需要用于交换的中国商品越来越多，中国人需要付出的劳动也越来越多，中国处于世界市场和分工中的地位也越来越低。（见图 3.3）

---

① 刘佛丁主编：《中国近代经济发展史》，北京：高等教育出版社，1999 年，第 66 页；许涤新、吴承明主编：《中国资本主义发展史》（第 3 卷），北京：人民出版社，1993 年，第 726 页。

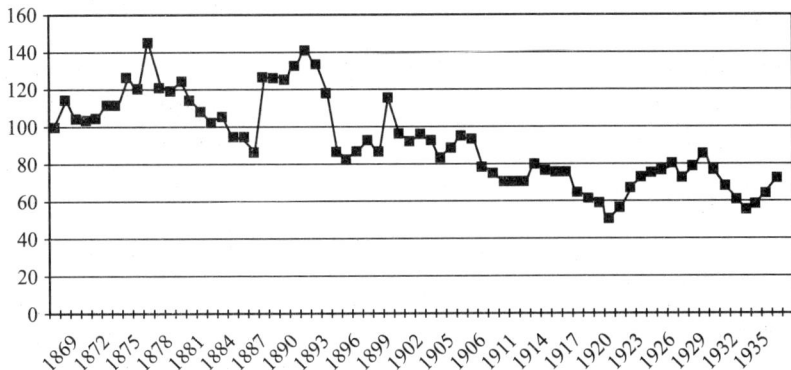

图3.3 近代中国的对外贸易条件（1867—1936）

资料来源：Hou，Chi-ming. *Foreign Investment and Economic Development in China：1840 —1937*.Cambridge：Harvard University Press，1965，pp.231-232.此图中的数据根据该书所提供资料计算。

二、国际贸易操诸商之手

除了在国际贸易中处于比较不利的地位之外，由于近代中国在生产技术和军事、金融等方面均处于劣势，对外贸易也基本都受控于洋商之手；很多矿山被外资企业所占有或控股，大量的农产品和手工业品也都仰仗洋行来收购和外销，而国内的生产者则完全陷入被动的境地。

伍廷芳曾评论说："中国货物，皆待洋商贩运，一二洋商居奇垄断，即足制千百华商之死命。即如丝茶两业，富商大贾倾家荡产者不可胜计。固由拣制未能尽善，亦由洋商有意把持，洋商裹足不前，华商即束手待毙。"[1]

在茶叶贸易中，"皖南茶悉销外洋……加以商贩资本贷于洋商者多，洋人因其借本谋利，货难久延，辄多方挑剔，故意折磨，期入其毂……业已到地，只得减价贱售"[2]。除了压低价格，洋行还采取了很多的鬼蜮伎俩来盘剥茶商，"夷见头春茶至者少，则故倍其值以买之，人闻得利，遂争往，及二春至者多，则价骤贱，如值银一百两，

———————

[1] 伍廷芳：《美国费城商务博物会记》，转引自彭泽益：《中国近代手工业史资料》（第二辑），北京：生活·读书·新知三联书店，1957年，第296页。

[2] 曾国荃：《请免加茶课疏》，转引自李文治：《中国近代农业史资料》（第1辑），北京：生活·读书·新知三联书店，1957年，第553页。

仅出银五六十两，非令其大亏其本而去不休。如是而三春至者必少，则又就最后者五六人，数倍其利以欣之，以诱华商未死之心，庶明年人方踊跃来办……华商犹如鸟在笼中，闭放由人，不能自主矣"①。

在伦敦的茶叶市场上，怡和、锦隆等洋行均有自己固定的"号头"，华商无法挤入进去。有些华商假手洋行进行寄卖，洋行表面同意，却又在暗地里破坏中伤，使华商知难而退，以此保障自己的垄断地位。

在生丝贸易中，"洋行买丝，无论期货现货，在成交时既不先交货款，也不预付定洋。尽管约定了卖方交货日期，但洋行可以到期不收货……相反，如果厂商不能如期交货，洋行则有权取消合约，并追偿损失"②。到了1929年经济危机的时候，这些洋行又凭借自己的优势地位纷纷转嫁危机，使得广东和江浙种桑养蚕的小农民大量破产。

第五节　比较优势与赶超经济：
对中国当前经济战略和经济学理论的反思

一、赶超战略的成果

新中国成立以来，我国的经济发展战略基本是以赶超型为主的，而且收到了显著的成果。

从1952—1979年，中国的国民收入年增长率为7%，工业产值更以年均13.5%的速度增长，工业产值占工农业总产值的比重从30%上升到72%，钢铁、煤炭、石油、化肥、水泥、发电都有了数10倍乃至上100倍的增长，对比世界各国高速工业化时期中的每十年经济增长率，德国1880—1914年为33%，日本1874—1929年为43%，前苏联1928—1958年为54%，而中国1952—1972年则高达

---

① 欧阳昱：《见闻琐录》，转引自彭泽益1957：554—556。
② 中国人民政治协商会议上海市委员会文史资料工作委员会编：《旧上海的外商与买办》，上海：上海人民出版社，1984年，第19页。

64.5%。[①]

两弹一星的成功表明中国建立起了现代化的国防体系，而1978年我国人民平均寿命比新中国成立前延长了近1倍则表明了人民生活水平的普遍提高。建国以后30年的高速工业化和赶超经济，尽管付出了很多的代价，但为我国建立了相对完整的现代化工业和国防体系，使得中国从一个传统经济国家成为发展中国家的领先者和世界经济大国。就经济层面而言，大大缩小了我们和发达国家之间的差距，也为后来的改革开放奠定了坚实的国民经济和国防基础。而并不是如林毅夫等学者所认为的那样，"不仅没有实现赶超，反而拉大了与实行比较优势发展战略的国家的经济差距"。

改革开放以后，我国政府也没有放弃赶超型的发展战略，对高新科技及其应用产业始终给予了相当的重视。经过30年来的发展，保持了年均9%以上的经济增长速度，不仅实现了国民经济的飞跃发展和人民生活的初步小康，而且在高新技术产业也取得了巨大的进步。目前我国已经拥有了完全自主知识产权的计算机和民族的汽车制造业，生产了中华民族自己的支线飞机和歼10战斗机，完成了三峡、青藏公路等高技术工程的建设，在载人航天、北斗导航系统等领域均取得了巨大的进展，实现了超重型机床向西欧发达国家的出口，拥有了自己的3G通信标准。在标志着未来世界高科技产业发展方向的新能源领域，中国的太阳能发电量已居世界第一位，风力发电量也将在2012年跃居世界第一。

就在笔者写作本章的过程中，十一届全国人大二次会议批准了政府应对当前国际金融危机的一揽子计划，其主要内容就是大范围的产业调整、振兴和大力度的科技支撑。

二、比较优势的代价

然而，由于我国人口众多和国际政治经济环境带来的各种压力，限于当前政府财政的能力，再加上国际反华势力以新自由主义为掩盖

---

① 莫里斯·梅斯纳著，张瑛等译：《毛泽东的中国及其发展——中华人民共和国史》，北京：社会科学文献出版社，1992年，第483—487页。

推行和平演变政策的结果，我国也在一定程度上实行了比较优势的贸易政策，这的确在一定程度上解决了我国的就业问题，带来了一定的经济收益，但是从长期来看，也已经造成了相当大的消极后果。

首先，比较优势的贸易政策使得我国常常在国际贸易中陷于被动的地位。

所谓"一流企业卖标准，二流企业卖品牌，三流企业卖产品，四流企业卖苦力"正是当前国际市场分工情况的生动写照。一流的跨国大企业通过制定行业标准和规则来获取超高额利润；二流的大公司收取高额的专利使用费；三流的一般制造商只能按照行业标准生产和销售产品以赚取正常利润，同时还要缴纳专利使用费；四流的代工企业连正常利润都不可得，其得以生存的原因不在于利润的厚薄，而在于能够将自身的成本压到令人难以置信的程度。

在这种国际分工体系下，我国的大量劳动密集型企业完全是国际市场价格被动的接受者，而无权影响国际市场的波动，一旦遭遇经济危机就会被转嫁成为第一批牺牲者。2008年以来我国广东和长三角地区的经济衰退就是如此。

即使不遭遇经济危机，由于我国的劳动密集型产品在质量标准和价格等方面均受制于国外大厂商，因而非常容易遭受反倾销调查或者被退货。从1995年以来，我国已连续十多年成为全球遭受反倾销调查最多的国家，占全世界反倾销调查立案数的17%以上。中国出口的鞋类、农产品、家电、五金、造纸、化工、钢铁无一例外地遭受过反倾销调查，被征收过高额的反倾销税。2007年，中国出口美国的玩具突然遭受大批退货（需要注意的是，这些玩具都是我们按照国外厂商要求生产的），佛山市利达公司的老板张树鸿自缢身亡，为我们的民族产业发展敲响了警钟。

其次，比较优势的贸易战略是以低成本为代价的。事实上这些成本之所以得以降低，又是以环境污染或工人收入和健康条件恶化为代价的。从长期来看，这些因素对中国社会未来的发展将造成巨大的负担；这种以比较优势为基础的劳动密集型发展模式是得不偿失的。

越来越多的回归研究也表明，外商在华直接投资与环境污染有着密切的因果关系；很多产业的发展都是以环境污染为代价的；近年来长江流域不断出现的水质恶化就是明证。

2003 年 7 月，广东商学院教授谢泽宪、中山大学法学院教授黄巧燕与曾飞扬对珠三角地区 38 家医院、1 家职业病防治医院的 582 位工伤者进行了问卷调查，涵盖的地区包括顺德、中山、东莞、惠州、广州、深圳。数据显示 71.8% 的企业发生过很多工伤，而绝大多数工伤者是青年人，平均年龄仅 26 岁；珠三角地区每年发生断指事故个案至少有 3 万宗，被机器切断的手指头超过 4 万个。

而据 2007 年《南方周末》和"三九健康网"在北京、上海、深圳、广州四个城市对 3 899 名农村进城务工人员的调查，外来务工人员职业病防护情况很不乐观，38% 的外来务工者表示没听说过职业病。"挣了几文钱，落了一身病"已经是许多进城务工人员的真实写照。

最后，比较优势战略造成了人们认知上的误区，认为劳动密集型产业适合中国当前的经济发展，而忽视对民族制造业的保护。近年来民族品牌"国退洋进"的形势已经非常严峻，很多以前深入人心的民族品牌如中华牙膏、活力 28、乐凯胶卷、苏泊尔、双汇、小护士、丝宝、大宝、乐百氏、南孚电池都已经不再是民族企业，甚至一些国有装备制造业企业如大连电机、西北轴承、佳木斯联合收割机厂、无锡威孚、锦西化机、杭州齿轮厂和常州变压器厂等也已经被外资并购。这些对于中国未来的产业结构提升和民族经济安全都是非常有害的，应当引起全社会的高度重视。

三、经济学理论的民族性和历史性

正如李斯特所说的，经济学是一门具有民族性和历史性的学科。事实上，所有现代社会科学都是在近两个多世纪以来伴随着民族国家的兴起而产生和发展的；所有社会科学的理论也都或多或少地带有着民族性并受制于一定的历史阶段。

社会科学理论是人们对人类社会发展过程的总结、抽象和演绎，但它并不是人类社会本身，因为我们在从外部世界抽象出理论的过程中会丢失一些的信息，或无意，或有意。因此，理论是我们观察历史（过去的现实）和现实（历史的延续）的望远镜和显微镜，但是它本身并不能代替历史和现实，任何理论都有其适用的范围，受限于特定的民族和历史阶段，超越民族和历史的普适性的理论是不存在的。

即使是亚当·斯密自己的著作也用了《国家财富的原因和性质的研究》（*An Inquiry into the Causes and Nature of the Wealth of Nations*），因为对于这些财富的讨论只能放在国家（Nation）的范畴下才能进行，而世界主义的财富是无从研究的。马克思和恩格斯把自己的政治经济学定义为广义政治经济学，表明其不仅研究资本主义社会，而且研究资本主义以前和以后的社会形态，而不是简单地把资本主义社会甚至其某个阶段的理论和规律无限放大到整个人类社会中去。德国经济史学家桑巴特在《现代资本主义》中也曾提到的："如果想对经济进行描述，并用科学方法认识其现象，就必须将其置于以历史的方式形成的社会环境之中，当成一定形态的历史景象来加以理解。"

马克斯·韦伯更指出："各民族之间的经济斗争从不停歇……只有那些被和平的外表所迷惑的人才会相信我们的后代在未来将享有和平和幸福的生活……一旦涉及要作价值判断，政治经济学就必须受制于人类的某一特殊族系……一个德意志国家的经济政策，只能是一个德国的政策；同样，一个德国经济理论家所使用的价值标准，只能是德国的标准……政治经济学是政治的仆人……这里所说的政治……是整个民族长远的权力政治利益。"[1]

然而，现代社会科学的发展过程中又总是有着一些学者力图去建立超民族、超历史的普适性的理论[2]。在这方面，经济学家们走在了前头。李嘉图的比较优势理论就是一个典型，他把仅仅是在英国已经形成技术优势时才使用的一种政策，大而化之为适合全世界、所有历史阶段的普适性理论，为经济学乃至整个社会科学提供了一个坏榜样。在他以后，这种追求公理性和演绎主义的研究方法越来越大行其道。1932 年，英国经济学家罗宾斯公然提出经济学是普遍的选择的

---

[1] 马克斯·韦伯著，甘阳等译：《民族国家与经济政策》，北京：生活·读书·新知三联书店，1997 年，第 89—93 页。

[2] 华勒斯坦等著，刘锋译：《开放社会科学：重建社会科学报告书》，北京：生活·读书·新知三联书店，1997 年，第 19、32 页。

科学，所研究的是未达到既定目标而进行的理性选择；它适用于任何经济体系，只要该体系存在资源稀缺、需要做出选择即可。

甚至连凯恩斯也试图建立一个可以适用于多种不同类型经济社会的"通论"。这正如熊彼特所批评的："凯恩斯先生在其题目中强调了通论这个词的重要性……但是……他四处寻找的却是有明确界限的政策……然而，我们必须与试图恢复李嘉图式提供建议的努力断绝关系，这些努力披着一般性科学真理的外衣，而所提供的建议——不论是好是坏——都只有在考虑一个给定时间和国家中特定历史条件下的实际需要时，才有意义。"①

这种把从少数国家特定阶段抽象出来的理论推广到全世界的任何时期的做法，有时仅仅是学者们的无意施为，有时则是伴有特定的目的，把自由贸易和比较优势用世界主义和自由主义包装成普适性的理论，使人们在无意识中接受，即如李斯特所说的，把自己登高时所使用的那个梯子一脚踢开，以免得别人跟着他爬上来。

然而，事实上，一国的经济政策包括外贸和产业政策都决定于该国的产业结构和经济水平本身，而不是简单地去追逐某个理论。这正像两千多年前我们中华民族的先哲在《吕氏春秋·察今》中所说的那样：

> 上胡不法先王之法？非不贤也，为其不可得而法……凡先王之法，有要于时也。时不与法俱在，法虽今而在，犹若不可法……故治国无法则乱，守法而弗变则悖，悖乱不可以持国。世易时移，变法宜矣。

在每个成功的经济政策背后，往往都有着一些头脑清楚的思想者，在美国是汉密尔顿，在德国是李斯特，在日本有筱原三代平、中山伊知郎、都留重人、有泽广已等。那些轻信谎言去刻舟求剑、缘木求鱼者，在个人而言是可笑的，而发生在民族身上则是可悲的。让我

---

① 杰弗里·霍奇逊著，高伟、马霄鹏、于宛艳译：《经济学是如何忘记历史的：社会科学中的历史特性问题》，北京：中国人民大学出版社，2008 年，第 257 页。

们用韦伯在《民族国家与经济政策》中的一句话来结束本章的讨论并祝福中华民族：

　　一个伟大的民族并不会因为数千年光辉历史地重负就变得苍老！只要她有能力有勇气保持对自己的信心，保持自己历来具有的伟大本能，这个民族就能永远年轻。

第四章至第六章之概论
从高端到低端的中国经济转变

　　1492 年，当哥伦布发现美洲大陆的时候，用斯塔夫里阿诺斯的话说，欧洲还是现在所谓的不发达地区。他说，"1500 年以前的欧洲几乎一直是今日所谓的不发达地区。西欧诸民族地处边缘地带，从那里窥视内地"，然而"到 1914 年时，欧洲已称霸全球"。①

　　与此相反，当 1492 年哥伦布发现美洲，1498 年达·伽马到达印度时，中国还是世界上现在所谓的发达地区或者说是当时世界上最发达的国家。用加州学派的话说，一直到 1800 年，无论是在技术上，还是在经济总量上中国还都超过欧洲。

　　然而，到 19 世纪下半叶时，中国的经济已远落后于西方。到 19世纪末 20 世纪初时，中国已彻底从一个当年向欧洲和世界其他地区出口当时所谓制造业高端产品（丝织品、棉纺织品、茶叶、瓷器、纸张、漆器等）的国家，变成了一个向欧美日出口农矿产品（大豆、豆饼、桐油、铁矿石等）和工业原材料（生丝、棉花、烟草等）的国家。那么，在这一期间，中国是如何从世界上一个在生产技术和经济总量上名列前茅，主要向世界出口在当时来讲高端技术制造品的国家，沦落成为一个经济落后，只能向西方出口农副产品和工业原材料的国家的呢？在这部著作中，限于篇幅以及著作主题内容的原因，我

---

① 　[美] 斯塔夫里阿诺斯著，吴象婴、梁赤民译：《全球通史：1500 年以后的世界》，上海：上海社会科学院出版社，1999 年，第 562 页。

们不想就这一问题特别展开宏观上对中国和西欧国家社会、政治、经济制度的讨论，而更多的是从微观入手，通过一些微观层面上的实证研究来说明一些宏观上的问题。

从 16 世纪初到 20 世纪初的第一次经济全球化中，最能代表中国世界经济地位的商品莫过于丝织品、茶叶和瓷器。三种商品在世界生产贸易中地位的变化也反映了中国经济在这一时期在世界经济中的地位的变化。在 16 世纪初到 18 世纪末的世界经济贸易中，无论是在生产技术、生产规模、还是在国际市场份额的占领上，中国的丝绸、瓷器和茶叶无疑都拥有着绝对垄断地位。而在 18 世纪后，随着中国丝绸、瓷器和茶叶在国际生产贸易中垄断地位的丧失，中国在世界经济中的地位也在迅速下降。可以说，丝、茶、瓷生产技术垄断地位和国际市场的失去是中国在第一次经济全球化中逐渐落后于欧美日，以至于最后沦为一个半殖民地性的边缘国家的一个重要标志。其具体的体现便是中国从一个丝织生产大国变成了一个向欧美出口生丝的生丝生产大国；从一个垄断世界茶叶生产技术和欧美茶叶消费市场的茶叶出口大国，变成一个逐渐被英国东印度公司在英殖民地发展起来的印度茶和锡兰茶排挤出欧美市场的国家；从一个完全垄断着瓷器生产技术和欧美瓷器消费市场的国家，变成一个逐渐被欧洲本土瓷器排挤出欧洲市场，被日本瓷器排挤出日本市场，被欧美瓷器排挤出美国和部分亚洲市场，以致最后中国自己也大量进口欧美日瓷器的国家。而且，在这一期间，中国不但失去了其在茶叶生产和瓷器生产上的技术垄断，失去了大部分的国际市场份额，鸦片战争后，随着外国人在中国的大量开办茶行和瓷器工厂，致使中国产业出口贸易链条中中国产品在国内的这一段贸易利润也被外国人所侵蚀，中国瓷器制造的廉价资源和劳动力也为外国资本所利用，从而进一步挤压了中国瓷器的生产销售空间和利润空间。

在西方丝织工业、制瓷工业和殖民地茶叶生产基地的兴起和蓬勃发展中，西方政府的参与、支持、辅助和贸易保护政策起了很大的作用，是非常具有宏观战略、组织性和国际竞争意识的。相比之下，明清中国政府则基本上没有国际经济竞争的意识，所以中国的丝织、茶叶和瓷器在生产和国际贸易中从没有得到过政府层面上的宏观战略支持、保护和辅助，三大产业的发展依靠的基本上是民间商人的个人商业理性，是民间商人自己在努力追逐着国际市场的需求。就这一点上来看，明清中国丝织、茶叶、瓷器产业的发展倒更符合亚当·斯密的自由市场经济理论模式。然而，中西方发展的结果却大相径庭，有政府强力参与、支持、保护和辅助，并用国家力量为其开辟国际原材料市场和产品销售市场的西方丝织、制瓷以及棉纺织①等工业在西欧、北欧诸国平地而起，并在国际竞争中蓬勃发展，最后击败中国的丝织业、制瓷业、还有印度和中国的棉纺织业；而没有国家政府参与、支持、保护、和辅助的中国传统工业则纷纷在国际市场上的竞争中败下阵来。

下面的第四章、第五章和第六章将分别讨论中国是怎样在丝织、瓷器和茶叶生产上逐渐丧失其垄断地位的，而中国的丝织品、茶叶和瓷器又是怎样失去其国际市场的。我们不敢说这些实证研究能够起到窥一斑而视全豹的作用，但三个龙头产业的兴衰的确反映出了许多"中西大分流"中中西政府在经济中作用，政府与商人关系等方面的巨大不同。我们希望这三个实证研究能够给读者们一些启迪，使读者们能够从小见大，从中看出一些端倪，窥视到一部分导致中国衰落，在世界经济格局中地位下降的原因。

---

① 西方国家对高端制造业的参与、支持、辅助和贸易保护，以及用国家的力量为之开辟原材料市场和产品销售市场的作为，在英国棉纺织工业的发展中表现得更为突出。英国一方面在印度通过殖民政策直接限制印度棉纺织工业的发展，一方面对印度棉纺织品征以进口高税，同时向鼓励印度种植棉花，强迫印度只能进口英国的棉纺织品。通过对印度和北美殖民地的掌控，英国保证了本国棉纺织工业发展的原材料供应市场和产品销售市场。由于棉纺织业不是中国在第一次经济全球化中的垄断行业，在出口产品中棉纺织品所占的比例也很小，所以本书不对第一次经济全球化中的中国棉纺织业发展进行论述。

第四章　16—20世纪初中国从丝织生产大国到生丝出口大国的转变

　　中国是丝绸生产的发源地。早在西汉时期，中国的丝绸就已经远销到了今天的印度、伊朗、叙利亚、埃及、土耳其和罗马等地。唐以前，中国的丝绸主要是从西北陆地丝绸之路流向亚、非、欧大陆——从长安出发，经陆地进入西亚和南亚，再从那里经陆路或海路进入北非，然后从北非的埃及经海路进入地中海，甚至沿着北非沿海进入伊比利亚半岛的葡萄牙和西班牙。在叙利亚的大马士革国家博物馆，陈列着从帕米拉（Palmyra）古墓中出土的从公元前1世纪到公元3世纪期间的中国古代。[①] 帕米拉曾经是古代丝绸之路西边的一个重要的中转城市。从那里，中国丝绸继续向西向北，进入今天的黎巴嫩、埃及、土耳其，一直到地中海的罗马和威尼斯。

图4.1　丝绸之路略图

资料来源：http://www.nipic.com/show/3/92/35a7027c9081408c.html.

[①]　笔者曾于2000年10月参观叙利亚大马士革国家博物馆，亲眼目睹了这些丝织品残片。

在古罗马，中国丝织品曾与黄金等价①。古希腊人和古罗马人称远方的中国为"Sarica"（The Land of Silk），中国人为"Seres"（The People of Silk）。拉丁语中的"丝绸"（seres）一词就来源于汉语中"丝"的发音。这与后来英语瓷器（china）一词的发明颇有相似之处。今天英语称中国为"china"（瓷器），是因为16世纪中叶后，欧洲人开始用美洲白银大量进口中国瓷器；由于当时的中国是世界上唯一一个能够生产瓷器的国家，欧洲人便把当时对中国的称谓"Chin"与瓷器联系起来；英语单词"china"（瓷器）由此应运而生。

中国的蚕桑生产技术早在公元前就已经开始向他国传播。公元前2世纪，中国蚕桑生产技术首先传入朝鲜，后来又在公元3世纪传到日本、印度和伊朗等国。在6世纪中叶拜占庭从中国获得养蚕秘密之前，东罗马的丝绸消费一直依赖着伊朗：一方面从伊朗进口中国和伊朗的丝织品，另一方面也从伊朗购买生丝，然后自行纺织。为了争夺丝绸之路的贸易控制权，拜占庭和伊朗之间曾多次发生战争，被后来的许多人称之为"丝绸之战"（silk wars）。

图4.2 菲利普·加勒的版画《蚕》

注释：根据比利时画家约翰·梵德尔（Jan van der Straet，1523-1605）的油画《两个修道士向查士丁尼大帝贡献从中国偷运出来的蚕种》而创作。

---

① Shih Min-Hsiung，translated by E-tu Zen Sun. *The Silk Industry in Ch'ing China*. University of Michigan，1976，p.63.

公元 552 年，两位受诏于东罗马皇帝查斯丁尼的修道士将从中国获得的蚕种放到空心竹杖里秘密带回拜占庭。由于这个事件对拜占庭的经济发展意义重大，使拜占庭摆脱了在丝绸消费和丝织生产原材料供应上对伊朗的高度依赖，这一历史事件曾在欧洲艺术家的艺术作品中反复出现。

拜占庭获得蚕桑生产的秘密后，把蚕桑生产技术作为国家经济秘密予以高度保护。因此，蚕桑生产技术并未因拜占庭获得了秘密而在欧洲得到广泛传播。当时隶属于东罗马帝国的叙利亚和希腊是东罗马帝国的主要蚕桑生产基地，供应着拜占庭丝织生产的生丝。

蚕桑生产在欧洲的广泛传播还是在 7 世纪阿拉伯人征服伊朗之后。蚕桑先是在阿拉伯国家广泛传播，然后又在 10 世纪由摩尔人传到欧洲的西班牙，后又从西班牙传到意大利。从 6 世纪到 16 世纪的拜占庭时代的希腊，到 10 世纪时的西班牙的安德卢西亚（Andalusia），到 13—16 世纪意大利的卢卡、威尼斯、热内亚和佛罗伦萨等地，都曾先后成为欧洲蚕桑和丝织生产的中心。然而，一直到 17 世纪商业革命之前，丝绸在欧洲始终是只有王公贵族和教廷权贵才有财力消费的奢侈品。

17 世纪的欧洲商业革命将以往欧亚之间的奢侈品贸易变成了大众消费品贸易，从而促进了欧洲本土丝织工业的发展。但是，一直到 17 世纪末至 18 世纪中叶丝织工业在西北欧大规模发展之前，尽管当时世界上亚、非、欧的很多地方都有蚕桑和丝织生产，如东亚的朝鲜、日本，西亚的伊朗、伊拉克和叙利亚，南亚的印度，北非的埃及，还有横跨欧亚两陆的土耳其，以及欧洲南部的希腊、西班牙和意大利等，中国始终保持着世界上最大丝织生产国的地位，生产着最高质量的丝织产品，占有世界丝绸消费的最大市场份额。

中国丝织生产技术优势地位的丧失发生在 18 世纪中叶。1718 年，英国人托马斯·隆柏（Thomas Lombe）在英国获得了水力捻丝机的发明专利，并于 1719 年在英国德比（Derby）建立了英国历史上的第一个水力缫丝厂。然而，托马斯·隆柏的水力捻丝机其实是他弟弟约翰·隆柏秘密潜入意大利丝织厂做工两年后，于 1717 年从意大利丝织厂偷运回国的。而意大利的水力捻丝机则又是从中国传入的——元朝时由"到东方旅游的某个或某些欧洲商人把设计图样装在鞍囊中带回国的"①。不过，18世纪上半叶的确是欧洲丝织生产技术开始突飞猛进的时代。1745年，法国人雅克·德沃坎逊（Jacques de Vaucanson）发明了一种可以自动选择经线的自动经线穿孔丝织机；到18世纪70年代，又对自动机进行改善，将原来的木制经线穿孔板改为铁质，进一步增加了织机选择经线的准确性。18世纪中叶，法国丝织图案设计家菲利普·拉萨尔（Philippe de Lasalle）又发明了一种可以将纺织图案从一张织机移到另一张织机的森普尔图版（Semple）。正是在对雅克自动丝织机和森普尔可移动图版进行改进的基础上，法国织工约瑟夫·雅克德（Joseph Jacquard）后来又发明了雅克德提花织机。雅克德提花织机的发明和大规模使用大大提高了欧洲丝织工业的生产力。可以肯定，到1801年法国人约瑟夫·雅克德发明提花织机时，欧洲的丝织技术已经完全超过了中国。

第一节 19世纪前中国丝织规模与欧洲
丝织规模之比较

从丝织生产技术上讲，欧洲从18世纪中叶起便已开始超过中国，但从丝织规模上讲，一直到19世纪初，中国始终位居世界第一。

17世纪前，欧洲的丝织工业中心是意大利。佛罗伦萨、卢卡、博洛尼亚（Bologna）、热内亚、威尼斯、米兰和那不勒斯这7个意大利城市是16世纪欧洲丝织生产的主要基地。意大利学者卢卡·莫拉（Mola）在他2000年出版的著作《威尼斯文艺复兴时期的丝织工业》（*The Silk Industry of Renaissance Venice*）一书中对上述7个城市中几个有资料可查的城市的丝织规模进行了估算。根据莫拉的研究，从15世纪末至16世纪下半叶，威尼斯有1 200—2 000张织机；这个数字在1529年下降到了700张，但到16世纪末时又回到了2 200张；到1602年，威尼斯有织机2 400张。1530年，卢卡有织机

---

① 李伯重：《楚材晋用：中国水转大纺车与英国阿克莱水力纺纱机》，《历史研究》，2002年第1期，第68页。原始资料来源于罗伯特·坦普尔：《中国：发明与发现的国度——中国科学技术史精华》，北京：二十一世纪出版社，1995年，第233—234页。

3 000 张。在 16 世纪 70 年代热内亚丝织工业的鼎盛时期，热内亚的织机数目曾一度达到 10 000 张，后在 1578 年瘟疫后下降为 2 500 张；1599 年，热内亚织机数目又上升到 4 000 张。另外，1599 年，那不勒斯有 6 000 张；1606 年，米兰有 3 000 张。莫拉认为保守地估计，16 世纪意大利 7 个丝织中心城市，每个城市至少拥有织机 1 000 张，雇用工人 10 000 来人（包括全日工和半日工）。同时，在 7 个主要丝织城市之下还有一些小城镇，它们也有或多或少的丝织生产，拥有织机数从几十张到几百张不等①。

同时，根据有限的历史记录，莫拉也给出了 17 世纪初佛罗伦萨和那不勒斯两个城市丝织工业的生丝消费量。根据莫拉的研究，17 世纪初，佛罗伦萨丝织工业一年消费生丝 69 957 公斤，合 1 165.95 担（1 担 = 60 公斤）；而在那不勒斯，1578 年前，一年消费生丝 40 125 公斤，合 688.75 担。1578 年，那不勒斯生丝消费量骤然上升至 104 325 公斤，合 1 738.75 担；到 1607—1608 年，其丝织工业的年生丝消费量又增加到 202 551 公斤，合 3 375.85 担；那不勒斯因之超过佛罗伦萨，成为 17 世纪初欧洲最大的丝织工业城市②。

如果那不勒斯，作为 17 世纪初意大利和欧洲最大的丝织生产基地，每年消费生丝 3 375.86 担，那么 17 世纪初，意大利整个丝织工业的年生丝消费量不可能超过 25 000 担。1599—1606 年，不包括佛罗伦萨和博洛尼亚，7 个丝织中心城市中的 5 个城市共有织机 19 400 张（参见表 4.1）。由于 7 个城市中丝织规模最大的那不勒斯拥有织机 6 000 张，而博洛尼亚的丝织规模在 7 个城市中又基本上是最小的，那么在缺少织机数目资料的佛罗伦萨和博洛尼亚两个城市中，佛罗伦萨的织机数不会超过 6 000 张，博洛尼亚不会超过 2 000 张。两个城市织机数和不会超过 8 000 张。如果按两个城市 8 000 张算，那么 17 世纪初意大利 7 个丝织中心城市的织机总量将是 27 400 张。按那不勒斯 6 000 张织机，年消费生丝 3 375.86 担的比率来算，7

---

① Mola, Luca. *The Silk Industry of Renaissance Venice*. John Hopskin University Press, 2000, pp.16–19.

② Mola, Luca. *The Silk Industry of Renaissance Venice*. John Hopskin University Press, 2000, pp.16–19.

个城市一年的生丝消费总量将为 15 416 担。剩下的其他小城镇，全加起来，其生丝消费量不可能超过 9 000 担，达到 7 个丝织中心城市的 40%。因为如果真那样的话，也不会把 7 个城市称为意大利的丝织中心了。

表4.1　16 世纪末至 17 世纪初意大利 7 个丝织中心城市
织机数量和生丝消费量

城市名	那不勒斯	佛罗伦萨	博洛尼亚	威尼斯	热内亚	卢卡	米兰
年份	1599	—	—	1602	1599	1599	1606
织机数目	6 000	—	—	2 400	4 000	4 000	3 000
年份	1607—1608	17 世纪初					
年生丝消费量（担／年）	3 375.85	1 165.95	—	—	—	—	—

注释："—"代表没有资料。
资料来源：Mola 2000：16-19。

而就整个欧洲来说，17 世纪初，欧洲丝织工业的生丝消费量不会超过每年 4.5 万担。这主要在于 17 世纪初的意大利依然垄断着欧洲绝大部分的丝织生产。除意大利之外，当时的另外一个欧洲丝织大国就是法国；其丝织工业主要集中在里昂。那时丝织工业在英、德、荷和瑞士等国还都处于萌芽状态，规模很小[①]。根据"里昂丝织工业史"（The Silk Industry of Lyon）的记录，1620 年，法国的丝织工业中心里昂约有织机 10 000 张[②]。如果 6 000 多张织机的那不勒斯年消

[①]　虽然 14 世纪之前，英国就有些零星的丝织生产，但并不成规模。英国丝织工业的真正起步还是在 1685 年法国取消《南特敕令》导致大批法国胡诺格丝织工人移民英国之后，参见 Warner 1862：47。瑞士丝织工业兴起于 16 世纪中叶。当时一些信奉新教的意大利丝织工人移民瑞士，促进了那里丝织工业的兴起；而 17 世纪末法国胡诺格教徒的移入则进一步促进了瑞士丝织业的发展。后来从瑞士那里，许多意大利和法国丝织机工又移民德国，带来了 16 世纪下半叶丝织工业在德国的出现。荷兰丝织工业出现在 1585 年至 17 世纪初，主要源于比利时丝织工人的移入。16 世纪末和 17 世纪初之间，为逃避西荷战火，400 余名安特鲁普丝织工人移居荷兰阿姆斯特丹，另外还有比利时其他一些地区的丝织工人移居莱顿、哈勒姆（Haarlem）和乌特勒支，从而带来了荷兰丝织工业的兴起。然后从荷兰，一些荷兰丝织工又向丹麦和瑞典移民，带来 1619 年丝织工业在丹麦、1649 年丝织工业在瑞典的出现，参见 Mola 2000：24-27。
[②]　"Silk Industry History of Lyon," http：//belovedlinens.net/fabrics/Lyon-silk1.html，2010/6/20.

耗生丝 3 376 担，里昂丝织工业的生丝年消耗量也就是 5 600 余担。欧洲两个丝织大国意大利和法国的生丝消费量加起来也就是一年 3 万余担；再加上欧洲其他地区零零星星的丝织生产，17 世纪初整个欧洲丝织工业的生丝消费量不会超 4.5 万担。

西北欧对意大利作为欧洲丝织工业中心地位的取代开始于 17 世纪下半叶①。一方面，是因为随着新航线的开辟，从地中海—印度洋的传统贸易航线日渐衰退；欧洲经济中心也越来越从地处地中海的意大利向西濒大西洋的西北欧国家转移。在意大利经济和贸易地位在欧洲日渐衰落的同时，意大利的丝织工业也逐渐随之衰落。大批意大利织工向法国、瑞士和德国等地移民，促进了那里丝织工业的兴起和发展。另一方面，随着从伊比利亚和西北欧到亚洲和新大陆的新贸易航线的开辟和蓬勃发展，西北欧的经济突飞猛进，丝织工业也随之日渐发达。法国王室是西北欧国家中最早投资和推动丝织工业发展的国家。从 15 世纪中叶开始，一些意大利佛罗伦萨和威尼斯等地的丝织织工就开始向法国移民，在法国图尔（Tours）和里昂教授丝织技术。

后来又是意大利、法国和比利时的丝织技术工人向英国、荷兰、瑞士和德国等国家移民，促进那里的丝织工业发展。到 17 世纪上半叶，整个西北欧国家都已开始重视和发展丝织工业，鼓励和吸引外国丝织工人到本国定居。特别是在 1685 年法国废除《南特敕令》后，大批法国胡诺格教徒丝织技工移民到英国、荷兰、瑞士和德国等国，大大促进了这些国家丝织工业的发展。

17 世纪末，大批法国胡诺格织工的移居国外一方面削弱了法国丝织工业的发展，另一方面又促进了英、德、瑞士等国丝织工业的发展，尤其是吸引了最多法国胡诺格织工移民的英国，其丝织工业从此开始了规模发展。18 世纪初英国丝织工业中心斯皮塔尔费尔

---

① 在经济史研究中，"西北欧国家"常常喻指的是英、法、荷、德和斯堪的纳维亚（Scandinavia）这些在近代发达起来的国家——尽管法国和德国的南部并不在欧洲的西北部。

图4.3 丝织工场（英格兰，1747）

斯（Spitalfields）的织机数达到 15 000—18 000 张①，这个规模已与当时的法国里昂不相上下。

然而，18 世纪下半叶英国棉纺织工业的飞速发展在某种程度上又排挤了英国丝织工业的发展空间，也导致了一些棉纺织品对丝织产品的替代，再加上外国丝织业特别是法国丝织业的竞争，英国丝织工业在 18 世纪下半叶举步艰难；到 1793 年，斯皮塔尔费尔斯有 4 000 多张织机被闲置弃用②。19 世纪初法国大革命之后，西北欧丝织工业进入飞速发展阶段。英国丝织工业也随之有所回升。在 1831—1832 年英国丝织工业发展的鼎盛时期，斯皮塔尔费尔斯有织机 17 000 张③，回升到了 18 世纪初的规模水平。

1786 年，在法国大革命发生之前，作为欧洲丝织工业中心的法国里昂有织机 15 000 张④。而此时期中国最大的丝织城市南京则

① Warner, Frank Sir B. *The Silk Industry of the United Kingdom: Its Origin and Development*. London: Drane's, 1862, p.51.
② "Industries Silk-weaving," British History Online, http://www.british-history.ac.uk/report.aspx? compid = 22161, 2010/3/4.
③ Warner 1862: 61.
④ "Silk Industry History of Lyon," http://belovedlinens.net/fabrics/Lyon-silk1.html, 2010/3/19.

是"乾嘉间机以三万余计"①。到太平天国前夕，据彭泽益的估计，南京的织机已达 5 万余张②。把 18 世纪下半叶欧洲两个最大丝织生产国英、法两国丝织生产中心的织机数目加起来，其织机总数不会多于 4 万张。再加上意大利、比利时、德、荷、瑞士等国家，欧洲织机总数不会超过 6 万张。此时期中国丝织中心江南的民间织机数，根据范金民、许涤新和吴承明等学者的保守估算，约 8 万余张③，远高于同时期的欧洲；而实际上的数字可能还要高于前面几位学者的估计。笔者认为抛开明末战争全国农桑生产遭到严重破坏的那段时间不算，明末前和清前期的江南丝织生产规模远大于 19 世纪前的欧洲；而就整个中国来讲，明清江南蚕桑和丝织产量未必能所代表中国，因为江南以外很多地区的蚕桑和丝织生产常常被研究者们忽视或低估。

根据范金民教授的估算，明清之际，中国丝织生产中心江南每年生产生丝约 160 000 担，民间织机在丝织工业兴盛的清前期可达 80 000 张④。减去 8 000 — 12 000 担的生丝出口⑤，约有 150 000 担生丝被国内消费。由于江南湖丝是中国最上等的生丝，被全国各地丝织业需求，所以江南湖丝主要是用于丝织，而不是被用做丝棉。按照范金民和彭泽益等学者给出的织机数目和丝绸缎产量的资料进行推算，每张织机一年可消费生丝约一担⑥。如果用生丝产量来推算丝织业规模的话，明清之际中国要有丝织机十几万张才行。这个数字显然远高于范金民等学者的估算。如果考虑到明朝中叶仅山西潞州就有织机近 10 000 张，且"明季长治、高平、潞州卫三处，共有绸机一万

---

① 范金民、金文：《江南丝绸史研究》，北京：中国农业出版社，1993 年，第 202 页，原始资料源于嘉庆《上江两县志》。

② 彭泽益编：《中国近代手工业史资料》（第 1 卷），北京：生活·读书·新知三联书店，1957 年，第 64 — 89 页。

③ 参见范金民 1993：195 — 204；1998：30 — 31；许涤新、吴承明：《中国资本主义发展史》，北京：人民出版社，1985 年，第 370 页。

④ 范金民 1993：195 — 204；范金民：《明清江南商业的发展》，南京：南京大学出版社，1998 年，第 30 — 31 页。

⑤ 张丽：《非平衡化与不平衡：从无锡近代农村经济发展看中国近代农村经济的转型》，北京：中华书局，2010 年，第 79 页。

⑥ 张丽 2010，122 — 127。

三千余张"①的情况，作为明清中国丝织中心的江南，在其丝织工业发展最盛的清前期，其织机数量是有可能远高于 80 000 张的。更何况，在清前期一直到清中期，除江南外，很多其他地区也都存在着丝织业，如四川、广州、福建，还有河北饶阳的饶绸，山东的鲁绸，青州的罗纱，关中的秦缎、秦绫、秦缣，以及河南的汴绸等。

图4.4　明代《天工开物》中的纺织图

笔者认为从北宋到清中叶，中国丝织生产规模的总体趋势其实是下降的，尽管过去的很多研究常常倾向于把明清时期作为中国蚕桑和

①　顺治《潞安府志》卷1，《地理》载：潞安"在昔（明）殷盛时，其登机鸣杼者奚啻数千家"，"其机则九千余张"；乾隆《潞安府志》卷9，《田赋》亦载："明季长治、高平、潞卫三处，共有绸机一万三千余张。"转载于陈诗启：《明代商品货币关系的发展和官手工业的演变》（上），http://economy.guoxue.com/article.php/12759/2，2010/5/21。

丝织生产规模的鼎盛时期①。如果将 17 世纪前的欧洲丝织业与中国相比，欧洲与中国之间的差距更大。这一方面是因为欧洲近代丝织工业的大规模发展主要开始于 17 世纪末；另一方面是因为明中期前的中国蚕桑和丝织生产规模远大于明末和清中期。

南宋前，黄河中下游地区、四川盆地和长江三角洲分别为中国的三大蚕桑生产基地。到明中期，中国的蚕桑生产已基本上主要集中在江南。尽管康乾时期，因国外需求的增加和国内人民生活的安康，中国的蚕桑和丝绸生产规模曾一度回升，但总体规模基本上是呈下降趋势的。就是在江南，尽管嘉湖杭地区的蚕桑和丝织业在清初到清中期因人民生活水平的提高和欧洲对中国生丝需求的增加而有了长足的发展，其他江南地区的蚕桑和丝织业也都有所衰落。就是在太湖盆地的许多其他地区，明初以后蚕桑业的生产规模也基本上是在下降的。例如，在无锡县志的物产篇中，自明弘治之后一直到清道光年间就没再提到蚕桑②。这种状况同样出现在中国的其他地区，如四川蜀锦"自明季兵燹后，锦坊尽毁，花样无存"③，潞州丝绸"在昔（明）殷盛时，其登机鸣杼者奚啻数千家……其机则九千余张……明末尚有二千余张。至国朝止存三百有奇"④。山东沂州府康熙年间"各属山中多种树畜蚕，名为蚕场"，"弥山遍谷，一望蚕丛"⑤。还有陕西延安弘治年间"耕夫秉耒于野，蚕妇采桑于圃"，"东里蚕桑茂，西乡轴空"等⑥。这些都说明，中国许多地方的蚕桑和丝织生产在明中期后衰落了。

明初（1368），明太祖朱元璋曾颁布法令"凡民田五亩至十亩者

① 许多研究用明清江南的蚕桑和丝织生产规模来代表全国的蚕桑和丝织生产规模（参见范金民 1993：253 — 254，1998：30 — 31；Li Bozhong 1998：99 — 107；Pomeranz 2000：328 — 330；吴承明、许涤新 1985：325 — 326）。由于明清时期是江南蚕桑和丝织生产发展的鼎盛时期，所以明清时期也常常被当作为中国蚕桑和丝织生产的鼎盛时期。然事实上，明清并不是中国蚕桑和丝织生产的鼎盛时期。

② 张丽 2010：29。

③ 彭泽益 1957，卷 1：218。

④ 顺治《潞安府志》卷 1，15 — 16，转自许正贞和赵世瑜 2006：68。

⑤ 乾隆《沂州府志》卷 33，《艺文》，转自许檀 1995。

⑥ 弘治《延安府志》卷 1，《诗文》，转自李刚 2006：34。

栽桑、麻、木棉各半亩，十亩以上者倍。有司亲临督劝，惰不如令者罚"①。1395年，朱元璋又"命工部行文书教天下庶民务要多栽桑枣⋯⋯每一户初年二百株，次年四百株，三年六百株，栽种过数量，造册回奏，违者全家发云南充军"。在这些政策下，全国蚕桑业在全国广泛发展。例如，到乾隆时期已没有蚕桑的山西潞州，在洪武初年则是"有桑八万余株，至弘治时达九万余株"②。

据《明太祖实录》记载，洪武十四年全国户数10 654 362户，耕地366 771 549亩，平均每户耕地34亩余；洪武二十四年全国户数10 684 435户，耕地面积387 474 673亩③，平均每户耕地约36亩余。假设当时全国户数中60%的户数拥有田地10亩以上，平均每户植桑一亩，全国当有桑田6 400 000多亩（6 400 000户×1亩），大约合全国平均每60亩耕地有1亩桑田。这应该是一个相当保守的假设，因为当时全国户均土地34—36亩，人均土地6亩有余，且时值明王朝建立之初，土地占有还相对平均，所以一个五口之家占地10亩以上应该是极为普遍的事情。即使平均每亩只产丝8斤，全国也当有生丝产量51 200 000斤，合512 000担。如果是70%的户数拥有田地10亩以上，则全国耕地中平均每50亩有1亩桑田，那么全国当有生丝产量近600 000担。

按北宋时期，丝棉用丝约占生丝产量25%—30%的标准来算（详论见下文），至少约有400 000担的生丝要被丝织生产消费。这个丝织规模绝非同时代的欧洲可以相比。就是在20世纪20年代欧美丝织工业最为发达的时期，其一年生丝用量也就4万多吨，合800 000多担（1担＝120市斤，1吨＝16.67担）。19世纪中叶以后，欧美丝织工业的生丝供应基本上全靠进口，主要是从中国、日本、印度等国进口。19世纪下半叶，全球年生丝贸易总量8 000多吨，约合134 000担。1927—1929年，全球生丝贸易量达到顶峰，年贸易总量48 902吨，合815 196担（参见表4.2）。也就是说，明中叶前的中国丝织生产规模超过19世纪下半叶的欧洲丝织生产规模。而

---

① 中国农科院农业遗产研究室1990：179—189。
② "洪武初，潞州大县桑八万余株，至弘治九万余株。"参见乾隆《潞安府志》卷8。
③ 《明太祖实录》卷140、卷214，转自栾呈显2001：36，39。

根据北宋时期全国一年的绢绸丝绵税收情况，宋时期的中国蚕桑和丝织生产规模更大。

表4.2　1820—1938年间国际生丝贸易总量

年份	贸易总量（吨）	贸易总量换算为担	中国占国际生丝贸易的百分比[a]（%）	中国生丝出口量[b]（担）
1820—1824	2 350	39 175	12%	4 361
1859—1861	6 118	101 987	51%	55 300
1864—1866	4 162	69 381	40%	38 000
1873—1875	8 075	134 610	53%	71 954
1911—1913	24 904	415 150	35%	145 656
1919—1921	26 686	444 856	—	140 189
1927—1929	48 904	815 230	22%	176 729
1936—1938	34 843	58 083	—	63 000

注释：a 原文中为"中国占国际生丝出口"的比例，就是中国生丝出口占各国生丝出口总量的比例。由于原文中的"国际生丝出口总量"就是"国际生丝贸易总量"，故此处改为"中国占国际生丝贸易的百分比"。

　　　　b 此期间的平均年出口量。

资料来源：Giovanni Federico 1997：Table 3.2（世界生丝贸易总量和中国占国际生丝贸易的份额），范金民1993：291（1820—1824年间的中国生丝出口量）；Lillian Li 1981：71，74—77（1845—1867年间和1929—1937年间的中国生丝出口量）；杨端六和侯厚培1931：41（1868—1928年间的生丝出口量）。

　　根据《宋会要辑稿·食货》的记载，北宋时，全国一年绢岁总收5 382 709匹，绸2 290 966匹，丝棉13 852 797两[①]。当时"宋朝沿用后周之制，规定缴纳官府者，一匹绸绢幅阔二尺五分，重十二两，长四十二尺"[②]。考虑到纺织前生丝要经过沸煮、漂白、染色和复缫几道工序的处理，在这个过程中，用于织缎的生丝一般会损失35%，用于织绸纱的会损失15%，但在纺织过程中，基本上没有生丝损耗。因

---

①　中国农科院农业遗产研究室：《太湖地区农业史稿》，农业出版社，1990年，第176页。

②　王曾瑜：《中国古代的丝麻棉》，2006/10/10，http：//news.guoxue.com/article.php？articleid＝8253，2010/2/6，原始论文发表于台湾《历史月刊》，第39期，1991年4月。

此，1两缎大约需要1.5两生丝；1两绢绸需要1.18两生丝①。一匹绢绸重12两，则一匹绢绸需用生丝13.8两。岁总收5 382 709匹绢则需用生丝46 425.87担；2 290 966匹绸需用生丝19 759.58担。再加上13 852 797两丝棉（折合生丝8 658担），全国一年上交给政府的绢、绸和丝棉等产品需消费生丝74 843.43担（参见表4.3）。绢绸织品两项相加，全国一年上交给政府的绢绸需消费生丝66 182.45担。如果上缴给政府的绢绸只占民间产量的10%，那么北宋时期全国丝织业一年的生丝消费量将近66万担。这个规模是鸦片战争前夕中国丝织规模的6倍；其与20世纪20年代欧美丝织工业发展最鼎盛时期的每年生丝消费量已相差不多。如果按照王曾瑜先生对北宋全国丝麻织品和丝棉产量的估算，北宋时期中国的蚕桑和丝织生产规模比上面的估算还大。

表4.3　北宋时期全国丝棉织品绢税岁收数额

品种	绢		绸		丝棉	
	（匹）	折合生丝[a]（担）	（匹）	折合生丝（担）	（两）	折合生丝[b]（担）
税租	2 935 586	25 319.43	415 570	3 584.29	9 115 421	5 697.14
上供	2 376 105	20 493.91	468 744	4 042.92	2 365 848	1 478.66
岁总收	5 382 709	46 425.87	2 290 966	19 759.58	13 852 797	8 658.00
折合生丝量	46 425.87 +19 759.58 +8 658.00 =74 843.45担					

注释：a 绢绸岁总收需消费生丝担数 =绢绸匹数×13.8两 ÷1 600（每匹绢绸消费生丝13.8两，1斤 =16两，1担 =100斤）。
　　b 为了保守，假设从生丝到丝棉没有生丝损耗，丝棉岁总收需消费生丝担数 =丝棉两数 ÷16（16两丝棉 =1斤生丝）。
资料来源：中国农科院农业遗产研究室1990：176，原始资料来源于《宋会要辑稿·食货》。

王曾瑜在他的论文《中国古代的丝棉麻》中，根据北宋中期禁军将士平均每年春冬发放绸绢6匹，绵12两，南宋军士每年发放绢4匹和2匹的历史记录，假设北宋兴盛时期全国人均一年消费丝麻2匹，丝棉4两，得出北宋兴盛时，全国一年丝麻织品总产量26.04亿

① 张丽2010：123 —124。

米（按每匹42尺，每宋尺31厘米计），丝绵年产量1.5万吨①。将王曾瑜估算的数值单位换为"匹"和"担"，则全国丝麻织品产量2亿匹，丝棉产量250 050担。假设丝麻织品中丝麻各占50%，则全国丝织品产量1亿匹。丝织品中，每匹绫、罗、缎的重量远大于绢绸，如宋朝官府收纳织品，要求绫罗每匹重19—22两，绢绸每匹重12两②。清时期，缎子每匹重38—39两；普通绸纱每匹重15—16两③。为了保守计算，这里将1亿匹丝织品全按1匹重12两的绢绸来算，1亿匹丝织品将消费生丝862 500担。这个规模是鸦片战争前中国丝织规模的8倍，也超过了1927—1929年大萧条前欧美丝织工业顶峰时每年81万—82万担的生丝消费量。加上25万担丝棉的生丝消费量，北宋时期全国一年的生丝产量达100多万担。

宋元明初以来中国蚕桑和丝织生产规模之所以下降主要源于四个方面的原因。第一，宋元期间，北方屡遭兵燹，蚕桑和丝织生产遭到极大破坏。第二，宋室南迁一方面带来北方地区对丝绸需求的减少，一方面促进了长江三角洲蚕桑和丝织生产的发展，进而影响到了战后北方蚕桑和丝织生产的恢复。当黄河中下游地区农民在战后返回家园，准备恢复农业生产时，北方对丝绸的需求已经大不如从前。而且，遭到战争严重破坏的北方蚕桑和丝织业——如今又面临着江南蚕桑和丝织业的强大竞争。第三，元初实行的一度"改农田为牧场"的政策进一步造成了黄河中下游地区蚕桑和丝织生产的萎缩④。第四，宋以来棉花种植的逐渐推广和元以后棉纺织技术的迅速普及导致了明初以后棉花和棉布对丝麻和丝麻织品的广泛替代。正是北方战乱、宋时南迁连同元初一度在北方实行的"改农田为牧场"的政策，造成了宋以来北方黄河下游地区蚕桑和丝织生产的衰退；而宋以来棉

---

① 顺治《潞安府志》卷1，《地理》载：潞安"在昔（明）殷盛时，其登机鸣杼者奚啻数千家"，"其机则九千余张"；乾隆《潞安府志》卷9，《田赋》亦载："明季长治、高平、潞卫三处，共有绸机一万三千余张。"转载于陈诗启：《明代商品货币关系的发展和官手工业的演变》（上），http://economy.guoxue.com/article.php/12759/2，2010/5/21。

② 李卿 2002：85

③ 彭泽益 1957，第2卷：68—77。

④ 李长年：《中国农业发展史纲要》，西安：天则出版社，1991年，第369页。

花种植和元以来棉纺织业的发展和普及又进一步造成了蚕桑和丝织业生产在黄河下游的衰退以及蚕桑和丝织业在四川盆地、甚至于在江南一些地方的减少和消失。明中叶以后，全国的主要蚕桑生产基地已经从宋时的黄河下游、长江三角洲和四川盆地这三个地区集中到了江南的嘉湖杭地区。到鸦片战争前夕，中国的蚕桑生产已主要集中在江南的太湖南部；其规模既不如明初也比不上清中期，更比不上宋时。即便如此，鸦片战争前夕中国每年的生丝产量也大约有 110 000 担；其中约10%的产量用于出口①。

欧洲丝织工业开始在规模上超过中国是在 19 世纪 10 年代之后。19世纪10年代，在经历了法国大革命和拿破仑战争之后，随着和平的重新到来，欧洲丝织工业进入了一个高速的发展期。在法国里昂，从 1810 年到 1857 年，织机数量从 18 000 张增长到 70 000 张以上。在德国的克雷菲尔德（Krefeld），织机数量从 1816 年的 2 600 张增长到 1859 年的 7 300 张。在瑞士的苏黎世，从 1830 年到 1855 年，织机数量也从 6 000 张增长到 25 000 张②。在英国，由于棉纺织工业在"英法七年战争"后的急速发展和大规模扩张，丝织工业的发展空间受到排挤。从 18 世纪下半叶到 19 世纪中叶，英国丝织工业规模基本上没有什么大的扩张。但是，在 19 世纪 30 年代时，英国依然保持着 17 000 多张的丝织机数量③。把英、法、德、瑞等各国的织机数目相加，19 世纪中叶时，欧洲西北欧丝织工业的织机总数应该在 13 万张上下。这个规模已明显地超过了 19 世纪中叶中国丝织中心江南 9 万多张的丝织机数量。

第二节　欧洲商业革命与欧洲丝织工业的崛起

把欧洲丝织工业的崛起和商业革命放在一起，是因为如果没有

---

① 张丽：《鸦片战争前的中国生丝产量和近代生丝出口对中国近代蚕桑业发展的影响》，《中国农史》，2008 年第 4 期，第 35—48 页。

② Federico 1997：30.

③ 英国在"英法七年战争"的胜利使英国完全拥有了印度和北美洲的殖民地统治权，为英国棉纺织工业提供了稳定的棉花原材料生产基地和棉纺织品的销售市场。这是 18 世纪 60 年代后，英国棉纺织工业得以突飞猛进，急剧发展的一个重要原因。

16、17 世纪的商业革命，就不会有后来丝织工业在西北欧各国的大规模兴起和蓬勃发展。商业革命把以往欧亚间的奢侈品贸易变成了大众消费品贸易。一方面为后来西北欧丝织工业的兴起积累了工业资本，另一方面也为丝织工业创造了需求市场。当丝织品从奢侈品变成大众消费品时，商业革命其实已为后来欧洲丝织工业的发展预先创造出了一个丝织品的大众需求市场。欧洲大众对丝织品的喜爱和广泛需求使投资者们看到了丝织工业利润丰厚的经营前景，是欧洲政府和商人投资和发展丝织工业的重要驱动力。

中国与欧洲之间的贸易源远流长。正如阿布—卢格霍德和贡德·弗兰克等学者所说，葡萄牙人并不是欧亚贸易的开辟者；其不过是对原有欧亚贸易体系的进入①。早在 1498 年达·伽马找到从非洲到达印度的航线之前，欧亚之间就已经存在着贸易体系。唐宋以前，中国的货物主要是通过西北陆地丝绸之路经西亚和北非进入欧洲；唐宋之后，则主要是通过南方的海洋丝绸之路经中国南海到达印度洋，然后穿过红海进入地中海，再从地中海的威尼斯和热内亚向欧洲西北和东北部推进。虽然从中国南海—印度洋—地中海—欧洲大陆内部的贸易至少自宋朝时就已经存在，但一直到 16 世纪中叶，欧亚之间的贸易主要是奢侈品贸易。这主要是因为当时的欧洲并没有什么货物与亚洲交换，只好用贵金属购买亚洲的香料、丝绸等产品。由于这并不是一种建立在欧洲大众生产上，以货易货的贸易，而是建立在欧洲的贵族消费上，以金银易货的贸易，所以这种贸易的规模一定很小。

欧亚之间的传统奢侈品贸易之所以能在商业革命中变成大众消费品贸易，这主要得益于美洲白银的获得。1545 年秘鲁波托西大银矿的发现，1546 年墨西哥萨卡特卡斯和瓜达拉哈拉等大银矿的发现以及 1563 年汞银法的发明，是 16 世纪中叶后欧亚贸易得以大规模扩张的前提条件。美洲白银的获得打破了原来欧亚贸易的传统均衡。一方面拥有大量美洲白银的欧洲商人到亚洲购买大量亚洲产品，欧亚之间的贸易得以数 10 倍地增加，供给的增加致使亚洲产品，其中大部分

---

① Abu-Lughod, Janet. *Before European Hegemony*：*The World System A.D.1250－1350.* Oxford University Press, 1991. Frank, Andre Gunder. *ReORIENT*：*Global Economy in the Asian Age.* Berkeley：University of California Press, 1998.

为中国商品，在欧洲的价格开始下降；另一方面广大欧洲民众对亚洲产品的有效需求也因美洲白银的大量流入而上升，一个潜在的大众消费市场开始形成。同时，为了将从亚洲购买到的大量中国商品推销到广大的潜在消费者手中，商业革命中的欧洲政府和商人还共同联手打造和推销中国产品。一股从赞美崇拜中国器物开始到后来发展到赞美和崇拜中国文化、制度和文明的"中国潮"在欧洲应运而生。正是在欧亚贸易扩张，亚洲商品价格逐渐下跌和崇拜中国一切的"中国潮"中，中国的丝绸、瓷器、茶叶、漆器等产品逐渐从原来只有贵族才能消费得起的奢侈品变成了大多数民众也可以消费得起的大众消费品。中国丝织品从奢侈品向大众消费品的转移和欧洲大众对丝织品的广泛需求无疑刺激了欧洲近代丝织工业的发展。

欧洲近代丝织工业的扩张首先是从欧洲传统丝织工业中心意大利开始的。从15世纪到16世纪末，意大利丝织业经历了巨大的发展。一直到17世纪初，欧洲的丝织工业还主要集中在意大利的卢卡、佛罗伦塞、那不勒斯、热内亚、威尼斯和米兰等城市。那时，除了法国之外，西北欧各国的丝织品消费主要都是依赖进口：一是从意大利进口意大利生产的丝织品，二是从意大利进口经印度洋—地中海贸易进入意大利的中国丝织品，三是经波斯湾—地中海贸易进入意大利的波斯丝绸。法国王室从15世纪中叶开始推动法国丝织业的发展。然而，尽管法国从1480年开始便积极鼓励和吸引意大利丝织工人移民法国，但一直到1521年，法国的丝织工业才算真正起步①。而在英国、德国、荷国和瑞士等国，一直到17世纪下半叶，特别是在法国废除《南特敕令》之后，丝织业才开始真正起步。1685年法国国王亨利十四废除《南特敕令》，大批胡诺格教徒移民英、德、瑞等国；其中很多人是丝织技工。法国丝织技工向英、德、瑞等国的移民大大促进了那里丝织工业的发展。

18世纪中叶时，丝织工厂在西北欧已是遍地开花。法国的里昂，英国的伦敦、曼彻斯特、诺里奇（Norwich）、瑞士的苏黎世（Zurich）、德国的克雷菲尔德以及荷兰的哈勒姆（Haarlem）等都已成为

---

① Warner 1846：22.

图4.5 法王路易十四视察生产挂毯的戈贝林手工工场（1667年10月15日）

丝织工业发展的重镇。为了促进和保护本国的丝织工业，西北欧诸国也像当年意大利的威尼斯、佛罗伦萨和皮尔蒙特（Piemont）等城市那样，通过各种优惠政策，一方面吸引和鼓励外国丝织工人移民本国，限制本国丝织工人移居国外；另一方面禁止外国丝织品进口或对进口的外国丝织品课以重税，限制本国的生丝出口[1]。在荷兰哈勒姆丝织厂主的要求下，荷兰政府曾禁止国人穿戴亚洲丝织品，违禁者予以罚金[2]。在英国，17世纪末，英国政府通过设立基金会，吸引和协助法国胡诺格丝织工人在英国定居。1720年，英国议会通过法案，禁止进口亚洲织品，其中包括中国的丝绸。1776年，英国议会再次通过法案，一方面禁止丝织品进口，一方面降低生丝进口关税，以进一步促进英国丝织工业的发展[3]。

---

[1] Jacobs, Els M. *Merchant in Asia：The Trade of the Dutch East India Company during The 18th Century*.Leiden：CNWS Publications, 2006, pp.114−115.

[2] Jacobs, Els M. *Merchant in Asia：The Trade of the Dutch East India Company during The 18th Century*.Leiden：CNWS Publications, 2006, pp.114−115.

[3] Ford, Lyall. *Below These Mountains：the Adventure of John Henry Mills Pioneer Photographer and Gold Miner*.Australia：Taipan Press, 2001, p.2；Hertz, Gerald B. "The English Silk Industry in the 18th century," *The English Historical Review*, vol. 24, no.96. 1909, pp.710−727.

第三节　国际市场对中国生丝需求的大幅度增加

经过16—18世纪上半叶欧洲丝织工业的飞速发展，到18世纪中叶时，欧洲对中国生丝的需求已远甚于其对中国丝织品的需求。然而，由于当时中国国内庞大丝织工业的存在和清政府对生丝出口的限制，中国并未因欧洲对中国生丝的大量需求而将大部分的生丝产量出口。一直到鸦片战争前夕，90%以上的中国生丝产量依然供应着国内丝织工业的需求。中国依然保持着丝织生产大国的地位。

其实，欧洲丝织业对中国生丝的需求自拜占庭时代就一直存在，只是其需求规模从没有达到过16世纪后的水平而已。尽管希腊在公元6世纪，西班牙和意大利等国在公元10世纪后就有了蚕桑生产，欧洲的生丝产量似乎从来不足以供应欧洲本土丝织生产的需求。根据14世纪初意大利佛罗伦萨一家贸易和银行大公司的商人手册记载，14世纪卢卡用于生产高档丝绸的生丝，有1/3来自于中国①。卢卡是意大利最早的丝织中心，后来逐渐被佛罗伦萨、热内亚和那不勒斯等城市超过。1530年，卢卡有织机3 000张。以此前推，即使14世纪时的卢卡有1/3的生丝来自中国，其数量也是非常之小。

欧洲商人开始大量购买中国生丝还是在16世纪之后。原因有三：一是美洲白银的获得使欧洲人有财力大量购买中国产品；二是15世纪后欧洲丝织工业本身的迅速发展；三是美洲西属殖民地墨西哥在16世纪后也开始发展丝织工业，需要进口中国生丝。当时除了有从中国—巴达维亚（今天的印度尼西亚雅加达）—欧洲大陆的印度洋—地中海贸易，还有从中国—菲律宾马尼拉—墨西哥的马尼拉大帆船贸易。特别是自17世纪末西北欧丝织工业开始迅猛发展之后，欧洲对中国的生丝更是格外地需求。而在中国这一边，1683年清政府在攻克台湾后废除对外贸易禁令，使以往非法的海上走私贸易变成了合法的港口贸易，进一步促进了生丝的出口。正是在欧洲丝织

---

① Zanier, Claudio. "Worldwide Web of Silk Production, 1300－2000," http：//eh.net/XIIICongress/cd/papers/64Zanier440.pdf, 2010/2/18.

工业对中国生丝需求越来越大，清政府又解除贸易禁令的形势下，中国生丝出口在 17 世纪末和 18 世纪上半叶出现了大幅度的增长。丝价亦随着出口的增加而上升。根据历史记录，丝价从康熙晚期到乾隆早期上涨了 50%[1]。18 世纪中叶，乾隆皇帝发布敕令，禁止和限制生丝出口，以期抑制江南生丝价格的上涨。

1759 年，两广总督李侍尧在"奏请将本年洋商已买丝货准其出口摺"中说：

> 外国船每年都要到广东买生丝或绸匹，从二十余到三十二三万斤不等，价值约在七八十万到百余万。[2]

同年，苏州织造安宁也在其向朝廷递交的"禁丝斤出洋摺"中说：

> 切照近年丝斤价值年贵一年，臣留心体察，虽云近年收成歉薄，然从前岂无歉收之年？而价值从未如此之昂贵，实缘闽广二省贩运下洋而致。闽省客商赴浙江湖州一带买丝，用银三四十万两至四五十万两不等。至于广东省买丝银两，动辄至百万，少则在八九十万。此外，苏杭二处走广商人，贩入广省尚不知凡几……今以浙江杭、嘉、湖三府所产之丝，共天下绸绫缎布之用，若再加以闽广客商每年一二百万两之值，而若辈又因洋行利厚，不拘贵贱来买下洋以图厚利，不但丝斤收成歉帛必至昂贵，即将来丰收之年恐亦不能大减。伏查今年绸绫缎疋之值，军民买用已甚觉窘困，各处机户有至于歇业者。若早不节制，恐将来军民益困，所管似非浅鲜。[3]

李侍尧身为两广总督，奏请丝斤出洋，因为出口贸易的繁荣与广东的财政收入密切相关。安宁身为苏州织造，奏请禁止丝斤出洋，因为丝斤出口带来生丝价格上涨，从而导致织造局生产成本的增加。李

---

[1] 范金民、金文 1993：290。
[2] 施敏雄 1968：116，注四。
[3] 施敏雄 1968：116，注二。

说每年外国商船从广州买丝 2 000—3 300 担，价值在七八十万到百余万，但没有说由中国商船出口的生丝有多少。安宁说每年福建商人到湖州买丝四五十万不等，广东商人则少则八九十万，动辄百万。根据李明珠的研究，18 世纪中期，湖丝在广州的价格约在 200—250 两/担之间，比在江南高 40%—50% [1]。按照湖丝在江南的价格，18 世纪中叶江南丝价，按江南官方丝织局的报价，为每担 170 两；而根据《乾隆吴江县志》（1747）的记载，18 世纪 40 年代的吴江丝价为每两 7 分，合每担 112 两[2]。若按每担 170 两的官方报价计算，每年由福建商人从湖州买走的生丝应在 2 300—3 000 担，由广东商人运到广州的湖丝应在 5 000—6 000 担；若按《吴江县志》中每担 112 两的价格计算，每年福建商人从湖州买走的生丝约 3 500—4 500 担，由广东商人运到广州的湖丝约 7 100—8 900 担。假设李、安二人都曾有意使数字向自己的观点倾斜，取两者之中值，则闽广两地商人每年到湖州买丝约 140 万两银（广东商人 100 万两，福建商人 40 万两）。如果按照当时官方丝织局每担 170 两的报价计算，闽广两地商人每年大约从湖州购买生丝 8 000 多担（福建商人 2 350 来担，广州商人 5 880 来担）[3]；而如果按照《乾隆吴江县志》中每担 112 两的价格计算，则闽广两地商人每年从湖州购买生丝 12 000 多担（福建商人 3 500 来担，广州商人 8 900 来担）。

安宁在其奏折中讲生丝出口导致江南生丝价格大幅度上涨。这一点无疑是历史事实，已得到很多历史资料和学者研究的证明。根据历史记录，从 18 世纪初到 18 世纪末，广州的生丝价格增长了 1 倍以上，从每担 100—150 两到每担 255—312 两；江南的生丝价格也在 18 世纪初到 18 世纪四五十年代这几十年间增长了 50% [4]。为了抑制生丝价格的增长，乾隆皇帝于 1759 年下令严禁生丝及丝织品出口。后来发现这个禁令并没有达到使生丝价格回落的预期效果，乾隆又于 1762 年

---

[1]　Lillian Li 1981：69，table 7.

[2]　范金民 1993：235，290。

[3]　这是一个比较保守的估计，因为丝织局的报价一般比市场上为高。一是丝织局都买上等丝，二是报价高有利于从中央政府获得更多的财政支持。

[4]　范金民和金文 1993：290；施敏雄 1968：102—103。

取消禁令，另行颁布生丝和丝织品出口限额令以取而代之①。

根据钦定户部则例的记载，当时"江苏省……每年每船准带绸缎三十三卷。每卷记重一百二十斤。其愿带丝斤者，许配带二三蚕糙丝。每丝一百二十斤，抵绸缎一卷，仍不得超过一千二百斤……浙江东洋办铜商品亦照江苏之例，每年每船准带绸缎三十三卷"。"江苏省往返闽、粤、安南等处商船，每年每船准带糙丝三百斤。""广东省喘国（瑞典）等外洋商船二十三只，每只每年准带土丝五千斤，二蚕粗丝三千斤，其有愿织成绸缎带回者，每绸缎八百斤抵丝一千斤同在八千斤限内扣算。其本港商船每年每船准带土丝、二蚕丝共一千六百斤，亦照夷商之例，绸缎以八折扣算。""浙江……每年每船准带土丝一千斤，二蚕粗丝一千斤。""福建省海洋内外商每年每船准带土丝一千斤，二蚕粗丝一千斤。"②

按照 1762 年的限额规定，从江苏和浙江出海的商船，每年每船可携带 3 960 斤绸缎，合生丝 4 950 斤。如携带生丝，则每年每船不能超过 1 200 斤。从江苏省往返于福建、广东和越南的商船每年每船可带二蚕湖丝 300 斤。在广州的外国船每年每船可带广东当地土丝 5 000 斤和二蚕湖丝 3 000 斤。从广州出发的中国商船则每年每船可带广东当地土丝和湖丝总共 1 600 斤。乾隆禁令虽然规定了每船每年可出口的生丝和绸缎的最高限量，但却没有对船只的数量进行限制。配额令颁布时，广州有瑞典等外国商船 23 只。按照限额规定，这些外国船共可购买 184 000 斤或者是 1 840 担的生丝。

一些学者认为从 17 世纪到 19 世纪初从广州离岸的中国商船数目远超过到岸的外国商船数目③。例如，从 1684 年到 1757 年间，有 3 017 艘中国商船（大部分来自广州）到达日本；然从 1685 年

---

① 施敏雄 1968：15—16。
② 施敏雄 1968：116，注 5，原始资料源于《钦定户部则例》（1884）：卷 41。
③ Marks, B. Robert. *Tigers, Rice, Silk, and Silt.* Cambridge University Press, 1998，pp.163-171；转引于庞新平、黄启臣：《明清广东商人》，广州：经济出版社，2001 年。

到1757年间，只有312艘来自欧洲和美洲的商船到达广州①。由于乾隆皇帝的配额令只对每条船的生丝绸缎购运量进行了限制，并没有限制商船的数量，再加上难以控制的海上走私，所以一些学者认为实际上清政府并不能有效地控制出口，出口到海外的生丝和丝织品量要比清政府所规定的限额高得多②。更何况，清朝廷后来又很快放宽了限额。1764年，清政府又将广州外国商船的限额量提高到每年每船8 000斤当地土丝和3 000斤二蚕湖丝③。尽管在1757年广州被清朝廷指定为唯一向外国商船开放的港口，但在江苏、浙江和海南依然有部分出口发生④。根据前面安宁的叙述，每年闽广商人到江南买丝，价值一二百万银两。按照李侍尧和安宁的描述估算，1759年前大约每年有8 000多担湖丝被闽广和浙江商人运到福建和广州出口；其中被运到欧洲的约为多一半。根据摩斯（H.B.Morse）的估计，法国大革命以前欧洲从中国进口的生丝量每年在3 000—5 000担⑤。然而，正如前面所提到的，由于各国政府都难以控制海上走私，实际上的出口数额恐怕要远高于现有的统计。

中国对欧洲的生丝出口在法国大革命期间曾一度下降。一方面因为法国大革命期间欧洲很多丝织工厂被迫停工；另一方面因为法国大革命所带来的一些社会风俗变化，减少了欧洲人在日常生活中对丝绸的需求。如法国大革命之前欧洲男人喜欢穿丝织长袜，大革命期间，

① 参见木宫泰彦著，陈捷译：《中日交通史》（下册），北京：商务印书馆，第327—334页；陈柏坚主编：《广州外贸2000年》，广州：文化出版社，1989年，第215页；转引于庞新平、黄启臣2001。另外，在1740年"红溪惨案"之前（1740年10月荷兰人在巴达维亚大规模屠杀华人，一万多名华人被杀），中国商人是中国南海和印度洋贸易的重要参加者，并主宰着中国南海和从中国到巴达维亚的贸易。"红溪事件"后，中国商人利益在印度洋受到沉重打击，加之后来荷兰殖民者又在巴达维亚对中国商船征以高税，致使前往巴达维亚从事贸易的中国商船数目急剧减少，但依然有不少中国商船从广州出海。

② 范金民1993：290；施敏雄1968：102。

③ 范金民1993：290．

④ 参见乾隆二十九年三月八日两江总督尹继善等的《奏为江苏丝斤弛禁事折》和乾隆四十一年十一月十六日闽浙总督钟音《奏为丝斤出口仍遵前例事折》。

⑤ 范金民1993：287—91。

丝绸长袜受到冷落，棉布工装裤则成为当时一种流行的时尚[1]。从 18 世纪 90 年代后期到 1819 年，根据摩斯的估计，从中国出口到欧洲的生丝每年只有 1 000—2 000 担，显著少于法国大革命之前的 3 000—5 000 担（参见表 4.4）。19 世纪头 10 年后，随着欧洲重返和平，欧洲丝织工业进入了一个新的高速发展期。欧洲丝织工业中心西北欧的丝织机数从法国大革命前的 3 万—4 万张增加到 19 世纪中叶的 13 万来张。从 19 世纪中叶到 1929 年大萧条前，欧洲丝织工业更是突飞猛进。

另外，到 19 世纪早期，美国丝织工业也开始兴起，并在南北战争后得到迅速发展。1927—1929 年间，世界生丝贸易总量（基本上为欧美丝织工业生丝消费总量）一年 4.8 万余吨，比 19 世纪下半叶增加了近 5 倍。从 1875—1877 年到 1927—1929 年，世界丝绸消费量增长了 5.5 倍；其中绝大部分增长来自于欧美国家。在这 50 余年里，美国、英国、德国和法国的生丝消费量翻了 3 倍，从每年每人 50 克左右增加到每人 150 克左右[2]。这还是从 19 世纪下半叶开始算起，要是从 16 世纪开始算起，欧洲国家人均丝绸消费量的增加幅度更大。

从 16 世纪到 19 世纪中叶，欧洲丝织工业的整体规模增长了得有十几倍；17 世纪初，整个欧洲的丝织机数也就 3 万多张，此时的丝织业已比之 16 世纪发展了很多；然到 19 世纪中叶，仅西北欧就有丝织机 13 万余张。然而，尽管欧美丝织工业飞速发展，对中国的生丝需求越来越大，但一直到太平天国前夕，中国的生丝产量依然主要供给国内的丝织业；中国依然是一个丝织生产大国。

鸦片战争前夕，全国年生丝产量约 110 000 担，只有 10% 的产量用于出口。1834—1837 年间，即 1838 年中英鸦片贸易争端爆发前的那几年，中国平均每年出口到欧洲的生丝 9 000 余担。后从 1838—1844 年，由于中英之间因鸦片贸易的纠纷和战争，中国对欧洲的生

---

[1] 参见 Wagner, Christopher. "Trousers：Historical Development"（《裤子：历史的演变》），http：//histclo. hispeed. com/style/pants/trouser/trouserh. html，2007/10/2；以及 "Dresses in the French Revolution and Empire Periods"（《法国大革命和帝国时期的服饰》），http：//www. rijnlands-rls. nl/aktiviteriten/txt/comenius/fashionfrench. pdf，2007/10/2。

[2] Federico 1997：43.

丝出口下跌到每年 1 500—2 000 担。（参见表4.4）①

表4.4　1775—1868 年间的中国生丝出口

年份	特殊事件	出口量（担）	年度	特殊事件	出口量（担）
1775		3 724	1844	上海开埠	2 083
1777		3 719	1845		10 576
1778		2 861	1846		14 997
1779	欧洲丝织工业发展迅速，欧洲人生活水平也在快速提高	4 264	1847		17 900
1780		3 591	1848		14 582
1784		1 067	1849		13 038
1785		2 305	1850		17 238
1786		3 565	1851	蚕微粒子病袭击地中海国家的蚕桑业造成意大利和法国蚕茧产量的大跌	18 432
1788		3 908	1852		22 540
1789	法国大革命爆发	5 104	1853		50 317
1790		3 096	1854		43 386
1792		3 334	1855		44 969
1794	欧洲丝织工业的增长因法国大革命而中止	2 702	1856	太平天国军 1853 年攻克南京，1860 年攻占苏州，1861 攻占杭州，彻底摧毁江南的丝织工业	63 357
1796		1 974	1857		47 989
1797		2 187	1858		68 776
1798		1 608	1859		52 000
1800—1804		1 187	1860		63 000
1805—1809	欧洲丝织工业开始恢复并进一步增长	1 258	1861		51 000
1810—1814		1 933	1862		61 000
1815—1819		1 956	1863		30 000
1820—1824	欧洲丝织工业高速发展，丝织工业开始在美国发展	4 361	1864		24 000
1825—1829		5 971	1865		41 000
1830—1833		8 082	1866		31 000
1834—1837		9 998	1867		45 000
1838—1842	中英之间的鸦片贸易争端和鸦片战争	1 664	1868	法国开始从中国直接进口生丝	57 346
1843		1 430			

注释：1775—1844 年间是从广州出口的；1845—1853 年间是从上海和广州两地出口的；1854—1868 年间只从上海出口。

资料来源：范金民 1993：291（1775—1858），原始资料来源于马士（H.B.Morse）的《东印度公司对华贸易编年史》（1775—1833）和马士的《中华帝国对外关系史》；Lillian Li（李明珠）1981：71（1859—1868）。

---

① 根据李明珠的研究，19 世纪上半叶的中国生丝出口量大约为：1830—1833 年间平均每年 4 300 担，1834—1837 年间平均每年 10 000 担，1838—1842 年间平均每年 2 500 担，参见 Li 1981：66。

第四节 从丝织生产大国到生丝出口大国的转变

根据前面的分析，北宋时期，中国生丝产量一年 100 多万担；20多万担被制作成丝棉，60 万—80 万担被丝织业消费。明初时期，全国生丝产量一年 60 多万担，丝织规模至少在年消费生丝 30 多万担的水平。鸦片战争前夕，全国生丝产量 11 万担左右，10% 用于出口。国内丝织工业一年约消费生丝 10 万担（此时，因棉花对丝棉的替代，生丝已基本上不做丝棉之用）。鸦片战争前的中国毫无疑问是世界上的丝织生产大国。

中国从丝织生产大国向生丝出口大国的转变发生在太平天国运动之后。一是鸦片战争后，清政府丧失了对生丝出口贸易的控制权和限制，中外贸易额急剧增大；二是 19 世纪 40 年代中叶蚕微粒子病在地中海爆发，对欧洲蚕桑业持续肆虐 20 余年，导致欧洲蚕桑生产中心意大利和法国南部蚕茧产量的大规模下降；三是太平天国战争对中国江南丝织业的摧毁①。当然，导致中国从丝织生产大国转变成为生丝生产大国的最大前提条件还是欧洲本土丝织工业在 17—19 世纪和美国丝织工业在 19 世纪的蓬勃发展，以及欧美民众生活水平提高所导致的欧美对丝织品需求的大规模增加。

《南京条约》签订之前，中国政府一直对生丝出口有约束的权利，而且中国自己的丝织业也十分发达，所以尽管欧美丝织工业对中国生丝十分需求，但国际生丝市场对中国生丝出口的影响还是十分有限的。鸦片战争首先打开了中国的大门，彻底改变了中国和西方国家之间的贸易关系，为欧洲自 18 世纪以来因丝织工业蓬勃发展而对中国生丝日益增大的贸易需求扫除了障碍。一方面，清政府不能再像以往那样对生丝和丝织品出口施以配额限制；另一方面，凭借《南京条约》，欧洲人可以前所未有地自由进出中国市场。在这种情形下，中国国内市场被完全置露于国际市场的直接影响之下，直接结果就是1844 年上海开埠之后生丝出口量在 1845 年的突然上涨。

---

① 参见张丽 2010：第 3 章。

然而，虽然鸦片战争解除了清政府对生丝出口的限制，使生丝可以随便出口，但生丝出口的增加依然有限。其中一个重要的原因就是中国发达丝织业的存在。要改变蚕农一向将大部分生丝销售给国内丝织业的习惯，除非国际生丝价格额外高昂或国内丝织工业需求骤然下跌。不幸的是，这两件事情在鸦片战争后接连发生。19世纪40、50年代，欧洲主要生丝产地——地中海地区（意大利和法国南部）爆发了蚕微粒子病。蚕微粒子病在地中海地区的肆虐蔓延使法国和意大利的蚕桑业受到极大破坏。两国生丝产量骤减，更加剧了欧洲丝织工业对生丝的需求，并因此带来了国际市场上生丝价格的大幅度上涨和欧洲对中国生丝的迫切需求。恰在此时，中国又发生了太平天国战争。战争使江南丝织业遭到了毁灭性的破坏，骤然降低了国内丝织业对生丝的需求，导致了国内生丝生产对国际市场的依赖。正是在这几种力量的作用下，中国生丝出口在19世纪50年代陡然大增，并从此一路下去，使中国逐渐从一个丝织生产大国，转变成为一个为欧美丝织工业发展提供生丝原材料的生丝出口大国。

1844年，上海开埠。随着五大港口的陆续开埠和中国在对外关系中海关主权的丧失，中国与欧洲国家之间的贸易关系发生了质的变化。在《南京条约》签订后的最初两年，英国出口到中国的货物总价值增长了近3倍，从1841年的862 570镑增长到了1843年的1 456 180镑，然后到1844年的2 305 617镑[1]。从1864到1928年间，中国从外国（主要为欧美）的进口货物总额增长了约26倍，出口总额也增长了20倍之多[2]。在国际贸易的扩张中，中国经济逐渐被纳入到由西方主导和支配的世界经济体系中，一方面在西方工业和经济发展的需求下向西方国家出口工业原材料和农矿产品，另一方面又成为欧美国家工业制造品的市场。

1844年上海开埠后，中国生丝出口对国际市场需求变化的反应变得远比从前强烈。从1820年到1824年间，全世界生丝贸易总额约为每年2 350吨；其中，中国出口额约占12%。到了1859—1861年

---

① 严中平：《中国棉纺织史稿》，北京：科学出版社，1963年，第48页，原始数据源自于 B.B.P. 1864，VOL.XLII：23。

② 参见张丽 2010：87，表11。

间，全世界生丝贸易总额达到每年 6 118 吨，中国出口额则达到了 51% ①。正是在这样的背景之下，当蚕微粒子病（pebrine）在 19 世纪 40 年代沉重打击了地中海国家的蚕桑业后，中国的生丝出口立即急剧上升。19 世纪 40 年代早期，中国的生丝出口额仅为每年 1 500—2 000 担。到 19 世纪 50 年代末，则已上升到了每年 60 000 来担。再到 19 世纪末，已是每年 100 000 担来。到了 20 世纪 20 年代的最后几年，出口数额已近乎每年 200 000 担了。从 19 世纪 40 年代到 20 世纪 20 年代，80 余年间生丝出口大约增长了 20 倍（参见表 4.5 和图 4.6）。

表 4.5 1859—1929 年间中国生丝和丝织品出口

年度	生丝		丝织品		丝织品占出口总额之百分比
	担	指数（1859＝100）	担	指数（1868＝100）	
1859	52 000	100			
1860	63 000	121			
1861	51 000	98			
1862	61 000	117			
1863	30 000	58			
1864	24 000	46			
1865	41 000	79			
1866	31 000	60			
1867	45 000	87			
1868	57 346	110	3 568	100	6%
1869	48 483	93	3 383	95	7%
1870	49 160	95	3 790	106	7%
1871	59 528	114	4 489	126	7%
1872	65 340	126	5 301	149	8%
1873	61 291	118	5 149	144	8%
1874	74 749	144	5 777	·162	7%
1875	79 914	154	6 467	181	7%
1876	79 385	153	5 888	165	7%
1877	59 264	114	6 460	181	10%
1878	67 343	130	7 439	208	10%
1879	80 744	155	6 919	194	8%
1880	82 201	158	8 390	235	9%

---

① Federico 1997：table 3.2.

年度	生丝		丝织品		丝织品占出口总额之百分比
	担	指数（1859＝100）	担	指数（1868＝100）	
1881	65 682	126	7 187	201	10%
1882	64 508	124	6 598	185	9%
1883	64 978	125	7 731	217	11%
1884	67 790	130	8 807	247	11%
1885	57 984	112	10 279	288	15%
1886	77 002	148	12 486	350	14%
1887	78 743	151	14 183	398	15%
1888	76 780	148	16 035	449	17%
1889	92 756	178	15 862	445	15%
1890	80 400	155	14 680	411	15%
1891	102 003	196	11 138	312	10%
1892	101 201	195	13 165	369	12%
1893	94 154	181	17 134	480	15%
1894	99 442	191	19 081	535	16%
1895	110 621	213	23 122	648	17%
1896	88 409	170	20 850	584	19%
1897	116 609	224	20 401	572	15%
1898	108 821	209	19 319	541	15%
1899	148 100	285	18 088	507	11%
1900	97 207	187	18 297	513	16%
1901	129 196	248	20 695	580	14%
1902	119 698	230	20 628	578	15%
1903	94 823	182	20 207	566	18%
1904	125 426	241	21 567	604	15%
1905	105 919	204	15 727	441	13%
1906	110 506	213	15 526	435	12%
1907	116 213	223	20 496	574	15%
1908	129 090	248	22 824	640	15%
1909	129 784	250	28 406	796	18%
1910	139 226	268	29 699	832	18%
1911	129 925	250	28 073	787	18%
1912	158 038	304	28 539	800	15%
1913	149 006	287	34 500	967	19%
1914	108 589	209	26 721	749	20%
1915	143 097	275	41 158	1 154	22%

年度	生丝		丝织品		丝织品占出口总额之百分比
	担	指数（1859＝100）	担	指数（1868＝100）	
1916	122 243	235	39 121	1096	24%
1917	125 820	242	30 209	847	19%
1918	124 954	240	34 559	969	22%
1919	165 187	318	39 464	1 106	19%
1920	104 315	201	36 453	1 022	26%
1921	151 064	291	42 824	1 200	22%
1922	143 478	276	30 946	867	18%
1923	138 423	266	28 496	799	17%
1924	131 265	252	27 322	766	17%
1925	168 017	323	31 295	877	16%
1926	168 563	324	38 711	1 085	19%
1927	160 002	308	32 821	920	17%
1928	180 186	347	33 125	928	16%
1929	190 000	365	29 000	813	13%
1930	152 000	292	30 000	841	16%
1931	136 000	262	34 000	953	20%
1932	78 000	150	22 000	617	22%
1933	77 000	148	20 000	561	21%
1934	54 000	104	19 000	533	26%
1935	76 000	146	17 000	476	18%
1936	63 000	121	17 000	476	21%
1937	69 000	133	17 000	476	20%

资料来源：Lillian M.Li 1981：71，74—77（1845—1867，1929—1937）；杨端六和侯厚培1931：41（1868—1928）。

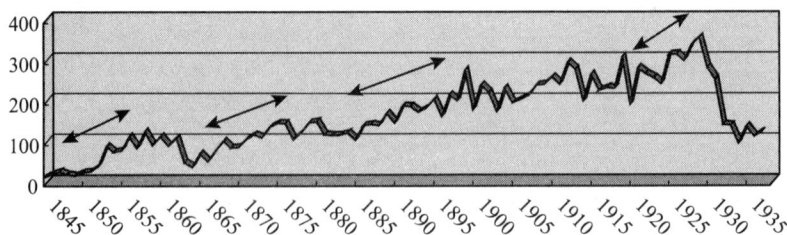

图 4.6　1844—1937 年，生丝出口指数

数据来源：本章中表 4.4 和表 4.5。

中国生丝出口在《南京条约》后的第一次大幅度增长发生在1845年。那一年生丝出口量从1844年的2 083担猛增至10 576担。但是准确地说，1845年出口量的增加更多的是一种恢复而非真正的增长。因为早在1830—1837年，生丝出口量就已经达到了每年近10 000担的水平，只是后来由于中英鸦片贸易争端和战争的爆发，致使出口量于1838—1844年间下降到每年1 500—2 000担的水平。1845年的出口量虽是1844年的5倍，但并没有比1837年高出多少。与之相比，1853年的生丝出口量的骤然上升则意义重大。1853年，经由广州港和上海港的生丝出口总量为50 317担。这个数字是18世纪年平均出口水平的13倍，也是1830—1837年间年平均出口量的4倍。1853年后，生丝出口继续保持稳定增长。而且，这种增长状态一直维持到20世纪20年代。1929年世界经济大萧条爆发前夕，中国生丝出口190 000担，达到1949年之前的历史最高水平（参见表4.5）。

1853年生丝出口的骤然增加一方面与欧洲地中海国家蚕桑生产遭到蚕微粒子病的严重破坏，致使欧洲丝织工业对中国生丝需求骤然上升有关；另一方面也与太平军1853年3月攻克南京，南京丝织业受毁，国内丝织业生丝需求骤然下降有关。19世纪40、50年代，蚕微粒子病使地中海国家的蚕桑业遭到了沉重的打击。正如意大利学者法德瑞克（Federico）所说的："当蚕微粒子病像炸弹爆炸那样对地中海国家的蚕桑业进行袭击时，危机来临了……这种疾病于19世纪40年代初在法国第一次被确认。1851—1852年间降临伦巴底（Lombardy），1854年到达了皮得蒙特（Piedmont），在这之后又势不可当地向东蔓延，最远到达了波斯。"①蚕微粒子病严重打击了法国和意大利这两个欧洲主要生丝生产国的蚕桑生产。法国的蚕茧产量从1850年的30 000 000公斤暴跌至1856年的10 000 000公斤，进而下降到1865年的6 000 000公斤。意大利的蚕茧产量亦从1850年的50 000 000公斤骤然下降到1865年的2 600 000公斤②。

---

① Federico 1997：37−38.
② Lillian Li 1981：82−88；张远鹏：《近代无锡茧市的形成及其影响》，《中国农史》，1995年第3期，第71页。

欧洲蚕茧产量的骤然下降导致了欧洲对中国生丝需求的急剧上升。法国曾经是世界上一个重要的生丝和丝织品消费国。18世纪中期以前，法国主要是从意大利进口生丝。1860年起，法国开始从英国进口生丝，而英国那里的生丝则绝大部分是从中国进口。1868年，法国终于得以抛开英国而从中国直接进口生丝。那一年，中国的生丝出口从1867年的45 000担一跃而达到了1868年的57 000担[1]。19世纪70年代后，国际市场对中国生丝的迫切需求又因美国丝织业的迅速发展而得到进一步的加强。太平天国战争的爆发和其对中国丝织业的巨大破坏同样推动了中国19世纪下半叶的生丝出口。正当蚕微粒子病横扫地中海国家，导致那里生丝产量急剧下降，致使欧洲不得不转向中国寻求生丝进口时，太平天国运动于1851年爆发了。

太平天国战争一方面使国内丝绸消费因战乱而下降，另一方面又造成对中国传统丝织工业的全面破坏。太平军1853年攻克南京，又于1860年和1861年分别占领了苏州和杭州，彻底摧毁了江宁、苏州和杭州的丝织工业。太平天国运动之前，江南三织局每年生产大约13 000匹丝绸[2]；民间产量则达每年4 000 000多匹[3]。国内丝织业对生丝需求的骤然下降与当时欧洲对中国生丝的迫切需求遥相呼应，中国生丝出口在1853—1862年间急剧增加。1863—1867生丝出口一度下降；这主要是因为嘉湖杭地区的蚕桑业生产同样也遭到了太平天国战争的严重破坏，以致造成了生丝产量的猛然下跌。然而，也正是因为太湖地区蚕桑业的严重破坏，面对欧美对中国生丝的强烈需求，蚕桑业生产开始向中国其他地区迅速扩展。图4.7展示了中国是怎样在各种因素的作用下从丝织生产大国转变成为生丝出口大国的。

可以肯定地说，到太平天国战争之后，近代中国已基本上走在一条从丝织生产大国向生丝出口大国转变的轨道上。在江南丝织工业在太平天国战争中惨遭毁坏，国际生丝价格又因欧美丝织工业的飞速发

---

[1]　Lillian Li 1981：72—77．

[2]　范金民1993：171。

[3]　参见张丽2010：124—125，表16。

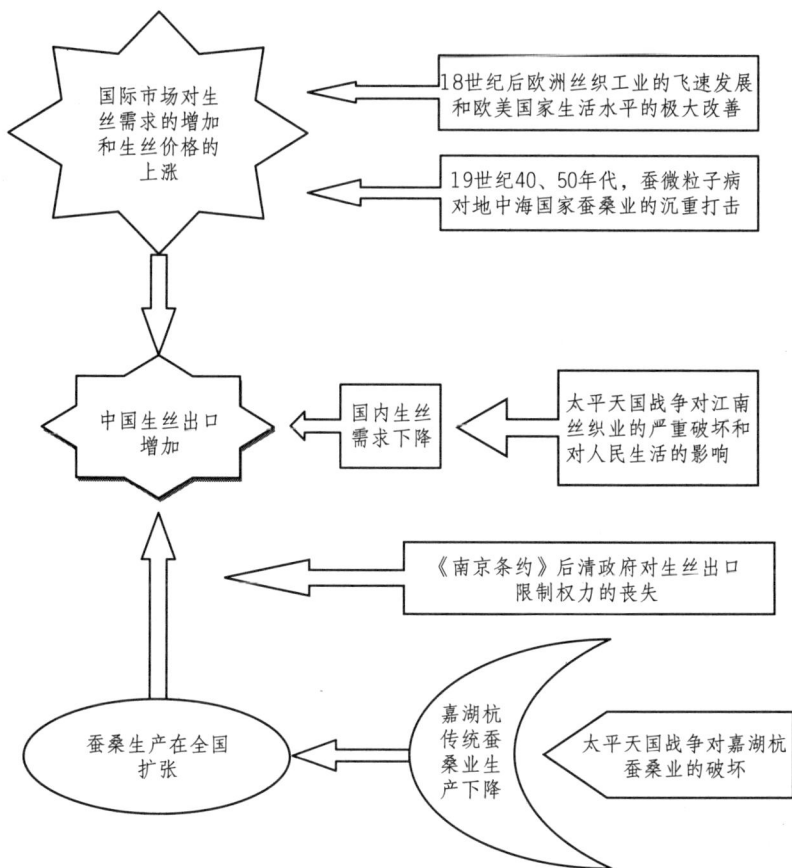

图4.7 导致中国从丝织生产大国转变为生丝出口大国的各种因素

展和欧洲蚕微粒子病的肆虐蔓延而突然高涨的形势下，不光江南嘉湖杭传统蚕桑生产地区的生丝生产开始转向出口，其他地区也因生丝价格的高昂，而开始大规模地从事蚕桑生产。1867—1877年间，江南每担生丝与每石大米的价格比在200∶1—270∶1之间，是19世纪40年代前后江南丝米价格比114∶1的2倍之多。每亩蚕桑生产的收益亦随之翻番。[1] 虽然步国际生丝价格下降之后尘，国内市场丝米价格比在19世纪70年代达到顶峰后也开始下滑，但中国近代蚕桑生产的扩张却一直持续到20世纪20年代。19世纪40年代初，中国的蚕桑生产主要分布在太湖南部的嘉湖杭地区和广东的南海地

----

[1] 张丽2010：145—146，表18，并参见第4章。

区；到了 20 世纪初，其基本上已遍及到了除西藏和蒙古之外的中国绝大部分地区。这种地理分布上的巨大变化是自 12、13 世纪蚕桑生产中心从北方黄河中下游流域转向南方长江三角洲地区以来所从来没有过的[①]。

近代生丝出口大规模增加是近代蚕桑生产大规模扩张的主要推动力，而且也吸收了因蚕桑生产扩张所带来的生丝产量的增加。从 19 世纪 30 年代到 20 世纪 20 年代，中国生丝出口增加了 20 多倍，从 19 世纪 30 年代的每年 5 000—9 000 担到 19 世纪 50 年代的每年 60 000 担，以后持续上升，一直增加到 1929 年的 190 000 担。丝织品出口增加了大约 10 倍，从 1868 年的每年 3 568 担，增加到了 20 世纪 20 年代末的每年 30 000 来担（参见表 4.5）。出口增加总量 220 000 来担，相当于 1840 年前全国生丝产量的 2 倍。在这一期间，全国生丝产量增加了约 2.7 倍，从鸦片战争前夕每年 110 000 担的生丝产量，增长到 20 世纪 20 年代末每年近 300 000 担的产量。由于机器缫丝的茧丝比率是手工缫丝的 1.3 倍，蚕桑生产规模则增加了约 3.5 倍[②]。

可以说，到 20 世纪初时，中国已经完全成为一个生丝出口大国，彻底完成了从一个丝织生产大国到生丝出口大国的转变。1915—1917 年，国内生丝总产量 246 447 担，出口 130 389 担，出口占总产量 53%；1925 年，国内生丝总产量 283 871，出口 168 017 担，出口占总产量 59%；1926 年，全国产量 294 380 担，出口 168 563 担，出口占总产量的 57%[③]。大部分生丝产量被用于出口。同时期，欧美国家（西北欧和美国）丝织工业的生丝原材料基本上依赖进口，每年消费生丝 60—80 多万担；西北欧各国和美国是世界上真正的丝织生产大国。

值得一提的是，虽然蚕桑生产收益因国际生丝和国内生丝价格在 19 世纪 60 年代的突然上扬而翻倍，然而随着 19 世纪 70 年代后生丝价格的步步下滑，蚕桑生产的收益也逐步下跌。到 20 世纪 20 年代中期时，每亩蚕桑生产的单位工作日净收入已基本上下跌到与每亩稻田

---

① 张丽 2010：145—146，表 18，并参见第 4 章。
② 张丽 2008：32—48。
③ 张丽 2010：110—113，表 15。

持平的地步①。中国的蚕桑生产规模也开始随之下降。1929年世界经济大萧条爆发后，大批欧美丝织工厂倒闭，生丝价格开始大幅度下跌。到大萧条结束之后，人造丝和尼龙又在欧美被大规模生产，并对生丝进行广泛的替代，致使生丝价格更加低迷，蚕桑生产收益也更加下跌。到20世纪30、40年代时，每亩蚕桑的单位工作日净收入已下跌到远不如鸦片战争之前的程度。在这种境况下，中国农民最终不堪重负，不得不放弃蚕桑，将桑田改回稻田。20世纪30、40年代，国内蚕桑生产规模大规模下降。中国的蚕桑生产再次缩回到江南太湖地区南部的嘉湖杭。经过一百余年的发展，中国不但丧失了其丝织生产的优势地位，而且其后来为发达国家丝织工业提供工业原材的生丝出口大国地位也没有能够保持长久。

---

① 张丽 2010：200—202，表28。

第五章　第一次经济全球化与中国茶叶生产贸易的兴衰

几乎是在中国从丝织生产大国向生丝生产大国转变的同时，中国也在丧失其在茶叶生产和世界茶叶市场份额上的垄断优势地位。16、17和18世纪早期，中国茶几乎垄断着全部欧美茶叶市场；到19世纪末，中国茶已基本上被驱逐出了欧美市场，取而代之的是英殖民地印度和锡兰生产的印度茶和锡兰茶。

我国是茶叶的原产地。据中国古史记载，早在神农时代，中国人就已经论及茶业："槚，苦茶也。"中国作为茶叶的故乡，同时也是最早开始饮用茶叶的国家。到了汉代，中国茶已传入近邻朝鲜和日本，并由西域传入波斯、土耳其等国家。13世纪，《马可·波罗游记》介绍了中国茶叶的饮用价值，随后归国的赴华葡萄牙传教士也向欧洲人谈到了中国茶。

1517年，一艘葡萄牙船第一次把中国茶运到欧洲[①]，从此拉开了中西茶叶贸易大幕。此后，茶叶逐渐成为中国近代最主要的外销产品。而中国茶业也凭借对种植、生产和部分贸易利润链条的垄断，为中国政府和商人带来了巨大的财富。但与此同时，中西方也开始了对茶叶贸易利润链条和生产利润的争夺。

---

① 转引自汪敬虞：《中国近代茶叶的对外贸易和茶业的现代化问题》，《近代史研究》，1987年第6期。

第一节　从海外到本土——中荷茶叶贸易之路

虽然中西间的茶叶贸易开始于 1517 年。但在此后近 150 年里，茶叶并未成为中西贸易的重要商品。17 世纪中期，荷兰商人在东亚贸易圈内建立了自己的竞争优势[①]。另外，饮茶在 1638 年传入法国，1645 年传入英国，1650 年传入德国；17 世纪中叶，荷兰人又将饮茶传至美国[②]。茶叶在欧洲由一种上流社会包治百病的药品逐渐变成中产阶级消费的奢侈品，又进而转变为大众消费品。17、18 世纪，随着欧洲商业革命中的欧亚贸易扩张，越来越多的欧洲商船来到印度洋和中国南海参与欧亚贸易，一方面中国的茶叶出口量迅速扩大，并逐渐取代丝绸和瓷器成为中西贸易的第一商品，另一方面，中荷之间围绕茶叶贸易利润链条的争夺也从此开始。

一、以巴达维亚为中心的中荷茶叶贸易——利润初探

17 世纪被称为"荷兰的黄金世纪"。在东亚贸易圈内，凭借 1602 年成立的特许垄断公司荷兰东印度公司，荷兰人将葡萄牙人逐出东印度群岛，将西班牙商人逐出台湾，将英国商人逐出香料群岛。荷兰东印度公司因此逐渐垄断了欧洲与东亚贸易圈之间的贸易。

1607 年，荷兰商人从澳门运茶至印尼万丹，然后于 1610 年带回荷兰，从此开始了中国与荷兰的茶叶贸易[③]。1611 年荷兰东印度公司由万丹迁往雅加达；1619 年荷兰人在雅加达设防，并改名为巴达维亚，从此巴达维亚便成为荷兰在亚洲的殖民统治中心。1689 年荷兰东印度公司放弃了与中国直接通商的努力，其对华贸易主要通过巴达维亚来进行，因而逐渐形成了一个以巴达维亚为中心的间接贸易形式。

[①]　此处所指东亚贸易圈包括现在的中国、日本、韩国、朝鲜和东南亚等。
[②]　转引自张应龙：《鸦片战争前中荷茶叶贸易初探》，《暨南学报》（哲学社会科学），1998 年第 3 期。
[③]　庄国土：《茶叶、白银和鸦片：1750—1840 年中西贸易结构》，《中国经济史研究》，1995 年第 3 期。

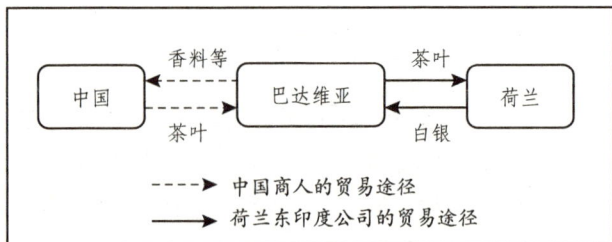

图5.1　1689—1727年前的中荷茶叶贸易

如图5.1，中国海商将茶叶运往巴达维亚销售，并将香料等产品带回中国，而荷兰东印度公司则从巴达维亚的中转市场获得茶叶并运回欧洲销售。

从茶叶生产和贸易的利润链条看，海外贸易利润仍然掌握在中国海商手中。在这种贸易方式下，巴达维亚贸易的顺利进行要依靠中国海商把大量的中国商品运往那里。因此荷印政府采取优遇政策鼓励华商前往巴达维亚贸易：对移居到巴达维亚的华商课以轻税、给予行动自由、奖励华侨招引他们的同乡来巴达维亚。有时甚至使用武力胁迫，由荷印政府派舰队劫持前往马尼拉、马六甲、万丹等地的中国商船，使其前往巴达维亚贸易①。从事帆船贸易的中国海商在同荷兰人的贸易中获得了双重利润：其一是从中国采购茶叶并销售给荷兰人所产生的利润；其二是从荷兰人手中购买胡椒类香料并带回国内销售所产生的利润。从明末的一些文学资料描述中可以看到这种贸易的利润已经十分可观，"原来这边中国的货物，拿到那边，1倍就有3倍价；换了那边货物，带到中国，也是如此。一往一回，却不便有八九倍利息，所以人都拼死走这条路"②。这一时期，前往巴达维亚的中国商船稳步增加，其从侧面也反映出了这一时期中国海商在贸易中的客观利润（如表5.1）。

此时期，欧洲对中国茶叶的需求也在迅速增加。1545—1800年，美洲生产了13.7万吨白银，其中约75%，即10万吨首先都流入

---

① 朱杰勤：《1740年印度尼西亚华侨反抗荷兰殖民者的斗争——红溪事件》，《历史教学》，1962年第11期。

② （明）凌濛初：《初刻拍案惊奇》，北京：长城出版社，1981年，第4页。

表5.1　到巴达维亚的中国商船数量变化

时间	1681—1690	1691—1700	1701—1710	1711—1720	1721—1730	1731—1740
中国船（艘）	9.7	11.5	11	13.6	16.4	17.7

资料来源：Blussé, Leonard. *Strange Company：Chinese Settlers, Mestizo Women and the Dutch in VOC Batavia*. Detroit：Cellar Book Shop, 1988, p.123.

了欧洲，而 1500 年时整个欧洲大陆的白银存量也只有约 37 000 吨[1]。财富的激增使原来的奢侈品开始逐渐变成了大众消费品。17 世纪欧洲逐渐兴起"中国潮"[2]，收藏使用中国瓷器和喝中国茶便是当时"中国潮"的具体表现之一。

17 世纪末，荷兰的茶叶贸易已有一定的规模。1685 年荷兰东印度公司董事会在给荷印总督的指示中，要求供应 2 万磅新鲜上等茶叶。进入 18 世纪，中荷茶叶贸易的规模进一步扩大。1715 年，荷兰东印度公司董事会要求荷印当局订购 6 万—7 万磅茶叶，次年又要求增加到 10 万磅；到 1719 年，荷兰的订茶量已达 20 万磅。随着茶叶贸易规模的扩大，茶叶供给增加，茶价开始下跌。1698 年，荷兰每磅武夷茶的售价是 7.75 荷盾，1701 年是 2.32 荷盾，1723 年是每磅 1.75 荷盾[3]。虽然价格下跌，然而由于市场规模的扩大快于价格的下降，中国海商和荷兰商人在茶叶贸易中的总体利润却是增加的。后来，为了避免白银的流失，统治了巴达维亚的荷兰人开始在与中国商人的贸易中采取以货易货的贸易方式；中国帆船运载陶瓷、丝绸、茶叶等物品到巴达维亚，然后再跟那里控制了香料贸易的荷兰人换取胡椒等土产。这样，荷兰东印度公司便避免了因大量贵金属外流而造成的资金危机。

不过这种以巴达维亚为中心的间接茶叶贸易形式仅持续到 1726 年。其原因在于：荷兰商人想在茶叶贸易的链条上获得更大的贸易利

---

① ［德］弗兰克，刘北成译：《白银资本》，北京：中央编译出版社，2000 年，第 203—203 页。

② 周宁：《世纪中国潮》，北京：学苑出版社，2004 年，第 1 页。

③ 张应龙 1998。

润——尽管在间接贸易的方式下，荷兰商人以寡头对多头的贸易形式已经获得了相当可观的利润。从中国的茶叶产地到巴达维亚再到欧洲市场，荷兰人认为他们只占据了这一长远茶叶贸易利润链条的最后一段，即从巴达维亚到欧洲大陆那段。如果前面链条的任何一段出现问题，都将会影响到他们的利润。特别是1717年康熙又颁布了南洋禁令："凡商船照旧东洋贸易外，其南洋吕宋、噶喇叭等处不准商船前往贸易，于南洋等地方截住，令广东、福建沿海一带水师各营巡查，违禁者严拿治罪。"①这致使荷兰人更加急需要新的货源以满足欧洲那边巨大的市场需求。

另外，在采购中国茶叶方面，荷兰商人也开始遭遇到强劲的竞争对手。1683年，清政府实行开海贸易。此后，英国便于1715年在广州设置了一个有固定员司的商馆②，开始与中国直接贸易。次年（1716）茶叶便成为中英贸易的重要商品③。由于当时的英国是欧洲最重要的茶叶销售市场，因此英国东印度公司与中国的直接贸易必将会对荷兰商人构成巨大的威胁。

再有，与间接贸易相比，直接贸易可以获得更新鲜的茶叶。以前荷兰东印度公司在巴达维亚购买的茶叶，多半是广州销售旺季后所剩下的余货拼凑而成，质量较次。这使荷兰人贩运的茶叶在欧洲市场上的竞争力大大降低。面对英国这个强劲的竞争对手，荷兰人也开始在经营组织形式上进行创新改革。

二、从巴达维亚向中国沿海转移的茶叶贸易——利润有增无减

为了解决中荷间接茶叶贸易中存在的众多问题，荷兰东印度公司在间接贸易之外又开辟了中荷直接贸易。1728年12月5日，荷船"柯克斯霍恩"（Coxhorn）号由泰瑟尔（Texel）起航直接前往

---

① 《清圣祖实录》卷271，北京：中华书局，1985年，第658页。
② ［美］马士著，张汇文等译：《中华帝国对外关系史》（第1卷），北京：商务印书馆出版社，1963年，第59页。
③ 庄国土1995。

广州，该船载重 450 吨，有船员 85 人，载有 300 000 荷盾银元。1729 年 8 月 12 日，"柯克斯霍恩"号到达广州，随后荷商通过十三行商人采购中国商品，包括 270 000 磅茶叶、570 件丝织品和大量的瓷器。1730 年 1 月 7 日，该船从广州返航，于当年 7 月 13 日到达泰瑟尔（Texel）。船上进口货物拍卖后，公司获得纯利 325 000 荷盾。

由此，茶叶贸易形式就由单一的中国 — 巴达维亚 — 荷兰变为中国 — 荷兰和中国 — 巴达维亚 — 荷兰两种。（如图 5.2）

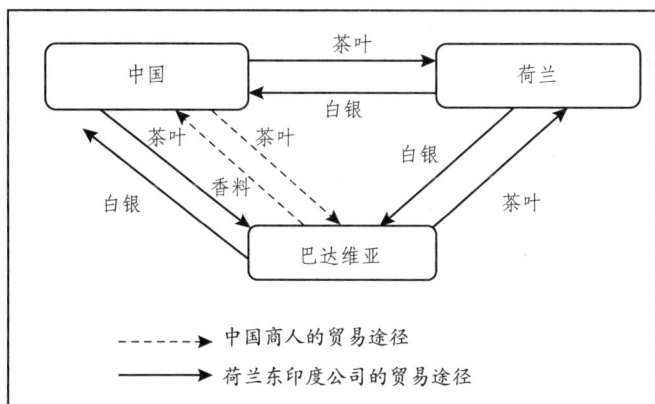

图 5.2　1727—1734 年的中荷茶叶贸易

从中国 — 荷兰这条直接贸易线路看，首先是茶叶出口量的迅速增大；这种增大不仅仅是数量上价值上的增大，更是茶叶出口占中国出口荷兰货物的比例的增大（见表 5.2）。这种变化说明茶叶贸易在中荷贸易中的重要性日益增加。虽然荷兰商人直接到中国通商口岸贸易分流了中国海商承担的出口量，但通商口岸的中国茶商的获利却在增加。从总体上来看，由于荷兰人直接到中国口岸购买茶叶，中国海商正在失去中国茶叶运往欧洲这一贸易链条上从中国 — 巴达维亚这一段的贸易利润，但是茶叶出口总量的大幅度增加又足以弥补这一贸易结构变动对中国海商造成的利润损失。

表5.2 1729—1733年阿姆斯特丹对华茶叶贸易

年份	进口中国货物总值（荷盾）	茶叶价值（荷盾）	茶叶所占比例
1729	284 902	242 420	85.1%
1730	234 932	203 630	86.7%
1731	524 933	330 996	63.1%
1732	562 622	397 466	70.7%
1733	448 349	336 881	75.2%
总计	2 055 783	1 511 393	73.5%

资料来源：Jorg. *Porcelain and Dutch China Trade*. Hague：Martinus Nijhoff，1982，p.217.

在这条到中国口岸直接购买中国茶叶的贸易航线上，荷兰商人同样获得了巨额的利润（见表5.3）。这一时期（1729—1734）荷兰东印度公司共有9艘船成功抵达中国，运回总共1 350 000荷磅（1担=125荷磅）的茶叶，价值1 743 945荷盾，占全部货值的73.9%，获纯利2 334 459荷盾[1]。这种新的贸易形式不仅仅带来了巨额的利润，也引起了支付方式的改变。由于荷兰直接派船到中国，而中国并不需要荷兰的商品。因而，中国和荷兰的主要贸易支付工具就是白银，并不像在巴达维亚荷兰人可以用当地的胡椒、铅锡等物交换。据统计此9艘船运送到中国的货值约2 533 359荷盾，其中白银占96%[2]，而他们所要购买的茶叶占总购买量的74%。这些白银绝大部分不是荷兰原产的，而是从西属美洲经西班牙塞维尔亚再到荷兰最后到达中国的。从这个角度上讲，中荷之间的茶叶贸易不仅仅是这两个国家间的经济交往，而更是全球范围内商品、货币流通的环节之一，中国也因此融入了当时西北欧正在努力建立和主导的现代世界经济体系。然而，这种白银流入中国，货物流向欧洲的贸易方式造成了荷兰东印度公司的银库空虚和信用危机，进而损害了其垄断地位，促使它在贸易形式的进一步变革。

---

[1] 庄国土1995。
[2] Glamann，Kristof. *Dutch-Asiatic Trade*，1620—1740. Hague：Martinus Nijhoff，1981，p.215.

表5.3 荷兰与中国直接贸易的利润表

年份及船名	返程货销售收入（荷盾）	成本			利润（荷盾）	利润率（%）
		购置返程货费用（荷盾）	装备船只费用（荷盾）	在广州费用（荷盾）		
1729 Coxhorn	708 968	284 902	77 044	22 549	324 473	84
1730 Duifje	545 839	234 923	76 269	22 462	212 176	64
1731 Coxhorn	1 143 442	524 933	149 805	45 589	423 115	59
1732 Knapp enhof	1 237 515	562 622	185 769	46 590	442 534	56
1733 Voorduin	1 239 037	448 349	197 499	27 639	565 550	84
1734 Noor dowlf-shergen	752 693	304 450	90 796	32 966	357 448	76

注释：荷兰东印度公司在广州购进返程货的大多数是茶叶，一般情况茶叶约占货价总值的80%以上；1734年在广州的费用为前述各年的平均值，表中所列船只为阿姆斯特丹商会经营。

资料来源：吴建雍，《清前期中国和巴达维亚的帆船贸易》，《清史研究》，1996年第3期。

从中国—巴达维亚—荷兰这条贸易线路看，在中荷直接通商时期，中国和巴达维亚的帆船贸易不但没有停止，反而获得了进一步发展。直接贸易方式的出现和直接贸易量的增加并没有带来间接贸易的衰落，这主要是因为当时欧洲市场对中国茶叶的需求量在迅猛地增加。1725年荷兰东印度公司在巴达维亚的茶叶贸易量为130 000磅，而到1730年就猛增到1 200 000磅，增加了将近9倍。虽然此时的茶价也由1723年的1.75荷盾每磅下降到1.2—1.4荷盾每磅①，但显然价格的下降比例要远小于贸易量的增加。所以从总体上说从事中巴之间帆船贸易的中国海商在茶叶贸易上的利润是增加的。另外，中国与巴达维亚之间的香料贸易仍然是中巴贸易繁荣的重要保证。

在直接贸易和间接贸易方式并存的情况下，尽管中国和荷兰的茶叶贸易规模在不断扩大，而且无论是中国海商还是荷兰东印度公司，他们在茶叶贸易中所获得的总利润都在增加，但是如果从中欧贸易利

① Kristof 1981：220.

润的总链条上来看，中国商人的利润链条正在逐渐地缩短；也就是说，中国商人在中欧贸易链条总利润中所占的比例正在减少。原来由中国海商承担的从中国本土到巴达维亚的贸易，已经部分被荷兰人取代了。不过，由于当时中国茶叶的出口量在急剧扩大，同时在巴达维亚和中国之间进行的茶叶与香料的贸易量也在增大，因而中国商人的整体利润并没有减少反而有所增加。然而，由于东印度公司的白银外流、船员走私现象严重以及航运成本居高不下，这种新的贸易形式仅仅维持了6年（1729—1734）就被另一种新的贸易形式所取代。

三、中—荷—巴三角茶叶贸易——中国海商被逐出南洋

1734 年荷兰东印度公司决定每年从巴达维亚向中国派遣 3—4 只船，在广州贸易结束后，直接返回荷兰。第二年，装载银元和其他欧洲货的商船再从荷兰出发，他们先驶往巴达维亚，在那里将欧洲货物卸下，装上印尼本土出产的胡椒、苏木、锡和其他热带作物，然后前往广州，用这些印尼货物换取中国的茶叶和其他产品。此外，巴达维亚当局也可以派一艘船驶华，专门购买他们所需货物。这就把原来中国—荷兰以及中国—巴达维亚—荷兰这两条线的贸易形式变为了中国、巴达维亚、荷兰之间的三角贸易形式（如图5.3）。虽然在1757年后贸易的管理者由荷印当局改为荷兰东印度公司总部，但中—巴—荷之间的三角贸易形式并没有改变。

从中国商人的角度看，上面的变化只是荷方单方面的变化；其在起初也并没有影响到中国商人的活动；中国商人仍然从事着中国—巴达维亚的茶叶贸易。1731—1740 年，由中国海商运往巴达维亚的茶叶年均价值为 149 023 荷盾，而由荷兰东印度公司直接从广州出口的茶叶年均价值为 135 335 荷盾[①]。两者基本持平而且前者还略高于后者；然而，随着贸易的进一步发展，三角贸易中，中荷商人之间的矛盾便日渐凸现出来。荷兰东印度公司采取用巴达维亚当地产品换取中国茶叶的做法，有效地避免了荷兰的白银外流，但同时也使它同中国海商一样要依靠巴达维亚的热带作物作为其购买茶叶的资金来源。

---

① 吴建雍：《清前期中国和巴达维亚的帆船贸易》，《清史研究》，1996 年第 3 期。

结果，荷兰商人与中国商人便成为巴达维亚热带作物市场上购买当地物产的竞争者。

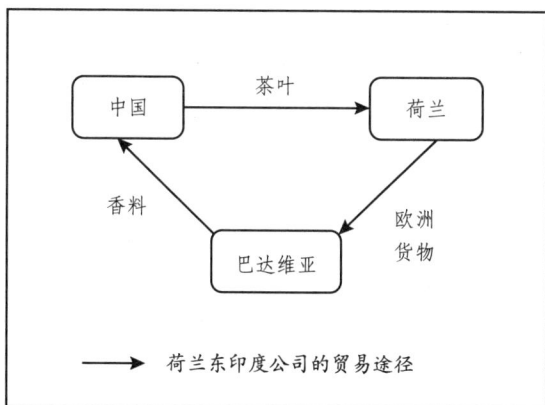

图5.3　1735—1794年荷兰对中荷贸易的垄断

面对香料上的买方竞争，荷兰人没有再采用改变贸易形式的手段以获取主动，而是直接使用了阴谋和武力。1740年10月9日，荷兰殖民当局经过一系列的精心筹划后开始了对巴达维亚城内华人的屠杀。大屠杀持续了三天，约有30 000人被杀害[1]。这就是著名的"红溪事件"。"红溪事件"的直接后果之一就是很多从事中国—巴达维亚帆船贸易的中国海商或被残杀或被吓退，巴达维亚的中国商人组织也被破坏殆尽。"红溪事件"因此成为中荷茶叶贸易的转折点。此后荷兰东印度公司和荷印当局又采取了一系列的措施，彻底将中国海商逐出了南洋的茶叶贸易，巩固了荷兰东印度公司在中荷茶叶贸易中的垄断地位。

1740年之后，在荷兰东印度公司的这种三角贸易形式下（荷兰—巴达维亚—中国—荷兰），中国海商的利润被一点点地挤掉。一是，茶叶贸易利润的减少：以1741—1750年为例，荷兰东印度公司直接经营的茶叶年均价值为249 702荷盾，是此前的2倍；而中国海商经营的茶叶数量年均为16 247荷盾，只是相当于原来1/9。[2] 与此同时茶价也因荷兰东印度公司购买的茶叶数量增加而相应降低，因此中国海商在茶叶贸易中可获得利润大幅下降。二是，香料贸易利润

---

① 朱杰勤 1962。
② 吴建雍 1996。

的减少：最初荷兰东印度公司每年运销广东的胡椒仅约为 50 万磅，而在 1740 年间，每年增加到 150 万—200 万磅，到 1750 年，就猛增到 300 万磅。①这些商品原来都是由中国海商负责运销到广州的，因而香料贸易中中国海商的利润空间也被挤小。三是，中国海商所面对的贸易环境也越来越恶化：除了与荷兰东印度公司进行贸易外，中国海商还与荷兰的私商以及荷兰东印度公司的雇员进行贸易。但公司为了彻底垄断华茶的贸易，一方面派船到广州为公司个人购买茶叶，另一方面又将公司的货船仓位出租给私商，从而使中国海商的运输成本优势化为乌有。在这种三角贸易的方式下，荷兰巴达维亚当局不但不再依赖中国海商的帆船贸易，反而把中国海商完全当作竞争对手看待，不断提高对中国帆船的征税。1749 年，巴当局把对中国帆船所征的进口税提高了 1 倍之多。这些种种不利因素导致中国海商所从事的中国—巴达维亚之间的茶叶贸易变得无利可图，以至于往来于中国和巴达维亚的中国船只日渐稀少；最后，中国海商被彻底地排除于中荷茶叶贸易之外；他们不再是欧洲茶叶的供应者；而荷兰东印度公司则完全垄断了中荷的茶叶贸易；这段由中国本土到巴达维亚的茶叶贸易利润链条也就彻底地被荷兰东印度公司攫取了（如图 5.4）。

商船数（艘）

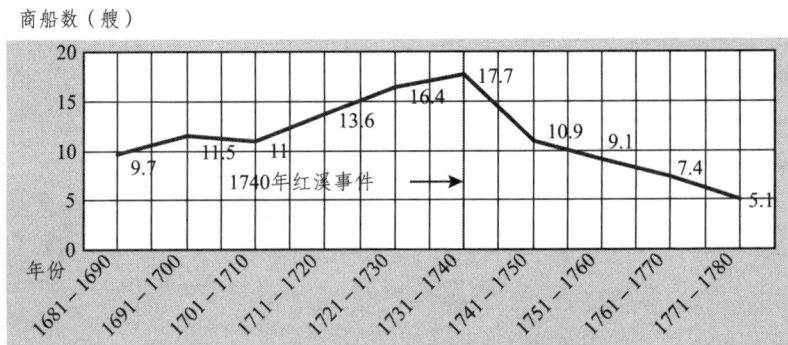

图 5.4　平均每年到达巴达维亚的中国商船数量

资料来源：Blussé, Leonard. *Strange Company：Chinese Settlers, Mestizo Women and the Dutch in VOC.Batavia.* Detroit：Cellar Book Shop, 1988, p.123.

　　1740 年的"红溪事件"标志着中欧商人茶叶贸易利润链条争夺

_____

① Kristof 1981：243.

战的第一回合的结束。在这一回合中，欧洲商人与政府两者合一，以国家武装商船的方式强行进入原有的亚洲贸易体系，并依靠军事武装暴力迅速建立起了自己的垄断优势地位。相比之下，中国商人不但没有得到当时清政府的支持和保护，反而受到清政府的种种限制和剿杀。在以个体对国家的较量中，中国海商全败，西方商人全胜。中国商人的茶叶贸易利润链条缩短，逐渐由海外退缩到了中国家门口；中国海商成为中西茶叶贸易利润链条争夺战的第一个牺牲者。此时，已将自己的贸易利润链条伸展到中国口岸的西方商人将要直接面对大清帝国，新一轮的角逐即将开始！

第二节　中国本土的角逐——鸦片战争前后的华茶生产贸易

"红溪事件"标志着中西商人海洋贸易竞争的结束，其结果是荷兰商人取代中国海商，获得了整个中国茶叶的海外贸易利润。而下一个回合的竞争则将是中西商人对中国本土茶叶出口贸易利润链条的竞争。在这一轮的竞争过程中，海上霸主移位，英国东印度公司正式取代荷兰东印度公司成为华茶出口欧洲的主要渠道。虽然中英之间茶叶贸易量在很长一段时间内都是持续增加的，但这项贸易给中英双方商人带来的利润却并非像贸易量那样单向增加。这其中中英双方贸易方式和地位的改变起到了决定性的作用。

一、海上霸主移位——茶叶贸易迎来新篇章

1740 年之后，荷兰东印度公司与中国的茶叶贸易迅速发展。1736年的贸易额为 58 093 两白银，1750 年增加到 276 773 两①。但此时中西茶叶贸易的中心已由巴达维亚转移到了广州。虽然中荷茶叶贸易额在增加，但荷兰在整个中西茶叶贸易中的地位却在下降，因为这时候的英国已开始成为广州茶叶贸易的最大买家（如图 5.5）。

---

① 原数据来自 Jorg. *Porcelain and Dutch China Trade*. Hague：Martinus Nijhoff，1982，pp.217-220. 按 1 两白银 = 3. 47 荷盾将原数据换算成银两。

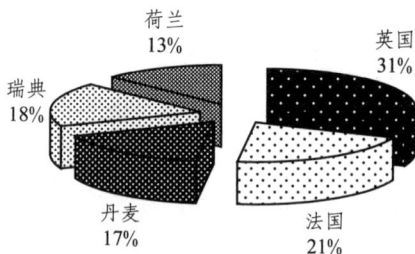

图5.5　1750年广州茶叶出口欧洲的国别结构

资料来源：[美]马士著，张汇文等译：《中华帝国对外关系史》（第1卷），北京：商务印书馆出版社，1963年，第296页。

虽然如此，中英茶叶贸易并非一帆风顺。1756—1763年发生英法七年战争、1775—1783年美国独立战争、1780—1784年英荷战争。这一系列战争，一方面使英国被排除在新大陆的白银供给之外，造成采购货款的缺乏；另一方面导致英国的财政负担加重。为了解决财政危机，英国政府一再提高茶税：1768—1772年为64%；1773—1777年为106%；1778年后为100%，1783年又提高到114%①。这大大削弱弱了英国东印度公司在中西茶叶贸易中的竞争力；另外，高昂的茶税也使英国茶价高于其他国家，因而大量走私茶叶被偷运入英国销售。1772—1780年，中国年均出口茶叶为18 838 140磅，其中，5 639 938磅由英国东印度公司运往英国，约有5 500 000磅由欧洲其他国家消费，而剩下的7 698 202磅几乎都是通过走私途径被输入到英国和其附属地的②。

但英国的窘境并没有维持太久。虽然英国失去了北美殖民地，但赢得了英法七年战争和英荷战争的胜利，使英国继荷兰之后成为新的世界霸主。1784年，英国通过《折抵法案》，将茶叶的进口关税由平均120%之上下调到12.5%，并免除通过税。因此，欧洲其他国家走私茶叶到英国的利润率大幅下降，从而使荷兰等国的茶叶商人逐渐失去了英国这个欧洲最大的茶叶消费市场，而英国东印度公司的茶叶进

---

① [日]田中正俊：《中国社会的解体与鸦片战争》，见武汉大学鸦片战争研究组编：《外国学者论鸦片战争与林则徐》（上卷），福州：福建人民出版社，1989年，第15页。
② [英]斯当东著，叶笃义译：《英使谒见乾隆纪实》，上海：上海书店出版社，2006年，第524页。

口则大幅度增加。此外，茶叶关税的降低与通过税的免除也使英国国内的茶叶零售价格下降，从而刺激了英国国内的茶叶消费。国内市场需求的扩大，再加上有利的国际环境（不久欧洲各国卷入了法国大革命和之后的拿破仑战争），使英国东印度公司开始独霸华茶对欧洲的出口（参见图5.6）。

数量（万磅）

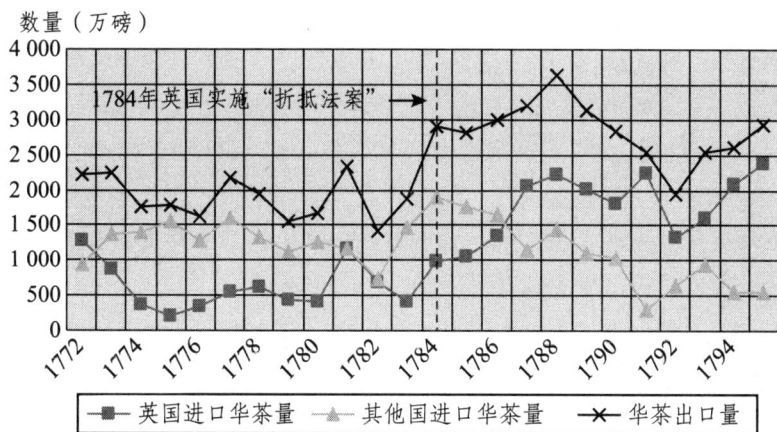

图 5.6　1772—1795 年华茶出口的数量与结构

资料来源：1772—1780 年数据来自［英］斯当东著，叶笃义译：《英使谒见乾隆纪实》，上海：上海书店出版社，2006 年，第 524 页；1781—1795 年数据来自斯当东 2006：535—536。

　　一场战争，一项关税政策，英国击败了欧洲进口中国茶叶贸易中的最大竞争对手荷兰。中国茶商的主要贸易对象亦从 17—18 世纪前期的荷兰人，逐步转变成为 18 世纪中后期的英国人。

二、家门口的较量——一口通商时期的茶叶贸易

　　在英国成为新的对华贸易垄断者之前，1757 年，乾隆皇帝下达谕旨，仅保留广州一地对外通商。在此后很长一段时间里中西茶叶贸易都是在"一口通商"的背景下展开的。英国东印度公司不能再与宁波、厦门等地没有政府支持的个体茶商进行贸易，而只能与被朝廷授予对外贸易垄断权的广州十三行进行贸易。这一政策的出台使中国茶商在与英国商人的讨价还价中拥有优势地位——避免了华商之间在价格上的恶性竞争。因此，从 18 世纪末至 19 世纪初，中英茶叶贸易的主动权一直掌握在中国行商手中。因为他们对茶叶的价格有决定权，

以致英国东印度公司的大班们抱怨道："如有公行交易，货低价高，任公行主意，不到我夷人讲话。"

在这种有利于中国商人的贸易组织形式下，中国商人获得了巨大的利润。据学者研究，行商可以从与东印度公司的茶叶贸易中，获得平均每担4—5两的利润[1]。随着华茶出口量的剧增（见图5.6），整个行商集团获得的总利润是相当可观的。2001年，美国《亚洲华尔街日报》在"纵横一千年"的专栏中，统计了在上一个千年中世界上最富有的50个人。在这份名单中有这样一个中国人的名字——伍秉鉴。作为十三行商人的首领，到1834年其财产已达到2 600万银元，是当时清政府年财政收入的一半。[2] "当时操奇计赢坐拥厚赀者比屋相望，为十三家洋行独操利权，丰亨豫大，尤天下所艳称。"

图5.7 茶叶作坊（西方商人在广东监督茶叶打包）

资料来源：朱小丹，《中国广州：中瑞海上贸易的门户》，广州：广州出版社，2002。

---

① 陈国栋：《东亚海域一千年》，济南：山东画报出版社，2006年，第276页。
② 李国荣等：《帝国商行》，北京：九洲出版社，2007年，第109页。

在新的贸易制度安排下，英国东印度公司在进口茶价上并没有定价优势，但在茶叶贸易中仍获得了巨大的利润。"靠胡椒哺育起来"的东印度公司，在进入 18 世纪之后"又靠茶叶来喂养自己"[1]。在 1781 年至 1810 年的 30 年中，英国东印度公司进口茶叶的毛利一直高于百分之百[2]。巨大的利润使他们不惜一切代价进口中国茶叶。从 1760 年至 1833 年，茶叶占东印度公司对华贸易总值中的平均比重为 82%[3]。然而，在获得巨大贸易利润的同时，英国东印度公司和英国政府也不得面对一个残酷的现实——巨大的贸易赤字（见表 5.4）。尽管英国东印度公司在 18 世纪中叶以后努力扩大对中国的货物出口，如向中国出口其殖民地生产的铅、锡和棉花等。然而，由于进口中国货物的大量增加，特别是茶叶贸易的迅速增长，其贸易赤字仍然在扩大。每年流入中国的白银绝对量仍然维持在较高水平上，平均每年 895 185 两[4]。大量白银从英国流入中国，造成英国东印度公司在广州的资金周转困难。1784 年英国东印度公司在广州贸易的账面资产尚有 214 121 两白银，而到了第二年其资产便为负 222 766 两，1786 年为负 864 370 两，1787 年更是达到了负 904 308 两[5]。

表 5.4　1760—1823 年东印度公司对华贸易货值

年份	出口货值（两）	进口货值（两）	贸易赤字（两）
1760—1764	345 930	876 846	530 916
1765—1769	520 059	1 601 299	1 081 240
1770—1774	622 332	1 415 428	793 096
1775—1779	384 009	1 208 312	824 303
1780—1784	532 649	1 632 720	1 100 071
1785—1789	1 026 528	4 437 123	3 410 595
1790—1794	2 059 181	4 025 092	1 965 911
1795—1799	1 961 352	4 277 416	2 316 064

---

① 汪敬虞 1987。
② ［印］谭中：《英国—中国—印度三角贸易 1771—1840 年》，见中外关系史学会编：《中外关系史译丛》（第 2 辑），上海：上海译文出版社，1986 年，第 190 页。
③ 根据严中平等：《中国近代经济史统计资料》，北京：科学出版社，1955 年，第 14 页的数据计算得出。
④ 根据庄国土 1995 年的数据计算得出。
⑤ ［美］马士著，区宗华译：《东印度公司对华贸易编年史》（第 1 卷），广州：中山大学出版社，1991 年，第 416、431、439、455 页。

续表

年份	出口货值	进口货值	贸易赤字
1800—1804	3 359 501	5 758 771	2 399 270
1805—1809	3 955 787	4 547 194	591 407
1810—1814	3 886 684	5 608 214	1 721 530
1815—1819	3 405 750	5 747 584	2 341 834
1820—1824	3 417 760	6 364 871	2 947 111

资料来源：严中平等，《中国近代经济史统计资料》，北京：科学出版社，1955 年，第 6 页。

为了弥补巨额的贸易赤字，英国政府及其东印度公司开始改变已有的贸易形式，并将鸦片作为商品引入到中英贸易中，逐渐形成了一个中—印—英之间的三角贸易（如图 5.8）。为了改变被动的局面，英国东印度公司首先想到的是增加本国及其殖民地对中国的出口。然而，英国本国生产的毛纺织品在中国并无市场，倒是其殖民地印度生产的棉花在中国颇受欢迎。于是，英国东印度公司开始鼓励印度与中国之间的港脚贸易，要求港脚商人在广州收回货款后要换取东印度公司的汇票，以汇票结算。这样东印度公司就可以利用港脚贸易回收大量现金。其次，利用英国在印度殖民地征收的税金余额。再次，引进新的商品鸦片，并垄断其生产，鼓励港脚商人走私鸦片，并通过汇款制度回收鸦片贸易的资金。在英国的精心安排之下，中—印—英之间形成了一个新的贸易平衡状态："印度输给中国鸦片，中国输给英国茶叶，英国统治印度。"[1]1821 年英国向中国出口鸦片的数值超过其进口中国茶叶的数值，鸦片成为中印英三角贸易中最重要的商品[2]。19 世纪初，中国与英国的贸易第一次出现赤字，并且不断扩大。[3]

广东十三行制度曾经使中国的行商们凭借着贸易垄断权掌握了茶叶的定价权，进而获得了丰厚的收益。如今在英国商人创建出来的中—印—英三角贸易结构下，行商的进口规模也不断增加。然而，由

---

① ［印］谭中：《英国—中国—印度三角贸易 1771—1840 年》，见中外关系史学会编：《中外关系史译丛》（第 2 辑），上海：上海译文出版社，1986 年，第 206 页。

② ［印］谭中：《英国—中国—印度三角贸易 1771—1840 年》，见中外关系史学会编：《中外关系史译丛》（第 2 辑），上海：上海译文出版社，1986 年，第 194 页。

③ 严中平等 1955：36。

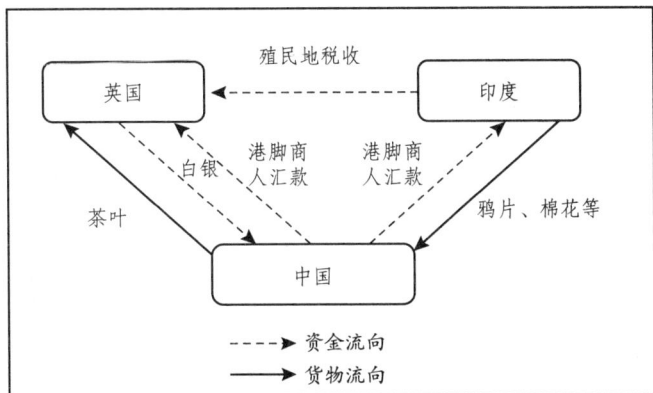

图5.8 中—印—英之间的三角贸易

于行商个体的资本规模有限，致使资金周转十分困难[1]，并开始逐渐陷入债务危机不能自拔。而此时的英国商人则已经成功地改变了自己贸易逆差的不利局面。因此，在这一时期内，尽管英国商人依然还停留在中国的国门之外，还没有进入中国国门，在国内贸易链条上进一步侵占中英茶叶贸易的利润，但凭借着他们强大的经济优势和灵活多变的手段，已经化被动为主动，进一步侵蚀到了中国商人的利益。

三、第一次鸦片战争后的茶叶贸易

19世纪前中期，这种中—印—英的三角贸易结构逐渐引起了清政府的重视，一方面是因为贸易赤字造成了白银外流，另一方面是鸦片的流行造成了各种社会问题。而英国也开始进行新的调整；为了掩盖和撇清英国政府在鸦片贸易中的责任，也为了更便于鸦片的走私，英国政府开始用私商取代东印度公司，让英国私商成为中—印—英三角贸易中的主体。不过，面对拥有垄断权的广东十三行行商，英国商人在茶叶买卖的价格谈判中依然没有优势；因此，现有的广州贸易制度必须改变。

1838年6月2日，时任清政府鸿胪寺卿的黄爵滋上书道光皇帝，提出严禁鸦片的建议。在道光皇帝的主持下，各省督抚就该建议发表评论，并初步达成一致认识——必须取缔烟毒！10月23日，道光旨

---

[1] 陈国栋2006：288。

令大学士、军机大臣会同各部联合会议，审议全国最高层官员的奏折，并在会后，严惩"弛禁派"官员。1938 年的最后一天，林则徐被任命为钦差大臣，南下广州禁烟①。

1840 年 4 月 7 日，在古老的英国议会大厦里也在进行着一场激烈的辩论。辩论的焦点是：是否同意政府对华战争的决议案。会上，议员们"据理"辩驳，一派坚决支持外交大臣巴麦尊的意见，即对付中国唯一的办法"就是先揍它一顿，然后再作解释"；另一派则支持首相迈尔本勋爵，他们因"对于封锁约 1 000 多英里海岸线的结果，表示某种怀疑"而对决议表示反对。经过一场激烈的辩论，英国议会以 271 票对 262 票的微弱多数通过了支付军费、出兵中国的对华方案②。接着，早已接受内阁密令，集结在中国南海洋面上的舰队开始驶向广州，鸦片战争由此爆发！

第一次鸦片战争的直接结果是《南京条约》的签订。当时的中国社会也因此发生了巨大的变化。对中西茶叶贸易影响最大的是《南京条约》的第二条：中国开广州、厦门、福州、宁波、上海，即"五口通商"，因为这彻底改变了中西方的贸易形式，中国商人在跟英国商人的茶叶价格谈判中将不再拥有定价权。茶叶从政府专卖变为"自由买卖"意味着中国商人彼此之间将会大打价格战，其结果将是中国茶叶出口贸易的中国整体利益的受损。随着五口通商的实行，中国对外贸易和茶叶出口的中心也从广州逐步转移到了上海。1845 年到 1850 年，从广州输出的茶叶从一年 7 600 万磅下降到了一年 5 500 万磅，而同一时期的上海则从一年 380 万磅增长到一年 2 200 万磅。此后，上海开始超过广州位居第一，而广州则落到福州的后面，屈居第三③。外国商人更多地选择上海和福州而非广州，很显然是由于它们更接近产茶区。这一系列的变化都将对出口茶叶的价格、数量和中国商人的利润产生影响。

通商口岸的增加以及之前（1833）英国东印度公司对茶叶专卖权

---

① ［美］张馨宝著，徐梅芬等译：《林钦差与鸦片战争》，福州：福建人民出版社，1989 年，第 93 页。
② 戴逸主编：《中国近代史通鉴》（第 1 卷），北京：红旗出版社，1997 年，第 228 页。
③ 马士 1991：289。

的完结，促使各国洋行纷纷涌入。茶叶变得供不应求，竞争十分激烈。加之东西方交通、信息尚不发达，因而抢购茶叶之风盛行，从而造成了在鸦片战争结束之初茶叶价格的上扬。1847 年福州红茶最低价为每一百斤十两，最高要达到每一百斤四十两。美国主要输入绿茶，但因"购买绿茶竞争甚烈，美国商人不得不付异常的高价"。在汉口的俄国商人为了保证得到足够的茶叶竞相争购，使得当时的茶价达每一百斤五六十两。运抵上海的皖南茶的价格"每引得银五六十两，三四十两不等"，有时甚至高达八十两。由此可见高昂的茶价是当时的普遍情况。如图 5.9 所示，19 世纪 70 年代之前，茶价一直维持在每担二十两以上。

价格（两/担）

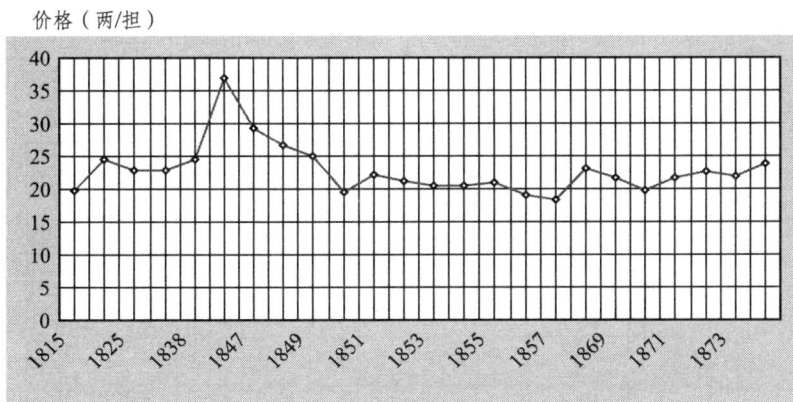

图 5.9 1815—1867 年间华茶出口价格变动

注释：1815—1833 年茶叶价格＝广州每五年的年均出口茶叶货值／广州每五年的年均出口茶叶总量，1.558 元（银元）＝1 海关两；1838 年的价格为英国自广州进口茶叶价格＝1838 年英国自广州进口茶叶货值／1838 年英国自广州进口茶叶量，1 担＝133.3 磅；1846—1857 年价格为上海华茶出口年平均价格；1868—1874 年华茶出口价格＝华茶平均年出口值／华茶年平均出口量。

资料来源：1815—1833 年广州年均出口茶叶货值、1838 年英国自广州进口茶叶货值、1838 年英国自广州进口茶叶量以及 1846—1857 年的数据分别来自于姚贤镐：《中国近代对外贸易史资料》，北京：中华书局，1962 年，第 254、281、284、582 页；1815—1833 年广州每五年的年均出口茶叶总量来自严中平等：《中国近代经济史统计资料》，北京：科学出版社，1955 年，第 16 页，1868—1874 年的数据来许道夫：《中国近代农业生产及贸易统计资料》，上海：上海人民出版社，1983 年，第 250 页。

19 世纪 40 年代中国出口茶叶的商埠仅为广州和上海；50 年代增加了福州，60 年代扩大到汉口、九江、淡水。随着通商口岸的相继开放，茶叶出口的数量也迅猛增长。1843 年仅广州一地出口茶叶时，当年输出茶叶量为 1 772.775 万磅。次年上海开埠，茶叶出口量猛增。从 1844 年到 1854 年，仅广州和上海两地共出口茶叶 95 132.77 万磅，平均每年 8 648.434 万磅。1855 年福州也加入出口行列，总出口茶叶量为 11 266.07 万磅；到 1860 年，福州 5 年内共出口茶叶 67 164.09 万磅，平均每年 11 194.02 万磅[①]。另一方面，自 19 世纪始，从西北输出到俄国的茶叶量也开始大幅度增长。1800 年中俄茶叶贸易量 2 519 910 磅，到 1837 年至 1839 年，年均贸易量已达到 7 264 692 磅，到 1843 年，更是剧增到 1 200 万磅[②]。而且，由于民间帆船运销海外之茶以及通过各种途径走私的茶叶无具体的统计，因而茶叶出口的总数量必定远不止于此。总而言之，茶叶出口量，虽然在个别年份有相对的减少，但在这段时间内一直是稳步上升的（见图 5.10）。

出口量（万磅）

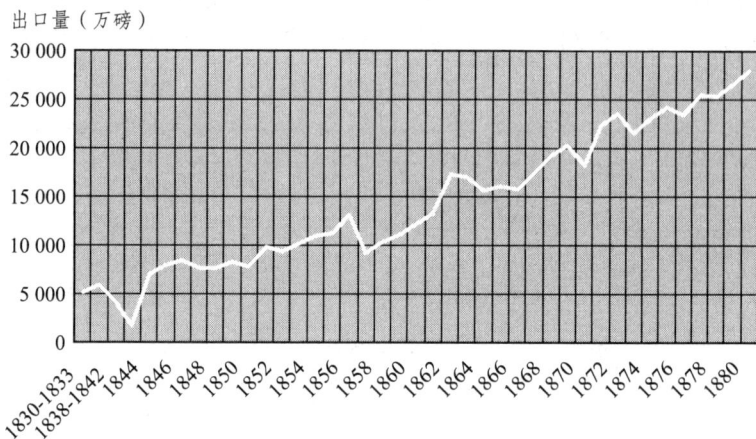

图 5.10　1830—1880 年间的华茶出口数量变化趋势

资料来源：1830—1860 年数据来自 [美] 马士著，张汇文等译：《中华帝国对外关系史》第 1 卷，北京：商务印书馆出版社，1963 年，第 413 页，1861—1867 年数据来自姚贤镐：《中国近代对外贸易史资料》，北京：中华书局，1962 年，第 1039 页，1868—1880 年数据来自 1868—1874 年数据来自许道夫：《中国近代农业生产及贸易统计资料》，上海：上海人民出版社，1983 年，第 250 页。

由于茶叶出口规模的急剧增加，这段时间内中国在茶叶出口贸易上的总收益有大幅度的提高。正如 1874 年左宗棠所说："自海口通商

---

① 马士 1963：413。

② 陶德臣：《晋商与西北茶叶贸易》，《安徽史学》，1997 年第 3 期。

以来，洋商雇人分赴产茶各省地方收购，行销各国，议价颇昂，茶之出海者不可胜计。"①从茶叶出口价格上看，由于鸦片战争前的广东十三行拥有垄断地位，所以鸦片战争前的茶叶出口价格相对要高于鸦片战争之后的大部分时间。然而，由于那时候的出口规模远小于鸦片战争之后，所以从收益总量上，中国商人在茶叶出口贸易中的利润在鸦片战争后初期是趋于增加的。

五口通商为中国茶商带来了以各国洋行为代表的众多买家。一方面，他们是茶叶贸易的需求方，为中国商人提供了茶叶的销售市场；另一个方面，这些外国商人开始进入茶叶产区，直接从产地购买茶叶，从而又从国内茶叶贸易链条上切走了中国茶商的一段贸易利润。在中国海商被排挤出中国南海和印度洋的海上贸易之后，如今中国商人在中国国内也开始面临外国商人的竞争和排挤，逐渐丧失其在国内贸易中的垄断地位。然而，由于当时的中国还依然是世界茶叶市场上最大的供应者，所以从茶叶的生产供应上讲，中国依然居于垄断地位，以至于在五口通商后的短期内，中国在茶叶贸易方面的收益反而增加了。

（一）内地采购机制的建立

19 世纪 40 年代初，各国在华洋行还只是在为数不多的几个通商口岸购买茶叶。由于他们还没有进入产茶区直接采购茶叶，而他们国内的巨大需求又迫使他们以高价抢购茶叶，所以中国商人曾因此获利颇丰。然而，为了降低成本，提高利润，同时可以保证茶叶的稳定供给，外国洋行很快便开始深入到产茶区进行采购，并逐渐建立起他们自己的内地采购机制来。一种方式是预先支款给买办，让买办和他的雇员携带货款到茶区直接采购茶叶。另一种方式则是"预约订购制"，即洋商与买办议定一个合同，并通过买办和茶商再议定合同；在这种"预约订购制"下，买办和茶商都可以从洋行取得资金上的帮助并利用洋行的设备，但洋行具有购买茶叶的优先权，只有洋行可以单方面废除合同，只有在洋行单方面废除合同后，茶商才可以将茶叶另售他人。

---

① 姚贤镐：《中国近代对外贸易史资料》，北京：中华书局，1962 年，第 969 页。

图 5.11 19 世纪初的中国茶叶行

资料来源：Pickford，Nigel and Michael Hatcher. *The Legacy of Tek-sing：China's Titanic-Its Tragedy and Its Treasure*，Cambridge：Granta Editions，2000.

这种在 19 世纪 40 年代末才开始施行的制度，到 50 年代时就已经在上海和福州成为惯例了。而在这种制度下出口的茶叶数量从一开始就大得惊人。1855 年，怡和洋行的买办之一阿熙到内地采购茶叶的货款达到 44 万元；同年宝顺洋行用于内地采购的货款达到 40 万元。1860 年，琼记洋行经由其买办唐隆茂的内地采购货款也有 25 万元。① 在当时重要的茶叶市场福州、上海、汉口、九江等地，各大洋行纷纷找到了自己合适的内地采购买办，建立了稳定可靠的内地采购机制，逐渐垄断了华茶的出口贸易。从此洋商的茶叶贸易活动不再限于条约口岸。外国人在将中国海商挤出海洋贸易利润链条之后，又在中国国门内逐渐攫取了很大一部分中国商人从茶叶产地到通商口岸的茶叶贸易链条利润。而且，洋行通过买办商人从产地购进的茶叶减少了通商口岸洋行对通商口岸华商茶行的茶叶需求量，减缓了茶叶的

---

① ［美］郝延平著，李荣昌译：《19 世纪的中国买办——东西间桥梁》，上海：上海社会科学院出版社，1988 年，第 95—96 页。

买方竞争，使得通商口岸中国商人手中的茶叶价格降低，进一步削减了还在从事从产茶区到通商口岸茶叶贸易的中国商人的利润。虽然当时茶叶贸易量迅猛增加，中国茶商们从产业贸易中所获得的总体利润并未减少，但单位利润却在减少。更为重要的是，在中外茶叶贸易上，外国洋行已经完全掌握了主动权。

（二）层层叠加的借贷关系

比起内地采购机制，对茶叶贸易影响更为广泛的是这种以洋行为最上端，往下层层叠加的借贷关系；它在 19 世纪 70 年代已经很普遍了。具体的做法为：洋行贷款给茶栈中间人，茶栈再放贷给茶商，茶商又加息贷给茶农。洋行因而得以控制茶叶的生产与销售。1872 年几乎所有在福州的洋行都参与其中。1880 年福州的洋行们贷出购买头春茶的款项就达 500 万两，1885 年为 380 万两，1886 年又增至为 460 万两，转年也有 400 万两。这种情况不仅出现在福州，其他城市也比比皆是。1898 年 3 月 17 日前，汉口、上海已放贷 300 多万两。[①] 虽然总的贷款数量是多少不得而知，但有一点可以肯定：自 70 年代开始，无论是中国的茶商还是茶农，他们对外国资本的依赖性是越来越强了。

这种借贷关系单从利息的角度看，是通过放出贷款获得利息收益，而利息的来源肯定是茶商和茶农们的利润。那么，通过向华商和茶农贷款，洋行从中国茶商和茶农那里又切走了一部分利润。而且，这种贷款又不同于我们现在所说的银行贷款。因为洋行不仅是茶款的贷出方，同时也是茶叶的购买方。因此，洋行购买的茶叶数量决定了中国茶商的还款能力，而且因为要还贷款利息，茶商们不敢将茶叶拖着不卖；再加上洋商们"率多挑剔，故抑其价"，致使中国茶商不得不减价贱卖。结果，茶价大降，再一次削减了中国茶商的利润。当新的一年到来，中国茶农、茶商们因上年的利润微薄，甚至亏本，无力自己承担种茶、贩茶的费用，还得需要向洋行们借贷，从而又陷入被洋行控制的境地，周而复始，最终造成中国茶商"十商九困"的悲惨

---

① 陶德臣：《外国列强对中国茶业的早期资本输出与后果》，《农业考古》，1995 年第 4 期。

命运。这种命运也暗示着茶叶贸易的主动权已经完全掌握在外国洋行手中。

（三）洋行在中国直接设厂

茶叶产业的利润既包括贸易利润也包括生产利润。从中国南海和印度洋到中国沿海口岸再到中国内地产茶区，外国商人在一步一步地取代中国商人，拉长他们的贸易链条，缩短中国商人的贸易链条，直至把中国海商排挤出海洋贸易，进而在中国国土上垄断了从中国产茶地到通商口岸的茶叶贸易。在垄断了中西茶叶贸易的利润后，外国商人又开始向中国的茶叶生产利润进军。洋行开始在中国产茶地区投资建厂，直接进入茶叶生产领域，开始从中国茶商手中分瓜茶叶的生产利润。

茶叶生产主要经历种茶、收茶和制茶等几个程序。在外国洋行没有在中国直接设厂之前，从种茶、收茶、到制茶，整个生产过程都是由中国人来完成的；其所产生的利润自然也都归中国的茶农和茶商所有。之前，层层叠加的借贷关系虽然也影响到了中国茶商的生产利润，但那仅仅是使其降低了。但在洋行直接设厂之后，事情便发生了改变。然而通过在中国设厂制茶，外国洋行又从茶叶生产过程中将制茶的那部分利润拿走了，致使一部分中国茶商又被从制茶领域里挤出来，在丧失了他们的茶叶贸易利润后，又丧失了他们在制茶方面的生产利润。

洋行设厂制茶起于 19 世纪 60 年代，发生于和福建产茶区毗邻而清朝政府又比较放任的台湾地区。1862 年台北淡水开港不久，英国商人就企图在那里开辟茶园。1868 年多德洋行也在台北的板桥设立了一家精制毛茶的制茶厂。80 年代末期，美国旗昌洋行也在台北同一地区设立一家机器制茶厂。[①] 不过在建厂方面，做的最成功的既不是英国，也不是美国，而是俄国。这很大程度上源于俄国不同于欧美的茶叶进口种类，他们进口的不是红茶或绿茶，而是茶砖。

在 1860 年以前，专门运销、制作俄国茶砖的是山西商人，他们

---

① 汪敬虞：《19 世纪西方资本主义对中国的经济侵略》，北京：人民出版社，1983 年，第 382 页。

在湖南、湖北茶区收购并压制包装，经由张家口运往恰克图。那时晋商在西北茶叶贸易中"有 3 倍之利，故营此业者，家数之多，资本之厚为西北商业之冠。"①但 1863 年第一批俄国茶商进入当时的茶叶贸易中心汉口，转年汉口就有了 9 家俄国茶行。他们前往产茶区，直接参加茶叶收购，在控制了茶叶贸易后，又进一步参与茶砖的制造。到 1866 年，所有经由天津到西伯利亚的砖茶，都已经由俄国商人自己制作或在他们的监督下制作了。在站稳了汉口茶叶市场之后，俄商的机器砖茶厂又向另外两个砖茶贸易中心——九江和福州扩散。1869 年夏天，汉口的一家俄商洋行曾派人进驻产茶中心宁州，专门进行收购，第二年经由九江出口的茶砖就陡然比去年增加了 2—3 倍。到 1875 年在汉口经营的俄商茶厂进一步进入九江，当年九江的茶砖出口就从前一年的 93 479 磅增加到 190 多万磅。而在福州设厂的俄商也多达七家，其茶厂年均产量 6 000 担。在短短数年的时间内，"俄国人已经彻底改变了茶叶贸易的结构，取得了从生产以至运销的全部控制权"②。

　　到 19 世纪 70 年代时，尽管中国茶叶出口的生产和贸易量仍然很大，但中国茶叶出口商人的利润却已经所剩无几。在贸易领域，他们受困于洋行，在生产领域，又面临着外国制茶厂的激烈竞争，以至于中国商人在茶叶出口贸易链条上和生产链条中制茶这一生产环节上所占的利润份额微乎其微。可幸的是，此时华茶依然垄断着世界茶叶市场，中国仍然是世界上最大的产茶国。因此，尽管中国商人已经失去了中国茶叶出口中贸易和制茶的绝大部分利润，中国的茶农还依然可以从茶叶出口中得到茶叶种植和采摘的利润。然而，随着英国东印度公司在印度和斯里兰卡的秘密茶叶生产基地的建立和发展，中国茶叶开始逐渐失去欧美的市场，茶叶出口收益基本上丧失殆尽。

第三节　国际茶叶市场瓜分——华茶欧美市场的丧失

　　当中国商人还与洋行在中国国内为争夺中国茶叶出口中的生产和

---

①　陶德臣 1997。
②　汪敬虞 1983：383。

贸易利润而使出浑身解数时，恐怕他们并没有想到不久的将来华茶将会彻底丧失欧美市场，中国茶叶出口的一切收益将随之消失。因为此时英国东印度公司正在为获得欧美茶叶消费市场的全部利润而在其殖民地印度秘密建立和发展茶叶生产基地。这一计划的出现和实施将彻底改变世界茶叶市场的格局，也将终结中国茶叶驰骋欧洲市场，独领风骚 200 多年的辉煌。

一、世界茶叶市场的丧失

自 17 世纪欧洲开始越来越多地进口中国茶叶始，中国的茶叶生产便开始越来越依赖出口，到 19 世纪中叶，中国的茶叶生产已高度依赖出口。1861 —1894 年，中国年均茶叶外销量占中国茶叶总产量的 52.2%[①]。另据歙县知县何润生在 1897 年《茶务条陈》中的陈述，作为当时最重要的茶叶产区之一"徽茶内销不及十分之一二"，十分之八九均为外销[②]。也就是说，当时中国茶农和茶商在茶叶生产和贸易上的收益增加主要源于茶叶出口量的增加。虽然茶叶生产和贸易利润已经被外商剥夺了很多，但茶叶毕竟要先在中国境内种植、制造和贸易，中国的茶农和部分茶商还是有利可图的。但是如果华茶一旦失去占到其生产总量 50% 的国际市场，那么中国茶业的境况就不只是茶商的破产了，而且还有茶农的"改图别业"。不幸的是，这正是 19 世纪下半叶中国茶农和茶商的境遇。

随着印度和斯里兰卡茶叶生产基地的成功和扩大，印度茶和锡兰茶（斯里兰卡）横空出世，登陆欧洲。为了用殖民地生产的茶叶取代中国茶，将欧美茶叶消费的生产利润也据为己有，英国政府和商人对印度茶和锡兰茶高度赞扬，极力鼓动英国人喝印度茶和锡兰茶，甚至把喝印度茶和锡兰茶的消费行为提高到爱国主义的高度予以提倡和赞扬。在强大的广告和文化宣传的攻势下，华茶逐渐失去了英国、美国、俄国等主要的国际茶叶市场，从曾经独霸欧美市场，被西人誉为"灵丹妙药"的神奇饮料，沦落到只是欧美茶叶市场上的"充数之

---

① 陶德臣：《近代中国茶农的经营状况 1840 —1917》，《中国农史》，2003 年第 1 期。
② 张燕华：《论道光中叶以后上海在徽茶贸易中的地位》，《历史档案》，1997 年第 1 期。

物"，并被鄙夷地称为"有害身体健康"。

（一）英国茶叶市场的丧失

华茶出口贸易的众多贸易对象中，英国可谓是最重要的。这不仅仅因为英国是西方世界最大的茶叶消费市场之一，同时英国商人还长期主导着国际茶叶贸易。19世纪的伦敦是欧洲乃至美洲茶叶转口销售的中心和集散地。从鸦片战争直到1860年，几乎所有从广州出口的茶叶都全部运往英国[1]。1863年到1865年，中国出口到英国的茶叶占华茶整个出口量的82%以上。从1866年到1878年，中国出口到英国的茶叶货物总值占整个中国出口货物总值的70%—80%。此后一直到1889年，这一比例都在50%以上[2]。有鉴于此，印度和锡兰等殖民地茶叶进入并最终占领英国市场给中国茶业带来了致命的打击。

英国东印度公司在英殖民地建立和发展茶叶生产基地源于茶叶贸易对当时英国国家财政的重要性。当时，茶叶已成为英国民众生活中的一个重要的大众消费品。茶叶贸易不仅为英国商人带了巨额利润，而且茶叶的进口关税也是英国国库的重要来源之一。而且，英国财政部向茶叶消费者征收的茶叶消费税也已占到全国税收总额的1/10。1814年至1837年间，英国政府平均每年征收茶叶消费税3 443 355英镑[3]。另外，茶叶贸易也促进了英国航运业的发展，同时茶叶消费还带动了蔗糖等这类英国政府可以获得高税收的产品的消费。在这种情况下，如果英国能用自己的茶叶取代华茶，占领欧美茶叶市场，那么其将获得欧美茶叶消费的全部生产利润和绝大部分的贸易利润。

其实，针对华茶垄断世界茶叶市场的局面，英国早就耿耿于怀，而且一直尝试着开辟英国人自己的茶叶生产基地。早在18世纪末，英国人就开始在中国采买茶籽，在其殖民地印度试种茶树。1835年，英国东印度公司授命其雇员戈登到中国秘密搜集茶籽和征募中国

---

① 马士1963：413。
② 陈慈玉：《近代中国茶业的发展与世界市场》，台北："中央研究院"经济研究所，1982年，第306页。
③ [印]谭中：《英国—中国—印度三角贸易1771—1840年》，见中外关系史学会编：《中外关系史译丛》（第2辑），上海：上海译文出版社，1986年，第190页。

茶叶工人。戈登乔装打扮为京官，携同他的一位中国随从秘密潜入茶区，声称是为清宫廷征集优良茶籽，然后将其秘密搜集到的大量武夷茶籽分三批运往印度的加尔各答。同时，戈登还秘密聘用到十几名四川雅州茶师与他同赴印度，到那里向印度人传授种茶、收茶和制茶的技术①。英国的印度茶叶生产基地因之得以建立。1838 年，英国东印度公司首次将印度加尔各答茶叶生产基地生产的茶叶出口英国。虽然数量很少，只有 350 磅左右，但却打破了华茶对世界茶叶市场的完全垄断。此后，英国在印度的茶叶生产基地迅猛扩展，到 1869 年，印度出口到英国的茶叶首次突破了 1 000 万磅，约占当时英国茶叶消费总量的 10%②，并继续迅猛地增长。

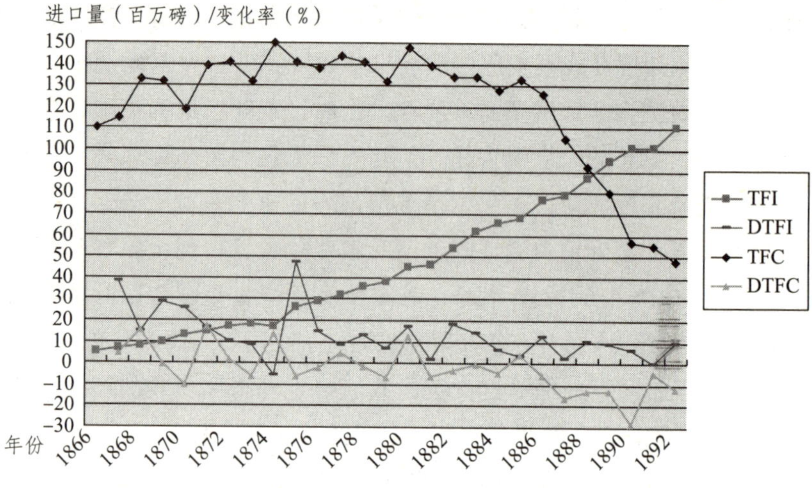

图 5.12　1866—1892 年间英国从印度和中国进口的茶叶数量及其年增长率

注释：TFI——英国进口印度茶叶的数量，DTFI——英国进口印度茶叶数量的年增长率，TFC——
　　　英国进口中国茶叶数量，DTFC——英国进口中国茶叶数量的年增长率。
资料来源：林齐模，《近代中国茶叶国际贸易的衰减——以对英国出口为中心》，《历史研究》，
　　　2003 年第 6 期。

　　如图 5.12，从总量上看，印度茶在英国市场上超过华茶是在 1889 年。但从英国进口两地茶叶量的年变化率来看，华茶的进口量在 1882 年之前的增长率基本上围绕着横轴规则地上下波动，年均增

---

① 陶德臣：《英属印度茶业经济的崛起及其影响》，《安徽史学》，2007 年第 3 期。
② 姚贤镐 1962：1193。

长率约2%，这应该是供给对需求的滞后造成的。是正常的市场波动。但在 1882 年之后，华茶进口在大部分年份里都是负增长而且负增长的速度也在急剧增加，年均增长率为 −9%。这与之前的正常经济波动显然不同，此时起主要作用的应该是华茶在英国市场上被其竞争对手挤压。而 1866 年至 1892 年英国对印度茶进口的增长率，虽然有波动，但除 1875 年之外均为正值，年均增长率为 13%。由此，1882 年成为华茶在英国市场上的转折点，在此之后英国对印度茶的进口量的增长速度虽有放缓，但仍达了年均 8%，与之对应的对华茶的进口则在以每年 9% 的速度减少。

在英国市场上，除了印度茶，华茶还有另外一个强劲的对手——锡兰茶。与印度的茶叶生产基地类似，19 世纪 70 年代之后，英国又开始在斯里兰卡发展茶叶生产基地。此后数十年，锡兰茶叶生产以惊人的速度增长。1880 年，锡兰仅有茶园 13 个，产茶 1 300 箱。而在两年以后就有 56 个茶园，产茶 9 500 箱。到 1883 年，茶园增至 110 个，出茶 22 500 箱。到 1886 年，茶园约有 900 个，占地 72 万亩，每亩可产茶 80 斤[①]。同时，锡兰对英国的茶叶出口量也以惊人的速度增加（如图 5.13）。

出口量（万磅）

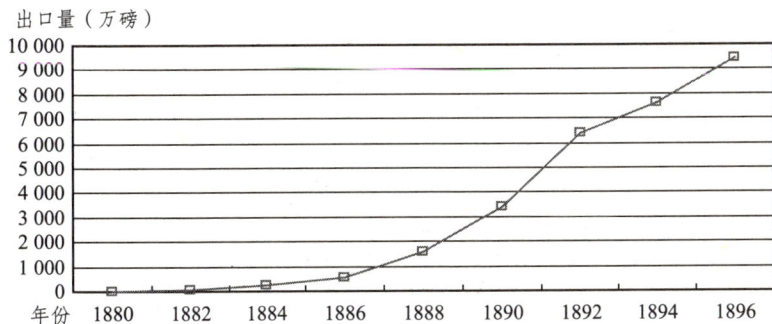

图 5.13　锡兰出口到英国的茶叶数量变动趋势

资料来源：谢天桢，《有关近代中国茶叶贸易兴衰的统计资料》，《福建茶叶》，1984 年第 4 期。

在印度茶和锡兰茶的双重夹击之下，华茶在英国市场的份额不断下跌（如图 5.14），到 1893 年，"华茶在国内（英国）只是作为一种

---

① 姚贤镐 1962：1189。

充数之物，若茶商能够买到印度茶或锡兰茶，他们就不会要华茶。许多伦敦茶商承认他们现在不再经售华茶，伦敦杂货店里也已经买不到华茶。假若买主指名要买华茶，他们就把他们自称为华茶的茶叶卖给他，实际上根本不是华茶"[1]。中国由此完全失去了其往日在英国茶叶市场上的垄断地位。

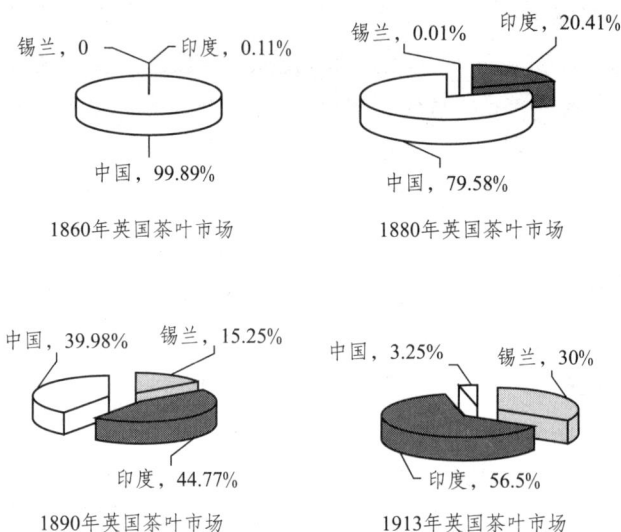

图 5.14　华茶在英国市场的丧失（1860—1913）

注释：1860 年的英国进口印度茶数据。林齐模：《近代中国茶叶国际贸易的衰减——以对英国出口为中心》，《历史研究》，2003 年第 6 期，据统计，1863 年至 1865 年，中国每年出口英国的茶叶量占华茶出口总量的比例都在 82% 以上（陈慈玉 1982：306），故 1860 年中国出口英国的茶叶量≈1860 年中国出口茶叶总量×82%，而 1860 年中国茶叶出口总量的数据来自 [美] 马士，张汇文等译：《中华帝国对外关系史》（第 1 卷），北京：商务印书馆，1963 年，第 413 页；1880 和 1890 的数据：谢天祯：《有关近代中国茶叶贸易兴衰的统计资料》，《福建茶叶》，1984 年第 4 期；1913 年的数据：陶德臣：《近代中国茶叶对外贸易的发展阶段与特点》，《中国农史》，1996 年第 2 期，此时在英国市场上，爪哇茶占到了 10.25%；图中除 1913 年外以英国进口三国茶叶之和近似英国市场的茶叶消费总量，因为除了中国、印度和锡兰，英国还从日本、爪哇等地进口少量茶叶。

　　显然，印度和斯里兰卡茶叶生产的发展并不是由其自身的内在需求所引起的，而是英国利用殖民地资源富强自己的一种方式。虽然英国商人已经在中国茶叶出口贸易中利用各种方法逐步垄断了从中国茶叶产区到通商口岸再到欧洲的贸易利润，但英国商人并不满足仅仅占

---

[1]　姚贤镐 1962：1193。

有贸易利润，而且还想占有生产利润。当时尽管日本、朝鲜、伊朗、土耳其等国也生产茶叶，但中国是世界上最大的茶叶生产地。当时的英国不可能从中国、日本、朝鲜、伊朗等这些茶叶生产国获得自己的茶叶生产利润，而且英国自身又国土狭小，没有自然条件大规模地发展茶叶生产基地。因此，英国便选择了在其殖民地印度和斯里兰卡大力发展植茶业。印度和斯里兰卡为英国提供土地和劳力，英国提供资金和管理，从茶园到茶厂都是由英国商人投资和管理，当然利润也主要归英国所有。因此当时所谓的印度茶和锡兰茶其实就是英国茶。这也是为什么英国政府和商人要千方百计地扶植印度茶和锡兰茶业而打击华茶的原因。

起初，印度茶的种植水平有限，质量不精，其味道远比不上华茶，但英国商人大做文化宣传和商业广告，将印度茶吹嘘为"地球之美品"。在炫耀印度机器制茶的基础上贬低中国绿茶的营养价值，声称绿茶含有鞣酸会损坏肠胃。他们甚至把中国的高档红茶祁红与印度和锡兰的高档茶拼合，以提高印度和锡兰茶叶的品位，或者直接把华茶的标签换为印度茶和锡兰茶的标签出售①，因而逐渐改变了英国民众对中国茶的态度。另外，英国及其控制的殖民地政府还采取一系列的产业政策促进印度和锡兰的茶业发展②，如取消印度茶叶出口关税，提供低息贷款等措施促进茶业发展，同时在英国对华茶征收歧视性关税。

英国利用自己的殖民地资源以及其与其殖民地之间不平等的政治经济关系在印度和锡兰发展植茶和制茶产业，终于成功地染指茶叶生产，使自己获得了一条完整的从生产到销售的茶叶生产贸易利润链条。而且，在殖民地茶叶的销售上，英国政府和商人也团结一致，营销策略高明。通过产业扶助、关税政策、广告宣传，以及其机器生产的成本优势，英国商人终于将华茶轻松地挤出了英国市场。而这只是华茶丧失世界市场的开始。

（二）美国茶叶市场的丧失

在华茶出口上，美国一直以来都是仅次于英国的重要市场。鸦片

---

① 陶德臣：《印度茶业的崛起及对中国茶业的影响与打击》，《中国农史》，2007 年第 1 期。
② 陶德臣：《印度茶业的崛起及对中国茶业的影响与打击》，《中国农史》，2007 年第 1 期。

战争前，广州出口的华茶就有 1/3 运往美国。1830 年时输入美国的华茶约有 9 000 千磅，到 1840 年就达到了 20 000 千磅，而到 1850 年又增长到了 30 000 千磅，十年之后的 1860 年，出口美国的华茶又翻了一番，达到了 60 000 千磅[①]。19 世纪 80 年代，就在华茶在英国市场上受到印度茶和锡兰茶挑战的同时，华茶在美国市场上则遇到了另一个强劲的竞争对手——日本茶的挑战。

日本茶最初主要用于内销，直到 1859 年才有了两次出口的记录，但数量极少，对世界市场几乎没有任何影响。然而，随着美国以武力打开日本国门，广阔的世界市场冲击着日本的制茶业。为了提高茶叶的品质以更适应出口需求，日本开始仿制中国绿茶。1861 年横滨建立了第一家制茶厂，日本茶由此开始正式进入世界市场。19 世纪 70 年代始，日本茶专销美国，这一年运往美国的日本茶已经增长到 1 350 万磅。1874 年，输出到美国的日本茶第一次超过中国绿茶[②]。而在十多年之前，在美国甚至没有人知道日本茶。如图 5.15 所示，随着日本茶出口美国的急速发展，以及印度茶和锡兰茶在美国市场的积极开拓，华茶又丧失一个重要的国际市场。

茶（千磅）

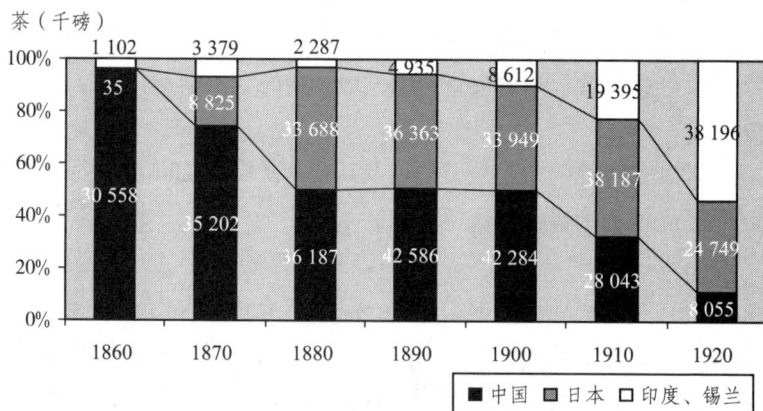

图 5.15　华茶在美国市场的丧失（1860—1910）

资料来源：财政部贸易委员会，《贸易月刊》，1941 年第 2 期。

---

① 上海社会科学院经济研究所主编：《上海对外贸易》，上海：上海社会科学院出版社，1989 年，第 53 页。
② 姚贤镐 1962：1198。

日本茶的兴起与印度茶和锡兰茶的兴起是不同的，它是日本推动其自身经济发展和对外贸易的结果，其所产生的利润也直接由日本商人和政府获得。然而，无论是日本茶还是印度茶和锡兰茶，它们的迅速发展都是建立在挤占华茶国际市场份额的基础上。美国和英国市场相继丧失之后，华茶的出口量大幅度萎缩，出口国别结构也发生了改变。

（三）俄国茶叶市场的丧失

19 世纪 80 年代之后，在接连失去英美茶叶市场的情况下，华茶对俄国的茶叶出口量却并没有马上随之下降。一直到 19 世纪 10 年代中期，华茶出口俄国的数量都趋于稳定，并略有攀升。俄国因此成为中国茶叶出口的最大市场（见图 5.16）。1868 年，英国占华茶出口量的 70.26%，美国占 13.47%，而俄国则仅占到 0.92%，几乎可以忽略不计；到 1874 年，英国就下降到 62.61%，美国基本持平为 11.67%，而俄国所占的比例则猛增到 11.03%；1886 年，英国只占 39.77%，是此前的 1/2，而俄国却增加到 32.22%；1894 年，英国占 15.88%，俄国继续增加，约占 43.01%；最后到 1913 年，英国只占 6.03%，反观

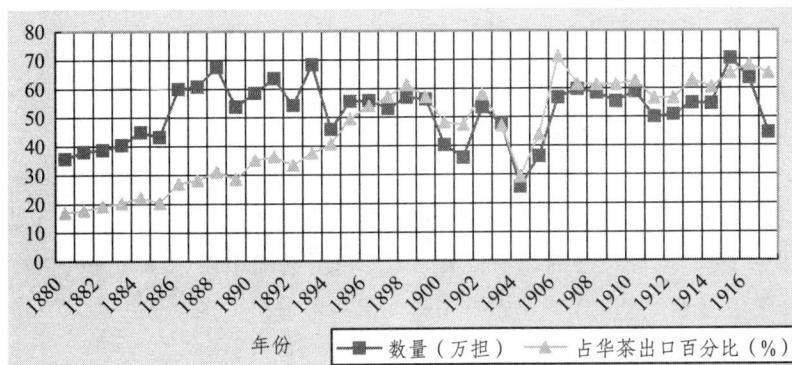

图 5.16　1880—1917 年华茶出口俄国的变动趋势

注释：为作图的需要，本文对原数据进行了单位换算，四舍五入保留小数点后两位，虽然与原数据会有小的出入，但不会影响对总体趋势的研究。

资料来源：许道夫，《中国近代农业生产及贸易统计资料》，上海：上海人民出版社，1983 年，第 253、254 页。

此时俄国高达 50.59%①。在华茶接连失去英国和美国两大市场之后，俄国成为华茶出口的最大市场。

如果说此时的俄国茶叶市场是中国近代茶叶出口贸易的最后一根救命稻草的话，那么俄国市场一旦失去则会成为击垮中国近代茶叶出口贸易的最后一拳。当时中国茶叶在俄国市场上虽然也面临着日本茶的竞争，但总的来说其对华茶的影响并不大。导致中国出口俄国茶叶数量锐减的不是经济因素而是政治因素。1917 年，俄国爆发十月革命，很多俄商和华商的商店被关闭，财产被没收，在俄的中国商人也纷纷逃回中国。因此，到 1923 年时中国出口俄国的茶叶总值只占到中国出口茶叶总值的 1.51% 了②。华茶失去了它最后的一个重要的国际市场。

随着华茶被一步步挤出欧洲、美国和俄国，中国的茶叶出口量每况愈下，与此形成鲜明对比的则是其他主要产茶国茶叶出口量的急剧增加（见图 5.17）。世界茶叶生产格局发生了重大变化。17、18 世纪，中国是世界上唯一的茶叶出口者。那时除日本、朝鲜、伊朗、土耳其等国外，绝大多数亚洲国家还没有茶叶生产。然而到 1896 年时，印度茶和锡兰茶已在欧美各国登堂入室，这一年中国茶叶生产产量只占到世界茶叶生产产量的 42.1%，而到 1920 年时则更是下降到仅有 6.5%。华茶也已从向英国、美国、俄国这些大市场出口转向了向香港地区、东南亚、北非等这些小市场的出口③。而更不幸的是，华茶生产的竞争对手们在将华茶挤出几大国际市场之后，又将他们出产的茶叶出口到了中国——这个当时世界上最大的茶叶消费市场（见图 5.18）。国外市场的基本丧失和国内市场的缩小使中国的茶叶生产者举步维艰，很多茶农破产，不得不另择他业。中国从此失去了其茶业生产在世界茶业生产中的垄断地位（见表 5.5）。

---

① 上海社会科学院经济研究所 1989：51、248。
② 上海社会科学院经济研究所 1989：249。
③ 上海社会科学院经济研究所 1989：248。

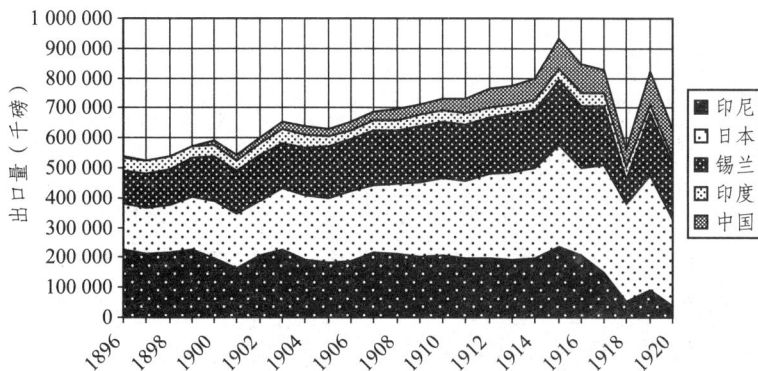

图 5.17　1896—1920 年世界主要产茶国茶叶出口量之比较

资料来源：许道夫，《中国近代农业生产及贸易统计资料》，上海：上海人民出版社，1983 年，第 257 页。

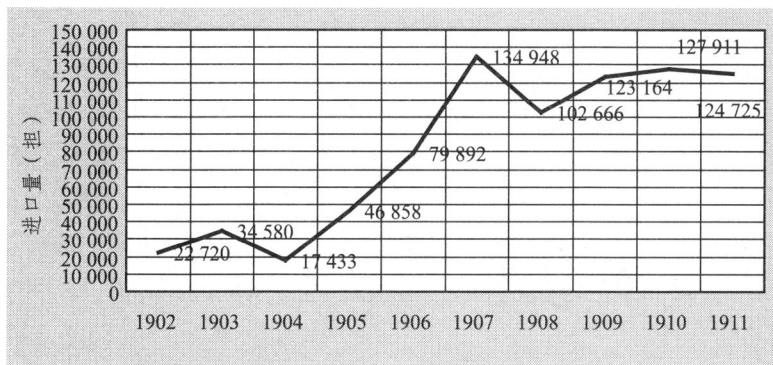

图 5.18　1902—1911 年中国进口茶叶量的变化趋势

资料来源：李文治，《中国近代史农业资料 1840—1911》，北京：生活·读书·新知三联书店，1957 年，第 402 页。

表 5.5　中国茶业在世界茶叶生产中地位的下降（1896—1920）

年份	世界产茶量（磅）	中国产茶量（磅）	华茶占世界茶产量的比例（%）
1896	541 960 732	228 321 705	42.1
1906	709 121 780	187 180 262	20.3
1916	882 949 623	205 520 533	23.2
1919	851 757 299	91 997 661	10.7
1920	624 156 824	40 777 230	6.5

资料来源：秦含章，《中国农业经济问题》，上海：新生命书局，1931 年，第 297—298 页。

二、茶农的利润

继中国茶商越来越失去出口贸易利润之后，中国茶农则越来越失去其茶叶生产的利润。

（一）茶叶供给垄断时期中国茶农的经营利润

19 世纪 80 年代之前，虽然世界市场上已有印度、锡兰、日本茶叶，但他们尚不足以动摇中国在世界茶叶生产中的垄断地位。尤其是鸦片战争后，华茶的世界市场进一步扩大，不但出口量猛增（见图5.10），出口价格也维持在高位（见图5.9）。因此，从鸦片战争后一直到 19 世纪 80 年代，中国茶业的整体利润是增加的。其间，茶农的利润也是增加的。

鸦片战争之后，在皖南"赢者既操三倍之价，绌者亦集众腋之裘"。在福建，茶业"系闽民之生计"，"闽之业茶者，获利甚丰"，种稻及其他作物远不如茶。在台湾，种茶一英亩可获纯利 10 英镑以上。在广东新会县，"邑人辟绿护屏迤西数十顷山地种之，获利甚厚"。在湖北，洋楼洞在晋商推动下，业茶"商贩园户获利尚厚"。在湖南巴陵县（今岳阳），"与外洋通商后，广人每携重金来制红茶，土人颇享其利。"①另外各地茶园增多②，其也从侧面证明了茶农利润的增加。

（二）华茶失去国际市场之后中国茶农的经营利润

由于华茶的大量外销，茶农们的利润和国际市场需求息息相关。随着印度茶、锡兰茶和日本茶不断地侵蚀华茶的国际市场，华茶所占的国际市场份额越来越小。19 世纪末后，华茶的国内市场也开始受到外茶的冲击。市场的丧失意味着对华茶需求的减少。这自然会带来华茶价格的下跌（见图5.19）以及中国茶业利润的减少。

曾有人给厦门茶农算过一笔账，1887 年每百斤茶价为 11.385两，扣去各种费用，归种茶人所得的仅 3.529 两，占货价的 31%；1890 年海关关册记载，福州"近来茶市不佳，种茶者无不亏本……

---

① 陶德臣 2003。
② 陶德臣 2003。

茶市衰颓，小民困苦惟望"[①]。随着利润的减少，茶农必然"另图他业"，退出茶叶生产。据学者估计，19 世纪末我国茶园面积至少减少或荒芜 38%。据调查，福建重要茶区北岭，茶园"十荒其八"；乌龙茶的重要产区闽南，茶园"多已抛荒"；茶农"有田者归耕，无田者以砍柴为活"；另有厦门茶农将茶园改种罂粟；广东花县茶农"多伐去茶树而改种荔枝"[②]。到 19 世纪末 20 世纪初，中国近代茶叶生产因国际市场需求扩大而辉煌发展的那段黄金时期彻底结束。

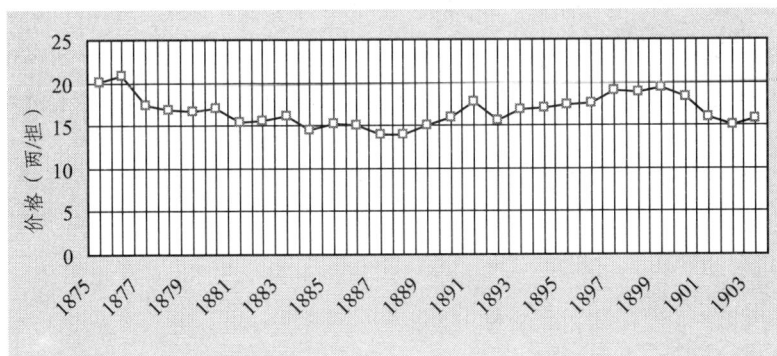

图 5.19　1875—1904 年华茶出口价格趋势图

注释：价格＝华茶出口总值/华茶出口总量

资料来源：许道夫，《中国近代农业生产及贸易统计资料》，上海：上海人民出版社，1983 年，第 250—251 页。

值得一提的是，从 18 世纪初中国茶叶开始大规模出口起，中国茶商就与西方商人开始了对茶业利润链条的争夺，从茶叶的海外贸易，到国内的贸易与生产，再到茶叶的种植。然而，西方商人是"拥有帝国的商人"。他们的政府和他们紧密合作，两者合二为一。各国政府都授予其本国东印度贸易公司各种特权，保证其商业垄断公司的地位，以便于他们在国际贸易中能够更好地与他国竞争，并授予他们拥有军事武装、发动战争、攻城略地、建立殖民地政权的权力。而且，在必要的时刻，其政府不惜为他们发动战争。从巴达维亚到广州，到口岸城市，再到内地的茶山，外商总能获得其政府的强力支持

---

① 陶德臣 2003。

② 陶德臣 2003。

和配合，从而顺利并成功的运用最有效的手段打破僵局。

对比之下，中国的商人则是独立于中国政府权力机构之外的。在海外贸易中，他们不但得不到本国政府经济和军事上的支持，而且还经常背腹受敌，在与欧洲商人国家武装商船对抗的同时，时刻提防着自己国家军队的剿杀。因此，这些"没有帝国的华商"在与外商的竞争中总显得形单影只，很难跟上外商的节奏。伴随着中国商人贸易链条的一步步缩短，外商的贸易链条在一步步地加长，直至深入到中国内地的茶叶产地。而后，中国茶叶在世界茶叶生产上的垄断地位也随着英国在印度和锡兰茶叶生产基地的蓬勃发展而彻底丧失。华茶终于从 18 世纪初远销欧美、供不应求沦落到 20 世纪初在国际市场上门可罗雀，无人问津的地步。

第六章　第一次经济全球化中中国制瓷业的兴衰

与丝织、生丝、和茶叶的命运相同，中国的瓷器也在 16 世纪至 19 世纪初经历了从先占有世界陶瓷生产贸易垄断地位到后来失去海外市场和生产垄断地位的境地，而沦落的过程也与丝织、生丝、和茶叶颇为相似。可谓"倾巢之下，安有完卵"？

第一节　瓷器贸易与中国制瓷业的发展 —— 市场需求的力量

一、世界瓷器贸易体系

中国瓷器的外销最早可以追溯到汉代的丝绸之路上。由于陆路主要靠马和骆驼运输，运输量小，且易破碎，以致难以形成大的贸易规模。因此，直到唐朝中国的造船和航海技术已经成熟，瓷器的外销才发展起来。到宋元时期，一个"世界性"[①]的瓷器贸易体系已经形成[②]。该体系在国内以北方的定窑、磁州窑，南方的景德镇，以及浙

---

① "世界"指当时已知的被称为旧大陆的亚欧大陆和非洲大陆。
② 参见 [美] 朱莉叶·艾莫森、陈洁：《瓷器贸易的曙光 —— 白瓷与青白瓷》，《南方文物》，2000 年第 4 期；[日] 三上次男，李锡经等译：《陶瓷之路》，北京：文物出版社出版，1984 年；[日] 三上次男：《13 —14 世纪中国陶瓷的贸易圈》，《东南文化》，1990 年第 3 期；叶文程：《中国古外销陶瓷的港口和路线》（上），《陶瓷研究与职业教育》，1990 年第 2 期；叶文程：《中国古外销陶瓷的港口和路线》（下），《陶瓷研究与职业教育》，1990 年第 3 期；叶文程：《宋元时期我国陶瓷器的对外贸易》，《中国社会经济史研究》，1984 年第 2 期。

江、福建、广东等地诸窑为生产基地，以泉州、明州、广州、杭州等港口为外销港口，形成了著名的"海上陶瓷贸易之路"①。当时的贸易主要以民间海外贸易为主，也包括政府的赠予和朝贡贸易。如图6.1所示，13—14世纪时，中国的瓷器已经销往已知世界的大部分地区，尤其是西亚和北非，而当时的欧洲仍然是处在世界的边缘，很少参与到"世界"瓷器贸易中来。

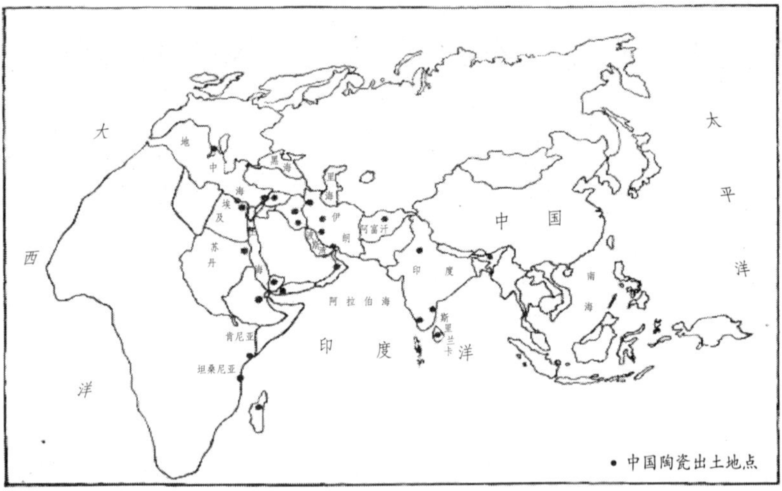

图6.1　13—14世纪中国贸易陶瓷出土地点示意图

资料来源：〔日〕三上次男，《13—14世纪中国陶瓷的贸易圈》，《东南文化》，1990年第3期。

　　1500年之后，新大陆的发现和新航线的开辟使欧洲商人开始更多地加入到已有的瓷器贸易体系中，并把新大陆纳入进来，真正形成了瓷器的全球市场，全球意义上的世界瓷器贸易体系由此形成。从贸易路线看，全国各窑口（主要是景德镇以及福建和广东各窑）的瓷器通过水陆联运，从长江出海到宁波、泉州，或由闽江水系出海到福州、泉州、厦门，或由珠江水系到广州、澳门，经东海到日本，经南海到东南亚，绕马六甲海峡，到达非洲、欧洲，越过太平洋到达美洲新大陆；从市场看，由于欧洲的海外扩张积累了大量的财富，因而逐渐成为中国瓷器外销的最大市场，而且新大陆（包括美洲和澳洲）对中国瓷器

---

① 三上次男1984。

的需求也在逐渐地增加①。从贸易利润上看，中国凭借着自己在陶瓷生产技术上的垄断，形成了巨大的贸易顺差，白银大量流入中国。根据弗兰克的估计，从 16 世纪中期到 17 世纪中期，最终流入中国的白银为 7 000—10 000 吨，占世界白银产量的 1/4—1/3②，而当时的瓷器是中国重要的大宗贸易产品之一。瓷器的海外贸易也促进了国内制瓷业的兴盛和一些商帮的兴起，如徽商、江右商与江浙商帮的兴起③。

从全球的角度看，与 1500 年之前的体系相比，1500 年之后的贸易体系的性质已经发生了变化——主要表现在西方凭借武装贸易将新大陆纳入由他主导的现代世界体系中，并不断地对外扩张和延长自己的利润链条——但现代世界体系的建立需要一个过程，并且前提是西方有足够的力量整合世界经济。从这个意义上讲，中国在第一次经济全球化的初期能够凭借对高端制瓷技术的垄断和国家在政治、经济、军事上的优势，成为世界瓷器贸易体系的主导者。从中国的角度看，世界瓷器贸易体系是建立在已经存在的贸易体系基础之上的，但与旧的贸易体系相比，首先是中国制瓷业面临的市场更大了；其次中国瓷器商人面对的贸易对象不再只是商人本身，还有其背后的国家政府。因此，1500 年之后逐渐形成的世界瓷器贸易体系具有由贸易体系向现代世界体系过渡的性质，而这一过渡过程正是西方整合全球经济的过程。

二、华瓷市场的扩大

（一）外销瓷器的数量

1500 年后世界瓷器贸易体系形成。在国际市场对中国瓷器大量

---

① "中国和欧洲的直接贸易始于明代，1517 年葡萄牙人到达广州，在澳门建立商站。1578 年，荷兰舰队到达远东进行贸易。1600 年，英国东印度公司成立。1698 年，第一艘法国船到达远东。1699 年，英国人在广州建立第一家商行，接踵而至的是法国人（1728）、荷兰人（1729）、丹麦人（1731）、瑞典人（1732），以及澳大利亚人、俄国人、印度人、亚美尼亚人，最后到到的是美国人（1784）。他们把数量巨大的瓷器运往他们本国或转卖至世界各地。" 叶文程、罗立华：《中国古外销陶瓷的年代》，《江西文物》，1991 年第 4 期。
② ［德］安德烈·贡德·弗兰克著，刘北成译：《白银资本》，北京：中央编译出版社，2000 年，第 210 页。
③ 萧放：《宋至清前期景德镇的形成和发展概述》，《江西社会科学院》，1987 年第 3 期。

需求的冲击下，中国制瓷业显著发展，形成了其在生产和贸易上近300 年的"黄金时代"。那么这个世界市场的需求量有多大，或者说这300 年的瓷器贸易规模有多大呢？

自1511 年葡萄牙人占领满刺加（今马六甲海峡）始，欧洲人便相继开拓东南亚市场及对华贸易，开始大规模向欧洲运销华瓷（见表6.1）。那时澳门—长崎的贸易主要由葡萄牙人经营，因而大量的瓷器也被运往日本。当时日本所需的八种主要外国货中，中国瓷器列于第三位[1]。1565 年西班牙为加强西属美洲与菲律宾的联系，开始了马尼拉大帆船贸易。1573 年从马尼拉驶往阿卡普尔科的两艘大帆船中载有中国瓷器22 300 件[2]。在1565 —1815 年间，西班牙政府每年都派一到四艘大帆船来往于墨西哥和马尼拉之间[3]。16 世纪末，里斯本已经成为中国瓷器的集散地。1580 年，仅"商人新街"上便有6 家中国瓷器店。一份1620 年的文档中，记录有17 家中国瓷器商，"运来大量瓷器，不少船只载运两三千套，每套20 件"[4]。整个16 世纪葡萄牙和西班牙主导着东亚贸易圈[5]之外的世界贸易，并把中国的瓷器分销到世界各地。

到了17 世纪，荷兰成为海上马车夫，逐渐取代了葡萄牙和西班牙在世界贸易中的垄断地位。根据表6.2，在17、18 世纪仅有记载的荷兰东印度公司贩运的中国瓷器就达6 000 万件，而且其中的大部分是销往欧洲市场。但当时的外销瓷器规模远不止如此。除了欧洲，日本也是当时中国瓷器外销的主要市场之一。如1635 年荷兰的四艘商船从台湾地区贩运135 005 件中国瓷器到日本，1637 年中国商人共贩运750 000 件瓷器到日本[6]。1611 —1646 年，约有1 100 艘中国"唐

---

[1]　傅振伦：《中国伟大的发明——瓷器》，北京：轻工业出版社，1988 年，第157 页。

[2]　欧志培：《中国瓷器到美洲》，转引自张世均：《中国瓷器在拉美殖民地时期的传播》，《中华文化论坛》，1997 年第1 期。

[3]　全汉升：《论清明之际横跨太平洋的丝绸之路》，转引自杨仁风：《明清之际澳门海上丝路贸易述略》，《中国社会经济史研究》，1992 年第1 期。

[4]　转引自金国平、吴志良：《流散于葡萄牙的中国明清瓷器》，《故宫博物院院刊》，2006 年第3 期。

[5]　包括当时的中国、日本、韩国、朝鲜和东南亚各国。

[6]　陈万里：《宋末—清初中国对外贸易中的瓷器》，《文物》，1963 年第1 期。

船"赴日①，而当时的瓷器是中日贸易的重要商品之一。

表6.1　1684—1742年澳门葡萄牙商人向马六甲运销的瓷器

年份	船（艘）	瓷器	年份	船（艘）	瓷器
1684	2	1 320 包	1708	4	40 包
1688	2	10 包，110 000 件	1709	1	—
1689	1	—	1724	1	100 箱
1692	1	95 包，10 000 件	1725	2	30 箱
1693	2	—	1726	2	30 包
1694	2	35 包	1727	4	235 包
1697	2	250 包	1728	2	3 400 件
1698	2	145 包，1 000 件	1729	1	150 包
1700	3	110 包，12 箱	1730	1	150 箱
1701	3	50 包	1735	1	80 箱
1705	1	50 包	1736	2	50 包
1706	2	80 包，30 000 件	1741	3	130 箱，2 000 件
1707	3	40 包，10 箱	1742	4	200 箱，5 000 件

资料来源：Souza，G.B.*The Survival of Empire*.Cambridge：Cambridge University Press，
　　　　1986，pp.164-165.

　　东南亚和南亚曾经一直是中国瓷器出口的重要市场。马尼拉大帆船贸易也把美洲市场纳入了世界瓷器贸易体系。从贸易商人上看，除了荷兰商人外，还有中国海商，英、法、瑞、丹、奥等国的东印度公司、散商以及已经逐渐衰落的葡、西两国商人。以英国为例，1683年开始，英商在厦门和澳门大量地购买中国瓷器销往欧洲，展开了其与荷兰东印度公司的激烈竞争②。据英国伦敦大学乔德里教授（K.N.Chaudhuri）的研究，1712年前中国瓷器占返航英商船所载中国货物总额的20%③。据估计，从1720年后的25年内，英国进口的中

① 陈东有：《明末清初的华东市场与海外贸易》，《厦门大学学报》（哲社版），1996年第4期。

② 李金明：《明清时期中国瓷器文化在欧洲的传播与影响》，《中国社会经济史研究》，1999年第2期。

③ K.N.Chaudhun.*The Trading World of Asia and the English East India Company*，*1600-1760*.Cambridge：Cambridge University Press，1987，p.407.

国瓷器达 3 000 万件①。再如 1750—1755 年间欧洲实力一般的瑞典东印度公司进口华瓷 1 100 万件，1760 年丹麦第三贸易公司的华瓷订单有 3 284 054 件②。因此 1600 年至 1800 年间，仅以上数字，有记载的销往欧洲的华瓷数量就约为 1.1 亿件；考虑到以上公司其他时期的贸易以及其他贸易商，当时的瓷器出口规模至少为 2 亿件，即平均每年 1 000 000 件。

表 6.2　文献记载的荷兰贩运中国瓷器的数量

年份	数量和事件
1602 年	28 筐瓷盘、瓷碟，14 筐瓷碗（捕获葡船）
1604 年	约 10 万件（捕获一艘葡船）
1610 年	9 227 件（在北大年购买）；Roode Leeuw met Pijlen 号从广州运 10 000 件
1612 年	38 666 件（在万丹购买）
1614 年	69 057 件（在万丹购买）；Gelder land 号从广州运载 70 000 件
1620 年	63 500 件（荷属东印度公司董事会要求采购）
1622 年	31 661 件（两艘从巴达维亚返航荷兰的帆船）
1623 年	"毛里求斯"号（Mauritius）采购 63 931 件；"沃尔切伦"号（Walcheren）采购 10 845 件
1624 年	10 175 件
1627 年	43 651 件
1635 年	221 579 件
1636 年	487 911 件
1637 年	399 352 件（此水平持续到 1642 年李自成起义爆发）
1645 年	113 850 件
1646 年	72 258 件（之后到 1683 年由于中国的国内农民战争和郑成功收复台湾，荷兰的瓷器贩运贸易几乎停滞）
1604—1657 年	经荷印公司输出的中国瓷器超过 300 万件
1695 年	104 358 件（1646—1729 年荷兰贩运瓷器的最高峰）
1602—1682 年	经荷印公司输出的中国瓷器在 1 600 万件以上
1729 年	"柯克斯霍恩"号（Conhorn）从广州贩运瓷器 212 845 件

---

① Corbeiller, Clare Le. *China Trade Porcelain：patterns of Exchange*. New York：Metropolitan Museum of Art, 1974, p.4.
② 刘昌兵：《海外瓷器贸易影响下的景德镇瓷业》，《南方文物》，2005 年第 3 期。

年份	数量和事件
1731 年	"尼鸟利特"号（Nieuvliet）等三艘荷船从广州贩运瓷器 447 198 件
1733 年	"福尔德因"号（Voorduin）等四艘荷船共贩运瓷器 873 900 件
1737 年	406 759 件（仅指荷船从广州采购的部分，不包括华商运抵巴达维亚而被荷商转运回荷兰的部分）
1738 年	212 121 件（仅指荷船从广州采购的部分，不包括华商运抵巴达维亚而被荷商转运回荷兰的部分）
1743 年	580 323 件（仅指荷船从广州采购的部分，不包括华商运抵巴达维亚而被荷商转运回荷兰的部分）
1747 年	490 608 件（仅指荷船从广州采购的部分，不包括华商运抵巴达维亚而被荷商转运回荷兰的部分）
1752 年	568 901 件（仅指荷船从广州采购的部分，不包括华商运抵巴达维亚而被荷商转运回荷兰的部分）
1753 年	470 573 件（仅指荷船从广州采购的部分，不包括华商运抵巴达维亚而被荷商转运回荷兰的部分）
1758 年	"泽伊德·贝弗兰"号（Zuijd Beveland）等三艘荷船从广州购买 618 008 件瓷器
1760 年	荷船从广州购买瓷器 736 835 件
1770 年	五艘荷船在广州采购瓷器 921 835 件
1771 年	荷船从广州购买瓷器 937 952 件
1789 年	荷东印度公司采购瓷器 465 362 件
1790 年	荷东印度公司采购瓷器 176 426 件
1791 年	荷东印度公司采购瓷器 167 647 件
1729—1794 年	荷印公司运销中国瓷器达 4 300 万件
1799 年	荷兰东印度公司解散

资料来源：主要根据钱江，《17 至 18 世纪中国与荷兰的瓷器贸易》，《南洋问题研究》，1989 年第 1 期的研究整理而得，并参考了陈万里：《宋末——清初中国对外贸易中的瓷器》，《文物》，1963 年第 1 期；刘昌兵：《海外瓷器贸易影响下的景德镇瓷业》，《南方文物》，2005 年第 3 期；Jorg, C. J. A. *Porcelain and the Dutch China Trade*. The Hague：Martinus Nijhoff, 1982；朱培初：《明清陶瓷和世界文化的交流》，北京：轻工业出版社，1984 年，第 51—53 页；Volker, T. *Porcelain and the Dutch East India Company*. Leiden：E. J. Brill, 1954.

（二）中国潮——西方对瓷器的需求

"中国潮"是 17—18 世纪间流行于西方社会文化生活中的一种泛中国崇拜的思潮。它既指一般意义上西方人对中国事物的热情，又特

图6.2 诸神的盛宴（The Feast of the Gods）

注释：意大利画家乔凡尼·贝利尼（Giovanni Bellini）1514 年作品。

指艺术生活中对所谓"中国风格"的追慕与模仿①。欧洲人对中国瓷器的追求正是当时"中国潮"的重要表现之一。人们高价购买瓷器，并将其作为地位和声望的象征。

中世纪，由于交通的限制，中国和西方的贸易非常有限。此时的中国瓷器在欧洲受到高度的珍视。由此产生了许多与瓷器相关的迷信说法，给瓷器蒙上一层神话色彩。其中最著名的是 1562 年马德休斯（Mathesius）在《山间邮车》中提到的瓷器可以清除所盛食物或饮料的毒素的说法②。16 世纪末开始，西班牙国王和王后在举行葬礼时，

---

① 周宁 2004：1。

② ［英］简·迪维斯著，熊寥译：《欧洲瓷器史》，杭州：浙江美术学院出版社，1991年，第 9 页。

都要用中国最美丽的瓷器陪葬。因为传说在人们死后，陪葬在死者左手手指附近的瓷器能唤起死者的灵魂，并附着在死者的身体上。①

16 世纪后，中国瓷器开始大量销往欧洲。在供应越来越多的情况下，中国瓷器的神话色彩开始在欧洲逐渐褪色，但其仍然是奢侈品，主要为皇室和上层社会享用，并是权力与地位的象征。欧洲人把购买和搜集中国瓷器说成去"寻找黄金"。中国瓷器在欧洲曾经作为最贵重的礼物赠送给主教、王后和公主②。"皇家或贵族是否占有东方瓷器或者后来的欧洲瓷器，关系到他们的声望，瓷器增加宫廷的光彩。"③1610 年成书的《葡萄牙国王记述》就对中国瓷器充满赞美之言："这种瓷瓶是人们所发明最美丽的东西，看起来要比所有的金、银或水晶瓶都更为可爱。"④

图6.3　克拉克瓷盘

注释：中国主题加荷兰郁金香文饰（崇祯朝制）。

资料来源：Rinaldi，Maura. *Kraak Porcelain：A moment in the history of trade*. London：Bamboo Pub，1989.

---

① 朱培初：《明清陶瓷和世界文化的交流》，北京：轻工业出版社，1984 年，第45 页。

② 金国平、吴志良 2006。

③ 简·迪维斯 1991：12。

④ 李书琴、胡光华：《中国瓷器与18 世纪中西经济美术文化的交流和互动》，《美术史研究》，2005 年第4 期。

17 世纪，荷兰人取代葡萄牙人而成为欧亚贸易的主宰者。其"海上马车夫"的贸易垄断地位使瓷器迅速进入了普通荷兰人的生活。据1614 年出版的一本描述阿姆斯特丹情景的书证实，瓷器已成为"普通人们的日常生活用具"。1640 年，彼得·芒迪（Peter Mundy）写道："各个阶层的家庭"都普遍使用了中国瓷器[1]。一方面欧洲的皇帝、女王、王室成员和贵族继续不遗余力地定制、收藏瓷器，另一方面西方对于瓷器需求的最大宗逐渐由收藏瓷转向了日用瓷（如餐具和茶具）。之后"整个 18 世纪，欧洲成了华瓷外销的主要市场"[2]。

图6.4　清代的景德镇瓷器生产作坊

资料来源：Christie's Amsterdam B.V. *The Diana cargo：Chinese export porcelain and marine artifacts*. Amsterdam：*Christie's Amsterdam*.

---

[1]　Boxer, C.R. *The Dutch Seaborn Empire 1600−1800*. London：Penguin，1977，p.174.

[2]　陈玲玲：《18 世纪广州彩绘瓷的发展》，《中国文物世界》，1993 年第 92 期。

西方对中国瓷器的需求经历了由神话到黄金再到中国热的变化，在这个过程中瓷器从奢侈品逐渐变成了生活必需品。瓷器的商品性质的变化可以从两个方面来理解。一是1500年之后西方国家经过近300年的扩张积累了大量的财富，从而使西方国家的人均可支配收入剧增，[①]这样就使西方人对瓷器的渴望变成了有效需求。二是西方国家纷纷参与到与中国的瓷器贸易中，要求扩大瓷器的贸易量。在西方制造出自己的瓷器之前，作为主要供给方的中国瓷器生产商们面对外部市场的需求刺激积极改进生产工艺、创新产品、优化组织与分工，最大限度地满足西方的需求。因此从欧洲华瓷的商品性质变化，我们可以看到1500年之后西方国家经过近300年的扩张、掠夺，其财富积累所达到的程度，也可以理解中国制瓷业的辉煌300年。

三、技术进步和中国制瓷业的发展

（一）制瓷技术的进步和产品创新

明清尤其是在1500年之后，中国制瓷业的主要技术进步可以归结为几类：造窑、烧窑技术，原料获取技术，制坯技术，制瓷工艺技术。首先，在瓷窑的改进方面，对原有葫芦窑进行了改进，取消了原来的束腰部分，出现了蛋形窑的雏形[②]。窑身的扩大，一方面增加了瓷器的单产量，另一方面也反映了窑温控制技术的进步。其次，在青料的提炼方法上，成书于嘉靖年间的《江西大志·陶书》记载了水选法[③]，而成书于崇祯十年的《天工开物》记载了提青的火煅法。火煅法的采用使青花瓷器的花色取得了突破性地提高和普及，青料的来源更广泛了[④]。再次，"元朝以前，旋坯用竹刀，还没有旋坯的机械。明朝用陶轮旋转，用刀随着轮子的转动施行削切。这样就能使瓷坯的内外各部分都能达到非常光平的程度，并且提高了制坯的效率"[⑤]。

---

① [英] 麦迪森著，伍晓鹰译：《世界经济千年史》，北京：北京大学出版社，2003年，第262页。表B-21，表中是人均GDP，本文近似为人均可支配收入。
② 陈立立：《景德镇千年瓷业兴衰与崛起的思考》，《江西社会科学院》，2004年第12期。
③ 熊廖、熊微：《中国陶瓷古籍集成》，上海：上海文化出版社，2006年，第36页。
④ 陈立立2004。
⑤ 傅振伦：《中国伟大的发明——瓷器》，北京：轻工业出版社，1988年，第135页。

最后，在制瓷工艺方面：白釉烧制成功①，它进一步促成了釉下彩和釉上彩的成就；青花的烧制技术进一步完备②；彩瓷的烧制技术出现。

按照外销瓷的制作工艺大体可分为：青花瓷和彩瓷。其中，"青花瓷"是我国首创的一种瓷器品种，即白地蓝花瓷器的专用名称③。根据已有的资料可知，青花瓷产生于元代中期的景德镇。此后青花开始取代青瓷、白瓷、青白瓷等外销瓷，成为1500年之后世界瓷器贸易中的最重要种类。如17世纪畅销欧洲市场的"克拉克瓷"就是青花瓷。④

早在16、17世纪，中国就开始出口五彩瓷器，但是数量较少。18世纪西方的彩料进入中国，并成功导致了珐琅彩、粉彩、墨彩、广彩、青花加彩瓷器的出现和流行。从18世纪早期开始，彩瓷成为中国出口瓷器中最畅销的种类。按照质量外销瓷可以分为细瓷和粗瓷。景德镇代表了中国制瓷业的最高水平，是细瓷的主要产地；浙、闽、粤等地的大量瓷窑则以生产粗瓷为主。细瓷主要销往欧洲；而粗瓷则主要是销往东南亚和南亚等地⑤。按照外销瓷的风格又可以分为内瓷外销和特瓷专销两类⑥。从瓷器贸易的历史看，随着瓷器贸易规模的扩大，特瓷专销逐渐取代了内瓷外销。特瓷专销的典型代表是16世纪以来流行于欧洲的纹章瓷⑦。

为了满足日益扩大的市场需求，制瓷业的很多技术进步体现在了提高产量方面，比如造窑技术、制坯技术。而清朝流行的釉上彩技术也表现出一种市场需求的导向性，为众多西方装饰风格的瓷器提供了

---

① 陈万里：《陈万里陶瓷考古文集》，北京：紫禁城出版社，1990年，第301页。

② 叶喆民：《中国陶瓷史纲要》，北京：轻工业出版社，1989年，第246—248页。

③ 李辉柄：《青花瓷器的起始年代》，《故宫博物院院刊》，1995年第1期。

④ 熊寰：《克拉克瓷研究》，《故宫博物院院刊》，2006年第3期。

⑤ 孙锦泉：《华瓷运销欧洲的途径、方式及其特征》，《四川大学学报》（哲学社会科学版），1997年第2期。

⑥ 孙锦泉：《华瓷运销欧洲的途径、方式及其特征》，《四川大学学报》（哲学社会科学版），1997年第2期。

⑦ 金国平、吴志良2006。

技术上的可能性①。而"官搭民烧"②的出现则说明，在海外需求的影响下，民窑的制瓷技术已经和官窑相当。有学者研究认为，明清两代，民窑的产量占了景德镇生产能力的 99% 以上，而官窑的产量则不到 1%③。另外，种类繁多的外销瓷品种也从一个侧面反映了中国制瓷技术进步与市场扩大之间的关系。

图 6.5

资料来源：Clunas，Craig. *Chinese export art and design*. London：Victoria and Albert Museum，1987.

图 6.6

资料来源：广州博物馆主编：《海贸遗珍——18—20 世纪初广州外销艺术品》，上海：上海古籍出版社，2006 年。

---

① 由于市场的巨大需求产生了高额的利润，因而促进了追求快速生产的简笔写意绘画瓷的产生和发展，而釉上彩是这种绘画瓷的技术前提，
② 王钰欣：《明清两代江西景德镇的官窑生产与陶政》，见中国社会科学院历史研究所清史研究室编：《清史论丛》（第 3 辑），北京：中国广播电视出版社，1983 年，第 92—93 页。
③ 许涤新、吴承明：《中国资本主义发展史》（第 1 卷），北京：人民出版社，1985 年，第 565 页。

（二）制瓷业生产的分工与专业化

1500 年后国际市场对中国瓷器的巨大需求带来了中国制瓷业利润的增长，进而刺激了中国制瓷业的技术变革和从生产到销售中各个环节的分工和配合。以中国制瓷业重镇景德镇为例，除去原料的开采业，单瓷器的制造就可分为坯作、窑户、红店[①]。三个行业相互独立，形成了瓷器生产的第一层分工。在三个行业的内部，按工序的不同又存在着不同的工种，如制坯业中根据所造的品种不同分成了 18 个专业[②]；再如红店，据向焯《景德镇陶业纪事》记述："红店中有专彩琢器者，有专彩圆器者，有专彩佛像观音者，有专彩珊瑚及浇黄浇绿者，彩不一家焉。"[③]除了瓷器的生产环节，制瓷业还包括陶瓷生产的辅助行业[④]以及与瓷器运销有关的瓷器包装和运输等行业[⑤]。它们逐渐独立于瓷器的生产，而且其内部的专业化也在提高。景德镇的制瓷业形成了一个完整的手工业体系，这个体系通过分工和专业化提高了瓷器的质量，扩大了瓷器的产量。

除了景德镇制瓷业的内部分工之外，中国的制瓷业在 18 世纪中期还出现了跨地域的分工，其典型的代表就是广彩瓷的生产。广彩是 18 世纪下半叶中国外销瓷的重要品种之一，是中欧瓷器贸易发展的产物。"海通之初，西商之来中国者，先至澳门，后则迳广州。清代中叶，海舶云集，商务繁盛，欧土重华瓷，我国商人投其所好，乃于景德镇烧造白器。运至粤垣，另雇工匠，仿照西洋画法，加以彩绘，于珠江南岸之河南，开炉烘染，制成彩瓷。然后售之西商。"[⑥]美国旅行者 William Hickey 于乾隆三十四年（1769）参观了广州珠江南岸的广彩加工工场。他描述说："在一间厂厅里，约有二百人正忙着

---

① 许涤新、吴承明：《中国资本主义发展史》（第 1 卷），北京：人民出版社，1985 年，第 567—572 页。
② 熊廖、熊微：《中国陶瓷古籍集成》，上海：上海文化出版社，2006 年，第 36 页；许涤新、吴承明 1985：567—572。
③ 熊廖、熊微 2006：36。
④ 罗二平、胡菁惠：《景德镇陶瓷作坊历史初探》，《陶瓷研究》，第 17 卷第 4 卷，2002 年。
⑤ 曹国庆、萧放：《景德镇考察记》，《中国社会经济史研究》，1988 年第 2 期。
⑥ 吴建雍 1987。

描绘瓷器上的图案，并润饰各种装饰，有老年工人，也有六七岁的童工……这种工场当时竟有一百多个。"[1]广彩与景德镇彩瓷的不同在于它的彩绘融合了西洋油画的技法，设色炫彩华丽，华人评之为"可厌"，但却受到了西方人的追捧[2]。以广彩为代表的区域间产业分工，不仅提高了产品生产的效率，而且在产品的风格上迎合了西方市场的需求。

图6.7　瓷器装运

注释：这幅图描绘了瓷器装运的情景，工人们正在瓷器包装箱内加入充填物，以防瓷器相互碰撞受损。

资料来源：朱小丹，《中国广州：中瑞海上贸易的门户》，广州：广州出版社，2002年。

（三）制瓷业规模的扩大

在1500—1900年间，整个中国到底有多少制瓷窑口？这一点历史文献中并没有确切的记录。以中国之国土之大，制瓷业之发达和普及，这样的宏观历史统计数据也很难获得。因此，我们只能通过已有的文字记载，大体地描绘出当时的制瓷业规模。

---

① 冯先铭等：《中国陶瓷史》，北京：文物出版社，1982年，第453页。
② 袁胜根、钟学军：《论清代广彩瓷与中西文化交流的关系》，《中国陶瓷》，第40卷第6期，2004年。

据《景德镇陶瓷史稿》分析估算，隆庆、万历年间景德镇民窑数目在几百座左右，每年生产瓷器 18 万担（每担 216 个碗）。嘉靖年间"浮梁景德镇以陶为业，聚涌至万余人"[①]。明时期仅景德镇就有 300 多座窑，年产瓷近 6 万担，约合瓷器 1 200 000 件。到清代，根据许涤新和吴承明的估算，景德镇瓷器年产量已达到每年 30 万担[②]。而且，除景德镇外，全国其他地区也还有各类窑口，形成有各具特色的产品如德化的白瓷、宜兴紫砂等[③]。

从明清的皇室消费量看，其年需求不超过 10 万件。因此，景德镇 99% 以上的瓷器是作为商品出售的。法人昂氏在信中写道："从前对欧洲的出口事业没有像今天这样发达"，"一开窑，商人们蜂拥而至，争先恐后地想购得瓷器"。并且欧洲银币比索在景德镇通用，无需重新铸制[④]。明人王宗沐在《江西省大志·陶书》谓："余尝按行列郡，民惟饶州稍富，彼亦以出其地出陶，民得厚利。"明王世懋在《二酉委谭摘录》也说："景德镇，天下窑器所聚，其民殷富，甲於一省"，逐渐形成了"工匠八方来，器成天下走"的盛况[⑤]。17 世纪 60 年代，景德镇输出的商品（包括瓷器茶叶）折银 3 605 000—4 505 000 两，相当于当时英国每年出口商品价值的 53%—67%[⑥]。

（四）制瓷业布局的变化

中国制瓷业大规模发展的第一次高峰出现在宋朝，当时瓷窑分布全国各地，各有特色，并以北方瓷窑为主[⑦]。南宋开始，这种以北方瓷窑为主的瓷器生产布局开始发生变化，制瓷业中心开始由北方向南方转移。到 12 世纪之后，南方各窑，如景德镇窑、吉州窑、龙泉窑等已经在规模上超过了北方的定窑、耀州窑、临汝窑、磁州窑等名窑[⑧]。一般认为北方制瓷业的衰落是由于连年战争、窑场遭到破坏、

---

① 刘昌兵 2005。
② 许涤新、吴承明 1985：567—572。
③ 叶喆民 1989：266—272。
④ 刘昌兵 2005。
⑤ 熊廖、熊微 2006：218。
⑥ 梁淼泰：《明清景德镇城市经济研究》，南昌：江西人民出版社，1991 年，第 228 页。
⑦ 叶喆民 1989：123。
⑧ 李知宴：《12 至 14 世纪中国瓷器的发展和外销》，《中国历史文物》，1992 年第 00 期。

工匠失散和技术失传所致，而大量瓷业工人的南迁、再加上南方相对和平稳定的环境和丰富的原料，以及便利的水运条件，则促进了南方制瓷业的发展。笔者认为这些因素是导致制瓷中心南移的部分原因而不是全部，因为南方的制瓷业后来也经历过战争的摧残和破坏，如元末战争和明末农民战争等，但它们都很快地得到恢复并继续发展了，并没有一蹶不振。笔者认为宋以来海外贸易的迅速发展才是促进这种转移的重要原因。

宋室南迁后，国土面积减小，税源也因之减少，南宋朝廷因之鼓励海外贸易发展[①]。以后元朝又继承了南宋鼓励海外贸易的政策。当时瓷器是重要的出口产品之一[②]。海外贸易的发展为其提供了广阔的外部市场，导致了其产业的利润增加，进而促进了其生产组织和技术的变革。

在面对海外市场这一点上，南方比北方又有很大的优势。其纵横便利的河流和广布的海岸港口是北方陆地丝绸之路所远不及的。尽管，北方的白瓷曾一度为宋元时期的主要外销瓷之一，但由于瓷器容易破碎，所以不适合陆路运输。因此，将瓷器从北方内地长途运送到南方港口必然导致运输成本的增加，进而造成瓷器价格的提高，减少其竞争力。1500年之后，随着欧亚贸易的扩张，大量中国产品经海洋运往欧洲和美洲，更加剧了中国南方制瓷业较之北方制瓷业的优势，使南方制瓷业发展更加超过北方。这一点在中国南北制瓷业的地理布局特点上也可以看得出来。北方窑址主要是在当时的政治经济中心附近聚集；而南方窑址则是由内地向沿海呈扇形分布，越向沿海扇弧越大，窑址越密集，港口地区则窑群集中（见图6.8）。

从瓷器产品的质量层级布局上看，全国瓷器生产的布局则是景德镇为高端瓷器产地[③]，沿海浙、闽、粤各窑为中低档外销瓷器产地，广

① 夏秀瑞、孙玉琴：《中国对外贸易史》第1册，北京：对外贸易出版社，2001年，第156—161页。

② 陈高华、吴泰：《宋元时期的海外贸易》，天津：天津人民出版社，1981年，第54—55页。

③ 沈光耀：《中国古代对外贸易史》，广州：广东人民出版社，1995年，第118页；詹嘉：《明清时期海上陶瓷之路的繁荣》，《中国陶瓷》，第38年第6卷，2002年。

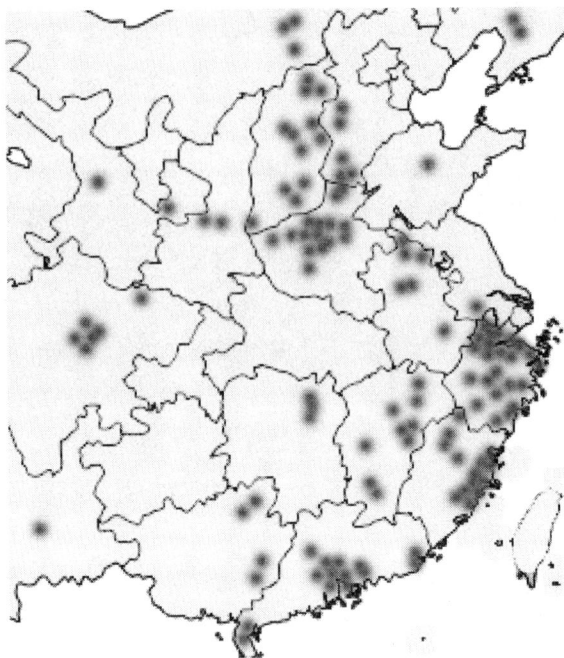

图6.8 中国历代古窑址分布

资料来源：北京收藏网 http：//www.bjscw.com/Article/ShowClass.asp？ClassID = 10，
2006/7/16；申家仁：《岭南陶瓷史》，广州：广东高等教育出版社，2003 年，第
232 页。

布全国各地的地方瓷窑为当地销售的中低档瓷器产地。唐宋以来，在
瓷器的分类上常常称"南青北白"，然而，后来的景德镇则独创了青
白结合的青白瓷。青白瓷是 1500 年之前重要的外销瓷之一。到了元
代，景德镇又创造性地烧制出了青花瓷，而青花瓷是此后 300 多年间
外销瓷的主要品种。正所谓"有明一代，至若夫中华四裔，驰名猎取
者，皆饶郡浮梁景德镇之产也"①。明代中期以后，凭借其技术上的
优势，景德镇生产的瓷器占据了全国的主要市场，"其所被自燕云而
北，南交趾，东际海，西被蜀，无所不至，皆取于景德镇，而商贾往
往牟大利"②。

景德镇瓷器远销国内各地和海外；遍布各地的窑口③主要是生产

---

① 詹嘉 2002。

② 冷东：《中国瓷器在东南亚的传播》，《东南亚纵横》，1999 年第 1 期。

③ 叶喆民 1989：266—275。

中低档瓷器以满足当地的需要；而东南诸窑则主要是生产外销瓷，以仿制景瓷[①]作为景德镇的补充，满足日本、东南亚、南亚以及部分欧洲的市场需求[②]。在这样一个布局中，我们发现国内市场的瓷器需求随着各地窑口的兴起被逐渐分散了，而海外市场特别是欧洲市场对高档精细瓷器的需求，则主要集中在了对高档瓷生产的刺激上了。1500年以后比较活跃的窑口如景德镇、德化窑、石湾窑都与瓷器的外销有关。因而与国内需求相比海外市场的扩大在1500年后的中国制瓷业发展中扮演了非常重要的角色。国际市场的大量需求使中国制瓷业的布局更趋于外向化；制瓷技术进步的脚步加快、新产品层出不穷，生产者满足消费者个性化需求的能力越来越强；在个性化的同时，为保证瓷器生产的数量和质量，制瓷业内部不断地进行分工和专业化。

第二节　西方制瓷业的兴起——政府的力量

1500年至1800年是中国制瓷业辉煌发展的300年，但这种辉煌并没有维持下去。随着欧洲对制瓷技术的掌握和欧洲制瓷工业的飞速发展，中国瓷器独占世界市场的时代已不再。

当欧洲商人在欧亚贸易扩张中用美洲白银大量进口中国瓷器后，中国瓷器开始在欧洲逐渐从奢侈品转变成为大众消费品。随着欧洲市场对其需求越来越大，欧洲商人和政府也开始越来越不满足于只获得进口中国瓷器的商业利润。为了同时获得瓷器生产的生产利润，他们开始寻求发展本国制瓷工业的途径，西方制瓷业因之逐渐兴起。

一、西方商人在瓷器贸易中的利润

巨大的需求和相对有限的供给必然产生高额的利润。17世纪之前，东亚之外的世界瓷器贸易主要掌握在葡萄牙和西班牙商人手中，里斯本逐渐成为欧洲最大的瓷器贸易市场。此时进口的中国瓷器主要是用于收藏和赠送，由于数量稀少，所以价格高昂。作为16世纪的

[①]　王新天、吴春明：《论明清青花瓷业海洋性的成长》，《厦门大学学报》（哲学社会科学版），2006年第6期。

[②]　詹嘉2002。

重要进口种类之一的纹章瓷，其主要需求者是欧洲皇室。据1541年的欧洲文献记载，一件装饰葡萄牙王室纹章的中国瓷器约相当于几个奴隶的价格①。1600年，从广州然后经澳门出口到印度和欧洲货物中的大量瓷器，利润率最高为200%，比各种丝货的利润率（150%）还要高。②

图6.9　哥德堡号

资料来源：[瑞典]罗伯特·贺曼逊，《伟大的中国探险——一个远东贸易的故事》，广州：广东人民出版社，2006年。

---

① 朱培初：《明清陶瓷和世界文化的交流》，北京：轻工业出版社，1984年，第38页。
② 杞晨：《元明时期广州的海外贸易》，见陈柏坚编：《广州外贸两千年》，广州：广州文化出版社，1989年，第177页。

　　17 世纪时荷兰人开始逐渐取代西班牙和葡萄牙而成为世界海洋贸易的霸主。荷兰人大约在 1596 年到达万丹，开始与西、葡商人展开竞争。1602 年，荷兰人截获葡萄牙商船"圣地亚哥"（Santiago）号，将船上的瓷器运往米德尔斯堡出售获利甚丰；1604 年又俘获葡萄牙船"圣·凯瑟琳娜"（Santa Catharina）号。该船约装有瓷器 10 000 件，这批瓷器与另一批截获的瓷器被运往阿姆斯特丹拍卖，买主来自欧洲各地（包括法国国王亨利四世和英国国王詹姆士一世），此次拍卖共获利 600 万荷盾。而 1602 年荷兰东印度公司的成立资金也不过 660 万荷盾①。据国外学者研究，即使是在此后的正常贸易中，一直到 18 世纪 60 年代，荷兰东印度公司每年贩销瓷器的毛利率也平均高达 121%②。

　　瑞典东印度公司从 1732 年至 1806 年共组织了 132 次亚洲之行；其中 119 次以中国广州为目的地，运销中国的瓷器、茶叶以及丝绸。其在第一次航行中就赚了 90 万克朗，而当时的瑞典国库只有 100 万克朗③。1745 年，瑞典"哥德堡"号商船满载 50 多万件瓷器、370 吨茶叶以及大量的丝绸在离哥德堡港 900 米处沉没。在将抢救出来的 1/3 货物拍卖后，扣除所有的损失和成本，公司仍然得到了 14% 的利润④。

　　高额的利润是欧洲政府和商人致力于发展制瓷业的巨大驱动力。同时，由于进口中国瓷器，欧洲各皇室也出现了金银库枯竭，例如法国国王路易十四为了偿付他宫廷内的进口瓷，甚至把金银器都融化掉了。于是，欧洲的政府和商人结成了利益共同体开始研制自己的瓷器。

二、技术的突破

（一）西方对制瓷技术的探索

　　早在中世纪，中国瓷器开始传入欧洲时，欧洲人就开始了对制瓷

①　李金明：《明清时期中国瓷器文化在欧洲的传播与影响》，《中国社会经济史研究》，1999 年第 2 期；冯先铭：《中国古陶瓷的对外传播》，《故宫博物院院刊》，1990 年第 2 期。
②　Jorg，C.J.A. Porcelain and the Dutch China Trade. The Hague：Martinus Nijhoff，1982，pp.221—222.
③　刘昌兵：《海外瓷器贸易影响下的景德镇瓷业》，《南方文物》，2005 年第 3 期。
④　刘昌兵：《海外瓷器贸易影响下的景德镇瓷业》，《南方文物》，2005 年第 3 期。

技术的探索。当时欧洲的经济中心是意大利，且威尼斯和热那亚商人垄断着地中海贸易。他们通过与阿拉伯人的交易最先见到了中国瓷器，再加上马可·波罗归来所带的瓷器制造的实用资料，意大利成为西方第一个试图解开瓷器制造秘密的国家。他们沿着三条路线开始进行试验：第一条是试图对已经相当成熟的彩陶技术进行完善来获得瓷器；第二条是运用意大利人擅长的玻璃制作技术制造瓷器；第三条是通过炼金术的实验揭开瓷器制造的秘密。

经过几个世纪的积累，16世纪末在佛罗伦萨大公爵弗拉西斯科·马

图6.10　梅第契瓷软质瓷（约1575—1587）

资料来源：http：//en.wikipedia.org/wiki/File：MediciPorcelainBottle1.png.

里奥·德·梅第契（Fracesco Mario de Medici）的陶器工厂里产生了欧洲第一批原始瓷器，也就是后来所说的"梅第契"（Medici）瓷①。这种瓷器的产生可以说是对上述三条研制瓷器路线研究成果的一次综合运用。在与该种瓷器的产生有关的人物中，梅第契大公爵是一位热情的炼金术士，两位研究者弗拉米诺·冯达那（Flaminio Fontana）和伯纳多·邦达勒梯（Bernado Buonta lenti）是花饰陶瓷的制造者；他们的技术配方是用白沙掺和威钦察出产的白黏土，再加入磨碎了的晶体岩、锡和铅溶剂，明显地带有着玻璃制造和炼金术的痕迹；而它的釉上装饰是用花饰陶瓷的方法烧成的。

图6.11　钱蒂里软质瓷（约1735—1740）

资料来源：美国大都会艺术博物馆网站，http：//www.metmuseum.org/toah/hd/porf/ho_
50.211.121.htm.

---

① ［英］简·迪维斯著，熊寥译：《欧洲瓷器史》，杭州：浙江美术学院出版社，1991
年，第22页。

17 世纪，在法国国王路易十四的推动下，法国成为欧洲试图发现制瓷秘密的中心。1644 年克劳德·里维伦德（Claude Reverend）首先在巴黎获得了制作瓷器的特权，但他的产品极有可能是荷兰彩陶的发挥。1673 年，里昂的波特拉特家族成功地生产出法国的第一代软瓷，并获得了法国第二个制造瓷器的专利权。当时的技术是用石英、明矾加硝酸、钾、苏打等原料，不含高岭土，在炉温1 100 ℃以上烧制。17 世纪末，法国的瓷器虽在瓷质上没有突破性进展，但与华瓷已经在外形上相似。安妮女王的医生马丁·利斯特说："怀着十分满意和兴奋的心情观看了圣·克卢瓷窑，我承认不能将那里制作的瓷罐与曾见过的最精致的中国瓷器相区别。"[①]18 世纪以后，法国的制瓷技术有了显著地进步，钱蒂里（Chantilly）瓷窑生产的彩釉软瓷器，已将中国瓷的设计、装饰、彩绘与西方软瓷的烧制工艺有机地结合了起来。

图6.12　麦森硬质瓷（约1713—1715）

资料来源：美国大都会艺术博物馆网站，http：//www.metmuseum.org/toah/hd/porg/ho_42.205.26.htm.

---

① Burton, W. A General History of Porcelain, vol.1.London：Cassell, 1921, p.131.

英国试制瓷器的历史较晚，17 世纪后期才小有成就。弗朗西斯·普莱斯（Francis Place）用本地（约克郡）黏土制造出灰色炻器；约翰·德怀特（Johan Dwight）在福尔海姆也试制出类似中国宜兴紫砂陶的炻器，并于 1671 年获得制造"瓷器"的专利权[①]。英国在制瓷方面走了自己独特的道路，发展了自己的瓷胎。在 18 世纪中期，托马斯·弗赖（Thomas Frye）发明骨灰瓷，主要原料成分为骨灰、高岭、长石、硅石。骨灰比例未固定，在 20%—60% 之间，在 1 250℃—1 300℃的温度中烧成。18 世纪末骨灰瓷胎经过改善，成为英国使用的标准瓷胎。

德国制瓷技术的发展得到了皇室的大力支持，尤其是萨克森选帝侯奥古斯都（Augustus）大帝，为了摆脱当时贸易逆差所造成的财政状况不佳，他资助了著名学者钦豪斯（Tschirnhaus）和化学家贝特格（Bottger）进行瓷器制造的实验研究。贝特格用不同的黏土混合物，在不同的温度下进行了几百次实验，终于在 1707 年 11 月成功的研制出红色的炻器。从贝特格的记录中看，1708 年 1 月 5 日，他经过无数次的实验终于烧制出白色透明的硬质瓷器。1708 年因而被看成是欧洲瓷器诞生的标志。1710 年皇室在德累斯顿建立瓷器厂，同年迁到了麦森。但从工艺看当时所谓的白质瓷并不是长石质瓷，而是一种含硫酸钙的器质，它不透明而且带黄色、釉质差、烧成率极低。由此来看，第一批硬质麦森瓷与真正的瓷器无论是在工艺和质量上，还是在艺术上都还有很大的差距。

西方人从中世纪第一次见到中国瓷器就开始了对制瓷技术的探索。到 18 世纪初西方制造的瓷器按照瓷胎的成分和所运用的生产工艺可分为两类：一类是在德国、中欧、俄罗斯和意大利一些地区的工厂生产的迈森型硬质瓷；另一类是在法国、意大利某些地区、西班牙以及英国的某些工厂生产的法兰西型的软质瓷，与此类似的还有英国的骨灰瓷。到此为止虽然硬质瓷的烧制技术已经出现，但当时的欧洲瓷器更像是中国瓷器的低级仿制品，相比它们还是两种不同的东西。真正的瓷器制作的原料、工序和烧造技术依然是一个谜。

---

① 简·迪维斯 1991：26。

（二）传教士与西方制瓷技术的突破

在西方一整套对外扩张的体系中，有一个因素往往被我们忽略。伴随着西方在全世界的扩张，大批的传教士被派到了世界各地。他们中的一部分确实是要传播上帝的福音，但更重要的是另一部分——披着传教士外衣的经济间谍。在西方人探索瓷器制造秘密的过程中，正是传教士窃取了中国的制瓷技术，从而极大地促进了西方制瓷技术的进步。美国历史学家 S.A.M.阿谢德说："18 世纪耶稣会士带回更多的中国技术资料并被采用，欧洲才生产出真正的瓷器。"①

16 世纪的西方刚刚走上对外扩张的道路，大批的传教士开始走向世界各地。1556 年葡萄牙传教士克罗兹（Gaspar de Cruz）访问了广州，并于 1569 年返回葡萄牙。就在这一年他出版了关于中国情况的传记文学作品，并在其中对中国瓷器制造的原料和过程进行了描述，"中国瓷器是由洁白而柔软的岩石或是坚硬的黏土制成的。他们经过连续不断的捶打和碾磨后，倒在非常清澈的蓄水池中，然后在水中搅拌。停留在最上层的奶油状的瓷土，用来制作最优良的瓷器；沉下的粗糙渣滓用来制作一般粗劣的产品"②。当时欧洲学术界把克罗兹的著作称之为是继《马可·波罗行纪》之后的又一部十分具有价值的历史文献。该著作在葡萄牙出版之后，法国、意大利、西班牙等国陆续出版。虽然克罗兹没有说明制造瓷器的原料就是高岭土，但比之前人之错以为是玻璃或牡蛎贝壳，甚至以为是长期腐烂的兽粪或黏土还是迈出了一大步。

18 世纪初，当欧洲各国正因为自己手中制造的瓷器无法与中国相比而再度陷入窘境时，又是一名传教士带回了令整个欧洲制瓷业为之振奋的信息。清朝康熙年间，法国传教士佩雷·佛朗哥·泽维尔·昂特雷科莱（Père Francois Xavier d'Entrecolles）被法国耶稣会派往中国。昂特雷科莱在景德镇居住了七年，并取汉名殷弘绪。在景德镇居住期间，殷弘绪全力搜集有关景德镇制瓷技术的情报。他说："我

---

① ［美］阿谢德著，任菁等译：《中国在世界历史之中》，石家庄：河北教育出版社，1993 年，第 302 页。
② 朱培初：《明清陶瓷和世界文化的交流》，北京：轻工业出版社，1984 年，第 41 页。

在景德镇培养教徒的同时，有机会研究了传播世界各地、博得人们高度赞赏的美丽的瓷器的制作方法。我之所以对此进行探索，并非出于好奇心，而我相信，较为详细地记述制瓷方法，这对欧洲将起到一定的作用。"①1712 年 9 月 1 日殷弘绪在他发往到欧洲的一封名为《中国陶瓷见闻录》②的信中，详细讲述了景德镇瓷器的制作过程，包括从原料的选择提炼、配置、成型、彩饰、烧炼等在内的整套制瓷工艺。而这封信最重要的贡献在于它道破了景德镇瓷器原料的秘密，为西方制瓷研究指明了精确的方向。"瓷用原料是由叫做白不子和高岭的两种土合成的。"③

1721 年，殷弘绪受命于法国教会再次赴景德镇专门调查，并写成《中国陶瓷见闻录补遗》，对前一封信未弄清和未解释清楚的问题作了补充，并增加了不少新的资料。包括薄胎瓷的制法、滑石的用途、紫金釉的制法、纹片釉的制法、铜红釉的发色、窑变花釉的形成、各种颜料的制备、彩瓷烤花方法、窑内火候的控制以及青花料的制备等，涉及几乎全部的制瓷工艺④。两封信很快就公开发表在《耶稣会传教士协作的珍贵书简集》上。至此，欧洲的制瓷业才真正突破了技术制约。到 18 世纪末西方各国都相继建立了自己的皇家瓷器厂，发展自己的制瓷业。

三、西方制瓷业生产和贸易的扩张

早在 16—18 世纪的欧洲商业革命中，西北欧各国的商人和政府就已经开始谋求能够自己生产那些深受欧洲人欢迎的东方产品，如丝绸、瓷器和棉纺织品等，以期在取得贸易利润的同时，也取得生产利润。到了 18—19 世纪，西方各国更是积极追求本国制造业发展，在全球海洋贸易航线和美洲、非洲和南亚这些海外殖民地基本上被分瓜完毕的基础上，发展本国工业，抢占国际劳动分工体系

---

① 颜石麟：《殷弘绪和景德镇瓷器》，《景德镇陶瓷》，1986 年第 4 期。
② 殷弘绪的这两封信被收入日本学者小林市太郎译注的《支那陶瓷见闻录》一书，1978 年由王景圣先生根据日文转译成中文，并取名《中国陶瓷见闻录》。
③ 颜石麟 1986。
④ 颜石麟 1986。

的制高点。就是在这样的背景下，西方的制瓷业生产得到飞跃的发展。

西方各国在1500年之后投入了大量的人力和物力研制瓷器并不仅仅是出于对瓷器艺术热爱，更为重要的是对利润的追求和经济的窘迫。但此时单个的企业或个人并不足以进行风险性如此之大的投资。于是政府便采取多种方式参与并主导了西方对制瓷技术的研制。欧洲各国在18世纪建立的第一批制瓷工厂几乎都与皇室或政府有关。比如1710年德国建立的麦森厂（Meissen）由萨克森选帝侯奥古斯都（Augustus）大帝创立；1718年奥地利的帝国矿山监督署杜·帕克尔（Du Paquier）在维也纳建立欧洲第二家硬质瓷器厂；法王路易十五、普鲁士的弗里德里希二世、西班牙的查理三世、意大利的查理三世等也都相继建立了制瓷厂。虽然从欧洲自产瓷器的需求看，起初主要是供皇室消费，很少流入民间市场，并且各国政府都把制瓷技术看作最高机密，制定了一系列措施防止秘密的外传[1]。但正是在皇室强力的参与和支持之下，欧洲的制瓷业在18世纪开始蓬勃兴起。

除了直接创办皇家工厂发展自己的制瓷业，政府还以入股的形式参与民间瓷器厂的经营，为他们提供资金，授权部分瓷器厂进行瓷器生产的专利权和垄断权，避免了恶性竞争所产生的资源浪费。1718年奥地利政府授予维也纳瓷厂在帝国辖区内的生产和销售瓷器的专利权；1745年法国政府授予塞弗尔厂皇家专用彩绘、镀金和用堆塑装饰瓷器的生产专利权，其他工厂禁止制作同类产品。1752年由法王占1/3股份的一个新公司建立，被授予可以使用"皇家瓷器制造"的头衔，并垄断一切瓷器生产的专利权[2]。虽然垄断使其他的制瓷工业受到限制，但获得垄断权的塞弗尔工厂，在18世纪80年代，取代了麦森而成为欧洲瓷器制造艺术的领导力量。

---

① 简·迪维斯1991：36。
② 简·迪维斯1991：90。

图6.13　英国骨质瓷（1897）

资料来源：维多利亚和阿尔伯特博物馆网站，http：//www.vam.ac.uk/images/image/38647−
popup.html.

图6.14　法国塞弗尔硬质瓷（1827）

资料来源：美国大都会艺术博物馆网站，http：//www.metmuseum.org/toah/hd/sevr/ho_
2002.57.htm.

经过一个世纪的发展，到 19 世纪欧洲的制瓷业发生了重大的变革。制瓷的秘密已经成为整个欧洲都知道的工业操作过程。以英国韦奇伍德的炻器为代表，开始生产各个阶层都负担起的产品。此后各国瓷厂纷纷效仿。到 19 世纪中叶，欧洲硬质瓷已能同廉价的炻器进行竞争，并几乎夺回了全部市场。欧洲制瓷业至此完成了由皇家垄断专为皇室生产到面对大众市场的转变。制瓷技术也取得了突破。这种新兴工业在短期内就成为最可观的收入来源。腓特烈大帝（Frederick the Great）在七年战争中占领了萨克森，之后他利用麦森的瓷器清偿他的债务。在他给卡谟氏女伯爵（Countess Von Camas）的信中说："我在这里为世界各处订造瓷器，这种脆薄易破的物质是我现在仅存的财富了。我们现在穷的像乞丐一样，我希望凡接收我这些礼物的人，都当这些礼物作硬币一样的物品，我们现在，只有光荣、宝剑和瓷器。"①同样英国的制瓷业虽起步较晚，但在 19 世纪中期英国的玻璃陶瓷产业总产值达到 1 100 万镑。

在 300 年的时间里，欧洲制瓷业在巨大利润的刺激之下，依靠政府与商人结合的发展模式，并利用扩张得来的成果（传教士获得技术信息），逐渐突破了技术限制并繁荣发展。18 世纪的世界瓷器市场上已经不再由中国垄断，中国和西方制瓷业的竞争将不可避免。

第三节　中国制瓷业的衰落——中西方的竞争

1800 年之前中国凭借技术垄断占领着世界制瓷业的高端，中国瓷器主宰着世界瓷器市场。早在公元 10—12 世纪，中国的瓷器就曾击败了西亚的伊斯兰"瓷器"②，并逐渐占领了东南亚市场。到 13—14 世纪，中国的海商取代西亚人主导了东南亚的瓷器贸易。另外，

---

① ［德］利奇温著，朱杰勤译：《18 世纪中国与欧洲文化的接触》，北京：商务印书馆，1962 年，第 95 页。
② 笔者认为当时所谓的伊斯兰瓷器并不是真正的瓷器，而可能是上釉的陶器，由于西亚的窑炉为竖式，始终达不到烧制瓷器的温度。

中国的制瓷技术于公元 10 世纪传入朝鲜[①]，之后又在东南亚诸国、日本广泛传播。但这些"世界"瓷器市场上的竞争者，无论在瓷器生产的数量、质量、艺术水平上都无法与中国瓷器相比。他们一方面生产粗瓷供本地人消费，一方面向中国出口瓷器原料，如生产青花的青料。

1500 年之后，西方商人加入到已有的瓷器贸易体系中，当时的西方国家并没有掌握瓷器的制造技术，只是中国瓷器的销售市场。但自从加入到该贸易体系，西方商人就凭借其背后国家强大的政治、军事实力，发展起了武装贸易。他们一方面与中国商人合作从事瓷器贸易，但另一方面又与中国商人竞争以获取更多的瓷器生产和贸易利润。

一、中国海商与西方商人的竞争

中国海商形成于宋元时代，兴盛于明末清初。那时在东亚贸易圈的海面上，中国海商形成了一股能够和政府及西方国家武装商船相抗衡的力量。中国海商的发展也使明中期之后我国的对外贸易发生了质的变化。此前的贸易形式是以官方的朝贡贸易为主，而自此之后，私人的海上贸易迅速发展起来，取代了官方的朝贡贸易，成为中国对外贸易的主要形式。

（一）中国海商的形成和发展

16 世纪初即明中期以后，面对大航海带来的巨大利益，西方各国纷纷参与到海外利益的争夺中。1511 年葡萄牙占领马六甲始，经过近 40 年的经营，建立了连接印度洋和欧洲市场的东亚贸易网络，该网络以马六甲、澳门、长崎等基地为核心。1571 年西班牙人占领马尼拉，将东亚经济圈与其美洲殖民地联系在一起。为了直接与中国进行贸易以降低采购成本，西班牙人于 1626 年入侵台湾北部，在淡水、基隆建立城堡。1596 年，荷兰人到达万丹，1600 年到达日本北九州。1602 年荷兰成立东印度公司，于 1619 年在巴达维亚建立基

[①] 李军：《五代越窑青瓷的外销与制瓷技术的传播》，宁波与"海上丝绸之路"国际学术研讨会论文，宁波，2005 年 12 月，第 176 页。

地，并在 1624 年在台湾建立热兰遮城堡。英国人也在 17 世纪初到达香料群岛，1600 年成立英国东印度公司，并于 1613 年在日本出岛建立商馆。

面对西方商人对中国商品的巨大需求，以瓷器为代表的传统手工业飞速发展。从而使海上贸易有了一定的商品供给基础和利润空间。"其去也，以一倍而博一百倍之息；其来也，又以一倍而博一百倍之息。"①正如《续文献通考》所论"盖惟商道不同，而利之所在，人必趋之"②。但此时大规模的海上贸易是以走私的形式存在的，因为当时的明政府施行海禁。在一方面要面对西方武装商船的贸易竞争和武装抢劫，另一方面还要面对明政府的海禁和剿杀的形势下，中国海商的组织形态发生了变化——逐渐从原来小规模、隐蔽性的个体私商贸易，发展成为几个拥有自己的军事武装"亦商亦盗"的海商集团。这使他们既可以对抗官方的镇压，又可以应对西方武装商船的竞争。正如嘉靖时主事唐枢所说："寇与商同是人也，市通则寇转而为商，市禁则商转而为寇。"③16 世纪前期到中期，规模较大的海商集团有江浙、皖、闽、广等④。他们常常拥有商船百艘，人数上千甚至上万，经营的范围几乎包括了东亚和东南亚经济圈的所有国家。

（二）中国海商的主导地位

16—17 世纪是各种势力在东亚和东南亚经济圈进行激烈海上贸易竞争的时代。1511 年葡萄牙人占领马六甲海峡，修筑炮楼，封锁航道，在亚洲开军事暴力垄断贸易之先。后来葡萄牙人遭到荷兰人的暗算和攻击，被荷兰人取而代之。1642 年荷兰人又将西班牙人逐出台湾，成为西方商人的霸主。此时期，中国海商也参加海上贸易角逐，并在台湾与荷兰一决雌雄。正如庄国土在其研究中所说："17 世纪初远东水域诸种势力，经过近 50 年的合纵连横，竞争厮杀，到 17

---

① 顾炎武：《天下郡国利病书》，转引自李金明：《明代海外贸易史》，北京：中国社会科学院出版社，1990 年，第 86 页。

② 薛翘、劲峰：《赣南出土文物看明清之际景德镇瓷器外销路线的变迁》，《南方文物》，1993 年第 3 期。

③ 郑若曾：《筹海图编》，转引自李金明 1990：91。

④ 林仁川：《明末清初私人海上贸易》，上海：华东师范大学出版社，1987 年，第 85—130 页。

世纪中期，日本推行锁国政策而淡出海洋，葡萄牙和西班牙人被幕府逐出日本，被明朝政府防范于祖国大陆之外，被荷英在海上严加打击，龟缩于马尼拉与澳门的基地里。英人在随后与荷人的竞争中淡出远东水域而集中精力经营印度。明朝忙于北部边境防范后金的入侵，再也无力在东南沿海既要镇压本国武装海商，又要防范欧人渗入，转而招抚以郑芝龙为首的海商集团以为东南屏障。远东水域主要是郑氏家族与荷兰东印度公司双雄对峙，到了决一雌雄的关头。"①

1633 年郑芝龙与荷兰商人的舰队在金门决战，击败荷兰舰队，荷兰人从此退出福建沿海。1654 年至 1655 年郑成功对台湾禁航迫使台湾总督许诺输银 5 000 两，剑坯 10 万只，硫黄千担。② 1661 年郑成功收复荷兰人占领的台湾。在这一轮竞争中，以郑氏海商集团为首的中国海商借助政府的力量击败西方商人，逐渐建立起自己的海上帝国，主导整个东亚经济圈的贸易。清初郁永河感叹说："成功以海外弹丸之地，养兵十余万，甲胄戈矢，罔不坚利，郑舰以数千计，又交通内地，遍买人心，而财用不匮者，以有通洋之利也。"③根据《台湾外纪》等书的记载，"凡海舶不得郑氏令旗，不能来往，每舶例入二千金，岁入以千万计，以此富敌国"。入清之后，广东、福建的藩王也逐贸易之利，在清初的海禁政策下从事走私贸易④，与台湾的郑氏海商遥相呼应。由于在台湾的失败，荷兰商船在 1661 年至 1734 年间基本上退出了从中国—巴达维亚的贸易航线。直到 1734 年荷兰人重返中国－巴达维亚这一贸易航线之前，航行在这一航线的主要是中国商船和葡萄牙商船。从表 6.3 中可见，在这一时期中国商船的数量远大于葡萄牙商船的数量，说明此时期是中国商人主宰着从中国到巴达维亚的贸易（见表 6.3）。

---

① 庄国土：《论 15—19 世纪初海外华商经贸网络的发展》，《厦门大学学报》（哲学社会科学版），2000 年第 2 期。
② 杨英：《从征实录》，台湾银行编：《台湾文献丛刊》，台北：台湾银行经济研究室出版，1987 年，第 113 页。
③ 郁永河：《海上纪略》，转引自林仁川 1987：125。
④ 彭泽益：《清代广东洋行制度的起源》，《历史研究》，1957 年第 3 期。

表6.3　由中国到巴达维亚的商船一览表

时间	中国船（艘）	葡萄牙船（艘）	总数（艘）
1681—1690	9.7	1.8	11.5
1691—1700	11.5	1.6	13.1
1701—1710	11	2.9	13.9
1711—1720	13.6	5.9	19.5
1721—1730	16.4	9	25.4
1731—1740	17.7	4.8	22.5
1741—1750	10.9	4.1	15
1751—1760	9.1	1.8	10.9
1761—1770	7.4	2.4	9.8
1771—1780	5.1	3	8.1

注释：表中数据为年平均数。

资料来源：Blussé，Leonard. *Strange company：Chinese settlers，Mesitzo women and Dutch in VOC Batavia*，转引自陈希育：《清代中国与东南亚的帆船贸易》，《南洋问题研究》，1990 年，第 4 期。

（三）"没有帝国的华商"

中国海商背后没有帝国支撑，而且一直受到自己国家政府军队的剿杀。一旦明政府放弃剿杀（因北方边境危机和李自成叛乱不得已而为之），开始与郑芝龙联手，就造就了中国海商独统中国南海 50 年的局面。然而，随着清政权的建立，清政府对中国海商的剿杀又重新开始。在清政权和西方国家武装商人的双重限制和攻击下，郑氏集团所建立的海上帝国没有能够维持下去。

自葡萄牙人率先进入亚洲海洋贸易体系之始，西方商人便把一种依靠军事武装的暴力贸易方式带进了原本基本和平和自由的亚洲贸易体系。他们以本国政府为后盾，以殖民地为根据地，限制中国海商的发展。1511 年葡萄牙人占领马六甲，"强迫所有船只停靠马六甲，缴付港税，如有抗拒不从者，焚其舟而逼其水手为奴。由于这种残暴的行动，更多的商人被驱逐出马六甲外，除了当地的船舶之外，几乎没有其他船只来境……"致使"中国的商人转向北大年"[①]。在西班牙

---

① ［英］温斯泰德：《马来亚史》，转引自韦红：《16—19 世纪前期中西国家政权在东南亚海上贸易中的作用》，《中南民族学院学报》（哲学社会科学版），1990 年，第 6 期。

控制下的菲律宾，当地殖民政府同样制定了各种政策限制中国海商的发展。首先，是禁止中国海商大批入境。1602 年发布的第一号法令规定："在菲律宾岛全境，华侨人数不得超过两千人，而日侨不得超过三千人。"①对于到吕宋的中国商船，每艘人数"只两百为率，毋溢额"，"舶归，所载回，必备以四百，毋缩额"②。其次，限制某些中国商品的大量输入，以减少美洲白银的流失。如禁止菲律宾当地居民穿用中国衣料制成的衣服。同时，对中国商品课以重税。

除了政策上的限制，西方政府和商人还对中国海商进行直接的海盗式掠夺。荷兰格罗宁根（Gronigen）船长威廉·庞德古在《难忘的东印度旅行记》中记载，仅在 1622 — 1623 年中的短短数月，荷兰商船就劫掠了 12 艘中国商船，并在漳州港烧毁中国商船 60 多艘③。除了直接以获取财富为目的的劫掠，荷兰政府为了打击在马尼拉的西班牙商人，用武力袭击中国开往马尼拉的船只。他们甚至与英国联合，共同抢劫前往马尼拉的中国商船。西方政府和商人对中国商船的劫掠，给中国海商造成了严重的后果。南京湖广道御史游风翔说："臣闽人也……闽以鱼船为利往浙粤市温、潮米谷，又不知几千石，今夷据中流，鱼船不通，米价腾贵，可虞一也；漳泉二府，负海居民，专以给引通夷为生，往回道经澎湖，今格于红夷，内不敢出，外不敢归"，"洋贩不通，海运梗塞，漳泉诸郡，已坐因矣"。④

导致中国海商彻底衰落的最致命打击还是西方政府和商人对中国海商的大规模屠杀和直接武力驱逐。在菲律宾，仅在 1603 年至 1662 年的 59 年内，西班牙人就制造了三次对华人的大屠杀。根据《东西洋考》的记载，1603 年的大屠杀造成约两万五千华人的死亡。"初三日，华人在大仑山饥甚，不得食，冒死攻城，夷人伏发，燃铜铳击杀华人万余，华人大溃或逃散，饿死山谷间，横尸相枕，计损两万五千人，存者三百口而已。"⑤1638 年的大屠杀则持续了三个多月，死难

① 林仁川 1987：459。
② 张燮：《东西洋考》，转引自林仁川 1987：459。
③ 林仁川 1987：461 —462。
④ 林仁川 1987：462。
⑤ 张燮：《东西洋考》，转引自林仁川 1987：463。

华商两万四千余人。在 1662 年的第三次屠杀中，死伤华商也达两万五千余人。① 1757 年，西班牙殖民当局再次大肆驱逐菲岛非基督教华人。② 为了阻止华商与他们在贸易上的竞争，荷兰人于 1740 年也在巴达维亚制造了"红溪事件"，屠杀中国商民约三万人。③

面对中国商民的海外遭遇，中国政府屡屡熟视无睹，甚至表现出歧视的态度。1603 年发生马尼拉大屠杀，漳州地方官奉赦表示"中国皇帝，宽怀大度，对于屠杀华人一节，绝不兴师问罪"，并要西班牙人"对于此次惨杀事，勿容畏惧。对于在境华人，因多系不良之徒，亦勿容爱怜"④。1740 年"红溪事件"爆发，三万余华商惨遭杀害，清政府却认为华商"违首不听招回，甘心久住之辈，在天朝本应正法，其在外洋生事，被害孽由自取"⑤。中国政府对中国海外商人的这种态度与西方国家完全不同，是造成中国海商在国际海洋贸易竞争中彻底失败的一个重要原因。中国海商海盗在中国政府和西方商人的联合攻击下不得不退出印度洋和中国南海的海洋贸易，在某种程度上讲，其实是使中国沿海防线丧失了一道防卫屏障，致使后来英国人可以从中国沿海登陆，长驱直入中国。

在国内，清政府同样也制定了种种限制中国海商发展的政策。1703 年，清政府规定："商贾船只，许用双桅，其梁头不得过一丈八尺，舵水手等不过十七人，一丈二梁头不得过四人。"1717 年又颁布南洋禁令："凡商船照旧东洋贸易外，其南洋吕宋，噶喇吧等处不准商船前往贸易，于南洋等地截住，令广东、福建沿海一带水师各营巡查，违禁者严拿治罪。"⑥1727 年，雍正停止实行南洋禁令，但乾隆又在 1747 年将其恢复。弛禁时期，对出海的商人也有严格的限制，下海通番者要受三种限制：一是食用米粮不准多带，每船估计人

---

① 严中平：《老殖民主义者史话选》，转引自林仁川 1987：464。

② 钱江：《1570—1760 年中国和吕宋贸易的发展及贸易额的估算》，《中国社会经济史研究》，1986 年第 3 期。

③ 朱杰勤 1962。

④ ［美］菲律乔治：《西班牙与漳州之初期通商》，《南洋资料译丛》，1957 年第 4 期。

⑤ 张德昌：《清代鸦片战争前之中西沿海通商》，《清华大学学报》（自然科学版），1935 年第 1 期。

⑥ 张燮：《东西洋考》，转引自韦红 1990。

口的多少及往返的日期，每人每天只准带一升米；二是资本的限制，金银出口固在严禁之列，但当时通用的制钱也不准带出海外；三是自卫武器的限制。①

与中国政府极力禁海，强迫让中国商船变小变弱的政策相对照，此时的欧洲的西北部各国则正在极力地制造坚船利炮。在争抢海洋贸易航线和殖民地的竞争中，各国政府纷纷极力发展造船业和军工技术，致使枪支和大炮的威力和射程日新月异，各国所造的船也越来越大，越来越坚固。船上的武器设备装置也越来越复杂和强大，从8炮船到16炮船到32炮船……在这种国际海洋贸易竞争的形势下，清政府限制中国商船的航行能力和武装自卫能力，让中国商人架着弱小的商船到当时丛林法则盛行的海洋上去贸易，无疑是置中国商人于死地而不顾。

面对西方商人"贸易加抢劫"的军事暴力贸易手段，再加上清政府的限制和不支持（而且清政府有时会联合外国人对中国海商进行剿杀），中国海商处境艰难，生存空间非常狭小。入清以来，赴日海商数额逐年减少，这其中虽然有日本自1689年起开始限制中国赴日商船数目的原因，但欧洲商船的抢劫和排挤无疑也是其中的一个很重要原因。到18世纪末时，中国商船不但不再像从前那样常常超限额赴日，而且赴日数额往往根本达不到幕府的限额（表6.4）。"红溪事件"后，中国到巴达维亚的商船数目也逐渐减少。而且，中国与菲律宾之间的帆船贸易从18世纪末起也开始急剧衰落，并于1870年完全停止②。到东南亚其他国家的中国商船在进入19世纪之后也逐渐衰落③。可以说，到19世纪初时，中国海商就已经基本上被排挤出了亚洲的海洋贸易圈。这些海商或退缩到中国沿海，沦为彻底的海盗，沿海施行抢劫，或退回大陆，彻底放弃海洋。而与此相对应的则是西方商船之大量涌入广州（表6.5）。为此，中国海商在中国瓷器出口中的海外贸易利润也完全被西方商人攫取了。

---

① 韦红1990。

② ［菲］欧·马·阿利普：《华人在马尼拉》，见中外关系史学会编：《中外关系史译丛》（第一辑），上海：上海译文出版社，1984年，第124页。

③ 陈尚胜：《也论清前期的海外贸易——与黄启臣先生商榷》，《中国经济史研究》，1993年第4期。

表6.4　清前期中国赴日商船统计

时间	赴日唐船总数（艘）	赴日唐船年平均数（艘）	备注
1644—1662	942	49.6	—
1663—1684	666	30.3	清朝颁布"迁海令"，严格海禁
1685—1688	514	128.3	1684年清政府已开放"海禁"
1689—1697	731	81.2	从1689年起，日本幕府开始规定来日唐船数为每年70艘（下同）
1698—1714	1 212	71.3	从1698年起，规定限额为80艘
1715—1716	46	23	从1715年起，规定限额为30艘
1717—1719	126	42	从1717年起，规定限额为40艘
1720—1733	464	33.1	从1720年起，规定限额为30艘
1734—1735	61	30.5	从1734年起，规定限额为29艘
1736—1738	28	9.3	从1736年起，规定限额为25艘
1739—1741	24	12	从1739年起，规定限额为20艘，总数内缺1740年数字
1742—1747	93	15.5	从1742年起，规定限额为10艘
1748—1790	547	13.3	从1748年起，规定限额为13艘，总数内缺1767年、1774年数字
1791—1839	438	9.1	从1791年起，规定限额为10，总数内缺1820年数字

资料来源：陈尚胜，《也论清前期的海外贸易——与黄启臣先生商榷》，《中国经济史研究》，1993年第4期。

表6.5　1775—1833年间西方商船来华统计表

时间	西方商船总数（艘）	英国		美国		荷兰（艘）	法国（艘）	丹麦（艘）	其他（艘）
		船只数（艘）	比重（%）	船只数（艘）	比重（%）				
1775—1784	289	167	57.79	1	0.35	29	32	28	32
1785—1794	613	447	72.92	54	8.81	37	17	13	45
1795—1804	633	368	58.14	213	33.65	1	2	22	27
1805—1814	711	474	66.67	226	31.79	0	0	5	6
1815—1824	836	504	60.29	324	38.76	4	0	1	3
1825—1833	1 181	723	61.22	348	29.47	56	23	16	15
总计	4 263	2 683	62.94	1 166	27.35	127	74	85	128

资料来源：陈尚胜，《也论清前期的海外贸易——与黄启臣先生商榷》，《中国经济史研究》，1993年第4期。

二、中西制瓷业在世界市场上的竞争

就在中国海商逐渐丧失瓷器出口的海外贸易利润的同时，随着西方制瓷业的兴起和蓬勃发展，中国在世界瓷器市场上的生产垄断利润也在逐渐消失。

（一）国际市场的丧失

18 世纪初，西方取得制瓷技术上的突破。制瓷技术开始在欧洲广泛传播，各国纷纷建立制瓷工厂。经过半个多世纪的发展，到 18 世纪后期，德、法、英等国的瓷器产品已逐渐形成了自己的特色和艺术样式，如德国麦森的硬质彩绘瓷和瓷塑、法国的软质彩绘瓷、英国的骨质瓷。这些瓷器的形态和图案更符合欧洲人的审美情趣，质量也直追中国瓷器。由此华瓷开始在欧洲市场遭到排斥。这一时期的欧洲商业档案表明，经营华瓷的利润大幅下降，"1764 年 10 月 2 日在米德尔堡出售的 5 套共 120 件八边形餐具，几乎亏损了 32%"。针对这一形势，荷兰东印度公司的中国事务委员会作出决定，限制中国瓷器的购进，并减少对华瓷的投资[①]。1799 年荷兰东印度公司破产，荷兰东印度公司是从中国向欧洲运销中国瓷器的主要公司之一，它的破产更是使欧洲市场上的中国瓷器数量大幅度减少。

图 6.15　为日本市场生产的五彩人物纹海棠式盘（明朝天启年制）

资料来源：来自故宫博物院网站，http://www.dpm.org.cn/shtml/115/@/9036.html#118.

---

① C.J.A.Jorg 1982：355.

18 世纪后期，英国本土为了减少资金外流和获取瓷器消费市场的瓷器生产利润，也大力发展本国制瓷业以替代华瓷的进口。因此，只要有足够的铜，英国东印度公司就不愿意用瓷器压舱。当时的英国流行着这样一首歌："为什么把钱往海外抛掷，去讨好变化无常的商贾？再也不要到中国去买 china，这里有的是英国瓷器。"[1]1801 年，英国东印度公司完全停止进口中国瓷器。另外，欧洲各国还采取贸易保护政策，不断提高华瓷进口税[2]，以保护和辅助自己的制瓷工业。在政府的扶植之下，欧洲制瓷业迅速发展。借助着政府的贸易保护政策和欧洲商人用军事武装开拓的海外市场，欧洲瓷器不但夺回了欧洲市场，而且很快便行销全球。在英属的北美殖民地，英国政府利用关税壁垒抬高中国瓷器价格，促销欧洲瓷器。到 1810 年，英国终于从一个瓷器进口国变成了出口国[3]。

除了欧洲制瓷业，日本的制瓷业也迅速崛起，尤其是明治维新之后对西方技术的引进。日本自南宋起就开始学习中国的制瓷方法。明正德六年（1511），为了获取景德镇烧制青花瓷的方法，日本陶艺家伊藤五郎太夫到景德镇学习求艺，回国后创办了伊万里窑，模仿景德镇烧造大件青花瓷。

明末清初，日本的有田仿造景德镇克拉克瓷深受欧洲人喜爱，进而利用中国战乱，国内制瓷业遭受破坏的有利时机向欧洲出口瓷器。1659 年荷兰向日本定购的瓷器已达到 56 700 件[4]。但随着清王朝的建立和中国国内政局的逐渐稳定，日本瓷器的外销便受到了打击。明治维新以后，日本从西方国家引进技术，并把陶瓷列入近代工业发展行列。约在 1903 年，又派人去西欧学习近代制瓷技术。这批人学成回国后，均成了陶瓷业中的骨干。其后的日本制瓷业，利用欧战的机遇，迅速发展，其间日用陶瓷年产价值达 15 亿—16 亿日元。

[1] 陈立立 2004。

[2] Schiffer, Herbert and Peter Berwind Schiffer. *Chinese Export Porcelain, Standard Patterns and Forms, 1780-1880*.Pennsylvania：Schiffer Pubishing Ltd，1997，p.11.

[3] Jean, Mudge. *Chinese Export porcelain for the American Trade, 1785-1835*.Newark：University of Delaware，1981，p.126.

[4] 陈立立 2004。

图6.16　中国销往美国的餐具、茶具等（约1785—1790）

资料来源：美国都会艺术博物馆网站，http：//www.metmuseum.org/toah/hd/ewpor/ho.

18世纪末，华瓷最重要的海外市场——欧洲和日本已基本上相继丧失。这些国家发展自己的制瓷工业，从而实现了进口替代，并开始与中国在世界瓷器市场上展开竞争。但在此时中国与美国之间的瓷器贸易却开始兴旺起来。1784年，美国的"中国皇后"号从纽约开往广州，中美之间开始直接贸易。两国之间的贸易发展迅速，美国成为仅次于英国的中国第二大贸易国（见表6.5）。在早期的中美贸易中，瓷器是美国进口的主要中国商品之一。"中国皇后"号返航时所载中国瓷器共有962担。而美国对瓷器的需求也日益增大。费城的瓷器商人沃尔恩写道："中国商品（茶、瓷器、丝）已经成为美国的必需品，其重要性几乎与面包相同。"[1]

1796年美国商人运去的瓷器占其运载货物量的15%，1818年这一比例增加到24%[2]。然而，蓬勃发展起来的中美瓷器贸易并没有持

---

[1]　吴建雍1987。

[2]　陈雨前：《中国陶瓷文化》，北京：中国建筑工业出版社，2004年，第198页。

续太久。19 世纪中期，中美瓷器贸易在迅速崛起之后又迅速衰落。1833—1834 年的贸易季度里，从广州返航的 43 艘美国商船中只有 4—5 艘装运瓷器，总数不过 1 322 箱，大部分的商船已经不再购买华瓷①。这主要是因为随着制瓷技术的进步和销售策略的改进，欧洲瓷器再次进入美国市场，而且，经过 50 多年的发展，美国本土生产的瓷器也开始供应美国市场。

欧洲、日本、北美等华瓷市场相继丧失。其他的华瓷出口市场状况也不容乐观。据《中行月刊》"商品贸易要闻"中记载，民国初期南洋各地中国领事报告说："南洋人惯用中国土特产……但中国的瓷器花样不如欧美，品质价格又较日货为昂，故现在似已处于苦境。"②又据我国驻马来西亚领事报告："近年来吾国瓷器输入南洋锐减，日商竭力推销日瓷，花样新颖，价格偏低，致使吾国瓷器销售一落千丈。目前，马来西亚各瓷器店所售瓷器十之九八均系日本货。"③同时华瓷的另一外销市场拉丁美洲也开始沦陷。1793 年时，墨西哥的普埃布拉城已经有 36 家制瓷工厂，成为美洲著名的制瓷中心，大大减少了拉丁美洲对中国瓷器的依赖④。其他地区，如非洲、中东、和印度，此时都已有了自己的原始制瓷业⑤，而且欧洲和日本的瓷器也开始在这些市场上出售。

随着各国制瓷业的兴起，华瓷在国际市场上面临着激烈的竞争，世界瓷器市场被重新整合划分。中国逐渐丧失了其对世界瓷器市场的垄断。1792 年广州总共输出价值 7 490 524 两货物，其中瓷器 44 230 两，只占出口货物总值的 0.59%⑥，而且主要是出口东南亚各国。其他市场如英国等，除定购少量的细瓷外，基本上不再购买中国的其他瓷器（见表 6.6）。中国瓷器出口的种类也从大宗出口高端瓷器，逐渐沦落为主要出口低端日用粗瓷（见表 6.7）。

---

① Mudge Jean 1981：125.

② 叶喆民 1989：281。

③ 王关林，吴春桂：《景德镇瓷器的历代贸易》，《陶瓷研究》，1988 年第 1 期。

④ 喻继如：《太平洋上的〈丝绸之路〉与〈中国之船〉》，《江西社会科学院》，1990 年第 1 期。

⑤ 朱培初 1984：127—139。

⑥ 马士 1991：520—523。

表 6.6　1910—1913 年中国瓷器的主要出口地 a

输入地 / 年代	新加坡 数量（海关两）	比重（%）	暹罗 数量（海关两）	比重（%）	英属印度 数量（海关两）	比重（%）	英国 数量（海关两）	比重（%）	日本 数量（海关两）	比重（%）	菲律宾 数量（海关两）	比重（%）
1910	307 825	16	201 373	11	16 605	0.9	1 197	0.06	59 502	3.1	11 631	0.6
1911	362 093	18	168 525	8	41 889	2.1	316	0.01	45 214	2.2	10 364	0.5
1912	36 049	19	206 411	11	22 883	1.2	375	0.01	41 355	2.2	8 309	0.4
1913	249 535	12	418 831	20	35 806	1.7	429	0.02	26 048	1.2	8 895	0.4

注释：a 表中比重指在当年瓷器出口总货值中的比例，出口到日本的瓷器数额中包含输出到台湾地区的。
资料来源：中国第二历史档案馆，《中国旧海关资料》（第 79 册），北京：京华出版社，2001 年，第 286 页。

表 6.7　近代前期上海、广州、厦门出口的瓷器分类统计

时间 / 港口	1868 细瓷（担）	粗瓷（担）	1879 粗瓷（担）	细瓷（担）	1889 细瓷（担）	粗瓷（担）	1899 细瓷（担）	粗瓷（担）	1902 细瓷（担）	粗瓷（担）
上海	538.45	1 333.50	261.93	1 547.38	174.77	238.99	350	607	273	404
广州	1 507.61	434.13	54.61	50.44	—	—	—	—	—	—
厦门	—	—	—	—	—	20 618.96	—	11 181	35	7 992
总计	2 046.06	1 767.63	316.54	1 597.82	174.77	20 857.95	350	11 788	308	8 396

资料来源：中国第二历史档案馆，《中国旧海关史料》（第 3、8、15、29、35 册），北京：京华出版社，2001 年，第 521、536、564、218、387、246、399、372、518、447、617 页。

（二）国内市场的丧失

在丧失了绝大部分的国际市场之后，中国制瓷业的市场基本上就只剩下国内了。然随着鸦片战争后西方势力的入侵，国内瓷器市场也开始被西方分去一羹。国家主权的不完整，使中国不可能像当初西北欧各国那样，为了扶持和保护自己的制瓷工业，限制和对外国瓷器征以进口高税。在这种情况下，西方产品自由进入中国，加之近代国人对西方产品的越来越追逐和崇拜，西方和日本的瓷器在逐渐取代了中国瓷器在欧洲、美洲、日本等地的消费市场后，又开始占领部分中国国内的市场。

乾隆年间，出于国防的考虑和为了坐收贸易之利，曾经实行一口通商，授权广州十三行商人垄断对外贸易。这项外贸易政策通过授权垄断，限制了国内商人之间大打价格战的恶性竞争，从而保证了中欧商人贸易谈判中中国商人的主动权和定价权，提高了中国产品出口贸易的利润，另一方面也有利于国内出口产品生产的发展，使广大的内地市场免受西方产品的冲击，为本国的民族企业发展提供了市场。这一政策曾经使西方商人非常恼火，但又束手无策，直到英国人后来采取让印度生产鸦片，然后英国人用鸦片与中国进行贸易的策略。鸦片贸易使中国白银大量外流（见图6.17），并最终导致了鸦片战争。

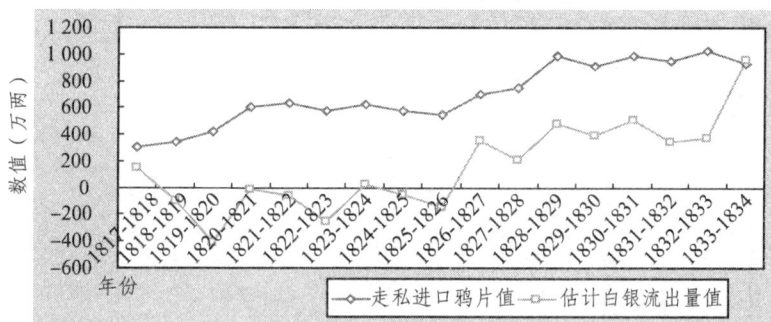

图6.17　1817—1833年广州对欧美海上贸易中的鸦片与白银

资料来源：姚贤镐，《中国近代对外贸易史资料》，北京：中华书局，1962年，第344页。

面对鸦片贸易所带来的财政困局和国民吸毒风气日盛的恶果，清政府决定禁烟。1839年林则徐"虎门销烟"，中国和英国在经济利益上的矛盾激化，第一次鸦片战争爆发。第一次鸦片战争后，中国市场完全开放，凭借着不平等条约赋予的特权和工业革命之后取得的技术优势和资本优势，西方国家向中国大量倾销商品，而瓷器也在倾销商品之列。中国从瓷器生产的垄断国，逐渐沦落为一个瓷器进口大国。如图6.18所示，从1868—1918年，瓷器进口增加了1 254 081海关两。当时向中国输入瓷器较多的国家是英、德、俄、日等国。（见表6.8）

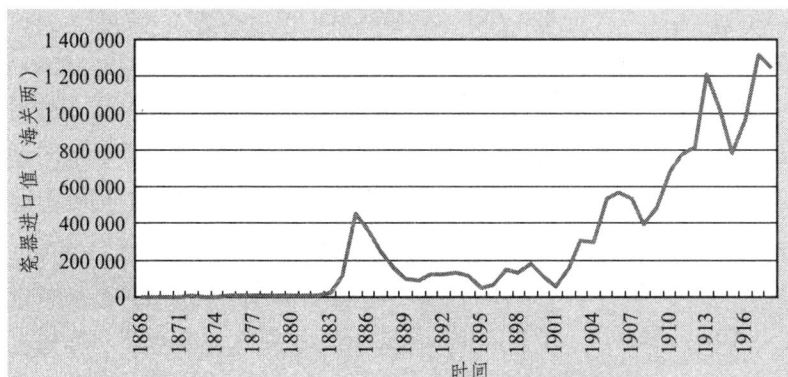

图6.18　1868—1918年中国进口瓷器额变动趋势

资料来源：中国第二历史档案馆编，《中国旧海关史料》，转引自靳海彬：《中国近代海关瓷器进出口贸易研究（1868—1936）》，硕士学位论文，河北师范大学，2006年，第12—14页。

表6.8　瓷器输入地

年代 \ 输入地	香港地区[a]（海关两）	英国（海关两）	德国（海关两）	俄国（海关两）	日本（海关两）
1912	371 047	102 672	212 704	74 449	347 058
1913	352 986	92 539	107 792	53 040	362 656
1914	267 193	66 656	1 124	57 683	343 299
1915	244 469	49 378	—	40 351	604 581
1916	318 213	53 024	—	13 018	900 358

注释：当时已沦为英国殖民地，并成为大宗商品的贸易集散地，其本身并无大规模瓷器生产。
资料来源：陈熏民，《今世中国贸易通志》，上海：商务印书馆，1933年，第103页。

民国初年的《景德镇陶业纪事》称："近年风气渐开，奢侈日甚，人民喜购外货，如中狂迷。即如瓷器一宗，凡京、津、沪、汉以及各繁盛商埠，无不为东洋瓷之尾闾。如蓝边式之餐具杯盘及桶杯式之茶盏，自茶楼酒馆以及社会交际场，几非此不为美观，以至穷乡僻壤，贩卖小商，无不陈列灿烂之舶来瓷，可知其普及已至日常用品。"①从国内洋瓷市场的分布看，长江以南各省，制瓷业较为发达，因而"外洋瓷器惟其精巧者颇有销路，粗劣者极少行销"；北方各省是日货的势力范围，而由于北方制瓷业在宋代之后逐渐衰落，输入的瓷器多为粗瓷。"陶瓷，为我国特产，无求于外"，但外瓷进口"今年已增至120万元，夺我外洋之销路犹以为未足，进而夺我国之销路矣"②。

洋瓷对中国市场的占领无疑会夺走中国制瓷业的一部分生产利润。此时，中国制瓷业主要是凭借着自身近便优质的原料、低廉的劳动力和传统的技艺与洋瓷激烈竞争。然中国制瓷业这种自我的资源和劳力优势，也随着外资在中国的办厂而逐渐失去。1894年中国在中日《甲午战争》中失败，不得不签订《马关条约》，条约规定外国可以在中国投资办厂。于是，中国各地开始出现外国人开办的瓷器工厂，这些外国瓷器厂开始直接利用中国当地的优质原料和廉价劳动力资源与中国民族制瓷业竞争。中国制瓷业的资源和劳动力优势因之丧失。到1936年各国在中国投资瓷业的资本额如表6.9所示。

表6.9　1936年各国在关内投资瓷业的资本

国家	英国（千美元）	美国（千美元）	日本（千美元）	德国（千美元）	其他（千美元）	总计（千美元）
资本	2 330	1 399	4 067	50	500	8 346

资料来源：吴承明，《中国资本主义与国内市场》，北京：中国社会科学院出版社，1985年，第37页。

除了在华投资设厂，西方国家还利用与中国签订的一系列不平等条约，挤压中国制瓷企业的市场空间。《天津条约》规定：洋瓷输入我国只付税5%就可在中国口岸销售，付税7.5%便可任意销往中国各地。与当时中国制瓷业资本缺乏、销路受挤的境况不同，外国在华瓷厂不但有资本和技术上的优势，而且还有其本国政府的支持和他们在中国所得到的特惠特权。再加上中国优质的原材料和廉价熟练的制

①　熊廖、熊微 2006：714。
②　黄炎培、庞松：《中国商战失败史》，北京：商务印书馆，1917年，第76页。

瓷工人，他们在中国本土生产的瓷器成本低、售价低，在中国市场上有很强的竞争力，更使中国制瓷业处境艰难。而且，这些国家还把中国作为生产基地，向朝鲜、东南亚等这些中国瓷器的传统市场输出他们利用中国廉价资源和廉价劳动力所生产出来的瓷器，甚至还把他们在中国生产的产品返销回欧美销售。结果，中国瓷器业在18世纪下半叶丧失了自己的技术垄断优势后，又在19世纪下半叶丧失了自己资源和劳动力优质廉价的优势，其市场空间越来越小。到20世纪初，中国制瓷业在与西方的竞争中完全败下阵来，举步维艰，越来越走向衰落。

三、制瓷技术的落后

在第一次经济全球化中，西方国家积极地营造以自己为中心的世界经济体系，一方面直接用殖民政策确定宗主国与殖民地国家之间不平等的政治和经济关系，另一方面通过发展军工和工业生产技术加大中心与边缘国家之间的技术差距，进而加强中心国家的主导和支配地位。

大航海之初，欧洲国家在制造业生产技术上还远不如中国。在16—18世纪贸易扩张的商业革命中，中国瓷器生产商们曾在市场需求的刺激下积极改进技术，使中国制瓷技术在清中期达到顶峰。细致的分工和瓷器工人的精湛手艺使当时的中国制瓷业成为手工业时代最完美的产业之一。凭借着对高端制瓷技术的垄断，直到19世纪初中国都站在世界制瓷产业的最高端。但在此后，西方制瓷业便开始后来者居上，逐渐超越中国。此时期中国的制瓷技术虽然依然在进步，但比之突飞猛进的西方则渐渐不如，尤其是在瓷器的大规模生产技术上。

制瓷技术可以按照制瓷的工序分为：原料提取技术、制胎技术、烧制技术、装饰技术、还有其他运输、燃料等相关技术。清中期时，中国制瓷业在各种技术上都发展到了极致，然此后便开始落伍。这主要是因为在欧洲制瓷业还没有良好的产品出来之前，世界瓷器消费市场扩大所带来的生产利润的增加主要归中国瓷器生产商所有，使他们有足够的经济驱动力对瓷器生产技术进行改进。以后随着欧洲制瓷工业的大规模发展和技术上的突飞猛进，也随着中国商人海外贸易利润链条的逐渐缩短，中国瓷器的海外市场不但不再扩大反而是在缩小，加之中国国内因海外市场需求而庞大起来的瓷器生产规模，使瓷器生产的边际利润也在下降。在这种情况下，激励中国制瓷商人改进制瓷生产技术的经济驱动力开始不足，制瓷生产技术的改进和变革步伐开始放慢。而与此时的中国相比，急于获得瓷器消费市场和生产利润的西北欧各国则具有强大的经济动机加速其制瓷工业的发展。

在政府的鼓励和保护之下，西方制瓷业蓬勃发展，技术创新不断，并结合其他行业的新技术对传统制瓷业进行改造。在原料制作和提取方面，1782 年，英国瓷商乔赛亚·威基伍德（Josiah Wedg-wood），将瓦特蒸汽机引入到混合泥土和运送康沃尔泥中①。19 世纪中叶，球磨机的出现把原料的粉碎达到更加精细的程度，之后榨泥机的使用又可以更有效地榨去过量的水分。与西方制瓷业逐渐机械化形成鲜明对比的是，此时景德镇的"取土"仍然是"借溪流为水碓春之"；而"炼泥"也依然是"其法以缸浸泥，用木钯搅翻摞渣沈过，以马尾细箩再澄，夹层细绢袋过泥匣内，俾水渗浆稠，复以无底木匣下铺砖，细布紧包，更以砖压之，水干成泥，用铁锹翻扑结实"②。景德镇的瓷器生产显然还是以人工为主，且环节众多，效率较低；这无疑不利于大规模的批量生产。

在制胎技术上，19 世纪末法国人发明了石膏模具及注浆成型法③。用这项技术生产出来的瓷器，厚薄均匀、造型美观、规格一致，而且产量大幅提高，为瓷器批量生产创造了条件。而此时的景德镇瓷工们则使用的是人工动力的陶轮。在烧制技术上，西方制瓷业广泛使用温度计来控制炉温，并通过控制炉温烧制出不同温度下的瓷器产品。此外控制瓷胎内铁氧化的技术也相当成熟。在瓷器装饰方面，除了各种釉上彩、釉下彩等彩瓷技术外，主要是"移印法"、花纸贴花工艺和"金水"的发明和推广。这些瓷器装饰虽然在艺术水平上并

① ［美］阿谢德著，任菁等译：《中国在世界历史之中》，石家庄：河北教育出版社，1993 年，第 303 —304 页。
② 熊廖、熊微 2006：468。
③ 简·迪维斯 1991：135。

不能与中国瓷器相比，但由于其省去了彩绘这一环节，一方面降低了成本，另一方面更加适合大规模的机器生产。最后，新燃料煤的广泛使用使西方制瓷业避免了18世纪末景德镇的燃料危机。纵观19世纪之后的中西制瓷业，西方将大量工业革命的成果引入制瓷业，尤其是制瓷工业的机械化，再加上新的制瓷技术和装饰手法，西方的瓷器产品不但在生产规模上而且在质量上、价格上也开始具有明显的优势。这最终导致了中国制瓷业的衰落。

　　将中国制瓷业的衰落放在全球经济发展的视角下进行考察，其衰落的过程基本如下：第一，是中国海商被逐渐逐出亚洲贸易圈，一步一步地丧失了瓷器出口的海外贸易利润；第二，西方制瓷业兴起并获得制瓷技术上的突破，中国制瓷业从此失去了其在瓷器生产上的垄断地位；第三，中国瓷器被逐渐挤出欧美日等国际市场，中国瓷器不仅失去其往日独占世界瓷器市场的垄断地位，而且基本上失去了整个海外市场；第四，鸦片战争失败，五口通商，在缺乏政府关税保护的形势下，大量欧洲、日本瓷器倾销中国，中国瓷器的国内市场空间也开始受到挤压；第五，在一系列不平等条约下，西方商人开始在中国建立制瓷厂，直接利用中国廉价的劳动力和自然资源与中国制瓷业竞争，同时以中国为生产基地，将在中国生产的瓷器运回本国和世界其他地区出售，中国瓷器进一步失去国内和国际市场。正是在这一过程中，中国逐渐由一个垄断世界瓷器生产和市场的国家沦落成为低端瓷器产品生产的国家。凭借着对高端制瓷技术的垄断，中国曾经是世界制瓷业的中心，独占世界市场，享受着高额利润。但随着西方制瓷业在制瓷技术上的突破和迅速发展，中国逐渐失去了其技术优势和市场，而当外国在中国设立制瓷工厂后，中国又成为一个为外国在华瓷器厂提供原材料和廉价劳动力的国家。

第七章 从全球经济发展的视角看
明清商帮的兴衰

中国在第一次经济全球化中经济地位的下降不光体现在中国丝织、茶叶、瓷器三大产业在国际生产贸易中地位的下降，而且体现在中国商人在国际贸易中地位的下降。就在中国丝织、茶叶、瓷器逐渐丧失其生产技术垄断和国际市场份额垄断的同时，中国的商人也在逐渐丧失其在国际贸易中的贸易链条和市场份额。先是中国海商被西方人逐出海洋，丧失了从中国港口到马尼拉、巴达维亚、日本等地的贸易链条，再后来是鸦片战争后中国商人在中国国境内的贸易空间和利润也受到外国商人和洋行的排挤和侵蚀。从16、17世纪中国海商海盗的兴起到19世纪初明清最后一个商帮晋商的衰落，我们很难将中国明清商帮的兴衰与世界经济的发展隔离开来看待。

在对明清经济的研究中，过去的很多研究常常倾向于从中国看中国——从中国内部寻找影响和导致各种经济现象产生和消失的原因。这一点同样体现在对明清商帮兴衰的研究中。然而事实是，自欧洲人开始大航海运动，特别是在哥伦布发现新大陆之后，欧洲就开始致力于全球范围内的殖民地扩张、市场开拓和劳动分工体系的建立。这使得1500年之后的全球经济发展更多的是全球各国和各地区之间相互影响，相互作用，彼此牵连，卷在一起共同滚动式的发展。中国明清商帮的兴衰便是1500年后全球经济发展彼此相连，相互作用，一起滚动中的一个现象。

16世纪中叶（明嘉靖时期）到18世纪末（清嘉庆年间），也就是欧洲商业革命发生、结束、并进入工业革命的时期，中国商品经济发展迅速，特别是东南沿海地区，更是兴起了诸多与出口贸易相关的商品生产，如广州附近蚕桑业的兴起，以及广州和福建丝绸纺织业的兴起和制瓷业的发展等。与商品经济的蓬勃发展相对应，全国也兴起了以长途贩运和联合经营为特征的诸多商帮。这一现象在经济史研究中常被谓之为"明清商帮的兴起"。

目前关于明清商帮的研究有很多。其中，很多研究都是从明清内部经济发展和商帮自身经营本身等方面寻找明清诸商帮兴起和衰落的原因。商帮自身的经营管理、中国文化的某些特征、明清时期的商品经济发展以及封建社会的影响等常常被认为是导致明清商帮这一独特经济现象发生、兴旺和衰落的主要原因。然而，如果我们跳出国内经济发展和商帮经营本身的框架范围，而把明清商帮的发展和兴衰放到整个世界经济发展的框架中予以考察，我们会发现明清商帮的兴衰绝不仅仅是国内经济自行发展需求和商帮自身经营成败的结果。

16世纪中至18世纪末是欧洲、日本和美洲大陆对中国货物需求急剧增加的时期，而此时期也正是中国明清诸大商帮商运亨通的时期。从19世纪初到20世纪初，中国诸商帮相继纷纷衰落，而此时也正是中国商人在海内外贸易中日益丧失其贸易份额及中国产品丝绸、茶叶和瓷器在国际市场上日益丧失其垄断地位的时期。那么，中国明清诸商帮的兴起和衰落到底是主要源于中国内部经济发展的需求和中国商帮自身经营的成败，还是早在500年前中国的经济发展就与中国之外的世界经济发展有着千丝万缕的联系？如果中国明清商帮的兴衰与中国商人和中国产品在世界市场上的地位和市场份额有关，那么世界经济发展又是怎样影响到中国商人和中国产品在国际贸易中的地位和市场份额的？

下面我们将从全球经济发展和全球贸易扩张与竞争的角度入手，从欧洲因海外扩张和殖民地财富获得而对中国产品需求骤增的角度看海外市场需求与中国长途贸易扩展和明清商帮兴起之间的关系；从中国商人在海外和国内贸易中的利益丧失和中国产品在国际市场上的地位下降看中国经济衰落与中国商帮衰落之间的关系。通过对历史事实的考察分析，我们发现明清商帮发展和全球经济发展之间至少存在着三个方面的一致性：第一，尽管诸商帮在兴起时间上前后有别，但其鼎盛时期大都是在16世纪中叶至19世纪初，而这一时期恰恰是欧洲人用美洲白银、日本人用日本白银大量购买中国货物，中国被称之为世界的"白银蓄池"的时期；第二，从诸商帮不同发展阶段所经营的主要商品种类来看，在各大商帮的鼎盛时期，丝、茶、瓷、棉布等在其长途贸易中占有着非常重要的地位，而这些也正是海外市场大量需求的商品；第三，中国商人和产品在国内外市场中市场份额的丧失与18世纪末中国海商和19世纪中至20世纪初中国境内各商帮的相继衰落存在着时间上的一致性。18世纪末，面对以国家军事武装力量为后盾的西方商人和清政府对中国海商（海盗）的围剿，中国海商基本上已被排挤出了印度洋和中国南海贸易圈。鸦片战争后，中国商人在国内又面临着与外国商人的不平等竞争。与此同时，中国的丝绸、茶叶、瓷器等产品也在因欧洲本土丝织工业、制瓷工业和英国殖民地茶叶种植业的发展而越来越丧失其在世界市场中的市场份额和垄断地位。

第一节　16—18世纪海外市场对中国产品需求的大量增加

16—18世纪的欧洲发生了一场商业革命。其中的一个重要内容就是欧亚之间贸易规模的大幅度扩张。麦迪森认为从1470年到1780年，欧洲商船的运载量增加了有30余倍，从1470年的120 000多吨增长到1780年的3 856 000吨[①]；而从欧洲到达亚洲的商船数目则从1500年至1599年间的770艘，增加到了1600年至1700年间的3 161艘和1700年至1800年间的6 661艘。[②]

从1545年到1800年，欧洲从美洲大陆获得了大约137 000吨白

① ［英］安格斯·麦迪森著，伍晓鹰等译：《世界经济千年史》，北京：北京大学出版社，2003年，第69页。

② 麦迪森2003：54。

银，从美洲和非洲获得了 2 000 多吨的黄金①，使欧洲大陆的货币储蓄量增加了 5 倍②。美国经济学家哈密尔顿（Earl Hamilton）曾经特别阐述了美洲贵金属流入与资本主义发展之间的关系，认为大量美洲白银和黄金的流入不仅导致了欧洲的价格革命，促进了欧洲和亚洲之间的贸易，而且也促进和推动了欧洲的工业发展③。六十多年后，美国的另一位学者布鲁特（J.M.Blaut）在他曾经在国际经济史学界引起过巨大争论的著作《1492》（Fourteenth Ninety-two）中也再一次强调美洲白银在欧洲资本主义崛起中的作用及其赋予欧洲商人在亚洲贸易竞争中的优势。布鲁特认为大量贵金属的获得不但提高了欧洲商人在欧洲本土的购买力和竞争优势，使他们可以用高价购买资产、开办企业、支付给工人较高的工资，而且还赋予了他们在亚洲贸易中的竞争优势，不光大大提高了他们对亚洲商品的购买力，而且使他们在购买价格上拥有优势④。正是因为欧洲人可以用从美洲获得的大量白银购买亚洲商品，使以往欧亚之间的奢侈品贸易变成了大众消费品贸易，中国的丝绸、瓷器、茶叶、棉布等因之大量流入欧洲。

从 1550 年到 1645 年明朝灭亡前的百年间，从海外流入中国的白

---

① 根据布罗代尔和斯普纳的估计，1500 年前，欧洲大陆大约有 3 600 吨黄金和 37 500 吨白银的贵金属储备量（见 [德] 安德烈·贡德·弗兰克著，刘北成译：《白银资本——重视经济全球化中的东方》，北京：中央编译出版社，2000 年，第 202 页）。从 16 世纪到 18 世纪，欧洲仅从非洲就获得了 200 多吨黄金，约占殖民地黄金获得总量的 30%（弗兰克 2000：211）。另根据樊亢、宋则行的《外国经济史》，"……整个殖民地时期西班牙从美洲殖民地榨取了 250 万公斤黄金"（樊亢、宋则行：《外国经济史》，北京：人民出版社，1984 年，第 25 页）。
② 根据一些学者的研究，美洲矿产使 16 世纪欧洲货币存量增加了约 5 倍：从 1500 年到 1520 年，货币存量可能翻了一番；从 1520 年到 1550 年，可能又翻了一番；从 1550 年到 1600 年，可能再增加了 1 倍多。而 17 世纪、18 世纪和 19 世纪上半叶，欧洲货币存量也各增加 1 倍以上。参见张宇燕、高程：《美洲金银和西方世界的兴起》，北京：中信出版社，2004 年，第 38 页。
③ Hamilton, Earl. "American Treasure and the Rise of Capitalism, 1500–1700," *Economica*, 27, vol.IX (Novermber), 1929.
④ Blaut, J.M.*1492, The Debate on Colonialism, Eurocenterism and History*. African World Press, 1992, pp.40–41.

银大约有 14 000 吨之多，是这一期间中国自产白银总量的近 10 倍[①]；而从 1545 年到 1800 年，则大约有 60 000 吨，即 1/3—1/2 的美洲白银最终流向了中国[②]。平均下来，合每年 226 吨或 6 026 667 库平两白银[③]。也就是说，从 1545 年到 1800 年，欧洲人平均每年从中国购买走价值大约为 226 吨白银的货物；这是 1500 年前欧洲每年购买所有亚洲货物的 20 倍之多。根据有案可查的保守估计，18 世纪中叶，中国每年出口生丝约 10 000 担，价值约 1 400 000 两白银[④]；出口茶叶近 20 000 000 磅（仅算由外国船运出的），价值近 4 000 000 两[⑤]。仅丝茶两项出口，就价值 500 万余两，约合 200 吨白银。这还没有算上瓷器和棉布等。尽管到 18 世纪后半叶时，英、荷等国已开始一部分用白银，一部分用殖民地的产品，如香料和鸦片等，来换取中国的产品，但白银的流入量依然非常可观。如此大的货物输出和白银流入不会不对这一时期国内商品经济和长途贸易的发展以及商人的经营活动产生大的影响。

第二节　明清商品经济的发展和国内
长途贸易的扩张

相对应于 16—18 世纪的欧洲商业革命，一些学者认为 16—18

---

① 李隆生：《晚明海外贸易数量研究——兼论江南丝绸产业与白银流入的影响》，秀威资讯科技股份有限公司，2005 年，第 3 页。Richard von Glahn. *Fountain of Fortune, Money and Monetary Policy in China, 1000—1700*. University of California Press, 1996，pp.133-141.

② 关于到底有多少白银流入了中国，目前学术界的观点并不一致，这里不作赘述。上面所引用的数字为大多数学者所认同的数字。（参见弗兰克 2000：202-212）

③ 1 吨白银为 26 667 库平两（2000 ÷1.2 ×16）；226 吨为 6 026 667 两；60 000 吨为 1 600 020 000 两。

④ 张丽：《鸦片战争前的全国生丝产量和近代生丝出口增加对中国近代蚕桑业扩张的影响》，《中国农史》，2008 年第 4 期。

⑤ 根据《英使谒见乾隆纪实》中的记载，18 世纪中下叶每年由外国商船运到欧洲的华茶约为 20 000 000 磅（参见 [英] 斯当东：《英使谒见乾隆纪实》，上海：上海书店出版社，2006 年，第 524 页），合 150 376 担。按 1752 年广州 6 种出口茶叶的平均价格每担 25.6 两白银来算（参见 [美] 马士：《东印度公司对华贸易编年史》（第 1 卷），广州：中山大学出版社，1991 年，第 293 页），价值 3 849 624 两白银。

世纪的中国也发生了一场商业革命（又曰："未完成的商业革命"）①；很多学者亦称之为"资本主义萌芽"②。其主要表现为全国五大区域经济的形成以及以十大商帮为贸易主体的大宗商品远距离贸易的发展③。关于 16—18 世纪明清商品经济的发展发达，很多学者都有论述。侯外庐和陈诗启等学者认为，明嘉靖到万历年间是中国历史上资本主义萌芽最显著的阶段④。而我们如果从全球经济发展的角度上来看，这一时期也恰恰是欧洲人因美洲白银的获得和日本人因本国银矿的开采而对中国产品需求急剧增加的时期。另根据吴承明、唐文基和许檀等人的研究，明清时期中国的商业城市明显增多，特别是在长江和大运河的沿岸地区，新发展起来了一大批县以下的商业城镇⑤；区域经济的发展和大规模的商品流通不仅导致了城乡间市场网络的形成，而且把发展程度不同的各区域经济融合成了一个整体，带来了一个全国市场的形成⑥；同时，海外贸易的扩张也刺激了东南沿海地区商品经济的发展，如蚕桑业、丝织业和制瓷业在广东和福建的兴起。《竹枝词》中那首："呼郎早趁大冈墟，妻理蚕缲已满车；记问洋船曾到几，近来丝价竟何如？"就清楚地表现出了广东蚕桑生产的对外出口性质。⑦

需要指出的一点是，海外贸易对中国明清商品经济和长途贸易发展的刺激作用不光是因为欧洲、日本和美洲新大陆对中国产品的大量需求，而且是因为对方是用白银，这个当时中国缺乏，中国人喜爱的

---

① 参见唐文基：《16—18 世纪中国商业革命》，北京：社会科学文献出版社，2008年，第 15 页。

② 许涤新、吴承明：《中国资本主义发展史》（第 1 卷），北京：人民出版社，2003 年，第 37、190、276、462 页。

③ 许涤新、吴承明：《中国资本主义发展史》（第 1 卷），北京：人民出版社，2003 年，第 37、190、276、462 页，另参见朱大为：《16 至 18 世纪中国远距离贸易和全国性市场的形成》，载《福建论坛》，2003 年，第 6 期。

④ 陈诗启：《从明代官手工业到中国近代海关史研究》，厦门：厦门大学出版社，2004年，第 5 页。

⑤ 许涤新、吴承明 2003：12、88—99、269—272。

⑥ 许檀：《区域经济与商品流通——明清时期中国经济发展轨迹探讨》，《史学月刊》，2008 年，第 8 期。

⑦ 许檀：《区域经济与商品流通——明清时期中国经济发展轨迹探讨》，《史学月刊》，2008 年，第 8 期。

东西来购买中国的产品。海外白银的大量流入促进了明清社会的白银货币化，如明万历年间的"一条鞭法"和清雍正年间的"摊丁入亩"就是"白银货币化"的具体体现；而白银的货币化则更加加剧了中国社会对白银的需求。其不光促进了国内商品经济的发展，而且也解决了长途贸易中的交换媒介问题；因为对于大宗商品的长途贸易来说，只有价值高昂便于携带的白银才能成为其交换的媒介。大量白银的流入和使用是 16—18 世纪明清长途贸易得以大规模发展的基础[①]。正是在海外市场需求中国产品，中国社会需求白银的情况下，白银从欧洲、美洲和日本流入中国，丝绸、茶叶、瓷器和棉布等从中国行销海外。凭借着白银，中国的国内市场与国际市场被紧密地联系了起来。在海外需求急剧增大、国内长途贸易迅速发展和全国市场的形成中，闽、粤、浙、徽、晋等各大商帮也商运亨通，分别在 18 世纪和 19 世纪初进入鼎盛时期。

第三节 明清诸商帮的兴衰

一、海商的兴衰

在明清诸商帮中，海商的兴衰与国际贸易之间的关系表现得最为明显和突出。在探讨嘉靖年间（1521—1566）中国东南沿海突然出现的严重倭患问题时，一些学者认为当时所谓的倭寇其实大部分是中国东南沿海居民[②]。这些人违禁下海，从事海上走私贸易，在与朝廷军队的对抗中，为了不连累家人，而假扮倭寇（惟以倭名，则彼得以藏匿掩覆，而室家族戚，可得无虞）[③]。更确切地说，这是一群有着海商和海盗双重身份的群体。林仁川认为，并不像其他一些学者所认

---

① 万明：《明代白银货币化：中国与世界连接的新视角》，《河北学刊》，2004 年第 5 期。

② 参见林仁川：《明末清初私人海上贸易》，上海：华东师范大学出版社，1987 年；戴裔煊：《倭寇与中国》，《学术研究》，1978 年第 1 期；刁书仁：《关于嘉靖朝"倭寇"的几个问题》，《史学集刊》，1995 年第 3 期；李一蠡：《重新评析明清"海盗"》（上），《炎黄春秋》，1997 年第 11 期；熊梅萍：《从嘉靖"倭寇"的成分看嘉靖"倭患"的性质》，《安徽教育学院学报》，1999 年第 3 期。

③ 林仁川 1987：44—57。

为的那样，嘉靖年间倭患猖獗是因为日本出现了战国时代，各封建主都竭力支持和资助他们的武士到中国沿海进行掠夺，或是因为当时中国地权集中，军卫制度破坏，海防费弛；或是因为嘉靖皇帝本身是一个有名的昏君等。他认为导致倭患猖獗的真正原因是这一时期"东南沿海商品经济的高度繁荣和资本主义萌芽的出现"①。林仁川认为"到嘉靖年间，我国东南沿海的私人海上贸易有了很大的发展。规模之大、人数之多、范围之广远远超过了以前任何一个历史时期"；而之所以这样是因为东南沿海商品经济的繁荣；正是这一时期东南沿海地区商品经济的高速发展带来了这一时期海上私人贸易的飞速扩张②。然而，林没有回答的问题是：为什么这一时期东南沿海地区的商品经济迅速发展，格外繁荣？

图 7.1　19 世纪的中国商船，来往于广东和东南亚

资料来源：Christie's Amsterdam B.V. *The Diana cargo: Chinese export porcelain and marine artifacts*, Amsterdam: Christie's Amsterdam, 1995.

---

①　林仁川 1987：60—77。
②　林仁川 1987：66。

我们认为嘉靖时期东南沿海地区商品经济的迅速发展与这一时期海外市场对中国产品需求的大规模增加密切相关。这一时期恰恰是欧洲人开始用美洲白银大量购买中国产品的时期。海外市场需求是海上私人贸易得以存在的前提条件。如果没有海外需求的大规模增加，就不会有海上私人贸易的大规模增加。明清中国海商正是在海外市场对中国产品的大量需求中应运而生的。

与代表着国家和王室利益，并且受到国家全力支持的西方武装商船不同，中国海商既不是明清政府集团的一部分，也不是政府的合作伙伴；中国皇帝本人更没有像西方王室那样在商人的海外商业冒险中掺金入股①。因此，在从事海上私人贸易中，中国的海商不但要与葡、西、荷、英等以国家武装力量为后盾的武装商船竞争，而且还要对抗自己国家军队对他们的剿杀。于是，这些海商也纷纷武装自己，"市通则寇转而为商，市禁则商转而为寇"，斡旋于欧洲武装商船和中国政府军队之间。

从一开始（葡萄牙人进入亚洲开始），中国海商就与欧洲商人处在一个对立的竞争关系上。1510 年，葡萄牙人依靠坚船利炮在马六甲设立据点，实行军事贸易垄断，造成中国商人不得不退出苏门答腊北部的贸易②。1557 年，当控制着中国和日本之间贸易的中国海商王直被明政府诱捕后，澳门的葡萄牙人立即乘虚而入，随之对中国和日本之间的贸易进行了控制，而且这种控制一直延续到 16 世纪末③。另外，根据荷兰船长威廉·庞德的记述，仅 1622 年至 1623 年，荷兰人就劫掠了中国商船 12 艘，并在漳州港烧毁中国商船 60 多艘④。在与以国家力量为后盾的西方武装商船的竞争中，由于中国海商基本上是以个体或群体对国家，所以很多时候都处在一个被排挤和杀戮的劣势地位。然而，明政府和中国海商郑芝龙的一次偶然合作便

---

① 郑芝龙后来与明朝政府的合作并不是明清时期政府与商人关系中的一个正常现象。相反，其不过是当时明政府在北方边境危机和内部农民起义的双重威胁下，而不得不采取的一个利用郑氏集团而稳定东南沿海的权宜之计。

② 李金明：《明代海外贸易史》，北京：中国社会科学院出版社，1990 年，第 184 页。

③ 全汉升和李龙华：《明中叶后太仓岁入银两的研究》，《中国文化研究所学报》（香港），1972 年，第 5 卷第 1 期。

④ 林仁川 1987：459。

造就了中国海商对中国南海贸易长达半个多世纪的垄断。

中国海商的发展在郑芝龙和郑成功时代达到了顶峰。那时候郑氏家族独占南海贸易之利，就是荷兰、葡萄牙和西班牙这些以国家武装力量为后盾的西方商船也不得不领其令牌，向其缴纳税金。然而，随着郑氏海商集团的灭亡，中国海商在中国南海贸易上的垄断地位也随之消失。

从 16 世纪到 18 世纪中叶，中国海商是将中国货物从中国沿海运到日本、马尼拉和巴达维亚的一支重要力量。然而，随着荷、英海上势力的增强，中国海商越来越被排挤出印度洋和中国南海贸易圈。在 1740 年"红溪事件"爆发前的 1731 年至 1740 年间①，平均每年有 17.7 艘中国帆船到达巴达维亚；由中国海商运往巴达维亚的年均茶叶贸易值为 149 023 荷盾，比荷兰东印度公司从广州直接购买的年均茶叶价值 135 335 荷盾略高②。"红溪事件"后，到达巴达维亚的中国帆船数骤减。1741 年至 1750 年，平均每年从中国到达巴达维亚的中国商船数量已从原来的 17.7 艘下降为 10.9 艘，待到 1771 年至 1780 年时，更是下降为年均 5.1 艘③。1741 年至 1750 年，荷兰东印度公司平均每年从广州直接购买的茶叶价值为 249 702 荷盾，约是 1740 年"红溪惨案"前的 2 倍，而由中国海商运到巴达维亚的则只有 16 247 荷盾④，只有"惨案"前的 11%。也就是说，在"红溪惨案"后的第一个 10 年里，仅就茶叶贸易而言，荷兰人就从中国海商手中拿走了中国海商原来市场份额的 89%。正是在西方列强的挤杀和清政府军队的镇压中，中国海商的海上贸易链条越来越短，最终不得不退回到中国沿海，彻底失去了他们在海洋贸易上的市场份额。到 18

① 在与中国商人的竞争中，为了垄断从印度尼西亚到中国的香料贸易，荷兰殖民当局于 1740 年对巴达维亚的中国商人进行了大屠杀，上万名华人遇难，史称"红溪事件"。

② Glamann, Kristof. *Dutch-Asiatic Trade, 1620—1740*. Hague: Maritinus Nijhoff, 1981, p.220.

③ Blusse, Leonard. *Strange Company: Chinese Settlers, Me sizo Women and the Dutch in VOC Batavia*. Leiden 1986, p.123.

④ 吴建雍：《清前期中国和巴达维亚的帆船贸易》，《清史研究》，1996 年，第 3 期。

世纪末时，中国东南海和印度洋已基本上是欧洲商船的天下①；传统的海商或移民东南亚、或转为内陆商人、或沦为纯粹的海盗（专在东南沿海靠打劫商船为生）。因此，中国海商是中国诸商帮中最早衰落的。

二、闽、粤、浙、晋、徽、江右等商帮的兴衰

与海商相比，其他商帮的兴衰似乎与国际贸易之间的关系并不那么直接。然而，仔细究之，不光是闽、粤、浙等沿海商帮②，就是晋、徽、江右等内陆商帮的兴衰也都与国际贸易和国际贸易竞争有关。表 7.1 对明清各主要商帮之兴起、兴旺和衰落的时间，以及各时间内所经营的主要商品种类进行了归纳。从中可以看出，尽管各商帮在兴起时间上前后有别，但其鼎盛时期大都是在 16—19 世纪初，此时正是中国商品行销欧洲、日本和美洲大陆的时期；在各商帮的鼎盛时期，丝、茶、瓷器等出口产品在经营中占有十分重要的位置；从衰落的时间上看，中国商人和中国产品在国际贸易中市场份额的下降是导致各主要商帮走向衰落的重要原因。海商是各商帮中衰落得最早的，因为在从中国内地到沿海、再到巴达维亚、日本和马尼拉的长途贸易中，中国商人首先失去的就是海洋上的贸易。各大商帮中，晋商衰落得最晚。一是因为当东南沿海的贸易利润越来越多被外国商人获取的时候，晋商与俄罗斯的北方陆地贸易还在兴旺之中；二是因为在失去北方陆地的茶叶出口贸易后，晋商还有票汇业务，晋商的票汇业务一直到 20 世纪初才在"挤兑"风潮和外国银行的竞争中破产。

---

① 李金明：《清嘉庆年间的海盗及其性质试探》，《南洋问题研究》，1995 年，第 2 期；刘平：《清中叶广东海盗问题探索》，《清史研究》，1998 年，第 1 期。

② 这里指的主要是那些把内地的丝、茶、瓷器和棉布等产品运到沿海港口的闽、粤、浙人，不包括其中的海商。从 16 世纪到 19 世纪，福建、广东和浙江商人的主要业务就是把内地生产的丝、茶、瓷器、漆器、棉布等商品运到东南沿海各港口以备出口。如康熙年间唐甄在其所著的《潜书》中所言："吴丝衣天下，聚于双林，吴越闽番至于海岛，皆来市焉。五月，载银而至，委积如瓦砾。吴南诸乡，岁有计百十万之益。"（《皇朝经世文编》卷 37：教蚕）

表 7.1　明清主要商帮形成、鼎盛和衰落的时间及各时段内主营商品

商帮	形成时期		鼎盛时期		衰落时期		资料来源
	时间	主营商品	时间	主营商品	时间	主营商品及备注	
海商商帮	明嘉靖年间	丝、陶瓷、棉布、香料等	16世纪末—18世纪中叶	丝、茶、瓷器、香料等	18世纪下半叶	到19世纪20年代时，已基本上没有海商。原来的海商或改行或沦为纯粹的海盗，专门以抢劫对沿海商船和沿海居民为生。	林仁川1987：44—77，459；黄山书社，1993年，第108、109、212—215，280—290，295—300页；马士：《东印度公司对华贸易编年史》第3卷，广州：中山大学出版社，1991年，第8—7，82—83，111—113，380页。
福建商帮	明正德、嘉靖之际	生丝、瓷器、糖制品、棉布、绸缎	康熙二十三年（1684年）开海后到鸦片战争前	瓷器、丝、茶叶、绸缎等	鸦片战争后	移民海外经营商业。	范金民：《明代地域商帮的兴起》，《中国经济史研究》，2006年第3期，廖新平：《中国传统十大商帮的兴表分析与闽商可持续发展》，《福建商业高等专科学报》，2007年第5期；张海鹏和张海瀛1993：280—290，295—298，312。
广东商帮	明嘉靖、万历年间	丝、棉纺织品、陶瓷业、糖制品	康熙二十三年开海后到鸦片战争前	陶瓷、棉布、绸缎、丝、茶叶	鸦片战争后	鸦片战争后，一部分商人转行为买办，已不是传统意义上的商帮；部分商人转向经营奢侈品、海鲜等，已不具有影响力。	范金民2006，曹天生：《旧中国十大商览》，2003年第9期，张海鹏、张海瀛1993：212—215，227—228，230，233。

续表

商帮	形成时期		鼎盛时期		衰落时期		资料来源
	时间	主营商品	时间	主营商品	时间	主营商品及备注	
宁波商帮	明天启、崇祯年间	船运、药材、粮食、丝	康熙二十三年至第一次鸦片战争前	茶叶、瓷器、钱庄、船运业、棉布绸缎、丝	鸦片战争后	鸦片战争后，一部分商人转行为买办，已不是传统意义上的商帮，部分商人转向经营奢侈品、海鲜等，已不具有影响力。	张守广:《明清时期宁波商人集团的产生和发展》,《南京师大学报》, 1981年第3期, 张海鹏, 张海瀛 1993: 111—112, 140—144。
龙游商帮（浙商）	明代中期	木材、纸张、书籍、珠宝、书等土特产，嘉靖年间部分海商也是龙游商人	乾隆年间	丝绸、珠宝、古董、木材、纸张、药材、书籍等	鸦片战争后	被上海、宁波等地兴起的买卖商人所取代。	陈学文:《历史上的龙游商帮》,《今日浙江》, 2004年05期, 张海鹏 1993: 426—427, 436, 428; 张海瀛:《明清社会经济史论文集》, 北京: 人民出版社, 1982年, 第179—186页。
徽商	明成化、弘治年间	盐业、本地特产（木材、竹器等）	17世纪下半叶至19世纪初	茶、盐业、瓷器、典当、丝绸	19世纪40年代	19世纪40年代徽商茶叶贸易因英国可以直接进入中国内陆购买茶叶和设置茶厂而受挫。茶叶贸易的亏损造成资金紧张，进而又带来典当业务的衰落。	王廷元:《论徽州商帮的形成与发展》,《中国史研究》, 1995年第3期, 范金明 2006, 张海鹏, 张海瀛 1993: 440—443, 449, 453—458, 495。

商帮	形成时期		鼎盛时期		衰落时期		资料来源
	时间	主营商品	时间	主营商品	时间	主营商品及备注	
晋商	明中期（15世纪中叶到16世纪中叶）	食盐、粮食	鸦片战争前夕	茶叶、食盐、丝绸、粮食、票号	1862年后	中俄《北京条约》后，俄罗斯商人也开始直接到中国内地购买茶叶，享受贸易特惠。在与竞争中，晋商的不平等竞争中，晋商的茶叶出口贸易的份额逐渐被俄商吞噬。20世纪初，晋商的票号又因"挤兑风潮"和外国现代银行的竞争而衰败。	范金明 2006，齐运东：《试论清代中俄茶叶贸易》，《中国商帮与茶叶》，2006年第6期，梁四宝、燕红忠：《江右商帮研究》，2002年第4期；张正明：《生产力特征》，大原：山西古籍出版社，1995年，第117，252—253页；张海鹏，张海瀛1993：1—4，15，24。
江右商帮	明成化、弘治年间	粮食、茶叶、瓷器	18世纪初至19世纪初	瓷器、粮食、茶叶	鸦片战争后	继续经营瓷器、茶叶、粮食，但规模大减。	范金明 2006，吴建雍：《18世纪的中西贸易》，《清史研究》，1995年第1期，谢力军：《浅析江右商帮的没落》，《江西社会科学》，2002年第2期，梁四宝、燕红忠 2002；张海鹏，张海瀛 1993：367，377—390，418。

商帮	形成时期		鼎盛时期		衰落时期		资料来源
	时间	主营商品	时间	主营商品	时间	主营商品及备注	
洞庭商帮	明成化、弘治年间	粮食、丝绸、布匹、染料	19世纪上半叶	丝绸、粮食、布匹、染料	鸦片战争前后	转向经营珠宝等奢侈品	范金明 2006，石帮：《中国古代十大商帮》，《协商论坛》，2007年第8期；廖新平 2007；张海鹏、张海瀛 1993：359—360。
陕西商帮	明代中期（14世纪中叶至16世纪中叶）	盐、茶叶、棉布	18世纪中叶至19世纪初	盐、茶叶、棉布、烟草等	鸦片战争前后	改为经营珠宝等奢侈品，后逐渐散充当外商买卖的沿海商人代替。	范金明 2006，张新鹏、张海瀛 1993：59—61，李刚：《陕西商帮史》，西安：西北大学出版社，1997年，第98、131、177、228、249、298、368、385、396、432页。
山东商帮	明末（17世纪前半叶至19世纪中叶）	棉花、烟草、干鲜果品、鱼盐	17世纪下半叶至19世纪中叶	丝绢绸、棉花、棉布、茶叶	清末	绸布、钱庄、棉布纺织品	廖新平 2007；潮西《山东商帮》、《竞争力》，2006年第7期，许檀：《明清时期山东经济的发展》，《中国经济史研究》，1995年第3期，范金明 2006，张海鹏、张海瀛 1993：180—190。

（一）晋商

就晋商来说，虽然其最初的兴起与明初的"开中法"有关[1]，但把其推到顶峰的则是其后来与俄罗斯的贸易。早在明隆庆年间（1566—1572），晋商就已经开始通过"茶马互市"将丝和茶等产品贩运到俄罗斯[2]。但那时的贩运规模很小，对晋商的发展影响不大。晋商与俄罗斯的大规模贸易开始于1689年签订的中俄《尼布楚条约》之后。此后一直到19世纪60年代，与俄罗斯的贸易一直在晋商的商业经营活动中占有着十分重要的地位。由于晋商与俄罗斯的大规模贸易开始于17世纪末，而经过东南沿海的大规模出口贸易开始于嘉靖年间，所以晋商进入鼎盛时期的时间要晚于闽、粤、浙、徽这些依靠东南沿海出口的商帮。晋商在19世纪鸦片战争前夕达到顶峰；此时闽、粤、浙、徽等地的商帮都已经开始进入衰落期。

根据李三谋的研究，1837—1839年，每年由晋商输往俄国的茶叶高达700多万斤。1843年，仅运到恰克图的茶叶价值就为500万—600万两白银[3]；这还没有算上途中销售在蒙古境内的茶叶量。而其他一些研究的估算更高，认为仅道光二十一年（1841），由晋商垄断的中俄恰克图贸易额已达到1240万两白银[4]，其中茶叶出口额大约为1176.76万两[5]。这个贸易额已远远超过了当时晋商传统盐业年均500万两左右的贸易额[6]，说明在与俄罗斯出口贸易的扩张中，传统

① 张海鹏、张海瀛1993：4。
② 穆雯瑛：《晋商史料研究》，太原：山西人民出版社，2001年，第116页。
③ 李三谋：《近代晋商与茶文化》，穆雯瑛编著：《晋商史料研究》，太原：山西人民出版社，2001年，第134页。
④ 白文刚、胡文生：《寻找晋商》，北京：光明日报出版社，2003年，第29页。
⑤ 1841—1850年间，清朝每年输往俄国货物价值中的94.9%为茶叶。见石涛、李志芳：《清代晋商茶叶贸易定量分析》，《清史研究》，2008年第4期。
⑥ 晋商参与经营的盐场包括：长芦盐场、两淮盐场、两浙盐场与河东盐场。两淮、两浙盐场主要由徽商与江浙商帮垄断，山西盐商主要在河东盐场经营，长芦盐场也有部分晋商。按照王勇红与刘建生的研究（王勇红、刘建生：《乾隆年间河东盐商经营贸易额的估算》，《盐业史研究》，2005年第2期），河东山西盐商在乾隆年间年均盐业贸易额是167.12万两白银。即使假设河东晋商盐业贸易额占全部晋商盐业贸易额的1/3，那么全部山西盐商的贸易额也只有大约为500万两白银左右（167.12万两白银除以1/3），因为人均食盐数目变化很小，所以盐业产量变化也很小，故笔者认为1841年左右晋商盐业贸易额也大约为500万两。

的盐业贸易已在晋商的商业经营中退居二线。正是在大规模茶叶出口贸易的推动下，晋商在道光年间垄断了中国武夷茶的长途贸易；同时票号生意也应运而生。票号生意在道光年间兴起并非偶然，因为大规模的长途出口贸易需要大规模的白银周转；票号可以替代过去不得不雇佣镖局运送白银的方式，既降低了贸易成本，又满足了白银的周转需求。

晋商在与俄罗斯的茶叶出口贸易扩张中达到了发展的顶峰，后来也在与俄罗斯贸易的挫败中开始衰落。晋商在中俄茶叶出口贸易中市场份额的丧失是导致晋商衰落的第一拳重击。1862 年前，晋商是中俄茶叶贸易的主宰者，完全垄断着从中国内地到恰克图的贸易利润。1860 年中俄《北京条约》后，俄商取得了在蒙古边境以及张家口和天津、上海、汉口等地的通商权，后来又相继获得了海关茶叶免税权和在中国的水路运输贸易特惠权。而相对于俄商，中国的晋商却在清政府的限制下不得不走陆地，一路上要付数倍于俄商的厘金税。1873 年，为了降低运输成本，晋商也准备像俄商一样先把茶叶经水路运至天津，然后再走陆路运到俄国，但却被清政府要求付同走陆路一样高的厘金税。清政府的这种政策使晋商的运输成本远高于俄商。其结果便是俄罗斯商人对晋商茶叶市场份额的不断侵蚀。从 1862 年俄商开始到中国内地设立茶栈、购买华茶，参与中俄茶叶出口贸易后，俄商在中俄茶叶出口贸易中的市场份额急剧增长。1865 年，由俄商贩运到俄罗斯的茶叶达到 1 647 888 磅，到 1867 又增至 8 659 501 磅。晋商的市场份额急剧下降。1868 年时，恰克图的晋商商号已由原来的120 家下降到 4 家①。

为了弥补与俄商在中国国内不平等竞争所带来市场份额的丢失，1869 年晋商开始进入俄罗斯内地设立商号，经销茶叶，并很快扳回了 50% 的市场份额。这一年由晋商贩运到俄罗斯内地的茶叶量 11 万担，与俄商平分秋色。1872 年，晋商的茶叶贩运量又增加到 20 多万担，是俄商贩运量的 2 倍②。然而，在国势衰微，清政府惠外商、抑

---

① 张正明：《晋商兴衰史》，太原：山西古籍出版社，1995 年，第 252—253 页。
② 张正明：《晋商兴衰史》，太原：山西古籍出版社，1995 年，第 252 页。

华商的政策下，这种好景不可能持续下去。一方面，在各种优惠政策下，俄商在获取中国茶叶出口贸易利润的同时，也在中国茶区设立茶砖厂，侵蚀着中国的茶叶生产利润。另一方面，被迫进入俄国内地营销茶叶的晋商又遭到俄国政府的打压。

"八国联军"入侵之际，俄国国内经销商趁机拒付晋商的购茶欠款。为此，"太泉玉"、"大升玉"、"大珍玉"等 16 家晋商损失了 62 万两白银，使晋商的茶叶贸易受到了严重的打击①。宣统元年（1909），俄国政府为了排挤在俄晋商，又违背中俄茶约规定，对在俄华商征收重税，致使许多晋商陷入了更加艰难的经营困境。以后随着俄商在华茶砖厂生产能力的不断扩大和俄国西伯利亚铁路的开通，晋商更是越来越难以与俄商竞争。20 世纪初期，仅汉口的俄商砖茶厂就年产砖茶 40 万—50 万担，占俄国进口华茶的近一半②。此时，每年由俄商贩运到俄罗斯的茶叶已高达 60 万—70 万担，而晋商的贩运量则只有数万担③，说明晋商的市场份额已基本上全为俄商所夺。后来俄国又发生"十月革命"，开始没收商人资产；在俄晋商只好仓皇出逃，损失白银数百万两。至此，中俄茶叶出口贸易在晋商的经营中完全消失④。

晋商之所以到 20 世纪初才彻底衰落，是因为茶叶贸易消失后，晋商还有票号的业务。传统的观点认为晋商的很大一部分票号业务是为清政府服务的，清王朝的灭亡是晋商票号倒闭的根本原因。然而，根据黄鉴晖的研究，公款汇兑只占晋商票号总汇兑额的 4% 左右；晋商票号的主要业务来自于国内各大商家⑤。又根据张海鹏等人对 20 世纪初"挤兑"风潮发生前夕山西主要 14 家票号账务的统计，当时除了大德川票号贷款比存款仅多 1 万两外，其他票号收回贷款支付存款是绰绰有余的。造成票号倒闭的原因，主要是当时国内商业不景

①　邵继勇：《明清时代边地贸易与对外贸易中的晋商》，《南开学报》，1999 年第 3 期。
②　郭蕴深：《中俄茶叶贸易史》，哈尔滨：黑龙江教育出版社，1995 年，第 150—151 页。
③　张正明 1995：253。
④　邵继勇 1999。
⑤　黄鉴晖：《山西票号史》，太原：山西经济出版社，2002 年，第 531 页。

气，以致很多贷款无法收回①。这与鸦片战争后各商帮的纷纷衰落不能说没有关系。

（二）徽商

与晋商类似，徽商最初的兴起同样与盐业贸易有关。徽商在经营盐业和本地特产的长途贸易中兴起；然与晋商一样，最后使其走向顶峰的则是茶叶的出口贸易，只是徽商是通过东南沿海口岸将茶叶出口，晋商是通过北方陆地将茶叶出口。一些研究认为盐业是徽商的第一大产业②，然而，这只是从资金的投入总量来说。实际上，徽商从茶叶出口贸易中所获得的利润总额要远远高于其盐业的利润总额。鸦片战争前，徽州盐业年均利润总额大约为 100 万—120 万两，而茶叶出口的年均利润总额约为 200 万两③。自 17 世纪茶叶开始大规模出口欧洲以来④，徽商便是中国茶叶出口的一支主力军。茶叶出口的丰厚贸易利润是徽商资金积累的主要来源，并维持了徽商自康熙年间到道光年间近百数十年的繁荣⑤。

---

① 张海鹏、张海瀛 1993：51。

② 相关研究中的这种观点主要是基于陈去病《五石脂》中的记载，"徽郡商业，盐、茶、木、质铺四者为大宗"，故因此认为盐业是徽商的第一大产业。还有一些研究虽然没有直接提出盐业是徽商"第一大产业"的说法，但是都认为与其他产品相比，盐业是徽商经营中最为重要的产业。参见张海鹏、王廷元：《徽商研究》，安徽人民出版社，1995年，第 149 页；张海鹏、张海瀛 1993：453；王光宇：《论封建社会后期徽商经营的主要行业及其特征》，《安徽史学》，1996 年第 2 期。

③ 按照汪崇筼的估计，万历年间徽州盐商占据了 60% 的盐业市场，年度获利 50 万—60 万两（汪崇筼：《明代徽州盐商论述》，《盐业史研究》，2001 年第 1 期）。如果考虑到人均食盐量大体不变，以及从明末到 1800 年间中国人口的变化（明后期徽州人口大约为 15 000 万，1800 年超过 30 000 万，参见高王凌：《明清时期的中国人口》，《清史研究》，1994 年，第 3 期），并假设徽商在清朝仍占据 60% 的盐业市场，那么徽州盐商在清代年均获利大约增加了 1 倍，即为 100 万—120 万两。当时经过中国南方出口的茶叶贸易额每年大约为 600 万两（徐涤新、吴承明 2003：318—328），几乎全部被徽商垄断。按照茶叶贸易 30% 利润率的估算（Ball, Samuel. *An Account of the Cultivation and Manufacture of Tea in China*.London：Longmans，1848，p.353），徽州茶商的年均利润总额大约为 200 万两，远高于盐业。

④ 茶叶最早由葡萄牙人运到欧洲，后被荷兰人在欧洲大力推广，到 18 世纪时已成为中国出口货物中的第一大宗出口商品。鸦片战争前，茶叶出口占中国出口总额的 50% 以上。参见见姚贤镐：《中国近代对外贸易史资料》第 1 册，北京：中华书局，1962 年，第 245 页。

⑤ 张海鹏、王廷元 1995：12。

同样是经营茶叶出口，徽商的衰落之所以早于晋商，是因为徽商经营的茶叶主要是从南部沿海出口；其更早受到西方商人的冲击。早在 16 世纪初，徽商就已经开始从事海外贸易。最早时期（16、17 世纪）的一部分海商就来自于徽商，如明朝著名的海商首领许栋、王直、徐海与林碧川等人都源自徽商①，说明当时徽商的贸易链条一直从中国内地延伸到中国东南海和印度洋。由于徽商在中国茶叶出口贸易中的重要地位，当初"广州十三行"中由清政府所任命的"广州行商"中，许多人就是拥有巨资的徽商②。

同晋商类似，徽商的衰落同样与茶叶出口贸易中市场份额的丧失有关。鸦片战争后，以英国为代表的外商开始在中国内地设立茶栈茶行，直接从茶区购买茶叶；徽商在国内的茶叶贸易利润也开始受到外商的侵蚀。19 世纪 30 年代，英国东印度公司先在印度的加尔各答秘密建立茶叶生产基地，后又在锡兰建立茶叶生产基地。然后，英商又在国际市场上大打广告战，用印度茶和锡兰茶排挤中国茶，导致华茶在欧洲的市场份额急剧下降。到 19 世纪末，华茶已基本上被排挤出了欧洲市场③。茶叶贸易链条的缩短和中国茶在国际市场上的失利造成徽商茶叶贸易不断亏损。光绪十一年（1885）、光绪十二年（1886），皖南茶商亏本自三、四成至五、六成不等，商业已难维持。1887 年亏损尤甚，皖南茶商"营运俱穷、空乏莫补"。光绪十四年（1888），两江总督曾国荃奏称：由于印度、日本产茶日旺，而且销价较低，因此外商多争购洋茶，以至中商"连年折阅"④。茶叶贸易的失利使徽商资金匮乏，无法再支持大规模的长途贩运，从而也带来了典当、木、丝、米等其他业务的衰落。徽商从此一蹶不起。

（三）江右等商帮

同晋商徽商一样，江右商帮的兴衰同样与国际市场对中国产品的需求和中国产品在国际市场上份额的下降有关。16 世纪下半叶，中

---

① 林仁川 1987：46。

② 梁嘉彬：《广东十三行考》，广州：广东人民出版社，1999 年，第 45 页。

③ 赵亚楠：《近代西方海外扩张与华茶生产贸易的兴衰》，2007 年南开大学硕士学位论文，第 41 页。

④ 张海鹏、张海瀛 1993：506。

国瓷器开始被大规模地运往欧洲、日本和西属美洲。当时，中国是世界上唯一可以生产瓷器的国家，而江右商人是从事景德镇瓷器出口贸易的一支重要力量[1]。随着瓷器出口贸易的发展扩大，江右商帮也越来越兴旺发达。当瓷器出口贸易在18世纪初进入鼎盛时期的时候，江右商帮也进入了其发展的鼎盛时期（参见表7.1）。然而，随着大批中国瓷器出口到欧洲和日本，欧洲和日本的本土制瓷工业也开始起步并得到迅速发展。18世纪初，西方各国开始纷纷建立皇家制瓷厂，并在政府的保护下迅速发展起来。到18世纪末，欧洲的瓷器在质量上已基本能与中国瓷器相媲美，中国瓷器开始被排挤出欧洲市场。1801年英国东印度公司完全停止从中国进口瓷器。此后，中国瓷器在失去欧洲和日本市场后，又相继失去美洲大陆市场和东南亚市场。随着西方制瓷技术的迅速提高，到19世纪70年代，中国瓷器不但失去了绝大部分的国外市场，而且其国内市场也开始受到西方瓷器的侵蚀。从1872年中国开始进口欧洲瓷器开始，到1918年，从外国进口的瓷器价值已达120余万两白银[2]。随着中国瓷器出口贸易的衰落和中国瓷器在国内外市场上市场份额的下降，江右商帮在鸦片战争之后日渐走向衰落已成必然。

至于山东和陕西等其他商帮，他们主要是从事国内长途贸易。虽然他们没有像闽、粤、浙、晋、徽商帮那样与出口贸易关系密切，但他们的出现和兴旺发达不能不说与大量白银流入，白银货币化，以及国外市场需求和白银货币商品经济的发展有关。其实，在做国内长途贸易的同时，乾隆后期的山东商人也将棉花、绸布和茶叶远销到蒙古、东亚与南亚一带，并因此获取了大量利润，积累起巨额资本。如山东《临清直录事州志》载，清道光二十年（1841），山东临清哈达已远销到印度、尼泊尔、伊朗等国，当时年销售总值达百数十万元[3]。洞庭商人也将丝绸、布匹与蚕丝等物品从江南贩往沿海港口城市。鸦片战争后，外国商人开始进入中国市场，国内传统手工业的利

---

[1] 《清续文献通考》第三百八十六卷记载，景德镇瓷器的外销量为中国全部外销瓷器的一半。参见刘锦藻.《清续文献通考》卷三百八十六，民国景十通本，中国基本古籍库。
[2] 刘强：《中国制瓷业的兴衰》，2008年南开大学硕士学位论文，第26—31页。
[3] 张海鹏、张海瀛1993：173。

润下降，传统商帮很难从事旧业，一些商人因此或充当洋人买办或转向经营珠宝、书纸业等可以避免与洋货竞争的商品。传统意义上的商帮，如闽、粤、浙、晋、徽、江右等已不复存在。

　　把明清商帮的兴衰放到全球经济发展的框架中进行考察，我们看到明清诸商帮的兴衰与全球经济的发展存在着十分密切的关系。无论是闽、粤、浙等沿海商帮，还是晋、徽、江右等内陆商帮，他们的兴旺发达和衰落，都与海外市场对中国产品的需求，及中国商人与中国产品在国际贸易中的地位和市场份额有关。正是在欧洲、日本和美洲大陆对中国货物的大量需求中，中国海商应运而生，专门从事将中国货物从中国沿海运销到日本、巴达维亚和马尼拉甚至欧洲本土的海上贸易；闽、粤、浙、晋、徽、江右等商人也是在将丝、茶、瓷器等货物从内地运到沿海口岸和恰克图的出口贸易中达到了发展的顶峰。中国海商海上贸易链条的缩短和最终失去是后来中国海商衰落和转行的根本原因。而鸦片战争后，欧美商人可以直接进入内地采购并享受低成本运输费用的贸易特惠，以及中国产品在世界市场上的渐失其竞争优势和市场份额，是诸商帮相继衰落的重要原因。众商帮中，尽管山东、陕西等商帮与出口贸易之间的关系没有闽、粤、浙、晋、徽那样明显，但 16—19 世纪初国际市场对中国产品的大量需求和大量白银流入所带来的商品经济的大规模发展也是他们得以兴旺发达的基础。

第八章　17、18 世纪欧洲"中国潮"的潮起潮落与中国国家虚拟实力的缺失

在第一次经济全球化的全球经济整合中，西北欧国家无疑是主动的、扩张的，全力争夺国际资源财富和极力追求经济增长的。相比之下，明清中国则是被动的、内向的，对国际资源财富不太感兴趣，追求国内稳定甚于追求经济增长。这种区别同样反映在 17、18 世纪欧洲"中国潮"的潮起潮落中。

17、18 世纪，中国产品丝绸、瓷器、茶叶和漆器等充斥欧洲。一股追求"中国时尚"的"中国潮"（Sinomania）在欧洲蓬勃兴起。中国的哲学思想和社会制度备受推崇；从中国回来的商人和传教士受到追捧；中国的建筑风格被模仿；中国的文化艺术被追求。很多上层社会家庭以用中国产品和效仿中国生活习俗为时尚。他们摆中国家具，喝中国茶，用中国瓷器，穿中国丝绸，学用中国筷子，收集中国书画。然而，这种"中国潮"并没有能够在欧洲长期地维持下去。到 18 世纪下半叶欧洲工业革命浪潮风起云涌的时候，欧洲人眼中的中国形象便发生了根本的变化。中国的产品受到排斥，中国的文化受到抨击，中国的制度受到批判。

在过去的研究中，很多研究常常把 17、18 世纪欧洲"中国潮"的潮起潮落看作是一种文化现象。然而，如果我们将 17、18 世纪欧洲中国潮的潮起潮落与当时欧洲的经济发展联系起来进行分析，我们会发现这一表面上的文化现象背后隐藏着强大的经济利益动机。"中国潮"在欧洲商业革命中兴起，工业革命中衰落。其虽然与这一期间

中国生产技术和产品质量在世界生产中的地位变化有关，但在很大程度上也是西方人文化和商业运作的结果。在17、18世纪的欧洲商业革命中，欧亚贸易急剧扩张，欧洲商人大量进口中国产品；为了获得更多的商业利润，欧洲政府和商人用神话和文化制造推动了"中国潮"的兴起。后来，随着欧洲本土工业的发展，为了独占欧洲市场的商业和生产利润，欧洲政府和商人又用广告和文化导向将中国产品排挤出了欧洲市场。从始至终，主宰"中国潮"潮起潮落的并不是中国人，其最大获益者也不是中国人。是欧洲人因自己的需求而美化和歌颂中国的产品、制度和文化，也是欧洲人因自己的需求而丑化和贬低中国的产品、制度和文明。

欧洲经济发展的突飞猛进赋予欧洲人越来越多的自信；也使欧洲政府和商人越来越多地追求本土工业发展的生产利润和销售利润。当欧洲人可以从欧洲本土获得瓷器和高质量的绸缎，从殖民地获得茶叶时，中国产品便被排挤出了欧洲市场。与此同时，中国的形象也随之下跌。中国不再是欧洲人崇敬向往的那个富强有序而又充满智慧的神秘帝国。中国的制度受到批判，中国的文化受到抨击，中国的产品受到排斥。

关于中国器物和文化在17—18世纪欧洲备受崇拜，在18世纪中叶后又惨遭贬低和排斥的现象①，不少经济史著作都对其有所提及，但大多局限在对这一历史现象的简单叙述上。即使有进一步的讨论，其大多也是侧重在中西生产技术发展和产品质量的竞争上，尽管对西方商人的市场营销手段也偶有提及，但基本上是浅尝辄止；更没有研究从国家制文化权的角度对西方政府和商人在欧洲"中国潮"潮起潮

---

① 关于17、18世纪的欧洲"中国潮"，比较深入和系统的研究主要来自于文化思想史和中外关系史学者。这些研究更多的是把"中国潮"当作一种思想和文化现象来看，从中西思想文化交流碰撞的角度对其进行考察。参见 Lee, Thomas H., edit. *China and Europe, Images and Influences in Sixteenth to Eighteenth Centuries*. Hong Kong: the Chinese University of Hong Kong Press, 1991；Pak, Hyobom, edit. *China and the West: Myths and Realities in History*. Leiden: E.J.Brill, 1974. [德] 利奇温著，朱杰勤译：《18世纪中国与欧洲文化的接触》，北京：商务印书馆，1962年；周宁：《世纪中国潮》，北京：学苑出版社，2004年；周宁：《天朝遥远》，北京：北京大学出版社，2006年。

落中的作用予以分析，或从经济学理论上对西方政府和商人在欧洲"中国潮"潮起潮落中的市场营销手段予以分析、定义和归纳。①

第一节　广义虚拟经济学和商品虚拟价值

用文化导向和广告宣传影响市场需求，进而制造商品虚拟价值的商业实践古来有之，但其从来没有在传统经济学的理论探索中得到过充分讨论。一是因为这种虚拟经济成分在几百年前的经济发展中比例很小，不足以引起重视；二是可能因为这种实践与古典经济学、新古典经济学所倡导的自由市场经济似乎并不完全合拍。

传统经济学注重于实体经济的研究。其关注的重点主要是商品的生产和流通。在对商品价值和价格的讨论中，无论是古典经济学还是马克思主义经济学，其所关注的重点都主要集中在劳动价值和劳动时间以及他们与商品价值之间的关系上。古典经济学认为商品价值主要是由劳动量和劳动时间决定的。亚当·斯密把商品价值分为使用价值和交换价值，指出"劳动是一切商品交换价值的真实尺度"，"但一切商品价值通常非由劳动评定"②。作为古典经济学的开创者，亚当·斯密指出了商品市场价格与自然价格之间的区别，但认为自然价格（商品价值）是由劳动工资、土地地租和资本利润三部分构成；市场价格则主要由商品的供售量和社会的有效需求决定③。显然，斯密这里所说的"资本利润"是商品的"生产资本利润"，并不包括被今天工商社会广泛实践，可以制造和提高商品虚拟价值的"营销资本利润"；其里面所说的"社会有效需求"指的也是对商品使用价值的有效需求

---

① 参见 [美] 斯塔夫里阿诺斯著，吴象婴、梁赤民译：《全球通史：1500 年以后的世界》，上海：上海社会科学院出版社，1999 年；[英] 简·迪维斯著，熊寥译：《欧洲瓷器史》，杭州：浙江美术学院出版社，1991 年；李金明：《明清时期中国瓷器文化在欧洲的传播与影响》，《中国社会经济史研究》，1999 年第 2 期；陶德臣：《印度茶业的崛起及对中国茶业的影响与打击》，《中国农史》，2007 年第 1 期。

② [英] 亚当·斯密著，郭大力、王亚南译：《国富论》上册，上海：上海三联书店，2009 年，第 23—24 页。

③ [英] 亚当·斯密著，郭大力、王亚南译：《国富论》上册，上海：上海三联书店，2009 年，第 40，42—49 页。

或为满足消费者生理需求的社会有效需求，并没有包括由文化导向、广告、题材等创造出来的心理需求的社会有效需求。

李嘉图在一定程度上对商品的价值和交换价值进行了区分，提出了"社会必要劳动"的概念，认为价值并不是由生产该商品所耗费的劳动量而是由生产该商品所需要的必要劳动时间所决定。然而，李嘉图并没有对价值和交换价值之间的联系进行讨论[①]。

马克思在继承和批判斯密和李嘉图劳动价值论的基础上提出了剩余价值理论，认为商品价值或产品生产价格是由固定资本的转移价值、社会必要劳动时间所产生的必要劳动价值和资本家所获得的剩余价值三部分组成[②]。然而，同斯密一样，马克思的商品价值里也没有包括可以满足消费者心理需求的商品虚拟价值。总而言之，无论是斯密、李嘉图、还是马克思都没有对产品的非物质生产性劳动，如意识形态、文化、广告等因素在商品价值的影响上展开讨论。

相对于古典经济学和马克思主义经济学来说，新古典经济学继承了亚当·斯密的供求关系理论。虽然新古典经济学完全是从供求关系方面讨论供给、需求和价格之间的相互关系，但它却关注到了广告宣传等营销手段对市场需求的影响。然而，新古典经济学虽然承认非物质性生产劳动如广告宣传等营销手段对市场需求的影响，但没有对其展开讨论，主要还是把其放到市场运行机制里面去看，认为其通过市场而起作用，不过是市场自身力量的一部分而已[③]。

虽然传统经济学并不把意识形态、文化、教育、广告等非物质因素对经济发展的影响作为其关注的重点和讨论的主要内容，但在现实中，国家意识形态、文化、教育、品牌、广告等因素对经济发展和产品销售的影响长期存在；而且随着经济的发展，这种影响越来越大；其对国家 GDP 增长的贡献也越来越大。特别是在今天这信息爆炸的

---

① 参见 [英] 李嘉图著，王亚楠、郭大力译：《政治经济学及赋税原理》，北京：商务印书馆，1976 年，第 7—9 页。

② [德] 马克思著，中央编译局译：《资本论》，北京：人民出版社，1975 年，第 1 卷：第 238—250 页，第 3 卷：第 29—48 页。

③ [美] 曼昆著，梁小民译：《经济学原理》上册，北京：机械工业出版社，2006 年，第 61—62 页；[美] 萨缪尔森著，高鸿业译：《经济学》上册，北京：商务印书馆，第 69—70 页。

时代，非实体经济（虚拟经济）对国家经济发展的影响更是前所未有；很多时候其已超过了物质产品生产本身。现实经济发展的这种速度和趋势使传统经济学理论已不足以解释当今经济发展中的许多现象，尽管从古典经济学到新古典经济学，经济学理论一直在不断地发展和完善。针对传统经济学理论与现实经济发展之间的这种落差，林左鸣等一些学者提出了广义虚拟经济学，把文化、品牌、题材、广告等非物质因素统领于广义虚拟经济学理论之下，探讨它们在经济发展中的地位和作用以及它们与实体经济之间的关系①。

广义虚拟经济学认为商品价值可细分为使用价值和虚拟价值；使用价值满足人们的生理需求；虚拟价值满足人们的心理需求；虚拟价值是可以通过文化宣传、品牌和题材创造等手段来制造和提升的②。在对 17、18 世纪欧洲"中国潮"潮起潮落的分析中，笔者认为商品的虚拟价值可以为正值，也可以为负值。在没有被推向市场之前，商品的虚拟价值为零。商人可以通过广告、题材和文化导向制造出一个正向的虚拟价值，也可以通过广告、题材和文化导向制造出一个负向的虚拟价值。欧洲商业革命中，为了获得更多的商业贸易利润，欧洲商人努力打造中国产品的虚拟价值，使中国丝绸、瓷器、漆器和茶叶等产品不仅可以满足人们的生理需求，而且也可以满足人们的心理需求。除了其自身的使用价值外，中国产品在当时的欧洲还是一种身份和地位的象征。而在工业革命中，为了推销欧洲本土制造业的产品，欧洲企业家、商人和政府又合力打造欧洲品牌，并通过负面宣传将中国和印度产品的虚拟价值降为负值。中国产品从以往高贵时尚的象征变成了劣质低下的象征，并最终被排挤出欧洲市场。

第二节　商业革命与"中国潮"之兴起

从思想文化发展的角度，一些学者把"中国潮"的起始时间定在

---

① 参见晓林、秀生：《看不见的心》，北京：经济出版社，2004 年；晓林、秀生主编：《广义虚拟经济论文集》，北京：航空工业出版社，2008 年；林左鸣：《广义虚拟经济》，北京：人民出版社，2010 年。
② 林左鸣 2010：36—41。

17 世纪中叶，认为从 17 世纪中叶开始欧洲人已经从崇拜中国器物和制度转向了崇拜中国儒家文明，1667 年基歇尔神甫《中国图志》的出版便是她的标志①；把终结时间定在 18 世纪中叶，认为从 18 世纪中叶开始，贬低和批判中国的声音越来越高，1748 年孟德斯鸠的《论法的精神》和乔治·安森的《环球旅行记》的出版便是她的标志②。然而，学者们都一致认为，无论是 17、18 世纪西方人对中国的狂热赞扬，还是 18 世纪中叶后西方人对中国的极度贬低，其都来自于西方人自己的想像，有着西方人自己的需求和动机。周宁教授说"西方的中国形象是西方文化精神的隐喻"③。"西方文化精神在历史的不同时期召唤与塑造的中国形象，都有一种特定的文化动机。"④欧洲人对中国制度和文明的狂热崇拜来自于他们对欧洲政治文化的失望以及他们迫切希望改造欧洲政治文化的愿望，还有他们对乌托邦理想国的追求。欧洲人是用自己的想像把中国塑造成了一个他们所追求的政教理想国⑤。

从贸易和经济发展的角度进行考察，我们认为 17、18 世纪西方人对中国制度和文明的那些远离事实的赞扬和 18 世纪中叶后的那些极度贬低不光来源于他们的精神需求和文化动机，而且还来源于他们的物质需求和经济动机。从贸易和经济发展的角度来看，"中国潮"在 16 世纪下半叶由欧洲王室贵族首先掀起的崇拜中国器物之风中就已经拉开了序幕。从崇拜中国器物开始，到崇拜中国艺术文化，崇拜中国制度，最后到崇拜中国儒家文明，"中国潮"的酝酿和兴起首先与当时中国先进的制造业生产技术和精美的产品质量有关。然而，中国先进的制造业生产技术和独有精美的产品质量本身并不能导致"中国潮"的产生。因为远在 17 世纪"中国潮"兴起之前，中国丝绸的精美和中国独有的瓷器、茶叶和漆器等生产技术就已经长期存在。而且，一些欧洲王室贵族早在大航海之前就已经从印度洋—地中海—

① 参见周宁：《天朝遥远》（上卷），北京大学出版社，2006 年，第 70—77 页。
② 周宁 2006：300—301。
③ 周宁 2006：4。
④ 周宁 2006：70。
⑤ 周宁 2006：135—206。

欧洲大陆的贸易中，从埃及国王的赠送中，见识或拥有过美丽的中国丝绸和瓷器①。"中国潮"在 16 世纪末和 17 世纪初兴起，正是欧亚贸易大规模扩张，中国商品逐渐从奢侈品转变成为大众消费品的欧洲商业革命时期。笔者认为中国商品的大量进口以及欧洲商人力图将中国商品从奢侈品变成大众消费品的商业努力是"中国潮"在欧洲得以兴起的经济基础和原始动力。

一、美洲白银与欧洲社会有效需求的增加

欧亚之间的贸易源远流长。早在公元 1 世纪就已经有了东起中国长安西至欧洲罗马的陆地丝绸之路。到唐朝的时候，从中国广州 —— 到中国南海 —— 印度洋 —— 地中海的海上丝绸之路也渐进发达起来。但是，一直到 16 世纪末商业革命兴起之前，"中国潮"并没有在欧洲出现。16 世纪之前，欧亚之间的贸易主要是奢侈品贸易。由于那时候的欧洲并没有什么产品可以与亚洲交换，所以只能以金银易货，以至于只有少数富有的欧洲贵族有金银购买从亚洲进口的产品 —— 这在当时主要是来自中国的丝绸和来自印度和东南亚的香料。由于这种贸易面对的只是极少数拥有购买力的欧洲贵族，而广大的欧洲民众根本没有这种购买能力，所以这种贸易的规模很小，其需求量也比较固定，致使中国产品在欧洲的边际销售利润很小或基本为零。因此，那时候的欧洲商人并没有向欧洲大众推销中国产品的动机。所以，尽管 16 世纪前的中国产品质量和 17、18 世纪的中国产品质量同样精美，"中国潮"没有在 16 世纪前的欧洲兴起。

"中国潮"得以出现的历史条件来源于欧洲商业革命中欧洲社会对中国产品的大量需求，而这种大量需求的产生则来源于美洲白银的发现。1545 年秘鲁波托西大银矿的发现，1546 年墨西哥萨卡特卡斯和瓜达拉哈拉等大银矿的发现以及 1563 年汞银法的发明，使欧洲突

---

① Whitehouse, David. "Chinese Porcelain in Medieval Europe", *Medieval Archaeology*, vol.16, pp.67-78. [法] 亨利·科尔蒂埃著，康玉清译：《18 世纪法国视野中的中国》，上海：上海书店出版社，2006 年，第 23 — 24 页。

然间获得了大量贵金属货币①。美洲白银的获得打破了原来欧亚贸易的传统均衡。一方面拥有大量美洲白银的欧洲商人到亚洲大量购买亚洲产品，欧亚贸易规模扩张，供给增加，致使中国商品在欧洲的价格开始下降；另一方面广大欧洲民众的购买力也因美洲白银的大量流入而增加，一个巨大的潜在消费者市场开始形成。欧洲社会对亚洲产品有效需求的大幅度增加是"中国潮"得以兴起的前提条件；这也赋予了欧洲商人努力打造中国产品的经济动机——即如何将从亚洲购买的大量中国商品推销到广大的潜在消费者手中。在大量中国产品被推向欧洲市场的过程中，赞誉和美化中国产品和文化的题材、神话和广告也应运而生。

二、"中国崇拜"下中国商品虚拟价值的飙升

16世纪下半叶开始，欧洲到处流传着欧洲王室贵族和社会名流对中国产品的赞誉和推崇。中国茶被誉为可治百病的神奇饮料，中国瓷器被奉为能驱邪杀毒的圣器。1562年马德休斯（Mathesius）在《山间邮车》中说瓷器可以清除所盛食物或饮料的毒素②。在1610年出版的《葡萄牙国王记述》中，葡萄牙国王说："这种瓷瓶是人们所发明的最美丽的东西，看起来要比所有的金、银或水晶瓶都更为可爱。"③而且，瓷器还被传说为可以唤醒死者的灵魂。16世纪末开始，西班牙国王和王后在举行葬礼时都要用中国最美丽的瓷器陪葬，据说将瓷器放在死者左手的手指附近可以唤起死者的灵魂④。许多文人名士也为中国瓷器赋诗作文。当时流行的这首诗便反映出了中国瓷器在当时欧洲人心中的地位："让我们走向那瓷器，它的美吸引我，

---

① 根据银矿和商船运输有案可查的注册记录，从1545年到1800年，美洲大约出产了137 000吨白银，这是1 500年前，欧洲大陆全部白银储蓄量37 000吨的3倍之多。其中约有60 000吨，1/3—1/2的美洲白银，最终流向了中国。参见[德]贡德·弗兰克著，刘北成译：《白银资本》，北京：中央编译出版社，2000年，第202—212页。

② 迪维斯1991：9。

③ 李书琴、胡光华：《中国瓷器与18世纪中西经济美术文化的交流和互动》，《美术史研究》，2005年第4期。

④ 刘强：《中国制瓷业的兴衰，1500—1900》，2008年南开大学硕士学位毕业论文，原始资料来源于朱培初：《明清陶瓷和世界文化的交流》，北京：轻工业出版社，1984年，第45页。

诱惑我。它来自新的世界，看不到有什么比他更美。多么引人，多么细腻！它是中国出产的瓷器。"①

在各种传说和王室贵族与社会名流的赞美声中，中国瓷器的虚拟价值飙升。其不光具有使用价值，而且是财富和地位的象征。中国瓷器被作为最贵重的礼物赠送给主教、王后和公主。② 正如马德休斯在他的《山间邮车》中所说"皇室或贵族是否占有东方瓷器，是关系到他们声望的问题"③。"瓷器增加宫廷的光彩。"④

中国茶叶同样变成了一种虚拟价值奇高的商品。17 世纪末，1 磅茶在英国售价 10 英镑，相当于 18 世纪一个普通工匠半年的生活费用⑤。在 17、18 世纪的欧洲文学作品和贵族之间的通信件中，茶和茶具被屡屡提及；贵夫人们经常在自己的书信中谈及自己的茶具和饮茶爱好⑥。1662 年，酷爱饮茶的葡萄牙公主凯瑟琳远嫁英国国王查理二世，更是提高了茶的声望。凯瑟琳不光在嫁妆里带上中国茶叶，而且在到达英国后，一下船就马上要求喝茶。新王后的这一举止，进一步推动了英国贵族对饮茶爱好的追逐。很多社会名流和文人也都为茶赋诗作文，歌颂这来自遥远东方的仙草。"爱神的美德，日神的荣耀，比不上她与她带来的仙草。人中王后草中茶，均来自那个勇敢的国家，他们发现太阳升起的美丽地方。那里物产丰富，四方敬仰，那里的香茶可以激发艺术想像，可以使你神清气爽，可以使心灵的殿堂宁静安详……"⑦这是英国政治家兼诗人艾蒙德·沃勒尔（Edmund Waller）为歌颂凯瑟琳王后和她的饮茶习惯而作。下面这首则是英国安妮女王时代的桂冠诗人达提所作的赞茶诗："茶，消散了我的痛苦，它，用快乐调剂了严肃，这饮料给我们带来多少幸福，它增加了

---

① ［法］艾田蒲著，许钧、钱林森译：《中国之欧洲：西方对中国的仰慕到排斥》（下卷）；广西师范大学出版社，2008 年，第 43 页。

② 刘强 2008，原始资料来源于金国平、吴志良：《流散于葡萄牙的中国明清瓷器》，《故宫博物院院刊》，2006 年第 3 期。

③ 简·迪维斯 1991：9。

④ 简·迪维斯 1991：12。

⑤ 周宁：《风起东西洋》，北京：团结出版社，2005 年，第 191 页。

⑥ 艾田蒲 2008：41—42。

⑦ 周宁 2005：189—190。

我们的快乐和欢呼。"①

在王室贵族和社会名流的推崇中，饮茶不仅被认为可以健身治病，而且成为欧洲上流社会追逐时髦、附庸风雅的一种时尚。曾为商人，后来又成为法国地理学会主席的著名学者亨利·科尔蒂埃在他 1910年出版的著作《18 世纪法国视野里的中国》中这样写道："17 世纪下半叶，出现了大量吹嘘这种中国植物好处的宣传册。丹麦国王的御医菲利浦·西尔维斯·特迪福（Philippes Sylvestre Dufour）和佩奇兰（J.N.Pechlin），还有巴黎医生比埃尔·佩蒂（Pierre Petit）是它主要的捍卫者。很多的文章、论文和诗颂扬这种饮料的好处。一位崇拜者把它称为来自'亚洲天赐圣物'，是能够治疗偏头疼、痛风和肾结石的灵丹妙药。还有一个证明是，1657 年一篇名为《中国茶对关节炎患者的作用》的论文在一个盛大的场合得到了大臣塞吉埃（Seguier）的支持。"②

17、18 世纪欧洲王室贵族和社会名流对中国产品的追逐和赞美无疑起到了帮助把中国产品推销到广大欧洲民众这个巨大潜在消费市场的广告作用，促进了中国产品从奢侈品向大众消费品的转移。这在当时恰恰是欧洲商人所最需要的。因为只有把用美洲白银从亚洲购买的大量产品推销到广大欧洲民众中去，各商业公司才能获得足够好的利润。在当时，这些商业公司主要是各国的东印度公司。这些东印度公司不光拥有王室贵族的股份，享有政府的特许状，而且集商贸、政治和军事功能于一身。他们既有商贸的权利，也有发动战争、攻城掠地，以及建立殖民地政治军事监督管理机构的权利。它们在本质上所代表的其实是各自国家的利益。

三、从器物到文明，"中国崇拜"后面的经济推动力量

在赞美中国器物的同时，赞美中国物产、制度和文明的著作也频频相继问世。西班牙人门多萨的《大中华帝国史》（1585 年首版于罗马）称中国是世界上最富有的国家，把中国描绘得广袤富有，有礼有

---

① 李庆新：《海上丝绸之路》，北京：五洲传媒出版社，2006 年，第 146 页。
② 科尔蒂埃 2006：23—24。

序。那里产"大宗的丝，质量优等，色彩完美，大大超过（西班牙的）格拉纳达（Granada）的丝，是该国一项最大宗的贸易。"①中国"百姓穿丝绸是寻常的事……他们用丝绸做鞋，有的用缎子，很多用金缎，色彩极鲜艳"②。"这个国家的精瓷盘要用很多话加以叙述。但从那里运进西班牙的十分粗糙，尽管那没有见过精品的人看来很精美。不过他们自己有那种精瓷器，在我们那里会被看做是用金子做的。"③

后来陆续出版的还有金尼阁神父的《基督教远征中国史》（1618，后称为《利窦玛中国书札》），闵明我神父的《中华帝国志》（1675），曾德昭神父的《大中国志》（1643），卫匡国神父的《中国历史十卷》（1658），基歇尔神父的《中国图志》（1667），柏应理和殷铎泽等四位神父的《孔夫子：中国哲学家》（1687），百晋神父的《康熙帝传》（1699），还有德国科学家和哲学家莱布尼茨的《中国近事》（1697），法国哲学家伏尔泰的《风俗论》（1756）以及法国经济学家和重农学派的创始人魁奈的《中国专制主义》（1767）等一系列著作。在这些著作里，中国被描绘成了一个物产丰富，经济发达，君主贤明，官员睿智，制度优越，社会文明有序，一个由哲人般的皇帝和官员管理的国家。德国启蒙哲学家沃尔夫在他 1721 年在德国哈勒大学的《论中国人的实践哲学》的演讲和他 1728 年在德国马堡大学的《哲人王与哲人政治》的演讲中，更是将中国的文化文明推向了人类文明的极致，把中国的政体夸奖为世界上最优秀的政体④。

我们可以说上面的这些赞美之作并非出自于商人之手，但我们不能否认当时的欧洲社会有着这种经济上和精神上的强烈需求。16—18 世纪的欧洲（更确切地说，应该是西北欧），政府和商人合二为一（其实至今依然如此）。各大商贸公司都有王室贵族的股份，而且很多商人本身就是国会议员。因此，在商业革命中，如何获取中国进口商品在

---

① [西班牙] 门多萨著，何宝济译：《大中华帝国史》，北京：中华书局，1998 年，第 10 页。
② [西班牙] 门多萨著，何宝济译：《大中华帝国史》，北京：中华书局，1998 年，第 370 页。
③ 门多萨 1998：371。
④ 周宁 2006：171—177。

欧洲的最大销售利润是王室贵族和商人的共同利益。同样，随着欧洲本土制造业的发展，如何获得欧洲产品的最大生产和销售利润也是欧洲政府和工商集团在工业革命中的共同利益。所以，中国可以在 16 世纪下半叶到 18 世纪初的商业革命中成为欧洲人崇拜的对象，成为富有发达和文明有序的象征，也可以在 18 世纪下半叶和 19 世纪初的工业革命中，迅速转变成为欧洲人鄙视的对象，成为专制独裁和愚昧落后的象征。

上面的那些著作虽然大多为基督教传教士和社会文化精英所做，但将它们出版发行并推向市场的则是欧洲的各商业出版公司。其实，"中国潮"中，并不是所有从中国回来的传教士都对中国有溢美之词，比如曾经在中国传教 22 年，并在私下交往中深深影响了孟德斯鸠对中国的看法的法国神父傅圣泽便对中国颇有微词①。然而，当时的欧洲社会并没有给予这种声音以同等的机会，因为这种声音并不符合商业革命时期欧洲的时代潮流和现实需求。急于想与中国贸易并希望欧洲广大民众能够接受中国商品的欧洲王室贵族和商人需要的是走近中国的论证而不是疏远中国的理由。尽管那些赞美之词言过其实，但却是政府和商人合二为一的欧洲商人集团所迫切需要的。

在欧亚贸易大规模扩张和中国商品在欧洲广受欢迎的欧洲商业革命中，葡、西、荷、英、法等国都急于想打开与中国的贸易。各国王室贵族都很想了解中国。他们对中国的一切表现出了极大的兴趣。各国王室和教廷纷纷派传教士和外交使团前往中国传教、考察、游说，以期获得中国政府更多的信任，占有更大的欧华贸易份额。因为在 16、17 世纪的商业革命初期，买卖中国商品的贸易利润常常高达几倍至十几倍。如此高额的贸易利润意味着谁垄断与中国的海洋贸易航线，谁就垄断欧洲与中国的贸易利润。欧洲商业革命中一些欧洲王室贵族和商人对海外贸易利润的强烈追求，他们急切与中国贸易和希望欧洲民众接受中国产品的愿望，以及他们因这种追求和愿望而对中国所表现出来的巨大兴趣是大批传教士愿意撰写、各出版社愿意出版那些介绍和赞美中国著作的社会环境需求。就是莱布尼茨、伏尔泰和沃尔夫这些从内心深处由衷仰慕中国的伟大哲学家们也无非是在欧洲新

---

① 艾田蒲 2008：23—25；周宁 2006：586。

教王室和新教商人与天主教王室和封建贵族的博弈中找到了可以表达自己观点的平台而已。这些表面上看起来似乎与经济或商业利益关系不大的文化现象，其实与当时的商业和经济发展有着十分紧密的联系。美国学者伏若姆尔（Fromer）在对英国维多利亚时代饮茶习俗的讨论中，就曾经直截了当地指出当时那些赞美、歌颂和提倡饮茶习惯的各类散文诗篇、广告、报告会、个人陈述和科学论文其常常是由茶叶工业的各种部门赞助的[①]。而从时间上讲，"中国潮"的确是在欧洲社会十分需要中国产品的商业革命中产生的，在欧洲本土产品需要占领欧洲市场的工业革命中消退的。

第三节　工业革命与"中国潮"之潮落

　　对中国的排斥是这样起作用的，这是殖民主义的序曲。谁有胆量去把一个曾给予世界这么多东西的文明古国变成殖民地呢？那么，首先只有对它进行诋毁，然后由大炮来摧毁它。

　　　　　　——艾田蒲：《中国之欧洲：西方对中国的仰慕到排斥》

18 世纪中叶，中国形象开始在欧洲发生变化。此时正是欧洲制造业经过百年成长，渐进成熟，即将进入工业革命的时期。经过 18 世纪下半叶到 19 世纪上半叶的欧洲工业革命，到 19 世纪中叶时，欧洲人眼中的中国形象已经发生了根本的变化。那个曾经被莱布尼茨、伏尔泰、沃尔夫和魁奈等人高度赞扬，被誉为君主开明、制度优越的中国，如今在孟德斯鸠、黑格尔、孔德赛、马尔萨斯和马克思等人的笔下则变成为一个专制、野蛮、停滞、愚昧，以及有着亚细亚生产方式的国家。[②]

[①]　Fromer, Julie E. "Deeply indebted to the tea-plant: representations of English national identity in Victorian histories of tea", *Victorian Literature and Culture*, vol.36, 2008，p.2.

[②]　参见 [法] 孟德斯鸠著，张燕深译：《论法的精神》，北京：商务印书馆，1994 年；[德] 黑格尔著，王造时译：《历史哲学》，上海书店出版社，1999 年；[法] 孔多塞著，何兆武、何冰译：《人类精神进步史表纲要》，北京：生活·读书·新知三联书店，1998 年；[英] 马尔萨斯著，周进编译：《人口原理》，北京：商务印书馆，2001 年；《马克思恩格斯选集》（第 2 卷），北京：人民出版社，1972 年。

与中国国家文明形象转变相伴随的是中国产品形象的转变。曾经颇受欧洲贵族青睐，被誉为精美高贵的中国丝绸，在西北欧丝织工业的发展过程中，越来越被看做是与欧洲本土丝织产品的竞争。为了刺激本国丝织工业的发展，英国、荷兰等国都曾明文限制和禁止进口和穿戴亚洲丝织品。1720年，英国议会通过法案，禁止进口亚洲织品，其中包括中国的丝绸。1776年，英国议会再次通过法案，一方面禁止丝织品进口，一方面降低生丝进口关税，以进一步促进英国丝织工业的发展①。同样，在荷兰哈勒姆（Haarlem）丝织厂主的要求下，荷兰政府也于1740年通过法令，禁止国人穿戴亚洲丝织物，违禁者予以罚金②。随着西北欧，特别是法国和英国丝织工业的发展，中国丝织品越来越失去欧洲上流社会的宠爱，并最终被挤出了欧洲市场。

一、中国瓷：从失去虚拟价值到失去欧洲市场

类似的命运也发生在中国的瓷器和茶叶身上。曾经被欧洲王室贵族视为珍宝，象征着身份和地位的中国瓷器，到18世纪中叶时，就已失去了其在欧洲市场上的垄断地位。18世纪初，法国传教士殷弘绪将从景德镇所获得的瓷器生产秘密（高岭土成分）传回欧洲，使欧洲制瓷业终于有了技术上的突破。当时，西北欧的各国王室都积极支持和投资本国制瓷工业，并将瓷器生产垄断权授予给本国的一两家公司，同时对瓷器生产制定严格的质量要求。这样做一方面可以保证本国瓷器的产品质量，创造出本国瓷器的国际品牌，另一方面也可以避免国内企业之间的恶性竞争，有利于本国制瓷业与他国之间的竞争。当然，这也是为了他们自己的股份和利润。为了促进和保护本国制瓷业的发展，欧洲各国还几乎都对本国制瓷技术工人予以免除兵役和减免赋税的特惠，一方面用"可立即成为公民"的优惠政策吸引外国制瓷

---

① Hertz, Gerald B. "The English Silk Industry in the Eighteen Century", *The English Historical Review*, Vol.24, No.96, 1909.

② Jacobs, Els M. *Merchant in Asia. The Trade of the Dutch East India Company during the Eighteenth Century*, Leiden: CNWS Publications, 2006, pp.114-115.

技术工人移居本国，一方面又限制本国制瓷技术工人移居国外①。由于扩大本国瓷器销路不仅关系到商人的利益，而且关系到王室的利益，在用本国瓷器取代中国瓷器的产品竞争中，各国王室也常常是身体力行。

18 世纪中叶，法国国王路易十五在法国掀起"日用品革命"，敕令法国贵族改用瓷器，将银器送去熔化、锻造为银币，以充国库之虚②。同时，他还下令限制法国其他制瓷工厂的生产，赋予法国塞夫勒瓷器（Sevres Porcelain）厂以瓷器生产垄断权。为了推销塞夫勒瓷器，他专门在凡尔赛宫为法国贵族举办新年宴会，将质量最好的塞夫勒瓷器向宴会上的法国贵族展销③。

对于法国国王路易十五下令"熔化银器，改用瓷器"的行为，传统的解释一向认为是为了解决法国的财政危机。然而，如果我们把这项政策和路易十五在法国瓷器制造业上的投资联系起来，恐怕这一政策的目的并不像国王所标榜的那样纯粹。法国塞夫勒瓷器厂从一开始就与王室关系密切，获有路易十五特许的瓷器制造和销售权。1751 年路易十五买下塞夫勒瓷器厂 25% 的股份。次年便下令限制法国其他制瓷厂的生产，并禁止外国瓷器进口。1759 年，路易十五又买下整个工厂的股份。塞夫勒瓷器厂彻底归国王所有，并改名为法国皇家瓷器制造厂④。在欧洲各国中，法国王室对瓷器生产的参与和干涉可算最甚，把 17、18 世纪欧洲政府和商人合二为一的特点发挥到了极致；但政府参与和干涉其实是当时欧洲各国瓷器制造业发展的特征。事实上，欧洲各国的王室贵族都或多或少地参与和干涉了本国制瓷业的发展。

---

① Auscher, E.S.authored, and William Burton translated and edited. *A History and Description of French Porcelain*, London, Paris, New York and Melbourne: Cassell and Company, Limited, 1905, pp.52–53.

② Auscher, E.S.authored, and William Burton translated and edited 1905：64；李书琴、胡光华：《中国瓷器与 18 世纪中西经济美术文化的交流和互动》，《美术研究》，2005 年第 4 期。

③ Sevres Porcelain – The Company History：http://www.antique-marks.com/sevres-porcelain.html, 2010–6–25.

④ Sevres Porcelain – The Company History：http://www.antique-marks.com/sevres-porcelain.html, 2010–6–25.

为了推销本国生产的瓷器，欧洲各国还纷纷采取贸易保护政策，不断提高中国瓷的进口税，甚至禁止中国瓷器的进口[①]。1752年法国政府规定，对进口外国瓷器者惩以3 000里夫尔罚金，并没收所有瓷器[②]。以往那些赞美中国瓷器的神话和传说也纷纷在西北欧各国政府和商人赞美与推销本国瓷器的努力中销声匿迹。当时的英国就流行着这样一首歌："为什么把钱往海外抛掷，去讨好变化无常的商贾？再也不要到中国去买china，这里有的是英国瓷器。"[③]在各国王室和商人的共同努力下，欧洲制瓷业发展突飞猛进。德国麦森的硬质彩绘瓷和瓷塑、法国的软质彩绘瓷以及英国的骨质瓷都纷纷登堂入室。1801年，英国东印度公司完全停止进口中国瓷器；1810年，英国从瓷器进口国变成出口国[④]。

二、中国茶之失去欧洲市场：从正向虚拟价值到
负向虚拟价值

为贸易利润而歌颂，为生产利润而贬低的这种现象在中国茶被印度茶和锡兰茶所取代的过程中表现得更为突出。19世纪30年代英国东印度公司开始在印度的加尔各答秘密筹划茶叶生产基地。一直到19世纪60年代印度茶叶生产基地可以生产茶叶之前，中国茶叶一直在欧洲享有盛誉。

商业革命之初，中国茶是只有欧洲上层社会才有财力享用的奢侈品。后来，随着茶叶进口规模的扩大，其越来越向大众消费品转移。18世纪下半叶至19世纪上半叶，英国东印度公司垄断着欧洲和中国的茶叶贸易。这一时期，饮茶不仅被渲染为英国中产阶级一种优雅的生活方式，是丈夫与妻子共度时光，享受家庭舒适生活的媒介[⑤]，而

[①] Schiffer, Herbert and Schiffer, Peter Berwind. *Chinese Export Porcelain, Standard Patterns and Forms, 1780–1880*. Pennsylvania：Schiffer Pubishing Ltd, 1997, p.11.

[②] Auscher 1905：51–52.

[③] 陈立立：《景德镇千年瓷业兴衰与崛起的思考》，《江西社会科学》，2004年第12期。

[④] Jean, Mudge. *Chinese Export porcelain for the American Trade* [M], 1785–1835, Newark：University of Delaware, 1981, p.126.

[⑤] Fromer, Julie E. *A Necessary Luxury：Tea in Victorian England*, Athen：Ohio University Press, 2008, pp.3–7.

且还被宣传为大英帝国公民可以引为自豪的国民标志（national identity）。到了 19 世纪 60 年代英国开始可以在印度获得大量印度茶，70 年代开始可以在锡兰（斯里兰卡）获得大量锡兰茶时，饮茶又被拔高到了爱国主义的层次。饮茶不仅仅是一种消费行为，而且是一种支持英国海军和英殖民地茶叶生产，支持英国帝国主义和为英国经济作贡献的爱国主义行为[①]。与此同时，以往曾被誉为灵丹妙药，代表着上层社会一种生活时尚的中国茶，如今却遭到了强烈的丑化和攻击。在宣传印度和锡兰红茶可以美容健身、治疗胃病，是"地球之美品"的同时，中国绿茶被称为里面含有鞣酸，会损坏肠胃[②]。商人们再次在商品的虚拟价值上制作文章。各种广告常常把饮用印度和锡兰红茶的习俗与仪态高雅、穿着时尚的中产阶级主妇形象联系在一起，通过制造和满足人们的心理需求而大大提高了印度和锡兰茶的虚拟价值。同时，英国商人还实行掉包计，一方面把中国的高档红茶祁红加到印度和锡兰的高档茶中，以提高印度茶和锡兰茶的品位，或直接将华茶的标签改换为印度茶和锡兰茶的标签出售；另一方面则故意将中国茶在潮湿的地方长期搁放，待发霉变质后，再以中国茶的标签出售[③]。在劣质、不干净和有害健康的各种指控中，中国茶的虚拟价值迅速从原来的正值下降为负值。

正是在印度和锡兰茶的虚拟价值飙升，中国茶的虚拟价值狂跌的商业气氛中，中国茶逐渐丧失了其在欧洲的市场份额。1860 年，在英殖民地印度茶叶生产基地可以大量生产茶叶之前，英国茶叶市场上 99.89% 的茶叶来自中国。中国茶的市场份额到 1880 年下降为 79.58%，1890 年为 39.98%，1913 年为 3.25%[④]。由于当时英国基本上垄断着世界茶叶贸易，是欧洲除俄国之外的整个茶叶市场的集散地，所以英国茶叶市场的丧失也意味着丧失除俄国之外的整个欧洲茶叶市场。

---

① Fromer, Julie E. *A Necessary Luxury： Tea in Victorian England*，Athen：Ohio University Press，2008，p.29.

② 陶德臣：《印度茶业的崛起及对中国茶业的影响与打击》，《中国农史》，2007，第 1 期。

③ 陶德臣：《印度茶业的崛起及对中国茶业的影响与打击》，《中国农史》，2007，第 1 期。

④ 参见本书第五章，图 5.14。

第四节　没有中国虚拟实力支撑的欧洲"中国潮"

从潮起到潮落，"中国潮"在欧洲汹涌澎湃百年之久。然而，推动欧洲"中国潮"潮起潮落的并不是中国人。无论是中国商品在"中国潮"潮起中的正向虚拟价值，还是在潮落中的负向虚拟价值，都不是中国人自己创造的；当然其最大的获益者也不是中国人。欧洲王室贵族、商人和社会名流是"中国潮"的始作俑者，也是后来为"中国潮"拉上帷幕的人。这一点与今天"崇西方之产品，慕西方之文化"之崇洋之风在发展中国家的兴起非常不同。

在整个中国潮的潮起潮落中，中国政府和商人基本上处在一种无作为的状态，既没有意识和愿望在海外宣传中国文化、制造中国热、推销中国产品，也没有愿望去了解和参与当时的欧洲"中国潮"，甚至可能对当时在欧洲流行的"中国潮"都知之甚少或全然不知。是欧洲人因自己的需求而美化和歌颂中国的产品、制度和文化，也是欧洲人因自己的需求而丑化和贬低中国的产品、制度和文明。

在大量中国商品流入欧洲市场的商业革命中，欧洲商人主宰着从亚洲进口到在欧洲销售的整个贸易链条。既没有中国人到欧洲开店经商，参与中国产品的推销；也没有中国人到欧洲投资办厂，生产那些深受欧洲人欢迎的中国产品。这种角色的缺失一方面说明中国在欧洲没有自己经济利益的代理人，另一方面也说明明清中国经济不是一个扩张型的经济，政府和商人缺少在国际市场上制造中国潮的动机。尽管中国商品的虚拟价值是在崇拜中国的"中国潮"中诞生的，但制造中国神话和赞美中国文明的并不是中国人。与当时的欧洲相比，明清中国明显缺乏制造虚拟价值的虚拟经济活力。

晓林和秀生提出了"虚拟经济系数"的概念，认为虚拟经济系数也可以衡量一个国家的富裕和发达程度，只是其与恩格尔系数呈负相关关系。虚拟经济系数越小，国家越穷越不发达；虚拟经济系数越大，国家越富裕越发达[①]。笔者认为一个国家虚拟经济的发展程度不

---

① 　晓林、秀生：《看不见的心》，北京：人民出版社，2007年，第42页。

光反映一个国家的富裕和发达，而且还反映一个国家的创新能力。虚拟经济的发展需要创新能力；这种创新能力既可以表现在虚拟经济的创造上，也可以表现在实体经济的创新上。因此，我们常常看到的是，一个虚拟经济发达的国家也是实体经济生产技术不断创新的国家。这实在是因为两种创新能力同出一源，紧密相连。拿 16—18 世纪的欧洲"中国潮"来说，在创造中国商品虚拟价值的同时，欧洲制造业的经济组织形式和生产技术也在飞速地发展和不断地创新。如果没有西北欧国家在丝织和瓷器等生产技术上对中国的赶超，没有英殖民地茶叶生产基地的建立，欧洲政府和商人也难以用负面宣传将中国产品的虚拟价值降至为负值，并排挤出欧洲市场。

笔者认为虚拟经济和实体经济在国民经济中的比例构成一个国家的经济状态[①]，而一个国家制造虚拟经济和实体经济的能力则构成一个国家的经济活力。经济状态是一个国家现实经济的表现；而经济活力则代表着一个国家未来经济增长的潜力。从中国和欧洲西北欧国家在欧洲"中国潮"中的表现中来看，当时的中国并不是一个拥有经济活力的国家。尽管到 18 世纪初时中国在制造业技术上还遥遥领先欧洲，并因其产品质量的精美和独特在国际市场上独领风骚。但在虚拟经济的制造能力上看，那时的中国远不如欧洲。欧洲"中国潮"中，中国制造虚拟经济能力的缺乏，中国政府和商人的参与缺失，是中国在"中国潮"发展中的尴尬处境，这一特征其实已为后来西方的崛起和中国的衰落埋下了伏笔。

---

① 宋可为用直角坐标系对广义虚拟经济和实体经济与总体经济状态之间的关系进行表述，用横轴上的实数 a 代表满足人们生理需求的实体经济状态，纵轴上的虚数 b 代表满足人们心理需求的广义虚拟经济状态，a 与 b 的平行线交叉点 Z 代表综合经济状态，指出广义虚拟经济与实体经济之间的比例决定着经济状态。林左鸣教授对宋的表达稍做修改，将纵轴上的广义虚拟经济改设为纯粹虚拟经济或商品的虚拟价值，然后用横轴上 a 点和纵轴上 b 点的平行延长线所构成的面积 Z 来代表广义虚拟经济或商品的全价值，指出虚拟经济和虚拟价值可以带来总体经济和商品总价值几何倍数的增长。总体经济和商品总体价值从一维直线式的算术级数增长方式（$a+i$）变成了二维平面式的几何级数增长方式 $[(a+i)\times(b+i)]$。参见宋可为：《虚数对广义虚拟经济的启示》，《广义虚拟经济论文集》，北京：航空工业出版社，2008 年，第 187—192 页；林左鸣 2010：431—433。

第九章　重新审视历史上中英政府经济作用——自由主义抑或专制主义？

在西方近 10 年来的历史研究中，近代化早期中国（15 世纪晚期到 19 世纪头 10 年）的形象发生了一些根本的变化。在经济史研究领域中，许多学者已不再把鼎盛时期的清中国看作为一个与西方完全不同，落后而又贫穷的国家。相反，他们认为这段时期的中国与西方有着"惊人的相似"之处[①]。濮德培（Peter Perdue）用所谓的"亚欧相似性"理论来描述这种流行的观点[②]。美国社会和历史学家金世杰（Jack Goldstone）甚至提出了"加州学派"这个词，用来特指这样一批学者。这类学者认为在近代化早期，处于两个极端的欧洲和亚洲，其发展和富裕程度非常相似，所谓西方社会的独特性，其大部分是欧洲历史学家的臆想而已[③]。

在西方的历史学研究中，中国明清经济史一直备受关注，并也的确存在着很多关于中国的偏见。在新近兴起的全球经济史研

[①]　参见 Kenneth Pomeranz. *The Great Divergence. China, Europe, and the Making of the Modern World Economy*. Princeton, 2000. 这种流行的表述实际上是其第一部分的标题。

[②]　Perdue, Peter C. *China Marches West: The Qing Conquest of Central Eurasia*. Cambridge Mass. and London, 2005, pp.536−542.

[③]　参看 Goldstone, Jack A. "The Rise of the West—or Not? A Revision to Socio-economic History," *Sociological Theory* 18（1998）, pp.157−194. "加州学派"的代表人物有 Kenneth Pomeranz, Roy Bin Wong, Andre Gunder Frank, Peter C.Perdue, Evelyn Rawski 等。

究中，中国不仅值得重视，而且更应该被重新审慎，予以恢复声誉。负面和落后的中国形象曾被那些尤其是不了解中国过去的研究者反复强调。这种现象确实需要纠正。但是，就如学术研究中常有的例子一样，往往会出现矫枉过正的现象。纠正传统研究中过于纠缠"中西方不同"的良好愿望不应该成为忽视中西方不同点的理由。一些只强调"中西相似性"的学者最终不得不用"历史偶然"、"偶然事件"或"巧合"等因素来解释中西方在 19 世纪中所发生的大分流①。从个人角度来看，本作者并不认为这是一个解释大分流的好方法。虽然偶然性在历史中起着不容置疑的作用，但在解释历史上的重大转变时，一定要考虑到一些主要潜在条件的不同。本文的目的就是要探讨这种主要潜在条件不同在大分流中的作用。

中西方之间的一个重要不同点体现在政府于经济中的重要性、角色和功能上。这一章将对中国和西方政府对国家经济的干预进行比较。笔者在本章试图证明西欧与中国在这一方面上有着本质上的差异，其差异性远大于相似性。对两个巨大的实体进行系统的比较并非易事。为了便于把握，我将对地域范围、时期和话题进行界定。地域范围界定的必要性在于欧洲国家之间也存在着切实的不同；有鉴于此，将整个欧洲与中国甚至西欧与中国进行比较的意义不大。笔者的讨论将主要集中在英国，虽然英国在一些方面常常很极端，但在许多方面却具有普遍性和典型性。因此，在书中我们就权且把英国当作西欧与中国进行比较。

从时间上来看，笔者的分析将主要集中在人们所说的"漫长的18 世纪"。对英国来说，是从 1688 年到 1849 年。1688 年发生光荣革命，带来英国许多重要制度的变革；1849 年"航海法案"被正式废除，英国经济政策进入了一个新的时代。对清中国来说，是从 17

---

① 参看 Pomeranz 2000：preface，12，16，68，241；Perdue 2005：536−539；在 Roy Bin Wong 的书中也能发现相同的思路，Wong，R.B. *China Transformed. Historical Change and the Limits of European Experience*.Ithaca and London 1997，pp.278−279；还有 Marks，Robert B. *The Origins of the Modern World：A Global and Ecological Narrative*. Lanham，2002；Hobson，John M. *The Eastern Origins of Western Civilisation*. Cambridge，2004，pp.313−316.

世纪 80 年代清王朝平定"三藩叛乱",统一台湾,开始控制整个中国,其统治达到顶峰开始,到 1840 年鸦片战争中国被迫开放港口结束。

第一节　传统的观点

一、传统观点一：英国，一个自由开放的经济体

我对中国与西欧政府的重要性、角色和功能差异的关注可能使许多读者感到惊讶。这种不同不是曾经在许多关于"西方崛起"和"东方衰落"的研究中被重点关注过吗？许多学者不是已经比较了工业化中英国节约廉洁的"守夜人"政府和中国的"东方专制"政府吗？我企图说服谁呢？为了廓清事实，我将在文章的开头简短陈述一些传统的观点及其变化。

亚当·斯密指出："除了和平、轻赋和有保障的正义，没有其他因素能够将一个国家从最低级的野蛮状态带入到高度繁盛的文明。"[1]许多学者不仅相信斯密是对的，而且认为西方的兴起，以英国这个第一个实现工业化的国家作为典型，都是因为认真听取了斯密对国家干涉和重商主义的批判[2]。依据斯密主义，英国的发展与工业化主要是由于英国市场长期以来逐渐趋向于公平与自由竞争的结果。创造"工业革命"这个词的人汤因比·阿诺德（Arnold Toynbee）曾对 19 世纪 80 年代的工业革命做过高度概括，他认为："……工业革命的本质在于竞争体制代替了中世纪的管制，这种管制曾经控

---

[1]　出自亚当·斯密的朋友 Dugald Stewart。参看 Hall, John A. "States and Economic Development: Reflections on Adam Smith," *States in History*, by John A. Hall etc., Oxford, 1986, pp.154-176.

[2]　在这里，亚当·斯密不反对《航海法案》的事实并非无关紧要。虽然认为航海法案"……不利于外国商业以及来自于外国商业的财富增长"，他仍然呼吁建立一些规则"……如果这些规则经过精心设计"，并明确地指出为什么"作为防御，《航海法案》比财富更加重要，而且也许是英国最明智的商业规定"。见 Smith, Adam. *An Eenquiry into the Nature and Causes of the Wealth of Nations*. Oxford Clarendom Press, 1979, pp.463-465.

制了生产和财富的分配。"①"市场"是可以解释经济增长以及作为经济增长的特例现象——工业革命得以发生的原因。这种观点在目前仍占主导地位。对赞同这种观点的人来说，中华帝国没有工业化的原因很容易解释。他们仅仅需要提及中国东方专制的"事实"就足够了。

"东方专制"的概念有很长的历史，可以追溯到马克·波罗②。在19和20世纪，这个概念经过精心和系统的研究，甚至变为部分学者的共识。他们运用"东方专制"以及类似"水利国家"和"亚细亚生产方式"等概念来解释中国的落后③。

在许多关于"西方如何崛起"的作品中都可以发现斯密主义的观点。当然，这些研究之间有各种细微的差别。但是这些研究最终都无一例外的认为引起西方崛起的原因是市场而非其他因素④。

----

① 参看 Toynbee. *Industrial Revolution：A Rreprint of Lectures on the Industrial Revolution*. New York and Newton Abbot, 1969 [1884], p.58.

② 关于这个观点以及"大分流"前中国的状况，见 Joan Pao-Rubiés, "Oriental Despotism and European Orientalism：Botero to Montesquieu,"*Journal of Early Modern History*, 9, 2（2005）, pp.109-180. Blue, Gregory. "China and Western Social Thought in the Modern Period," *China and Historical Capitalism*, *Genealogies of Sinological Knowledge*, edited by Brook, Timothy and Gregory Blue, Cambridge, 1999, pp.57-109.

③ 所有这些概念参看 Blue, Gregory. "China and Western Social Thought in the Modern Period," *Timothy Brook and Gregory Blue*, edit.1999：57-109；Brook, Timothy. *The Asiatic Mode of Production in China*. New York, 2001；Wittfogel, Karl A. *Oriental Despotism, A Comparative Study of Total Power*. New Haven and London, 1957.

④ 这里仅参考了我认为在过去几十年内关于此话题最为重要的英文著作。Jean Baechler, John A Hall and Michael Mann. *Europe and The Rise of Ccapitalism*. Oxford, 1988；Gellner, Ernest. *Plough, Sword and Book：The Structure of Human History*. London, 1988；Hall, John A. *Powers & Liberties, The Causes and Consequences of the Rise of the West*. Oxford, 1985；Jay, Peter. *Road to Riches or The Wealth of Man*. London, 2000；Jones, Eric L. *The European Miracle：Environments, Economies and Geopolitics in the History of Europe and Asia*. Cambridge, 2003, the third edition；Jones, Eric L. *Growth Recurring：Economic Change in World History*. Cambridge, 1988；Landes, David S. *The Wealth and Poverty of Nations：Why Some Are So Rich and Some So Poor?* New York and London, 1998；Macfarlane, Alan. *The Riddle of Modernity：Of Liberty, Wealth and Equality*. Basingstoke, 2000；Powelson, John P. *Centuries of Economic Endeavor：Parallel Paths in Japan and Europe and Their Contrast With the Third World*. Ann Arbor, 1994；Rosenberg, Nathan and Luther E. Birdzell. *How the West Grew Rich：the Economic Transformation of the Industrial World*. New York, 1986. 更早但是拥有相同思路的著作见 Hicks, Sir John. *A Theory of Economic History*. Oxford, 1969.

戴维·兰德斯（David Landes）的《国富国穷》是此类研究的一个代表①。在过去的几十年内，这本书无疑比任何其他相关著作更加成功的兜售了关于"西方崛起"的原因。为什么西欧或者说新教徒的西欧（其中第一个也是最重要的新教徒国家英国），最先工业化并变得富裕？戴维从多个方面对此进行解释。但是在讨论为什么英国成为第一个工业国家时，他很显而易见的强调政府的作用。他认为，只有政府确保市场自由，从而使市场尽可能地发挥效率，工业革命才会发生②。对他来说，市场是欧洲"例外"的核心。政府的作用是授予和支持市场发挥作用的前提。技术发明是欧洲独特性和工业革命的主要前提条件。在探讨什么是欧洲技术发明的基础时，他总结道："最终……我将强调市场。在欧洲，企业是自由的。发明创造会得到回报，规则制定者和法定相关利益者的干预和抑制创新的行为受到限制。"③他与威廉·伊斯特利（William Easterly）的观点不谋而合，威廉在他的一篇文章中曾这样写道："富国拥有市场，穷国拥有官僚主义。"④

上述观点常被古典、新古典和主流经济学的教义所拥趸：自由和完全竞争这只无形的手是经济成功的保证。几十年前，所谓的"新制度经济学"对西方经济思想产生了巨大的影响。虽然经济史学家常常比"主流"经济学家更能意识到制度的作用。是由于致力于制度研究的同僚的提醒，"主流"经济学家才意识到制度的作用，但是"新制度经济学"的影响仍然波及经济史。最著名的制度经济学家道格拉斯·诺斯基本上是在新古典框架下进行研究。与斯密主义相比，他的观点更加精炼。但是他们的观点没有根本的差异⑤。

---

① Landes, David S. *The Wealth and Poverty of Nations: Why Some Are So Rich and Some So Poor?* New York and London, 1998.

② Landes 1998: 217-119.

③ Landes 1998: 59.

④ Easterly, William. *The White Man's Burden: Why The West's Efforts to Aid the Rest Have Done So Much Ill and So Little Good.* New York, 2006, p.165.

⑤ 相同的运用见 Soto, Hernando de. *The Mystery of Capital: Why Capitalism Triumphs in the West and Fails Everywhere Else.* London, 2000. 这本书非常符合这种观点，即认为政府应该为市场发挥作用创造前提条件，其他的事就由市场来做。

二、传统观点二：中国，一个专制的"东方"帝国

在关于中华帝国的经济史研究中，一些传统观点仍在发挥影响。大量的著作将明清描述为"专制"和"落后"的时代。例如兰德斯在解释为什么"西方"崛起而"东方"落后时，就属于传统派。在他的著作中，清中国仍是一个专制的甚至极权主义的政体。他认为清中国或者说中华帝国在她的整个历史中一直被反对发明创造，以及限制企业和倾向于封闭国家的专制者所统治。他认为，中国在各个方面都无法与西欧相提并论[1]。兰德斯的观点受到汉学家埃提恩纳·巴拉兹（Etienne Balazs）的深刻影响[2]。而这个学者对 20 世纪最重要的历史学家布罗代尔产生了全面的影响。在布罗代尔的著作中，充斥着关于明朝中国没有变化以及不求变革的成词滥调，国家是拥有超级力量反对资本主义的器具[3]。他的同事阿兰·佩雷菲特（Alain Peyrefitte）在 1989 年出版的一本流行著作中，把中国看作为一个"停滞的帝国"，而把英国马嘎尔尼（Macartney）传教团 1792 — 1794 年的到访中国看做是两种文明相冲突的一个例子[4]。类似观点不胜枚举。在埃里克·琼斯（Eric Jones）的关于欧洲奇迹的著作中，作者抱着赞成的态度引用了来自 1925 年亚洲的一部著作中的一句话："产权得不到保障。这是亚洲全部历史的写照。"[5]

一个有趣的事实是，当解释近代化早期中国的发展时，马克思主义与斯密主义之间的差异甚小。就像 19 世纪那样，许多来自不同政治派别的学者都把清中国看作专制和极权主义的国

---

[1] Landes 1998：56—57，其进一步对中欧的比较见第 2 章和第 21 章。

[2] Balazs, Etienne. "China As a Permanently Bureaucratic Society" and "The Birth of Capitalism in China," *Chinese Civilization and Bureaucracy：Variations on a Theme*. New Haven and London, 1964, pp.13–27, 34–54.

[3] Braudel, Fernand. *A History of Civilizations*. Harmondsworth, 1995, chapter 3；Braudel. *Civilization and Capitalism, 15th –18th Century*. vol.2. London, 1982, pp. 588–589.

[4] Peyrefitte, Alain. *The Immobile Empire*. New York, 1992.

[5] Jones 165；Reade, Winwood. *The Martyrdom of Man*. London, 1925, p.108.

家，他们相信无论政府做什么都不能促进增长，更别说资本主义了。但也有许多西方学者从另外的角度看待问题。一些受到马克思主义思想启发的历史学家，比如葛希芝（Hill Gates）、穆素洁（Sucheta Mazumdar）、罗伯特·布伦纳（Robert Brenner）和克里斯多弗·依赛特（Christopher Isett），从生产方式、产权关系、农业阶级体系以及政府在保卫或维护社会秩序中的角色方面研究中国与英国的巨大差异①。关于为什么中国及其他一些国家没有像西方一样在 16 世纪演进到资本主义，新马克思主义者沃勒斯坦在他的有深远影响的关于现代世界体系的著作中写道："帝国的中央集权一方面是其优势，一方面是其劣势。优势体现在通过税收、贡赋和贸易垄断，保证经济收益从边缘流向中心区。劣势体现在政治结构的官僚主义几乎吸光了利润，特别是压制叛乱，增长了军事开支。"②在本章后面将会看到，上述论断完全不符合清中国的事实。

三、传统观点三：英国的财政军事和
　　中国仁慈的农业式家长作风

令人吃惊的是，最近关于英国和中国的历史研究仍在不断地炮制这些源自于 19 世纪的教条，缺乏批判性。这些观点与许多主流经济学家、政治学家关于"好政府"和"经济效益"的看法一拍即合。没有社会科学家可以避免经济学的影响。对他们中的大部分来说，国家在经济中的作用是：尽可能的促进公平与自由竞争，保证交易的顺利进行，使看不见的手发挥作用。这种看法

---

① 参看 Gates，Hill. *China's Motor. A Thousand Years of Petty Capitalism*. Ithaca and London，1996；Mazumdar，Sucheta. *Sugar and Society in China：Peasants，Technology and the World Market*. Cambridge Mass. and London，1998. Brenner，Robert and Christopher Isett. "England's Divergence from China's Yangzi Delta：Property Relations，Microeconomics and Patterns of Development，" *Journal of Asian Studies*，61. 2002，pp. 609－662.

② Wallerstein，Immanuel. *The Modern World-System：Capitalist Agriculture and the Origins of the European World-economy in the Sixteenth Century*. New York，1974，p.15.

被称为新自由主义，或者今天所谓的"华盛顿共识"[1]。当事情进展不利时，一定是国家违反了这种共识；当经济增长时，政府一定是节约与廉洁的。为什么要怀疑这么明显的事实呢？更别说研究了。

但是当解释西方崛起的原因时，斯密主义对市场机制、私人产权和私人企业考察的方法，从没有在相关研究中取得支配性的影响力。斯密主义常要与马克思主义分庭抗礼。马克思主义者强调国内外存在的"原始积累"和"高压政治"；他们强调"看得见的手"，即一个干涉主义的政府是解释西方财富的本质与原因的根本因素。例如学者埃里克·威廉姆斯（Eric Williams）认为，谈到英国资本主义就意味着奴隶制度[2]，或者一些学者运用沃勒斯坦的词汇，将西方中心区的发展与边缘外部区的落后联系

---

[1] 关于"华盛顿共识"请参看 Wikipedia, The Internet Encyclopaedia, and Stiglitz, Joseph. *Globalisation and Its Discontents*. London, 2004；Wade, Robert. *Governing the Market：Economic Theory and the Role of Government in East Asian Industrialization*. Princeton, 2004, pp.11–14.

[2] Williams, Eric. *Capitalism and Slavery*. Chapel Hill, 1944.关于 Williams 观点的重复和修正见 Barendse, Rene. *The Arabian Seas：the Indian Ocean World of the Seventeenth Century*. New York, 2002, p.495, footnote 17, and p.500；Blackburn, Robin. *The Making of New World Slavery：From the Baroque to the Modern, 1492–1800*. London and New York, 1998, chapter 12；Blaut, Jim. *The Colonizer's Model of the World：Geographical Diffusionism and Eurocentric History*. New York, 1993；Cain, P.J. and A.J. Hobkins. *British Imperialism, 1688–2000*. London, 2002；Esteban, Javier Cuenca. "Comparative Patterns of Colonial Trade：Britain and Its Rivals," *Exceptionalism and Industrialisation：Britain and Its European Rivals, 1688–1815*, edited by Leandro Prados de la Escosura. Cambridge, 2004, pp.35–68；Drayton, Richard. "The Collaboration of Labour：Slaves, Empires and Globalizations in the Atlantic World, c.1600–1850," *Globalization in World History*, edited by A.G. Hopkins. London, 2002, pp.98–114；Frank, Andre Gunder. *ReOrient：Global Economy in the Asian Age*. Berkeley, Los Angeles and London, 1998. Inikori, Joseph E. *Africans and the Industrial Revolution in England：A Study in International Trade and Economic Development*. Cambridge, 2002；Morgan, Kenneth. *Slavery, Atlantic Trade and the British Economy, 1660–1800*. Cambridge, 2000；Pomeranz 2000；Hobson, John M. *The Eastern Origins of Western Civilisation*. Cambridge, 2004；Marks, Robert. *The Eastern Origins of Western Civilisation*. Cambridge, 2004；Ponting, Clive. *World History：A New Perspective*. London, 2001.

起来①。艾里克·霍布斯鲍姆（Eric Hobsbawm）将其关于 1750—1968 英国经济社会史的著作冠名为《工业与帝国》，这绝不是偶然②。当派特里克·欧布莱恩（Patrick O'Brien）在他近期写的英国史中宣称贸易、经济、国家财政和帝国扩张不可分的联系在一起时，他是在重复许多人曾经持有和正在持有的观点。他同时阐明这种观点并不属于极端马克思主义者或者极左派学者③。特别是自从吉姆·布鲁尔（John Brewer）的《力量的来源：战争、货币和英国政府》出版以来④，那种认为在"漫长的 18 世纪"中，英国政府在经济中的角色和对经济的影响相当小的观点便受到了广泛的质疑。

许多研究近代化早期西欧历史的学者不再低估政府在西欧经济发展中的作用。同样，在许多研究清中国的历史学家中观点也在发生转变，但却是向着"相反"的方向：中国政府的作用被描绘成无关紧要，即政府较少压制和反对经济的发展。以往那种认为中国是专制精英统治的东方社会，统治者总是干预社会生活的类似观点已不再流行。许多学者不再相信清朝政府反对贸易和压制商人，认为中国并不是一个"集权经济"。我们所看到的确实是一个巨大转变。目前主流的观点将中国中央政府描述为一个"农业式家长作

① Wallerstein 1974；Wallerstein. *The Modern World-System II: Mercantilism and the Consolidation of the European World-economy 1600-1750*. New York，1980；*The Modern World-system III: The Second Era of Great Expansion of the Capitalist World-Economy, 1730-1840s*. San Diego，1989.

② Hobsbawm, Eric J. *Industry and Empire*. London，1968.

③ O'Brien, Patrick Karl. "Inseparable Connections: Trade, Economy, Fiscal State, and the Expansion of Empire, 1688-1815," *The Oxford History of the British Empire*, vol.II, edited by P.J. Marshall.Oxford and New York，1998，pp.53-77.

④ Brewer, John. *The Sinews of Power: War, Money, and the English State, 1688-1783*. London，1989.

风"的政府①。按照这种观点，中国内部经济有许多小生产者和消费者，她的许多市场和市场的高度整合都是按照斯密主义的方式运作的。在"漫长的 18 世纪"，中国是一个商业市场经济——或者说是亚当·斯密所说的商业社会——政府干预经济以防止人民生活水平受到威胁②。例如王国斌的研究就认为在经济生活中，中国政府是"仁慈"的和高效的，而并非多变的和专横的。政府确实有需要管理的事项与权利，首先最为重要的是在农业方面，政府无疑想要控制和管理公众生活的某些方面，因为安全和财富比个人自由更加重要。当政府的主要特权不受威胁，它的政策便不会干涉经济。这种观点的拥护者承认这基本上是一种保守的看法，即中国政府尽量维持而非改变现状。用威尔（Will）的话来说，这完全可能导致"数量型的发展"（斯密型增长）而非"质量型的发展"（库茨涅茨增长）。

---

① 讽刺的是在欧洲对 19 世纪中国的形象的看法发生转变之前，就已经有许多人持有这种观点，比如许多所谓的"重农学派"。按照时间顺序，关于重农主义对清政府在经济中的作用的著作有：Mann, Susan. *Local Merchants and the Chinese Bureaucracy, 1750－1950*. Stanford, 1987；Will, Pierre-Etienne and Roy Bin Wong. *Nourish the People: the Ttate Civilian Granary Yystem in China, 1650－1850*. Ann Arbor, 1991；Leonard, Jane K.and John R.Watt. *To Achieve Security and Wealth: The Qing Imperial State and the Economy, 1644－1911*.Ithaca, New York, 1992；Gang Deng. *The Premodern Chinese Economy: Structural Equilibrium and Capitalist Sterility*. London and New York, 1999；Dunstan, Helen. *Conflicting Counsels to Confuse the Age: A Documentary Study of Political Economy in Qing China, 1644－1840*, Ann Arbor, 1996；Wong 1997；Dunstan, Helen 1999: 210－245；Helen Dunstan. "The Search for European Differences and Domination in the Early Modern World: A View from Asia," *The American Historical Review*, vol.107, 2002, pp.447－469；Antony, Robert J. and Jane Kate Leonard. *Dragons, Tigers, and Dogs: Qing Crisis Management and the Boundaries of State Power in Late Imperial China*. Ithaca, New York, 2001；Rowe, William T. *Saving the World: Chen Hongmou and Elite Consciousness in Eighteenth-century China*. Stanford, 2001. Kreuzer, Peter. Staat und Wirtschaft in China: Die kulturelle Grundlage Politischer Steuerung: Verwaltungskultur und Verwaltungsstil der Qing Administration. Frankfurt am Main, 1998.

② 关于斯密的商业社会的概念，参见 Macfarlane, Alan. *The Riddle of The Modern World: Of Liberty, Wealth and Equality*. Houndmills, 2000.

第二节　政府收入的比较

一、大革命和拿破仑战争（1792—1815）之前英国和其他欧洲国家的税收

让我们从政府对经济生活影响最重要的方面，即从税收和其他政府征收上开始分析。我在此试图比较中央政府的税收以及其直接和间接的开支。我们将把比较集中在英国与中国，但是如果可能和有用的话，也会涉及其他西欧国家。无论是人均还是总量上，英国的税收或者一般意义上的收入都要高于中国，这是本章的主要观点。我将尽力避免夸大或者缩小有关中国与英国的数据。对英国来说，根据数据的可获得性，主要集中分析1688—1850年或者更早时候的状况。对中国的研究同样局限于这一时段。

让我们从英国开始。按照派特里克·欧布莱恩（Patrick O'Brien）的估计，从1688—1815年，英国财政部即中央金库的税收收入，从200万镑增长到6 200万镑先令甚至更多①。这是那个时期最高的数量。在滑铁卢战役结束了长时期的战争之后，税收大幅度地下降了。按照其他学者的估计，税收甚至超过了7 000万镑先令。②考虑到争议还在，我们运用最低的估计。由于战争刚刚结束的缘故，反对者认为这个数据不具有典型性。但是这不能否认这一事实：支付的税收数目大的让人难以置信。让我们用比较的观点来看这些数据，首先看税收水平，特别是在18世纪末期税收飞涨之前。在"西班牙王位继承战争"（1702—1712）之后的几年内，英国中央金库的税收收入少于600万镑先令。到1790年，在法国革命和拿破仑战争引起财政收入

---

① Patrick K.O'Brien. "The Political Economy of British Taxation, 1660–1815," *Economic History Review*, vol.41 （1988），p.3.

② 参见 Horstman, Allen. "Taxation in the Zenith: Taxes and Classes in the United Kingdom, 1816–1842," *The Journal of European Economic History*, vol.32, no.1 （2003），p.113；Kozub, Robert M. "Evolution of Taxation in England, 1700–1850: a Period of War and Industrialization," *The Journal of European Economic History*, vol. 32, no.2 （2003），p.373.

增长之前，税收则增长到了 1 600 万镑先令，相当于 18 亿克白银。这是由不到 1 000 万人缴纳的，人均约 190 克白银。

让我从比较的角度提供西欧其他一些国家的数据。与英国的数据一样，这些数据也是关于拿破仑战争之前的状况。拿破仑战争持续了20 年，期间税收发生了巨大的增长。荷兰共和国中央政府在 1790 年的税收是 3 900 万荷盾，相当于 39 000 万克白银。人均大约 180 克白银。1716 年总税收收入是 3 100 万荷盾即人均 160 克白银。这个小国家的人口在整个 18 世纪相当稳定，从 190 万增长到 210 万。[①]对法国的各种估计差异较大。按照马赛厄斯（Mathias）和欧布莱恩(O'Brien）的估计，在 1715 年法国总税收是 1. 66 亿里弗尔（livres tournois），到1785 年增长到了 4. 24 亿里弗尔。到 1790 年，有 5 亿里弗尔[②]。他们估计法国总人口在 1715 年大约超过 1 900 万，1790 年大约 2 100 万。邦尼（Bonney）在他最近出版的作品中，认为旧政权（Old Regime）后期的数据更高。他认为在 18 世纪 80 年代法国税收为 5. 68 亿里弗尔，法国人口稍低于 2 500 万。这意味着在 1715 年，按照他所估计的人口，平均一个法国人支付大约 8. 5 里弗尔税收，大约为 63 克白银。邦尼（Bonney）最近的估计认为 18 世纪 80 年代法国人均税收为 23 里弗尔，大约值 103 克白银。这将意味着在法国大革命之前法国人总共支付了 25. 5 亿克的白银税收[③]。

西班牙，即最后一个例子，同样在 18 世纪经历了税收的巨大增长。在 1713 年，政府普通税（ordinary tax）的收入大约为 1. 17 亿里亚尔（reales），而其非普通收入（extraordinary revenue）大约为1. 13 亿里亚尔。那时来自美洲的收入还微不足道。为了方便，我把

---

① 参见 Vries, Jan de and Ad van der Woude. *The First Modern Economy: Success, Failure and Perseverance of the Dutch Economy, 1500－1815*. Cambridge, 1997, pp. 81-128. 较为简洁的资料请见 Hart, Marjolein. "The United Provinces, 1579-1806," *The Rise of the Fiscal State in Europe, c.1200－1815*, edited by Richard Bonney. Oxford, 1999, pp.309-326.

② Mathias, Peter and Patrick K. O'Brien, "Taxation in Britain and France, 1715－1810. A Comparison of the Social and Economic Incidence of Taxes Collected for Central Government", *Journal of European Economic History*, no.5 (1976), p.604.

③ Bonney, Richard. "France 1494-1815", *The Rise of the Fiscal State in Europe, c. 1200-1815*, edited by Richard Bonney, Oxford, 1999, p.161.

这些数据加在一起，得到总税收 2.29 亿里亚尔。西班牙王朝的年收入（除了债券和来自美洲的财富）在法国革命之前已经上升到 6 亿里亚尔（reales de vellón）。换算成白银，6 亿里亚尔是 7.2 亿克白银。对于利比里亚半岛的 1 000 万—1 100 万人口来说，人均税收是 70 克白银①。

依据前述的数据，我们能够找一个标准与中国的状况进行比较。根据我们所运用的文献，在法国革命的前夕，只计算四个西欧国家（英国、荷兰共和国、法国和西班牙），其总共有不超过 5 500 万的人口，平均每年 55 亿克白银最终归中央政府所有。55 亿克白银等于 1.5 亿两中国白银。上述四个国家综合在一起，人均税收支付为 120 克白银，相当于 3 两白银还要多。

在拿破仑战争之前，欧洲其他的国家税收也非常高。18 世纪 80 年代的后半期，奥地利君主国中央政府的总税收为 8 000 万弗罗林币（florins）②。人均数量大约为 45 克白银。当时普鲁士中央政府的净收入是 2 000 万塔勒（talers），大约相当于人均 70 克白银③。1795

---

① 请注意 "vellón" 的意思是铜。西班牙直接从美洲获得白银比世界上任何国家都要多，其财富主要用铜的价值来表示。One *real* of silver = 2.5 *real* of copper, and one real of vellón (copper) = 1.2g silver (Bonney, Richard. "The Eighteenth Century. II: The Struggle for Great Power Status and the End of the Old Fiscal Regime," *Economic Systems and State Finance*, edited by Richard Bonney. Oxford, 1995, pp.337, p.359). 文中其他数据，参见 Barbier, Jacques A. and Herbert S. Klein. "Revolutionary Wars and Public Finances: the Madrid Treasury, 1784—1807," *Journal of Economic History*, no.41（1981），pp.315—339；Bonney, Richard. "The Eighteenth Century. II: The Struggle for Great Power Status and the End of the Old Fiscal Regime," *Economic Systems and State Finance*, edited by Richard Bonney. Oxford 1995, pp.373—374；Gelabert, Juan. "Castile, 1504—1808," *The Rise of the Fiscal State in Europe, c.1200—1815*, edited by Richard Bonney. Oxford, 1999, pp.201—242；Lynch, John. *Bourbon Spain 1708—1809*, Oxford and Cambridge Massachusetts, 1989, pp.61, 324—325；Yun-Casalilla, Bartolomé. "The American Empire and the Spanish Economy: an Institutional and Regional Perspective," *The Costs and Benefits of European Imperialism from the Conquest of Ceuta, 1415, to the Treaty of Lusaka*, 1974, edited by Patrick Karl O'Brien and Leandro Prados de la Escosura（*Papers of the Twelfth International Economic History Congress in Madrid*, 1998），pp.123—156.

② Capra, Carlo. "The Eighteenth Century, I: The Finances of the Austrian Monarchy and the Italian States," *Economic Systems and State Finance*, edited by Richard Bonney. Oxford, 1995, pp.308—309. 1 个奥地利弗罗林 = 10 克白银。

③ Bonney 1995：365—368.

年俄国政府净收入超过 5 500 万卢比（roubles），人均超过 3 卢比，大约为 60 克白银多一些①。

二、西欧国家政府的其他形式收入

这部分仍然继续关注税收收入。但是必须认识到，作为正式规定的税收并不是政府唯一的收入。政府能够而且确实常有其他的收入来源。一些例子表明，在这方面欧洲国家确实存在着不同。让我们从位于欧洲中部的两个国家开始，在那里，国家统治的领土仍然十分重要。1740 年，普鲁士总收入的 45% 来自于领土，1800 年是 40%②。在 18 世纪的最后几十年，奥地利政府收入的 20% 左右来自于国家资产，即领土、矿产和货币的收入③。对西方国家政府来说，国家资产在收入中相对来说并不重要。在整个 18 世纪，英国 10% —15% 的政府收入来自于领土和其他产权。这部分收入的重要性随着时间而下降。在法国是 5% —10% 的比例④。

19 世纪发生了重要的改变。来自国家资产的收入变得非常重要。但是现在收入不再主要来自于领土和与之相似的资产，而是来自于其他各种不同的来源：各种宗教权利，居民必须支付给政府获得售卖的垄断特权；来自港口和矿产以及邮政和铁路等政府企业的利润分成。让我提供一些数据以表明这部分收入增长了多少。这些数据表明了从 1830 年到第一次世界大战之间，各国政府来自于国家资产收入百分比的最高值与最低值：普鲁士是 16% —69%，法国 8% —45%，奥地利 16% —43%，英国 12% —22%。⑤

---

① Kahan, Arcadius. *The plow, the Hammer and the Knout: An Economic History of Eighteenth-century Russia.* Chicago and London, 1985, pp. 346 − 347; Bonney 1995: 367−372.

② Gorski, Philips S. *The Disciplinary Revolution: Calvinism and the Rise of the State in Early Modern Europe.* Chicago and London, 2003, p.82.

③ Mann, Michael. *The Sources of Social Power*, vol.II: *The Rise of Classes and Nation States, 1760−1914.* Cambridge 1993, p.382. 更多的数据见 Capra 1995: 295−314.

④ Mathias, Peter and Patrick K. O'Brien. "The Social and Economic Burden of Tax Revenue Collected for Central Government," Prodotto Lordo e Finanza Pubblica, Secoli XIII-XIX, edited by Annalisa Guarducci.Florence, 1988, p.808.

⑤ Michael Mann 1993: 382, 387−389.

当一个统治者仍然"依靠自己生活"，那么来自领土的收入仍是最重要的。传统上纳贡与徭役是统治者收入的额外来源。在 18 世纪，作为统治者的西欧政府不再对被统治的臣民要求纳贡与徭役。为了简化分析，我们将把西方政府的收入等同于我们考察时期的税收收入。但是必须认识到实际的政府收入比税收收入要高，实际收入还要加上来自领土和其他资源的大量货币收入。对西班牙来说，应该加上直接来自于美洲的海外殖民财富①。

三、清政府的税收及其他形式的收入：一个一般性的评论

大约从 1680 年到 19 世纪 30 年代这段时期内②，清中国的状况又是如何的呢？就我所能获得的用西方语言写作的文献来看，结论是信息很缺乏，而且许多情况很难得到说明。正如已有的观点：清朝财政不透明，特别是对中国汉人保密。户部和为公共建设积累和储藏的财富都掌握在满族手中。在 19 世纪最后的 25 年之前，没有一个汉人被雇用为户部和公共工程的职员。皇室也对汉人封闭③。全部的财政收入和帝国支出一直对汉人完全保密。阅读这些文献，会发现仍然缺乏系统和有序的信息。

中央的征收机构并不仅限于户部和皇室这两个部门，还有许多其他各种不同的收入来源。让我们从税收开始。税收由户部征集。到目前讨论的时期为止，最重要的是土地税，或者说是土地与人头税的综合。税收的大部分由货币支付，剩下的用特定种类的物品支付。此外，存在几种其他小的税源：主要是单独的谷物供赋、盐税和关税。"关税"是国内贸易加上广州征集的国际贸易税。直到 1858 年中国才有了独立的海关机构④。下面是一个被广泛接受的关于中央政府

---

① 关于欧洲政府不同的收入与变化，见 Richard Bonney 1995：423–506，其中关于政府收入的思想变化情况，见第 163—230 页。
② 笔者主要讨论从 1792—1815 年的时期，这 160 年里没有断裂、加速进步和改变的情况。
③ Te-ch'ang Chang 1972：243–273.
④ 关于清朝海关衙门的建构，见 Ramon H. Myers and Yeh-chien. "Economic Developments, 1644–1800," *The Cambridge History of China*, vol.9, part 1：The Ch'ing dynasty, edited by Willard J. Peterson. Cambridge, 2002, pp.584–585.

年度总税收的估计：康熙时期（1662—1722）年均 3 500 万两白银；雍正时期（1722—1735）年均 4 000 万两白银；乾隆时期（1736—1795）年均 4 300 万—4 800 万两。在 18 世纪末，估计的数目在 4 300 万—4 400 万两白银。此后一直到 1849 年，在大约半个世纪内，基本上保持在这个水平，即 4 200 万两。从 19 世纪 50 年代，税收开始大幅度增长，到 1911 年时达到 3 亿两白银[①]。

在一些文献中，上述税收常常很巧合的等于政府总收入，似乎北京政府没有其他的收入。这不正确。正如王业键在他的关于土地税的著作中所证明的，必须在税收之外加上所谓的大量的"额外"收入。他认为，1753 年总收入中官方税收份额为 5 600 万两白银。按照他的计算，近 1 800 万两白银的额外收入需要加到这个数目上。额外收入超过总收入的 30%。但这还不是全部。

王业键也提到了他谓之的"进贡"，并将其分为两种。第一种由售卖身份、特权、军衔和公职获得的收入。在 18 世纪末，政府仅通过售卖身份、特权和军衔每年就获得 300 万两白银。通过售卖公职，一次性获取总共从 200 万—3 000 万不等的收入。这些收入成为政府的重要收入来源，尤其是在 19 世纪早期。王业键提供了下列数据：在雍正时期，按照这种方法获得的收入占政府总收入的9%（除去谷物供赋）；乾隆时期，这个数目上升到了近乎 17%；嘉庆统治时期（1769—1820），这部分收入不少于政府总收入的 54%；在道光统治时期（1821—1850），这个数目等于 33%；下一个皇帝统治时期，这个数目开始下降。他认为其他的收入来自于商人，这些钱的数目明显少一些。从 1735 年到 1820 年期间，王业键提供的数目是 4 000 万两白银[②]。根据我所阅读的文献，这些数目显然没有涵盖来

---

① 关于这些数据的例子，见 Hsü, Immanuel C.Y. *The Rise of Modern China*. Oxford and London，2000，pp.59–65；Rawski, Evelyn S. "The Qing Formation and the Early-modern Period," *The Qing Formation in World-historical Time*，edited by Lynn A. Struve. Cambridge Mass. and London，2004，pp.213–218；R.B.Wong 1997：155–156.
② Yeh-chien. *Land Taxation in Imperial China 1750 – 1911*. Cambridge Mass.，1973，pp.8–12.

自商人的全部收入，我倾向认为这些估计太低了①。

王业键最后提到来自公共事业（public enterprises）的租金、利息和利润。按照他的观点，在本章考察的时期内，这些收入是微乎其微的。此处涉及的租金和利息事实上是帝国皇室的收入来源。从总的数目来看，这些收入并非微乎其微。张德昌（Te-ch'ang Chang）的一篇文章甚至认为："……巨大的帝国收入来源……在19世纪中期以前常常超过政府户部的收入。"②笔者同意罗斯基的看法，即二手文献并不支持张的估计③。更重要的是，张自己提供的证据也完全没有支持这样一个极端的估计。但是，他确实证明了清朝早期私人财源规模的巨大增长。正如他所估计的，皇室收入至少占了政府全部收入的很大一部分。张提到了大量不同的收入来源：来自帝国领土的，本土和臣族的供赋，来自关税配额的剩余，来自人参与毛皮垄断贸易权的授予，来自矿产支付和征收。还有借给商人的贷款收入、国家当铺和不动产。一直到19世纪初期，皇家的收入定期被用来资助各种政府活动。

正如前文所述，西欧政府作为统治者不再从他的民众索取贡品和徭役。而在中国，这是一种经常的现象。如果考虑强制性徭役，在特殊"运动"时期各种形式广泛动员民众，以及由富裕臣民负担的特定

---

① 例如 Woodside, Alexander. "The Chi'en-lung Reign," *The Cambridge History of China*, vol.9, part 1 : *The Ch'ing dynasty to 1800*, edited by Willard J. Peterson. Cambridge, 2002, p.273.此处文献明确提到乾隆统治期间，盐商两次"贡赋"总共等于1 600万两白银；Naquin, Susan. *Millenarian Rebellion in China: The Eight Trigrams Uprising of 1813*. New Haven and London, p.360.此处提到两徽盐商资助政府1 240万两白银，于1810年5月至1814年4月，全部用于兴修水利。Zhuang Guotu. *Tea, Silver, Opium and War: The International Tea Trade and Western Commercial Expansion into China in 1740-1840*. Xiamen, 1993, pp.41-42. 此处作者提到在1773—1832年间，广东的行商总共上供了700万两白银。

② Te-ch'ang Chang 1972：244.关于皇室的详细介绍及其经济上的重要性，参见Wong 1997；Torbert 1977.

③ Evelyn S. Rawski. "The Qing Formation and the Early-modern Period", *The Qing Formation in World-historical Time*, edited by Lynn A. Struve. Cambridge Mass. and London 2004, p.218.

公共服务①，那么政府除了税收还拥有各种各样其他形式的收入，所以总量收入很难确定。从比较的观点来说，重要的是随着时间的推移，各种形式的"非正式的非税收收入"在英国和荷兰共和国的重要性急剧下降，法国大革命之后随着政府的改革在欧洲完全消失。

相反在中国，19 世纪前半期的各种例子表明，各种"非常规"的非税收收入变得越来越重要。政府频繁的借助各种特殊的方式扩展财源。土地税基本上固定下来不再变动。直到 1853 年后，引入新的贸易税和厘金，中国才尝试实行新的正税（regular tax）②。笔者还没有在西方的文献中发现关于全部中国政府收入来源总值的估计。人们可能想知道是否能获得关于这种估计的资料。笔者所找到的关于政府全部收入的数据表明，中国人均的政府收入要低于西欧，特别是英国，更不用说官方的税收了。当涉及人均支付税收额时，中国与西欧的差异很大。我们此处所讨论的不是差异而是差距。用长时间以来已经变成"共识"的特征或者另一种方式来表示，非常明显，税收在"自由放任"的英国要远远高于"东方专制主义的中国"。即使考虑到中国政府正式收入之外的其他形式收入，也不能改变我们的结论：与英国和大部分收入更低的其他西欧国家相比，中国政府的收入并不比他们多。

四、中国：对数量的进一步考察

让我们从细节上进一步考察中国中央政府的官方税收以及额外收入。到目前为止，就我们所讨论的清朝统治时期，最重要的税收来自于土地，税额一直保持稳定。随着耕地的扩展，土地税有所增加。所

---

① 关于组织资源与人力的文章见 R.B.Wong. The Changing Fiscal Regime of Qing Dynasty China, Conference paper, conference on Toward the Twentieth Century in Asia: Comparative Perspectives on Politics, Economy and Society in China and India, 2006 年 5 月 19—22 日，达勒姆，杜克大学。关于政府如何调遣资金或者服务的具体例子见 Mann, Susan. *Local Merchants and the Chinese Bureaucracy, 1750-1950*, Stanford, 1987, pp.12-28；E-tu Zen Sun. "The Finance Ministery (Hubu) and Its Relationship to the Private Economy in Qing Times," *To Achieve Security and Wealth. The Qing Imperial State and the Economy, 1644-1911*, edited by Jane K.Leonard and John R.Watt.Ithaca, New York 1992, pp.9-20.

② 在英国，到 17 世纪末期时，王国斌所提到的那种贡赋就已经变得不重要了。关于厘金税见 Beal, Jr., Edwin George. *The Origin of Likin, 1853-1864*. Harvard Mass.1958.

有的估计都认为在第一次鸦片战争之前，土地税不高于 5 500 万两白银。其余的官方税收一直很低。在乾隆皇帝后期，包括税收和额外收入的政府总收入大约是 1 亿两白银，这个估计可能有些不准确。我倾向认为这个估计有些高。但是，即使这么高的估计仍然只等于 3 300 万镑先令，或者 37 亿克白银。人均大约是 11 克白银。我们看到，18 世纪 90 年代，在大革命和拿破仑战争爆发之前，不足 5 000 万的西欧国民支付了价值等于 55 亿克白银的税收。这意味着，平均来说，本章所讨论的四个西欧国家居民，人均以白银的形式支付的税收大约是中华帝国臣民的 10 倍[①]。事实上差距可能还更大。

前文指出，在 18 世纪后期，各种"供赋"变得非常重要。当然很难知道确切数目。即使非常大胆的假设嘉庆（1796—1820）时期的"供赋"在全部政府官方税收中和额外收入一样重要；这仍然没有使清政府的收入在这个例外时期超过 2 亿两白银。在 19 世纪第一个 10 年，人均税收等于 20 克白银。

按照张的观点，皇室收入在 19 世纪中期以前"……常常超过政府财政的收入"[②]。前面已经指出张没有提供任何数据证明他的观点，所以不是非常可信。张大量参考托伯特（Torbert）关于皇室著作中的例子，但是托伯特的著作也没有提供确切的数据[③]。然而，即使这些收入平均每年等于 1 亿两白银——这是政府土地税的 2 倍——在第一次鸦片战争前，总的政府收入仍不高于 3 亿两白银。笔者在西方的文献中从没有发现任何如此高的估计。为了显示英国与中国差异的巨大，笔者将运用这个较高的估计作为比较的基础。这个非常高的估计也表明了这样的事实，人们所能找到的关于政府花费的数据从没有接近 3 亿两白银。笔者找到的从 1750—1840 年的数据从没有超过 5 500 万两白银，即 1 700 万镑先令。这是英国中央政府在拿破仑战争末期年

---

① 18 世纪 90 年代，中国拥有 3.4 亿人口。

② Te-ch'ang Chang 1972：244.

③ Torbert, Preston M. *The Ch'ing Imperial Household Department. A Study of Its Organization and Principal Functions*, 1662–1796. Cambridge Mass. 1977.

花费的 1/5①。但是作为收入，我们必须认识到这些数据并不必然告诉我们太多的事实。因为地方官员不得不支付超过官方收入的巨额花费，所以预算支出和实际支出的差额应该很大②。为了刻画整体的状况，我们也得考虑皇室支出和由地方税收之外的收入负担的开支③。笔者并没有得到关于这些开支的系统的信息。所以目前，在本章讨论的整个时期，把 3 亿两白银作为政府年均收入的最高数据。19 世纪 20 年代，当收入达到最高水平时，人口大约为 3.08 亿。所以人均数目大约为 30 克白银。正如我们所见，与英国居民缴纳给政府的数目相比很小。

五、对"漫长的 18 世纪"时期内中英的进一步比较：税收

因为英国是本章集中关注的西欧国家，所以现在让我们进一步探究中英差异。按照王业键的观点，1753 年北京政府获取的，包括额外收入，大约为 7 400 万两白银。他认为其他形式的政府收入在那时是无关紧要的④。所以让我们勉强接受 9 000 万两白银，这些白银等于 3 000 万镑先令。这个数目是当时英国中央政府收入的 4 倍还多。如果这个估计是正确的话，意味着 18 世纪的第六个 10 年，英国中央政府的收入大约为中国税收收入的 25%，而英国人口为中国的 3%。即使我们相信邓刚的极低的估计，那时英国人口仍然只占中国人口的大约 8%。在大革命和拿破仑战争之前，英国居民支付政府 1 600 万镑，或者价值 4 800 万两白银的税收。以白银计算，英国人均税负是中国居民的 20 倍，中国正式税收收入没有增长或者增长很少。

随着大革命和拿破仑战争的爆发，差距变的更大。在战争末期，大英帝国中央政府的总税收上升到 6 000 万镑先令还要多⑤。这意味

① 关于中国的数据可参见，如 Immanuel C. Y. Hsü 2000：61−63；R. Bin Wong 1997：155.

② 例如，关于晚清法定支出与事实支出见 Wang Yeh-chien. "The Economic Role of the Imperial Household in the Ch'ing dynasty", *Journal of Asian Studies*, no.31 （1972）, pp. 270−271.关于保留和赦免的税收见 Zelin, Madeleine. *The Magistrate's tael：Rationalizing Fiscal Reform in Eighteenth-century Ch'ing China*. Berkeley, 1984, chapter 2.

③ 有关皇室开支项目，见 Te-ch'ang Chang 1972：270−271.关于税收豁免，见 Madeleine Zelin 1984：Chapter 2.

④ 王业键没有考虑皇室的收入，我缺乏关于这个时期的具体资料。

⑤ 一些统计甚至更高，但是我坚持用最低的数据。

着每个大英帝国的居民在那时必须每年负担价值约为 500 克白银的税收！而按照最高的估计，此时中国居民支付给中央政府的只有 30 克白银，差距很大。在 19 世纪初期，用白银计算的清政府总收入，按照过于"乐观"的估计，也仅仅比大英帝国统治者高50%。伦敦政府人均的收入是北京的 16 倍。笔者确信，事实上的差距可能更大。

无论精确的数据是多少，无法质疑的是：我们所讨论的是完全不同的世界，我们所看到的是惊人的不同。在下面的估计中，这种不同将更加清晰，笔者将比较中英两国（生活水平最高的城市）的生活成本。英国居民在 19 世纪第一个 10 年每年支付税收数量以白银算大约为 500 克，部分在食品购买时以间接税的形式支付，这个数量足够为中国城镇和北京的一个居民提供一年的生存费用①。另一方面，一个中国人平均每年以一种或各种方式支付给中央政府大约 30 克白银——正如笔者所强调的，这是一个"慷慨"的估计——这个数目不够支付伦敦一个非熟练工人两天的工资。按照鲍博·艾伦（Bob Allen）的估计，1810 年伦敦一个非熟练工人平均日工资是 20 克白银还要多一些。无可否认的是，这个数目非常高，但是在 1820 年至 1850 年这个时期，每天平均工资仍要持续高于 17 克白银。对英国其他地方来说，我们发现了不同的数据：例如，从 1750 年至 1800 年，伦敦的平均工资比南部英格兰工资高 40%。差距在缩小，但是从 1800 年至 1849 年平均来说仍有超过 20% 的差异存在②。巨大的差距无疑也会在中国的各个地区存在。但是所有这些都不足反驳本文论点的主旨。

实际上我们已经在某种程度上回答了批评者必定要问的问题："但

---

① 关于中国和北欧的生存成本见 Allen, Robert C.et al. "Wages, Prices, and Living Standards in China, Japan, and Europe, 1738－1925", http://iisg.nl/hpw/factor-markets.php.注意此文中北欧的价格是指法国斯特拉斯堡 1745 年至 1754 年间的价格。英国，特别是南部和伦敦的大部分地区，价格和工资非常高。我假设广东和北京的生存成本从 18 世纪 50 年代到 19 世纪初期发生了增长，Allen 等计算的是每年 355—374 克白银。关于那时中国价格的变化见 Buoye, Thomas.M. Manslaughter, Markets and Moral Economy: Violent Disputes Over Property Rights in Eighteenth-century China. Cambridge Mass, 2000, chapter 2.

② Allen, Robert C. "The Great Divergence in European Wages and Prices from the Middle Ages to the First World War," Explorations in Economic History, no.38（2001）, p.416.

是，关于购买力呢？"在中国，1 克白银的购买力与英国相比有何不同？如果我们对以白银计算的生存成本进行比较，中国明显比英国低。但是不同时间和地点有所差异，所以估计必须要小心。在如此大的国度内，生存成本在不同地区差异当然很大。甚至在小国英格兰也是如此。更重要的是在两个国家内价格常常变动。但是，我认为在整个"漫长的 18 世纪"里，中国比英国生存成本更低的结论是不容置疑的。更加困难的是计算出中国比英国的生活成本低多少。根据可获得的文献，以及需要做出基本结论的文献量的要求，笔者认为在中国以白银计算的生存成本更加低是一个可信的结论，但是这种差距太小而远远不足弥补人均税收的差异。笔者认为中国的生活成本是英国的 1/3 还要少[①]。为了更加精确，这个结论仅仅指两个国家被研究最充分的也是最发达的地区。这意味着在 19 世纪初期，以"全部"购买力计算，一个英国臣民支付给政府的收入是中国居民的 8 倍多。

进一步研究居民支付给政府的收入的重要性与影响是有意义的。笔者将集中考察 18 世纪后半期到 19 世纪第一个 10 年之间的非熟练工人的工资。18 世纪后半期，在中国，一个非熟练工人每天不会赚取多于 3 克白银的工资。这大大少于伦敦的非熟练工人工资（每天 11.5 克白银），以及英格兰南部（每天 8.3 克白银）和阿姆斯特丹（每天 9.2 克白银），也少于巴黎的同行，他们每天赚取 5.2 克白银。巴伦西亚和马德里的非

---

① 关于中英生活成本与欧洲一般情况的比较，见 Robert C. Allen. "Real Wages in Europe and Asia：A First Look at the Long-term Patterns" and "Mister Lockyer Meets the Index Number Pproblem：the Standard of Living in Canton and London in 1704," www.economics.ox.ac.uk./members/robert.allen；Robert C Allen et al. "Preliminary Global Price Comparisons, 1500—1870," 会议论文，乌特勒支全球经济史会议论文，2004 年 8 月 19—21 日，乌特勒支，荷兰，http：//www.iisg.nl/hwp/conference.html；Robert C Allen et al. "Wages, Prices, and Living Standards in China, Japan, and Europe, 1738—1925," http：//iisg.nl/hpw/factormarkets.php. 问题是中国与英国消费商品结构不同。本文中关于消费结构也是建立在猜测的基础上。戴克（Paul A. van Dyke）在他的著作 The Canton Trade. Life and Enterprise on the Chinese Coast, 1700—1845《广州贸易：中国海岸的生活与生意，1700—1845》，Honking（2005）中提供了关于一些消费品、特殊商品的价格以及工资的数据。

熟练工人每个工作日赚取 5 克白银①。那时的中国与欧洲中央和南欧比如里斯本和米兰等地区工资相近，为每天 2—3 克白银。从 1800 年至 1850 年，中国的白银工资几乎没有发生变动，而伦敦上涨到平均每个工作日 17.7 克白银。英格兰南部是 14.6 克，阿姆斯特丹保持不变，巴黎上升到 9.9 克。马德里，作为最后一个例子，上升到每天 8 克白银②。中国的白银工资相当低，尤其是与英国相比，这对可能支付给政府的税收数目有很大的影响。我们已经看到在 19 世纪第一个 10 年，一个英国人支付给政府的白银是一个中国人的 16 倍。以工作日表示，一个英国非熟练工人必须工作几乎 30 天才能负但得起他的税收，而中国仅仅 10 天。这种比较不是完全公平，因为在中国，劳

① 这些统计是 Robert C.Allen 做出的，见 Allen. "The Great Divergence in European Wages and Prices from the Middle Ages to the First World War," *Explorations in Economic History*. no.38（2001）411−447；Allen et al. "Wages, Prices, and Living Standards in China, Japan, and Europe, 1738−1925," http：//iisg. nl/hpw/factor-markets.php.卜如德（Stephen Broadberry）和古朴特（Bishnupriya Gupta）认为那时中国长江三角洲地区的白银工资甚至更低，少于 2 克白银，参见 Broadberry and Gupta. "The Early Modern Great Divergence：Wages, Prices and Economic Development in Europe and Asia, 1500−1800," *Economic History Review*, no.59（2006）, pp. 2−31.

② 关于欧洲各地生活水平比较的最新文献见（以字母顺序排列）：Robert C.Allen, "Real Wages in Europe and Asia：A First Look at the Long-term Patterns," www.economics. ox.ac.uk./members/robert.allen；Allen et al. "Wages, Prices, and Living Standards in China, Japan, and Europe, 1738−1925," http：//iisg.nl/hpw/factormarkets.php；Allen, Robert C., Tommy Bengtsson and Martin Dribe edit. *Living Standards in the Past：New Perspectives on Well-being in Asia and Europe*, Oxford, 2005；Broadberry and Gupta 2006：2−31；Broadberry and Gupta. "Monetary and Real Aspects of the Great Divergence Between Europe and Asia, 1500−1800," 会议论文, http：//www.lse.ac.uk/ collections/economicHistory/GEHN/GEHNConference7Papers.htm；更侧重于中国及其与西欧的比较有：Pomeranz 2000, and "Rethinking the Late Imperial Chinese Economy：Development, Disaggregation and Decline, Circa 1730−1930," *Itinerario. European Journal of Overseas History*, XXIV （2000）, pp.29−74, and "Standards of Living in Late Imperial and Republican China：a Preliminary Survey", Conference paper, conference on Comparative Perspectives on Politics, Economy and Society in China and India, 2005 年 5 月 19 — 22 日, 达勒姆, 杜克大学；And Articles by Huang, Philip, Robert Brenner, Christopher Isett and Kenneth Pomeranz over their debate in *The Journal of Asian Studies*, vol.61, no.2（2002）；另外, 艾伦在他的另一篇文章中也对 18 世纪的长江三角洲和英国的收入做了一个有趣的比较, 参见 Allen. "Involution, Revolution or What? Agricultural Productivity, Income and Chinese Economic development," www.economics.ox. ac.uk./members/robert.allen.

动力工资支付很不规则，而英国劳动力工资支付非常规范。赔偿金也一样，而且可能超过普通工人的平均工资。所以非常可能，平均来说，一个普通的在农场工作的中国人，可能比我们估计的工资赚得更多，因此，甚至工作少于 10 天就能负担得起政府的税收义务[①]。

六、必然的结论：中国政府是一个穷政府

无论如何看待这些数据，无论选取何种指标，结论都是必然的：相对来说，与英国相比，或者与西欧其他国家相比，中国政府并不是一个富裕的政府。这符合当时一些中国政府官员抱怨税收太低的状况。例如福谨（Fu Jin）其在 1677 年至 1688 年间任大运河和黄河的第一行政官，他认为低税收是中国政治经济的"三大祸根"之一，另外两大祸根是水利政策实施不力，以及对消费者、生产者比例过高的容忍[②]。

大部分数据是关于从 18 世纪最后 10 年到拿破仑战争结束这段时期，此时税收达到顶峰。可能有批评者会指出所涉及的时期不具有代表性。这样的批评当然是正确的。但笔者要指出的是，从 18 世纪 80 年代晚期到 19 世纪 20 年代是一个相当长的时期，在这段时间里发生了许多事。更重要的是对大分流的讨论非常重要，因为这段时期正是英国"分流"（diverge）的开始。在最后，笔者想指出这个事实，即使考虑到 19 世纪 20 年代以前税收下降的史实，我们讨论的西方政府收入与中国相比仍是完全不同的数量级。

在拿破仑战争之后，英国人均税收发生了巨大的下降，英国人的税负下降，税收占 GDP 的份额减少[③]。军事开支大幅度下降，而基础

---

① 关于扬子江地区农民工资的估算，见 Allen. "Involution, Revolution or What? Agricultural Productivity, Income and Chinese Economic Development," www.economics.ox.ac.uk./members/robert.allen.

② Dunstan, Helen. *Conflicting Counsels to Confuse the Age: A Documentary Study of Political Economy in Qing China, 1644–1840*. Ann Arbor, 1996, p.155.

③ Harling, Philip and Peter Mandler. "From 'Fiscal-military' State to Laissez-faire State, 1760–1850," *Journal of British Studies*, vol.32 (1993), pp.44–70.

建设之类的开支开始增长。在 19 世纪第二个 1/4 时期，英国政府的总收入徘徊在 5 600 万镑先令附近。考虑到增长的人口，人均税收减少不超过 3 镑先令。需要提醒的是，1 镑先令等于 111 克白银，价值 3 两白银。

税收的变化在西欧各个国家有巨大的不同。例如法国，拿破仑战争之后税收并没有下降。19 世纪 30 年代税收甚至增长到 10 亿法郎，价值约为 1.2 两白银，人均超过 3 两白银[①]。我们也提到了拿破仑被打败后俄国税收的巨大增长。相比而言，清政府的收入在 19 世纪前半期几乎没有变动，真正的上升发生在 19 世纪 60 年代之后。

第三节　债务

一、西欧的政府支出：巨额的债务

这部分将对政府支出进行全面比较。对西欧的政府来说，预算赤字积累成巨额债务几乎成了一种惯例。英国在这方面同样是一个典型的例子。在整个 18 世纪，平均大约 30% 的政府支出来自借款。这意味着他们的支出平均超过收入的 40%[②]。这导致巨大的国家债务。尼尔·弗格森（Niall Ferguson）在《现金枢纽》（*The Cash Nexus*）这部非常有趣的书中写道："在光荣革命之后的一个世纪里……英国的债务从和平时期的停滞上涨到 1784 年国家收入的 215%。在接下来的 10 年和平时期的短暂下降之后，1815 年再次上升到国家收入的 222%，1821 年达到顶点，约为 268%。"[③]

---

① Bonney, Richard. "France, 1494−1815," *The Rise of the Fiscal State in Europe, c.1200−1815*, edited by Richard Bonney. Oxford, 1999, p.165.

② Schremmer, D.Eckart. "Taxation and Public Finance: Britain, France and Germany," *The Cambridge Economic History of Europe*, VIII: the Industrial Economies: The Development of Economic and Social Policies, edited by Peter Mathias and Sidney Pollard, Cambridge, 1969, p.319.

③ Ferguson, Niall. *The Cash Nexus.Money and Power in the Modern World 1700−2000*. London 2001, p.129.

按照弗格森的估计，1821 年英国国家债务占到 GDP 的 268%，超过 80 亿镑先令①。这是一个巨大的数目：80 亿镑先令价值 888 亿克白银，或者 24 亿两白银。包括爱尔兰在内，人均数量等于 4 200 克白银。如果排除爱尔兰，人均超过 6 300 克白银。即使事实上债券被打折售卖，实际借贷的债务要少，这个数目对社会和政府来说仍是一个巨大的负担。这并不令人惊讶，拿破仑战争后，超过 60% 的税收用来归还国家债务。拖欠借款看来似乎是必然的，但是这并没有发生。这并不仅仅是因为经济的增长使得英国能够负担如此巨大的债务：统治者对债务的偿还也非常积极。拿破仑战争产生了史无前例的债务规模，我可能再次被批评涉及"史无前例"的例子。我想这样反驳这些批评：从 1760 年至 1860 年间，英国的国家债务从没有低于 GNP 的 100%。大约在整个世纪 2/3 的时期里——从 1780 至 1845 年——从没有低于 GDP 的 150%，这对"自由放任"的英国来说是非常巨大的数字②。

证明数目大小的好办法是将其与中国的 GDP 进行比较。例如，19 世纪 20 年代初期，英国公共债务超过 8 亿镑先令，这个数目占中国 GDP 的百分比是多少？我们并没有关于那时中国 GDP 的估算。费维恺（Feuerwerker）对 1750 年的数据做了一个相当离奇的估算，他认为 GDP 为 9.52 亿—17.13 亿两白银③。也有估算认为 19 世纪 80 年代晚期在 32 亿—34 亿两白银之间，一个更高的估计认为 1883 年

---

① Schremmer 认为在 1820 年英国的国家债务达到顶点，即 8.48 亿镑先令。Patrick O'Brien 认为 1819 年 8.34 亿镑先令是顶峰。见 Patrick Karl O'Brien, Fiscal and Financial Preconditions for the Rise of British Naval Hegemony, 1485−1815, unpublished paper. 经济史系，伦敦经济学院，1991 年 11 月 5 日，第 23 页。

② 参见 Macdonald, James. *A Free Nation in Debt. The Financial Roots of Democracy*. Princeton and Oxford, 2003, pp.348−355.

③ Feuerwerker, Albert. *Studies in the Economic History of Late Imperial China: Handicraft, Modern Industry and the State*. Ann Arbor, 1995, p.16.

超过 40 亿两白银①。换算成克，这个数目是 1 500 亿克白银。明显，
这些估计基本上很不精确。但是无论精确数据是多少，英国人口要少
于中国各省人口之和，能够使经济免于困境，甚至在 19 世纪前半期
开始工业化，用白银计算的债务，一定多于而且可能确实多于那时中
国 GDP 的一半！如果按人均的角度计算，数据更加让人吃惊。在 19
世纪 20 年代的初期，包括爱尔兰，英国的人均国家债务达到 4 200
克白银。为了便于论证，假设此时中国的 GDP 是 40 亿两白银。考虑
到 4 亿人口的事实，人均中国人是 10 两白银或者 370 克白银。这意
味着在大不列颠和爱尔兰，按白银计算的人均国家债务是人均中国人
年均收入的 11 倍多。当然应该在这个估计基础上打个折，因为白银
在中国的购买力是英国的 2—3 倍。但是，即使是我们的数据更加精
确更易比较，我的观点无疑也不会被驳倒。

其他欧洲商业资本主义的典范：荷兰共和国，也有巨额的国家债
务。1795 年，七省联合形成了共和国，此时东西印度公司和海军的
债务，总共达到 7. 66 亿荷盾。1814 年荷兰王国继承的国家债务是
12. 32 亿荷盾。这是当时国家收入的 2. 5 倍②。以白银计算，1 两白
银等于 3. 7 荷盾。荷兰王国拥有 200 万居民，而 1795 年的公共债务
达到 2. 1 亿两白银，1814 年不少于 3. 3 亿两白银。1814 年用白银计

---

① 就各种估算来说，其数据都显得不太可靠。按时间顺序排列，它们分别为：Chung-
Li Chang. *The Income of the Chinese Gentry*. Seattle, 1962, p.196，其估计 19 世纪 80
年代中国 GDP 为 27. 813 亿两白银，按照 1836 年的价格计算是 22. 03 亿两白银；Albert
Feuerwerker. *The Chinese economy, ca.1870－1911*. Ann Arbor, 1969, p.2，估计同时
期是 33. 388 亿白银，按照 1839 年的价格是 26. 456 亿两；Yuru. "Economic Growth
and Structural Change in Modern China 1880s－1930s", p.112，对 Chung-Li Chang 的
估计进行了修正，1887 年的 GDP 为 32. 139 亿两白银；Kent Deng. "The Nanking Trea-
ty System: Institutional Change and Improved Economic Performance," 这篇即将发表
的论文估计 1833 年为 39. 318 亿万，1839 年为 43. 25 亿两白银。另外邓刚估计 1830 年
的 GDP 为 15 万吨，即为 40 亿两白银，工作论文，伦敦经济学院 2006 年 6 月 5 日。因此
有理由相信 19 世纪 80 年的 GDP 并不比 19 世纪 30 年代的要高。
② Marjolein 't Hart, "The United Provinces, 1579－1806," *The Rise of the Fiscal
State in Europe, c.1200－1815*, edited by Richard Bonney. Oxford, 1999, pp.309－
326. Fritschy, Wantje, Marjolein 't Hart and Edwin Horlings. "Continuities and Dis-
continuities in Dutch Fiscal History," Conference paper, conference on The Formation
and Efficiency of Fiscal States in Europe and Asia, circa 1500 to circa 1913, 2001 年 6 月
21－23 日，马德里，第 8—9 页。

算的公共债务价值 123 亿克白银。这是当时中国中央政府税收的 3 倍。荷兰人均债务大约为 5 500 克白银。但是，荷兰共和国以及后来的荷兰王国并没有因为巨大的债务变得失控和穷困潦倒，顺便指出的是，在 1810 年利息减少到原有的 1/3 之后，荷兰不再偿还债务。在 19 世纪 20 年代，按照一些人的估计，荷兰仍然是世界上最富有的国家之一。①

在法国，按照国家收入的百分比计算，政府债务是低的。但是绝对数目仍很庞大。有人的估计，在 18 世纪 70 年代晚期，全部的法国国家债务占 GNP 的 56%。另外的资料认为 1787 年超过 80%，第三种统计认为 1789 年为 150%②。1789 年，法国的 GNP，估计是 54 亿里弗尔（livres tournois）。这意味着，按照最高的债务估计，我们所谈论的债务累计超过了 75 亿里弗尔。这个数目价值 9 亿两白银③。众所周知，这些债务给政府带来了巨大的负担。但仍没有摧毁法国的经济。在 19 世纪的前半期，大约在 25 年的战争与动乱之后，法国仍然是世界上最富裕与最现代化的国家之一。有些让人吃惊的是，1818 年法国的国家债务比英国（长期战争结束的赢家）少很多。估计人均 80 克法郎或者 360 克白银。总共的数目是 110 亿克白银，而此时的英国，人均债务负担是 5 400 克白银④。

西班牙的国家财政最终在拿破仑战争期间陷入了困境，当时全部的债务常年保持超过总的"常规"收入的水平。拿破仑的兄弟约瑟夫·波拿巴（Joseph Bonaparte）在 1808 年成为统治者，当时公共债务增长到 72 亿里亚尔（reales de vellón），价值 90 亿克白银⑤。从 1801 年至 1839 年，西班牙陷入长期的赤字，赤字规模周期性的波动于 20% ——

---

① 参见 Maddison, Angus. *The World Economy：A Millennial Perspective*. Paris, 2001, p.264.

② Niall Ferguson 2001：129.

③ 关于法国革命之前 GNP 的估计见 Goldstone, Jack A. *Revolution and Rebellion in the Early Modern World*. Berkeley, Los Angeles and Oxford, 1991, p.204. 为了表明数据差异的大小，请看 Macdonald 的书，他认为 1788 年法国的 GNP 等于 70 亿里弗尔，而公共债务是 46 亿里弗尔，参见 Macdonald, James. *A Free Nation in Debt.The Financial Roots of Democracy*. Princeton and Oxford, 2003, p.241.

④ Bonney 1995：382.

⑤ Bonney 1995：359.

33%，西班牙不像英国拥有高效的财政体系来应付赤字①。在这个国家，赤字确实是一个重要的问题。但是，在这一章中，我的全部观点不是讨论中国政府与西欧政府赤字的不同的效果，而是有什么不同。对此我的结论非常简单：相比中国，西欧政府了解公共债务，首先也是最善于掌控债务的英国，变成世界上最富有和最强大的国家。

如果我们把英国、尼德兰、法国和西班牙在拿破仑战争之后的全部公共债务加在一起，总数是 1 200 亿克白银，或者 32 亿两白银。按照邓刚的最终估计，这个数目非常接近中国在 19 世纪 30 年代一年的总收入。请注意，那时西方四国的人口是中国人口的 1/15。虽然这仅仅是在谈论数量级的差异，但是，当我们从政府在经济中的重要性、角色和功能的角度看待问题时，中国与西欧之间的不同显得多么重要。

试着得出一个一般性的结论可能显得有些重复和冗长，但是过度支出确实是几乎所有西欧政府的一个特征②。唯一的例外是一个小的共和国，即由几部分领土合在一起所形成的"瑞士"，其在整个现代化早期只有很少的防御性支出，没有公共债务和债务偿还③。也有例外，比如瑞典在 17 世纪 30 年代动员了 180 000 名士兵，但没有带来任何债务。正如许多人知道的，18 世纪的大部分时间里，普鲁士也是一个例外：原因可能是政府非常节俭，从国家领土内征集到了足够的收入。但是，战争结束后，特例不再存在，差异产生了。1786 年后，超过支出的财政盈余消失了。1794 年普鲁士已经花光所有收入，并开始借贷公共债务。当这个国家直接参与到反对拿破仑的战争中时，财政受到的影响是巨大的。例如拿破仑在 1806 年的耶拿战争后，要求支付战争赔偿金 5.15 亿法郎。按照利娅·格林菲尔德（Liah Greenfeld）的看法，法国对普鲁士勒索的总数甚至更大："总共，

---

① 参见 Barbier, Jacques A.and Herbert S.Klein. "Revolutionary Wars and Public Finances：the Madrid Treasury, 1784−1807", *Journal of Economic History*, no.41（1981），p.267.

② Körner, Martin. "'Expenditure'and 'Public Credit'," Bonney 1996：393−422, 507−538. 清晰简洁的说明可见 Macdonald 2003：249.

③ Körner, Martin. "Expenditure," Bonney 1995：414.

从1806—1813 年，当他们的财富被返还，法国从普鲁士攫取了，也许是 15 亿法郎这么多。"①在 1803 年，1 法郎价值 4.5 克白银。这意味着，被分割的普鲁士仅有 500 万人口，却不得不支付价值 1.8 亿两的白银，即人均 36 两白银，大约是当时中国人整年需要上缴税收的 2 倍。这个数目一定有些夸大。但是，即使普鲁士人仅仅支付 5.15 亿法郎，人均仍然等于 100 法郎，即 445 克白银或者 12 两白银。

无论法国具体攫取了多少的财富，1815 年普鲁士的公共债务是 2.6 塔勒（thalers）。按照其他的估计，甚至高达 2.78 亿塔勒。这等于 46 亿克白银②。这么巨大的公共债务不仅仅在西欧和欧洲中部很普遍，即使俄罗斯在 1796 年也有 2.87 亿卢比的公共债务。那时 1 卢比等于 20 克白银。所以这个数目是 43 亿克白银。为了使事情更加清晰：当年的政府净收入是 5 500 万卢比。甚至在和平时期债务也在持续增长，1825 年达到 13 亿卢比③。

二、节俭的中国

清朝的情况完全不同。在整个 18 世纪没有哪个皇帝实行财政赤字政策：通常金库中有货币剩余。很多情况下，我们看到皇帝向民众返还财富，通过政府财产的让渡资助民众④。在康熙、雍正以及乾隆皇帝的统治时期内，户部的财政持续盈余。在这些皇帝统治的顶峰时期，皇室也储备了大量财富，但是既不向外公布，也没有赤字。在西方，皇室财富是向外公布的。1771 年，户部拥有大约 8 000 万两白银，按照张的观点，这是 18 世纪最高的储备⑤。此时正是乾隆皇帝著名

---

① Greenfeld, Liah. *The Spirit of Capitalism: Nationalism and Economic Growth*. Cambridge Mass. and London, 2001, p.189. 同时参考 Macdonald 2003：333，其中对 1799 年俄国付给法国的现金支付的保守估计是 7.85 亿法郎，如果包括征收的各种物品，总数可能更高。关于 19 世纪德国的债务，见 Ferguson 2001：130.

② Bonney 1995：367.

③ Bonney 1995：368−371.

④ 关于财产授予，参见 Rawski, Evelyn S. "The Qing Formation and the Early-modern Period," *The Qing Formation in World-historical Time*, edited by Lynn A.Struve. Cambridge Mass. and London, 2004, p.221.

⑤ Te-ch'ang Chang 1972：272. Alexander 甚至更加乐观，认为在 18 世纪 70 年代末这些储备不少于 8 000 万两白银，见 Alexander 2002：270.

的"十大战役"（Ten Completed Great Campaigns）进行到一半的时期。显然，我们所看到的不是一个掠夺性的国家有组织的增加收入，相反，中国统治者更加热衷于减少开支而不是增加收入。他们没有赤字开支和掌控债务的经验。只要收入足够，一切都不是问题。但是，当政府需要大量的财富时，财政支出很快变成一个严重的问题，特别是当它在短期内需要费用时。在英国，发展起了一个复杂的系统；其有着迅速和非强迫性的调动大量财富的能力，而中国完全缺乏这个能力。

由于这个原因，相对非常小的财政问题也能对政府财政产生巨大的冲击。当涉及债务与赤字的时候，中国统治者与欧洲统治者的想法完全不同。他们也影响了许多研究中国史的历史学家。例如白彬菊（Beatrice Bartlett）在她的关于军机处（Grand Council）的历史书中写到，1723 年，雍正采取妥协的办法，因为面临"250 万两左右土地税拖欠"的问题。这些"持续拖欠"的数目少于 100 万镑先令，即人均中国人 1 克白银还要少。在书中的其他地方，她提到 250 万两白银是一个"非常大的缺口"[1]。按照濮德培（Peter Perdue）的观点，在 1747 — 1805 年间，清朝主要战役的总成本是 3 亿万两白银，价值 100 万镑先令。当然，有些年份的支出要高于其他年份。但是平均来说，我们所讨论的数目每年仍要少于 200 万镑先令。当读到按照濮德培的观点，由于"……军事成本的大幅度上升"[2]，18 世纪末期中国陷入困境时，我想这恐怕会引起一个"欧洲中心论"式的微笑。

在 19 世纪，对赤字的看法尤其是处理赤字能力的不同变得非常引人注目。我不记得我所读过的任何一本关于中国历史的书，不把当时的战争补偿和赔款，以及政府财政赤字看作中国经济蹒跚而行的原因。但是，当我们看到事实数据，并把其与欧洲比较，你不得不得出这样的结论，相对来说，问题不大。中国的问题并不在于财富的多

---

[1]　Bartlett, Beatrice S. *Monarchs and Ministers: the Grand Council in Mid-Ch'ing China, 1723–1820*. Berkeley, 1991, pp.27, 71.

[2]　Perdue. "China's Environment, 1500–2000: Is There Something New Under the Sun?" Conference paper, conference on Comparative Perspectives on Politics, Economy and Society in China and India, 2005 年 5 月 19 — 22 日，达勒姆，杜克大学，表 1.

少，而是政府没有利用全国财富的能力。1843 年，第一次鸦片战争之后签订的南京条约，要求中国支付赔款，数目大约等于 1 800 万比索。1 比索少于 25 克纯银，中国人均是 1 克白银。 从 1843 年至 1899 年的整个时期，中国的战争赔款总共是 7.13 亿两白银。平均是每年 1 200 万两白银。即使考虑到单位两的价值在浮动，每年人均也是 1—1.5 克白银①。关于政府国际债务的话题在那时常常引起广泛讨论，并被当作一个主要的问题，从 1861 年至 1898 年，国际债务增长到 2.7 亿两白银，人均不足 1 两白银②。应该知道国际债务变成一个问题的原因是什么，而不仅仅是重复的询问这是否是一个问题。

与西欧政府征集的财富相比，中国的赤字是"小菜一碟"。我已经提到 19 世纪初期拿破仑对普鲁士政府索取财富的数量。让我举另外一个例子：在与德国的战争失败后，1871 年轮到法国支付的赔偿金是 50 亿法郎。法国人均支付超过 500 克白银。这些赔偿仅在两年内就被还清，没有历史学家尝试证明法国的经济遭到摧毁。原因很简单：这种断定是不可能被支持的。

从 19 世纪 20 年代晚期开始的著名的白银被"耗竭"的经济危机，表明中国财政金融体制存在一些问题。这些问题正是中国经济出现问题的主要原因。从那时直到 19 世纪 50 年代，中国白银流出的数目并不让人觉得印象深刻：无论是与中国两个世纪的持续流入的白银储备相比，还是按照人均的基础来说。关于当时白银流出量的一些非常离奇的估计不再被严肃的学术研究所相信。19 世纪晚期，美国历史学家霍西·巴劳·摩西（Hosea Ballou Morse）估计，在 19 世纪的第二个 1/4 时期，有净白银流出中国，按照他的观点，由于鸦片进口，有超过 2 亿两的白银流出量③。最近关于从 19 世纪 20 年代到 50 年代白银流出量的估计要更低。林满红（Man-houng Lin）认为从

---

① 此处的数据来自于邓刚，*Miracle or Mirage*，即将发表。邓的数据来自于赵德馨 1990 年的《中国经济史词典》，第 874—880 页。

② 此处的数据来自于邓刚，"Sweet and Sour Confucianism"，会议论文，第十届全球经济史会议论文，2006 年 9 月于华盛顿，第 36—37 页.

③ Yeh-chien. "Secular Trends of Rice Prices in the Yangzi Delta, 1638-1935," *Chinese History in Economic Perspective*, edited by Thomas Rawski and Lillian M. Li. Berkeley, Los Angeles and Oxford, 1992, p.61.

1814—1850 年，白银净流出量在 1.5 亿美元或者 1 亿两左右①。金德尔伯格参考了钟余倩（Yu-Chien-chi'ung 的音译）的研究，估计从 1827 到 1849 年是 1.4 亿美元②。这几乎与郝延平的估计相同。根据王业键的一些研究，金德尔伯格认为，从 1827—1849 年，净白银流出量是 1.34 亿美元③。

为了使观点更加有说服力，我运用最高的估计，即摩西的数据，25 年里共 2 亿两白银流出，即每年 800 万两白银或者每人年均 1 克不足白银。我仍仅仅提供数量级的数目。当然并不排除有些年份"消耗"量的剧烈波动：我想在此说明的是，这并不能完全解释中国政府与经济的困境。我只涉及三个方面的变化：云南铜的产量变得极低；同时从日本进口铜的数量大幅下降——1790 年至 1817 年，每年 100 万斤降到 1840 年至 1851 年年均 543 000 斤，以及与之相关的事实，即纸币流通急剧下降④。许多当代的全球史学家认为中国是全球白银的"沉淀池"，我认为这个论断过分夸张了。即使在"耗竭"开始之前，白银在中国相对来说比较缺乏。但是即使白银流出量这么多，也没有在白银流通的领域中发生危机。

我倾向认为中国的财政金融问题，显然首先也是最直接与政府财政相关的问题，主要是由财政金融系统发挥功能的方式造成的，并不是由支付的赔款或者债务，或者由于贸易赤字和白银出口的数

①　Lin, Man-houng. "From Sweet Potato to Silver: the New World and Eighteenth-century China as Reflected in Hui-Tsu's Passage about the Grain Prices," *The European Discovery of the World and Its Economic Effects on Pre-industrial Society, 1500−1800*, edited by Hans Pohl. *The European Discovery of the World and Its Economic Effects on Pre-industrial Society, 1500−1800*. Stuttgart, 1990, p.321.

②　Kindleberger, Charles P., Spenders and Hoarders. *The World Distribution of Spanish American Silver 1550−1750*. Singapore, 1989, p.69.

③　Yen-p'ing Hao. *The Commercial Revolution in Nineteenth-century China: the Rise of Sino-Western Mercantile Capitalism*. Berkeley, Los Angeles and London, 1986, p.122.

④　Yeh-chien. "Evolution of the Chinese Monetary System, 1644 − 1850," *Modern Chinese Economic History*, edited by Chi-ming Hou and Tzong-shian Yu. Taipei, 1979, pp.442−443.

量引起的①。比较法国大革命之前英国和法国的这段历史是非常有启发的。在这两个国家间，法国的税收与债务更低些，但是其政府的财政问题却更加严重。此处仍然是由于财政金融体系而非财富数量的绝对或相对的多少造成的不同。

第四节　军费开支

一、极度重要的军事

前文一直讨论的非军事人员，以当代的观点来看，是典型的政府雇员。但是，在此章所涉及的所有时间内非军事雇员的数目与士兵相比都相形见绌。同样，运用可靠和可比较的数据对不同国家和时期进行对比分析是非常困难的。我仅仅关注这样两个问题："理论"上的士兵数目与实际动员的数目之间有差异，战争年代与和平时期不同。但是这个结论是毋庸置疑的：那时的西欧高度军事化。

让我举两个例子说明军事化的程度②。18 世纪的普鲁士，如法国的孔德（Comte de Mirabeau）所说的，不是一个国家配备一支军队而是一支军队配备一个国家。1740 年，国家总人口 220 万的普鲁士

---

① 顺便说明的是从 19 世纪 20 年代到 19 世纪 50 年代英国的贸易赤字远远高于中国，1834 年至 1836 年英国年均进口是 7 000 万英镑先令；1844 年至 1846 年，年均 9.1 亿镑先令。这两个时期的总出口（包括再出口）分别是 4 600 万镑先令和 5 800 万镑先令。因此有 2 400 万镑先令和 3 300 万镑先令的差额。第一时期每年人均白银流出量为 150 克白银，第二期为 200 克白银。显然，一个健康的经济和国家能够应对白银流出的问题。当然，英国通过出口服务与资本来弥补赤字。但是中国为什么不这么做呢？关于这些数据见 Evans，Eric J. *The Forging of the Modern State.Early Industrial Britain, 1783-1870.* London and New York，1996，pp.415-416.

② 关于欧洲近代化早期军队规模的估计存在很大不同：Black，Jeremy. *A Military Revolution? Military Change and European Society 1550 - 1800. Studies in European History.* Houndmills and London，1991，pp.6-7；Porter，Bruce D. *War and the Rise of the State：the Military Foundations of Modern Politics*. New York，1994，chapters 3-4，特参见 67 页上的表 3.1；Tilly，Charles. *Coercion, Capital, and European States，AD 990-1990*.Cambridge Mass.and Oxford，1990，p.79. 更早的估计见 Parker，Geoffrey. *Spain and the Netherlands, 1559-1659*. London，1979，p.98.俄国 1740 年的数据来自于 Gorski，Philip S. *The Disciplinary Revolution：Calvinism and the Rise of the State in Early Modern Europe*. Chicago and London，2003，p.80.

拥有超过 80 000 名士兵的军队。这个数目继续增长：1786 年，弗雷德里克（Frederick）死后，普鲁士的军队总共是 200 000 名士兵。普鲁士因其军队规模而"名声显赫"。但是普鲁士军队人数比人们想像中的其他国家还要少。德国军队人数相对其人口的比例比普鲁士更高。17 世纪，强大的欧洲国家荷兰共和国，仅仅有 200 万居民，但在 1670 年有 110 000 名士兵；在"西班牙王位继承战争"期间，荷兰的军队从没有少于 100 000 人。1700 年，瑞典人口少于 130 万，但是军队有 100 000 名士兵；在"三十年战争"期间，军队有 180 000 人；同当时欧洲所有的军队一样，大部分军队是外国雇佣兵；雇佣兵不少于军队人数的 4/5。西班牙在其炫耀的最鼎盛的帝国时期，即大约 17 世纪 30 年代，拥有 300 000 的军队。她的人口，包括葡萄牙，仅仅 1 000 万。1756 年至 1763 年，"七年战争"期间，奥地利帝国的军队人数达到 200 000 名，国家人口是 1 800 万人；1789 年，人口增长到大约 2 500 万；士兵的数量，不包括有关的民兵，达到 315 000 人。1700 年，法国人口 2 000 万，士兵数目达到400 000 名，这个规模直到 18 世纪 90 年代时才被超过。另外一个强大的欧洲国家，俄国，1700 年有士兵 110 000 名；18 世纪末，数目增长到 500 000 名；按照一个关于居民数目的统计，俄国位于欧洲部分的领域拥有人口 3 700 万。

一个重要的事实是，即使与亚洲的帝国中国相比，许多欧洲顶级国家海军规模仍然很庞大。17 世纪，荷兰共和国可以在各种情况下迅速动员超过 20 000 名水手的海军。在那时，这已经算得上是欧洲的海上强国。但是数量与规模仍在大幅增长。18 世纪 90 年代，法国和俄国的常备海军有 65 000 名士兵[①]。那时的英国皇家海军，正如我们将看到的，规模巨大、装备优良。

---

① Harding, Richard. *Seapower and Naval Warfare, 1650 – 1830*. London, 1999, p.140.

我们从几个例子中可以看到冲突升级到大规模军事战争的过程①。同样，我们仍不能确定精确的数字。官方数据，即"理论上"的力量与现实的差异可能很大。但是增长趋势不容置疑。1494 年法国的查理八世侵略意大利时，动用了 18 000 人的军队。1552 年哈布斯堡王朝军队围攻法国的麦次，士兵总数不少于 55 000 人，尽管最终并未攻克敌城。捷克军队的创始人瓦伦斯坦（Albrecht von Wallenstein），在"三十年战争"（1618—1648）期间曾为"德国"皇帝工作，他在 1628 年建立了一支 125 000 人，战斗力强大的军队。1708 年，"西班牙王位继承战争"（1702—1713）期间，有超过 300 000 人参与到战争中来。随着在法国大革命战争中实行征兵制和全民动员原则，一个新时期到来了。在这个制度下，原则上国家中一定年龄以上的成年男性都可能变成士兵。1794 年 9 月，新创立的法兰西共和国军队，从理论上讲，不少于 1 169 000 人，事实上可能"仅有"730 000 人。1810 年拿破仑在西班牙有 370 000 名士兵，侵略俄国的军队不少于 600 000 人②。从 1800—1815 年，法国政府征募士兵至少 200 万，但他们并非全是法国人，而是来自于法国在欧洲统治区的居民。在 1809—1812 年法兰西帝国的鼎盛时期，全帝国有 4 400 万居民。海上战役规模也增长了：仅从 1776—1783 年，就有 230 000—235 000 名士兵被英国皇家海军征用③。

二、作为全球超级大国的英国与作为地区大国的中国

让我们再次进一步考察英国，并将之与中国进行比较。英国也是一个高度军事化的国家。在"九年战争"（1689—1697）期间，英国陆

---

① 参见 Tallet, Frank. *War and Society in Early Modern Europe, 1495–1715*. London, 1992, pp.4–13. 围攻梅兹的数据来自于 Parker, Geoffrey. *The Military Revolution: Military Innovation and the Rise of the West, 1500–1800*. Cambridge, 1999, 2ed, p.24. 更多的例子见 von Creveld, Martin. *Supplying War: Logistics From Wallenstein to Patton*. Cambridge, 1977.

② Parker, Geoffrey. *The Military Revolution. Military Innovation and the Rise of the West, 1500–1800*, Cambridge, 1996, pp.151–153.

③ Rodger, N.A.M. *The Command of the Ocean: A Naval History of Britain, 1649–1815*. London, 2004, p.396.

军和海军中有 116 000 名服役士兵领取政府俸禄。在"西班牙王位继承战争"（1702—1713）期间，这个数目增长了，年均达到 136 000 人。"七年战争"（1756—1763）期间为 167 000 人。"美国战争"（1776—1784）期间，数目再次增长，达 191 000 人。在拿破仑战争顶峰阶段，仅英国军队就有不少于 260 000 名士兵投入战斗。在高峰期，政府事实上调动了 150 000 名海军职员[1]。一些数据能够表明英国海战规模的大小以及规模随着时间的推移逐渐增长的情况。我将仅仅考察战船数目，虽然他们完全不能与普通船只区分开来。1680 年，英国海军中有 115 艘帆船（95 艘战舰，20 艘巡洋舰，没有小船）；1765年，这个数目是 266 艘（139 艘战舰，91 艘巡洋舰，36 艘小船）；1810 年，海战规模达到顶峰，有 398 艘船（152 艘战舰，183 艘巡洋舰，63 艘小船）。此时，英国海军规模是欧洲最大的。1810 年，法国海军总共有 84 艘船，西班牙 50 艘，尼德兰仅仅 23 艘[2]。

　　在拿破仑战争期间，英国总共有不少于 400 000 名的专业职员在军队，包括在陆地上和海上服役。这些士兵不仅在欧洲大陆而且在全球的陆上和海上作战。18 世纪的最后 10 年和 19 世纪的最初 10 年，英国陆军和海军在欧洲、非洲、亚洲和美洲投入战斗，投入战斗的士兵数目随着作战地区的数目而变化。仅提供一个例子：从 1793—1801 年，被派遣到加勒比的英国和欧洲军队大约为 90 000 人，而此时英国军队还在其他许多地区投入到激烈的战斗中[3]。英国，人口与面积比中国大部分省份都少，但其军事动员能力在亚洲却无一国家能与之匹敌。

　　如果上述数目还不足以说明问题的话，那么，还有几十万男人是业余或志愿者成员，随时准备投入到保卫国家的前线防御中。1804年这个数目大约为 500 000。那时全英国的人口，包括爱尔兰，大

---

① 参见 Brewer 1989：30；Evans 1996；Harding 1999：139；Rodger 2004：636-639.
② 参见 Harding 1999：289-295，原始数据来源于 Glete, Jan. *Navies and Nations*：*Warships*：*Navies and State Building in Europe and America*，*1500 - 1860*．vol. 2. Stockholm，1993. 关于船只数量与战舰规模的详细数据参见 Rodger 2004：606-617.
③ Duffy, Michael. *Soldiers*，*Sugar*，*and Seapower*：*the British Expeditions to the West Indies and the War against Revolutionary France*. Oxford，1987，p.330. 这段时期投入到加勒比战事中的全部陆军、海军和伤员运输人员在 64 000—69 000，第 334 页。

约 1 800 万。按照我所提供的数据，其中的近 100 万人以各种方式拿起武器抵御法国。我是从琳达·科利（Linda Colley）那里得到业余和志愿者的数目的；当她运用"全国武装"这个词时，无疑她是对的①。如果在中国，1/18 的人动员起来，即有 1 800 万的武装力量。

然而这事实并非如此。相反，让人惊讶的是，按照欧洲的标准，中国的军队规模非常小。在 18 世纪末期，不算地方军队，士兵数量不多，大约为 800 000 名，至少在"理论上"是这么多。由满族、蒙古以及汉族组成的所谓禁军，数目达 200 000 名；绿营军队有 600 000 名，也可能是 700 000 名②。这大概是最可信的估计。清朝满族的军事力量是保密的。实际上，军队数目可能更少。阿谢德（Adshead）认为，实际人数接近于 50 万，他说："……很怀疑是否有超过 100 000 的人一次被投入到这个领域中。"③更别说海军了。与欧洲相比，中国在战争期间所调动的兵力也非常小。当清朝与俄国在阿穆尔河地区发生冲突，导致 1686 年的第二次对雅克萨要塞的围攻时，2 000 — 10 000名的满族士兵面对 350 名俄国士兵，这是根据一些人的估计得到的。按照另外的估计，是 5 000 对 800。无论精确数字是多少，考虑到这是在如此一个重大事件中投入的兵力，那么，军队的人数确实非常小④。当康熙皇帝在 17 世纪 90 年代发动对葛尔丹的战斗时，欧亚大陆中央的领袖准噶尔，拥有一支 70 000 人的军队。1754 年，乾隆皇帝派了两支军队，每支 25 000 人，干预准噶尔内部事务，控制对方势力。濮德培讨论了 18 世纪中期，清帝国在欧亚中部发生的战

---

① 参见 Colley, Linda. *Britons: Forging the Nation, 1707 — 1837*. New Haven and London, 1992, p.287.

② 参见 Mote, F. W. *Imperial China 900 – 1800*. Cambridge Mass. and London, 1999, pp.860–861, 特见其中的脚注 13 以及 Hsü 2000: 62。两位作者都认为绿营士兵总数约为 600 000 人。Alexander 认为乾隆时期清旗兵总数稍多于 200 000，绿营士兵数目从 1723 年至 1740 年间从 580 000 人增长到 696 000 人。但是他后来又说清朝减少军事成本，这个数据是其个人的观点，见 Alexander 2002：268–269。

③ Adshead, S. A. M. *China in World History*. Basingstoke and London, 2000, p.246.

④ Black, Jeremy. *War and the World: Military Power and the Fate of Continents 1450–2000*. New Haven and London, 1998, p.72, footnote 20.

役，企图证明清帝国的后勤动员能力，结论认为总共包括三支主要的军队，每支总共 50 000 人。他们在每次战役中坚持战斗一到两年。这意味着总共 150 000 人的军队投入到这个战役中①。

表 9.1　中西政府收入与债务比较

国家	政府收入		债务	
	总收入	人均	总债务	人均债务
英、荷、西、法四国	1.5 亿两白银（法国革命前夕）	120 克白银（法国革命前夕）	1 200 亿克白银（拿破仑战争后）	—
清帝国	3 亿两白银（1911）	30 克白银（拿破仑战争末期）	135 000 万克白银（1861—1898）	不足 50 克白银（1861—1898）

注释：英、荷、西、法四国以总税收作为政府总收入，清中国是将总税收和其他收入加在一起。

表 9.2　中英军队人数与军事化率比较

国家	军队人数（人）	国家总人口（人）	军事化率
英国	500 000（1804）	18 000 000（1804）	0.028
荷兰	110 000（1600）	2 000 000（1600）	0.055
西班牙	300 000（17 世纪 30 年代）	10 000 000（17 世纪 30 年代）	0.03
法国	400 000（1700）	20 000 000（1700）	0.02
普鲁士	80 000（1740）	2 200 000（1740）	0.036
瑞典	100 000（1700）	1 300 000（1700）	0.077
奥地利	315 000（1789）	25 000 000（1789）	0.012
清帝国	800 000（18 世纪末期）	308 000 000（19 世纪 20 年代）	0.003

注释：清帝国军队数目不包括地方军队数目，军事化率＝军队人数/人口数目。

---

① 17 世纪 90 年代康熙时期战争与 1754 年乾隆时期战争的数据，参见 Perdue 2005：181，272. 关于在中亚发生的大规模战争的数据，参见 Perdue. "Military Mobilisation in Seventeenth-and Eighteenth-century China, Russia and Mongolia," *Modern Asian Studies*, no.30（1996），p.776. 需要指出的是投入战争的士兵不多并不意味着笔者否认中亚长时段之内投入的军队很多的事实，以及供给军队对后勤的挑战。

第十章　从 15 —18 世纪中西国际贸易体系的差异看中西"大分流"

福瑞斯在本书第九章中强调和讨论了中国与西欧国家政府在国家财政税收管理和国家军事力量动员上的巨大区别，并认为它们在"中西大分流"中起着十分重要的作用。这一章骆昭东将从对外贸易政策和政府与商人关系的角度探讨中西大分流的原因。正如本书序言中所说的，导致中西大分流的原因交织盘结，错综复杂，很难用一个、两个或三个原因予以概之，在这本书的讨论中，我们并不追求观点的全面和完美无瑕，而更意在进行探索。

历史上，中国与欧洲在对外贸易政策和政府与商人之间的关系上存在着巨大区别，这种区别同样在中西大分流中起有十分重要的作用。而且，我们认为这种区别的产生不光有其文化方面的原因①，而且更有其地理环境、资源禀赋以及经济发展结构等方面的原因。譬如，17 世纪的台湾郑氏集团同当时的大陆统治者一样都是所谓的"东方专制文化"下的中国人，但在对外贸易政策和与其商人之间

---

① 一些学者把欧洲近代资本主义的兴起与发展和欧洲的宗教与文化联系起来，认为古希腊古罗马的文化传承、新教伦理、个人自由、企业家精神等是西方得以崛起的一些重要原因，同时认为中国的儒家文化在某种程度上抑制了资本主义的发展。参见马克斯·韦伯，于晓、陈维纲等译.《新教伦理与资本主义精神》，北京：生活·读书·新知三联书店，1987 年；马克斯·韦伯，王容芬译：《儒教与道教》，北京：商务印书馆，1995年；Mokyr, Joel. *The Enlightened Economy: An Economic History of Britain 1700 – 1850*. New Haven: Yale University Press, 2010；Wittfogel, Karl. *Oriental Despotism: A Comparative Study of Total Power*, New Haven: Yale University Press, 1957.

的关系上，郑氏集团所采取的政策却更与欧洲海洋扩张国家接近（如葡、西、荷、英、法等国）。虽然郑氏集团没有像那些欧洲国家那样进行领土扩张，建立海外殖民地，但同欧洲列强一样，其也对自己的商人提供财政和军事上的支持，在海洋贸易中使用武力，并依靠军事武装力量建立和维持自己在中国东南海的贸易垄断地位。郑氏集团的这种贸易政策，不光来源于其长期与西方武装商船打交道的经验（即其海商海盗的出身背景），更重要的是其要从海洋贸易中获得其大部分的财政收入[①]。这与明清政府主要靠农业税收维持其统治的状况非常不同。

用今天的眼光来看，明清政府实行"海禁"并对自己的海商海盗进行剿杀似乎显得非常愚蠢和不理性。而就当时明清统治者所处的环境来看，这样的政策又是明清统治者极为理性的选择。明清中国的财政收入主要来源于国内的农业税收；而在地理上，帝国的边界又似乎已经扩张到了极限。东面是一望无际的大海，最近处也与日本相隔有数百公里，且一年四季里寒冷时间居多，气候多变，不太容易使人产生想要航行过去的欲望；这与欧洲大陆南端伊比利亚半岛那里一年四季暖风习习，与非洲大陆相隔 20—30 公里的航行环境相比非常不同。帝国的西面是罕无人烟的戈壁荒漠，虽偶有兵戈相交，但也不太激发统治者占有统治的欲望；在北面，当时明清中国的领土已经囊括了整个蒙古大草原，不可能再继续北上；而南面则是小国林立的热带雨林，不太有能力给明清帝国制造麻烦。

在这种情况下，明清统治者最关心的是如何保住帝国桌子上已有的这块来自于国内农业税收的大蛋糕。因此，对其来说，维持社会稳定比追求经济增长更为重要，来自国内民众反叛的威胁比来自国外侵略的威胁更大。因此，明清政府更关心的是如何将国民固定在土地上从事农业生产，以保持社会的稳定和为政府提供稳定的农业税收，而不是向外扩张，从国际贸易、领土扩张和军事掠夺中获得更大的蛋糕。正是在这样的环境和指导思想下，明清政府实行海禁，限制国

---

① 关于郑氏集团为什么会在贸易政策和与商人的关系上与西欧诸国更为相似，刘强在其博士论文《海商帝国：郑氏集团的官商关系及其起源，1625－1683》中予以了详细论述。

人出海贸易，在西方人对海外华商的大屠杀无动于衷，并通过朝贡体系，用赏赐和赠馈的方法，怀柔远人，以换取周围边境的平静。然而，在大航海时代的全球经济竞争中，这种"逐鹿中原"式的心态和政策显然不利于中国在世界经济角逐中的竞争。当明王朝统治者在 16 世纪下半叶联合葡萄牙人剿杀中国海盗林道乾，联合西班牙人剿杀林凤，清统治者在 17 世纪中后期联合荷兰人剿杀郑氏集团时，恐怕都没有想到两百多年后，西洋人将会从南边海域登岸进攻中国。

第一节　大分流与中西贸易体系

在对中西方社会经济发展何以出现"大分流"的讨论中，传统的研究往往以西方发展模式为标准，寻找中国与之不同的地方，然后再将这种不同作为解释传统中国之所以落后的原因。这种研究方法基本上是"欧洲中心论"式的，其强调欧洲社会的独特性和欧洲崛起的内生性，并力图从欧洲内部寻找出导致欧洲工业革命和崛起的内在原因[1]。近年来，这种"欧洲中心论"的研究方法和观点越来越受到质疑和挑战[2]，特别是"加州学派"的兴起更是将中西大分流的讨论推向高潮。

彭慕兰和王国斌等加州学派学者认为至少在 18 世纪中叶之前，中西经济变化的动力颇为相似，西欧并没有什么独特性，无论是西方还是中国都面临着马尔萨斯人口陷阱的制约。而且两位学者都把新大陆的发现作为近代西方崛起的一个重要原因，认为美洲大陆的发现使欧洲获得了一笔"史无前例的生态横财"，是西欧国家得以实行工业

---

[1]　[美] 柯文著，林同奇译：《在中国发现历史：中国中心观在美国的兴起》，北京：中华书局，1989：3。

[2]　最早对"欧洲中心论"提出系统和强烈挑战的应该是于 20 世纪 70 年代创建了"中心依附"学说的学者们，如萨米尔·阿明和贡德·弗兰克等。参见 Amin, Samir. translated by Brian Pearce. *Accumulation on A World Scale: A Critique of the Theory of Underdevelopment*. London: Monthly Review Press, 1974 [1970]; Frank, Andre Gunder. *World Accumulation, 1492−1789*. The Macmillan Press, 1978, and *Dependent Accumulation and Underdevelopment*. The Macmillan Press, 1978.

化的前提条件①。然而，为什么西方能够获得美洲大陆这笔"生态横财"，而中国却没有呢？我们把这一问题主要归结为中西贸易体系的不同。

早在大航海运动之前，中国的对外贸易体系就与欧洲的非常不同。15世纪从伊比利亚半岛开始的近代大航海运动，以及后来欧洲各国在海洋贸易中的军事武装贸易其实都带有着13、14世纪威尼斯和热内亚军事武装贸易扩张的特点。正是在这种军事武装贸易的历史传承中，欧洲国家在15—18世纪的大航海运动中，通过武装贸易扩张和殖民扩张，逐渐将美洲、非洲等地纳入其生产贸易体系，并通过这个体系，将全世界范围内的"生态横财"源源不断地输入到欧洲本土，从而使其摆脱了马尔萨斯人口陷阱，最终走向了工业化。

相比较，同时期的中国则实行的是一种朝贡贸易制度，通过朝贡贸易体系下对朝贡者的赏赐和馈赠"怀柔远人"，从而在亚洲建立起了一种以中国为中心的"华夷秩序"。这种朝贡贸易制度虽然保证了周边国家对中华帝国中心地位的认同，维护了帝国边境的稳定，但却并没有带来经济上的收获和海外贸易的扩展，也因此使中国最终失去了发展的机遇。

第二节　中西贸易体系差异的根源

一、不同的国际环境

中西方的对外贸易政策和其所建立的贸易体系为什么会如此不同？我们认为其中的一个重要原因就是中国和西方所面临的国际环境非常不同。在欧洲的政治体系中，各王国之间激烈竞争，虽然彼此间的势力经常此长彼消，但大多彼此相当，并没有一个绝对优势的大国存在其中。因此每一个国家既要同其他国家竞争，同时又需要与别国进行贸易。相比之下，明清中国的周边则基本上没有可以与之匹敌的

---

① [美]彭慕兰著，史建云译：《大分流：欧洲、中国及现代世界经济的发展》，江苏：江苏人民出版社，2004；[美]王国斌著，李伯重、连玲玲译：《转变的中国》，江苏：江苏人民出版社，1998。

对手，而且，在贸易上，也是周围国家对中国产品的需求大，中国对别国产品的需要较少。这种状况决定了中国和西方国家对国际贸易持有非常不同的看法。西方国家注重的是如何在竞争中谋求生存，注重扩张和谋求商业利益；而中国则更加关注通过朝贡贸易而"怀柔远人"，增加统治者的权威与合法性，商业利益并不重要。

关于中国不像西方那样具有侵略性和扩张性这一点，早年（14—17世纪）到中国传教的西方传教士也深有同感。意大利传教士"利玛窦曾在1582—1610年间居住中国，他对中国人的不好战、不尚侵略和宗教信仰自由也同样大为惊异"。他说："如果我们停下来细想一下，这一点似乎很出人意料，在一个几乎可以说其疆域广阔无边、人口不计其数、物产多种多样且极其丰富的王国里，尽管他们拥有装备精良、可轻而易举地征服邻近国家的陆军和海军，但不论国王还是他的人民，竟然都从未想到去进行一场侵略战争。他们完全满足于自己所拥有的东西，并不热望着征服。在这方面，他们截然不同于欧洲人；欧洲人常常对自己的政府不满，垂涎其他人所享有的东西。"①

欧洲的地理环境决定了欧洲是一个多元的政治体系②。欧洲肥沃土地的分布在地理上具有不连续性；在土地肥沃的地区形成了人口密集、生活富裕的经济政治中心。欧洲多元的政治体系正是以这些分散的中心区域为基础而形成的。③这些分散的政治体之间没有合并成一个国家，而是形成了谁也无法统治谁的政治单位。在14世纪，欧洲大约有1 000个不同的政体；到了16世纪，由于民族国家的发展，大约有500个独立政体。

政治上的分散性使得国家之间存在着很强的竞争性。任何一个国家，在这个分散的政治体系中如果不够强大，就有被吞并的危险。自从罗马帝国分裂以后，各国君主争先充当欧洲霸主，这其实很有点儿

---

① [美]斯塔夫里阿诺斯著，吴象婴、梁赤民译：《全球通史：1500年以后的世界》，上海：上海社会科学院出版社，1999年，第16页。

② Jones, E. L. *The European Miracle*. Cambridge University Press 1981，p. 105；[美]肯尼迪著，王保存等译：《大国兴衰：1500-2000年的经济变迁与军事冲突》，北京：求实出版社，1988年，第36页。

③ Jones 1981：105-106.

像中国的战国时期。从查理曼大帝到哈布斯堡王朝，到查理五世、菲力普二世等，欧洲的霸主不断变化，反映了国家势力的变化与国家间的激烈竞争。国家竞争是欧洲内部战争的重要原因。自1492—1647年150多年间，在94次欧洲内部战争中，国家间的战争达62次，导致战争最重要的原因是领土和霸权问题，其次是宗教、争夺权力、民族、商业、争夺殖民地等①。国家竞争的外在压力，使各国君主都十分重视国家军事的发展和国家力量的加强。

除了之间的相互竞争，欧洲国家之间在经济上的联系也十分紧密。11世纪欧洲商业复苏，经济往来日益密切，第一个欧洲经济世界开始孕育②。在这个经济世界中，城市是流通的工具，以城市为核心形成了欧洲的经济中心，先是地中海的威尼斯，接着是安特卫普以及阿姆斯特丹。在这个巨大的商业网中，北欧提供羊绒以及谷物等食品，地中海附近的意大利城市则是欧洲经济和制造业的中心（如玻璃、丝织品等），并从印度洋运来东方的丝绸和香料等。在17、18世纪，随着民族市场对城市经济的代替③，荷兰、英国等西北欧国家开始成为欧洲的经济中心，其一方面已逐渐掌控了欧亚和大西洋贸易，控制着东方产品和香料的进口，另一方面本土的制造业也迅猛发展，开始向外出口其各种工业制造品。围绕着西北欧经济的发展，东欧则逐渐沦为专事农业生产的地区，向西北欧国家输出粮食和木材等，北欧则出口皮毛、木材和鱼类等，地中海世界则继续经营着一部分奢侈品的生产和贸易，但已失去了其欧洲制造业中心和在欧亚贸易中的垄断地位。

与欧洲多元体系国家竞争格局不同，中国很早就走上了统一的道路。除北方边境偶有外敌骚扰进犯外，周围的其他邻国都相对比较弱小，特别是明清时期更是如此，所以缺乏外在的竞争者。黄河流域肥

---

① 许二斌：《近代早期（1492—1647年）欧洲战争原因类型研究》，《鞍山师范学院学报》，2003年第10期。

② ［法］布罗代尔著，施康强、顾良译：《15至18世纪的物质文明、经济和资本主义》（第3卷），北京：生活·读书·新知三联书店，1992年，第5页。

③ ［法］布罗代尔著，施康强、顾良译：《15至18世纪的物质文明、经济和资本主义》（第3卷），北京：生活·读书·新知三联书店，1992年，第311页。

沃的冲积平原非常适合人类定居，从而逐渐形成了中国的政治经济中心。按西方一些学者的观点，由于中国是一个多水灾水患的国家，这个中心需要调动全国资源应对水利问题，小国难以应对，于是形成了一个统一的面积广阔的大国家，并建立起了一整套完备的官僚体系[1]。一旦形成统一的大国，又缺乏邻国的竞争，国家统治者所面临的最大威胁便是国家内部的反叛，所以政府更加注重保持社会内部的和谐稳定，而不是与别国在国际贸易中竞争，争夺领土和财富。

中国国土广袤，经济发达，各地区间商品贸易发达，但对国际贸易的依赖程度很小；相反，周围邻国对中国物品的需求却相对较大。因此，中国历史上的对外贸易更多是产品的输出，不是中国人特别渴求外国商品，而是外国人特别渴求中国商品[2]。这一点同样表现在15—18世纪中国与欧洲的贸易中；当时中国向欧洲出口的产品主要有丝织品、陶瓷、漆器、棉纺织品、生丝、茶叶、纸张等，而输入的大多是金银和东南亚的香料，真正的欧洲商品数量则非常少[3]。

二、国际竞争下的重商主义与大一统下的重农主义

重商主义显然是面对国际贸易的，其目的是从国际贸易和国际经济竞争中增加国家的财富，是外向扩张性的；重农主义显然是面对国内生产的，其目的是通过发展国内的农业生产增加国家的财富，是内向求稳的。重商主义是西方崛起的秘诀，也是西方贸易体系建立的主导思想。

由于大航海前的欧洲基本上是处在一个汝征吾伐的战国时代，各国都把邻国当对手，彼此虎视眈眈。因此，西方国家在历史上就有较强的国家意识，政策的目标主要是领土的扩张和国家的强大。这在欧洲各王室的宫殿设计上也充分地表现了出来。欧洲各王室的宫殿基本上就是一个坚固的军事城堡——清一色的坚石构造，深壕高墙，炮楼射孔，一层层的防卫工事，而且武器库和各式武器装备永远是今天

---

[1]　黄仁宇：《中国大历史》，北京：生活·读书·新知三联书店，1997年，第7页。

[2]　马克·曼考尔：《中国在中心：对外政策300年》，纽约：自由出版公司，1984年，第10页。

[3]　聂德宁：《明末清初的民间海外贸易结构》，《南洋问题研究》，1991年第1期。

欧洲各城堡博物馆展览内容中非常重要的一部分，从中也可以看出当年各国尚武习兵，攻守征伐的风气。

新大陆发现后，在全球海洋贸易航线和殖民地的争夺中，欧洲各国更是坚船利炮，仗剑经商，以国家的强大作为追求国际商业利益的后盾，并用国际贸易中所获得的财富进一步增强国家的势力。因此，近代资本主义发展的过程其实也是欧洲各国民族主义和国家主义发展的过程。用萨米尔·阿明的话说，西方资本主义从一开始就与帝国主义同行并进，水乳交融①。

14—18世纪，重商主义流行于欧洲，是各国君主制定政策的指导思想。重商主义的产生与欧洲社会的变革紧密相连。13世纪，欧洲专制王权逐步建立，"国家利益高于一切"的思想开始出现。葡萄牙是欧洲大陆最早实现统一的国家，于12世纪末驱逐摩尔人，完成国家的统一。1385年，若昂（1385—1433）由议会推举为葡萄牙国王，其进一步加强葡萄牙的王室权力，并开始实行海外扩张，以增加国家的势力。西班牙是欧洲大陆继葡萄牙之后第二个实现统一的国家，于1492年1月从摩尔人手中夺取西班牙南部的格瑞纳达（Granada），完成了国家的统一，并随即紧步葡萄牙之后尘，开始海外扩张，为哥伦布的远洋探险提供财力和军事支持。正是伊比利亚半岛的这两个国家掀起了欧洲近代海外扩张的序幕。

英国的专制王权形成于都铎王朝时期，从亨利七世的勤俭治国和旨在保护英国毛纺织工业发展的贸易保护主义，到亨利八世和伊丽莎白时期的对外扩张和与罗马天主教廷的彻底分道扬镳，英国完成了一个强大民族国家的建立，并走进了欧洲大陆的强国之列。此时期，欧洲大陆的其他国家（主要是西北欧各国）也都在加强君主权利，为民族国家的形成准备条件。随着国家与国家意识的形成，西北欧各国都把国家的富强作为其发展的目标，努力发展坚船利炮，造船制造业和军事制造业，全力争夺全球海洋贸易垄断权，开拓海外市场和海外殖民地。正是在这种背景下，重商主义成为各国君主制定贸易政策的指

---

① Amin, Samir. "Imperialism and Globalization," *Monthly Review*, vol.53, no. 2, 2001, pp.6-24.

导思想。

重商主义思想的目标直指国家强大，其主要内容包括财富观、对外贸易和国家干预三个方面。重商主义认为货币（金银）是最好的财富，货币的多寡是衡量国家富裕程度的标准。由于西欧一些国家缺少金银矿藏，所以重商主义将对外贸易看作财富来源的重要途径，即通过少买多卖实现金银的流入。例如托马斯·孟认为，"对外贸易是增加我们财富和现金的通常手段，在这一点上，我们必须时时谨守这一原则"①。为了从对外贸易中获得财富，重商主义还强调国家的作用，认为国家对经济的干预是国家致富的重要保证，例如马林斯就认为，实现财富的任务须寄托于国家身上，国家在对外贸易方面的干预十分重要②。重商主义关于干预经济的思想实质上是主张政府帮助商人开拓国际贸易，例如垄断对外贸易，颁布保护商业与工业的法令，限制或禁止货币输出和商品进口，实行关税保护，在国际贸易中政府和商人合二为一，紧密配合。

与欧洲国家力图从对外扩张和国际贸易中获得财富的行为相对照，传统中国的国家财政主要依靠的是农业税收，所以明清政府并不像当时的欧洲国家政府那样重视国际贸易中的商业利益。其所建立的贸易体制也不是为了追求贸易利润而是为了维护其政治上的稳定，即"自古帝王临御天下，中国属内以制夷狄，夷狄属外以奉中国"的"华夷秩序"。永乐时期，有人建议明成祖对进贡船只征税以增加收入，明成祖说，"商税者，国家以抑逐末之民，岂以为利？今夷人慕义远来，乃欲侵其利，所得几何，而亏大体，不听"③。征收商业税收竟然成了"亏大体"的事情。

华夷秩序是传统儒家治国理念在外交上的延续。在儒家的眼中，天下秩序应该是以"仁"为精神、以"礼"（宗法伦理秩序）为架构。"礼者，天地之序也。"④华夷秩序是一种以天子为核心的、伦理等级式的天下模式。"中国"的天子与"四夷"的君长之间的关系，

---

① [英] 托马斯·孟：《英国得自对外贸易的财富》，北京：商务印书馆，1965年，第94页。
② [英] 埃里克·罗尔：《经济思想史》，北京：商务印书馆，1981年，第70页。
③ （明）陈仁锡：《皇明世法录》卷11，《文皇帝宝训》，北京：中国基本古籍库。
④ 崔高维校点：《礼记·乐记篇》，沈阳：辽宁教育出版社，1997年，第16页。

在名义上是类似于分封制下天子与诸侯之间的君臣关系，是宗主与藩属之间的关系，而分封制下的诸侯对天子的"朝"、"贡"之制，则是维系"中国"与"四夷"关系的基本方式。在这种理念之下，贸易只是传统中国体恤远人的方式。其实，尽管"华夷秩序"使用了儒家思想的包装，其真实的现实利益追求还是想通过"怀柔远人"的手段保持周围边境的和平和稳定。

第三节　两种体系中国家与商人的关系

由于中西方对待国际贸易的态度截然不同，所以政府与商人的关系也不相同。欧洲各国把其他国家当作竞争对手来看待，贸易是各国增强国家势力的重要途径，政府支持商人从事贸易扩张，为了垄断贸易，常常不惜动用武力。相比之下，明清中国并不重视国际贸易中的商业利益，而是更加关注国际贸易的政治性，希望把国际贸易纳入到自己的朝贡体系之下，用通过"怀柔远人"所建立起来的"华夷秩序"来维护中国周边边境的和平和稳定。所以，中国政府不支持中国人出海经商，当然也不会保护海外的中国商人，即使中国商人遭到西方国家的屠杀也置之不理。

欧洲人仗剑经商，用国家力量支持商人开拓市场是有其历史传承的。早在威尼斯鼎盛时期，威尼斯政府就建立了佛兰德尔大舰队，保护商人贸易的平安。15 世纪，葡萄牙亨利王子开办航海学校，培训航海家帮助商人开拓远洋贸易。西班牙君主国家体制建立之后，即实行重商主义政策。尼德兰在 17 世纪的兴旺得益于其对其他国家工匠、商人和水手的吸引政策[1]。英国为了增加本国产品的竞争力，运用关税保护以限制外国制造品的进口和促进本国工业制成品的出口，颁布《航海法案》限制外国商船的航运，并实行颁发奖金补贴航运等措施。

西欧政府不仅从政策上支持商人，而且直接代替商人开拓海外市场。西欧政府一方面通过军事力量排挤竞争对手、垄断贸易，另一方

---

① 　布罗代尔 1992：207。

面在殖民地推行殖民政策，掠夺财富。1380年，威尼斯市政府占领澳贾，消灭热那亚舰队，帮助威尼斯商人取得地中海贸易的优势。西班牙与葡萄牙直接派遣军队占领殖民地，然后将贸易专利权卖给本国商人。尼德兰独立后，即抢占西班牙和葡萄牙的殖民地和市场，然后成立荷兰东印度公司发展贸易。英国后来者居上，先是发动战争打败了西班牙的无敌舰队，并于1654年打败荷兰，迫使其承认《航海条例》，接着在18世纪一系列战争中沉重打击了法国的海上势力，从而为本国商人的海上贸易扫清了道路。之后，英国海上商船数量猛增，18世纪全球共有8 000多艘英国船只游弋于海上贸易中。

由于朝贡贸易体系的本质不在于追求贸易利润而在于追求政治稳定，所以明清中国并不支持商人从事国际贸易，而是关注如何通过这个体系"怀柔远人"，维护"华夷秩序"，用恩惠换取他国对自己的尊重即自己周围国际秩序的稳定。明王朝实行朝贡贸易与海禁政策相配合的制度，使朝贡贸易成为唯一合法的贸易渠道，"是有贡舶既有互市，非入贡不许互市"①，将所有贸易纳入朝贡体系之下。这种以有限交换为特征的朝贡贸易自然不能满足正常的市场需求。朝贡贸易也不是按照商业原则进行，而是采取了"厚往薄来"的政策，以示朝廷对夷国的体恤。在开海期间，是否是朝贡国成为能否与中国通商的前提。朝廷对商人出海实行种种限制，例如采用"船引"限制出海船只数目，月港只准本地商人出海而不准外国商人入境，允许外商来广州、澳门贸易，但不准内陆商人从此两地出海。纵观明清两代，海禁及种种对贸易的限制措施屡屡颁布，束缚了国际贸易的发展。

传统中国不但不支持商人，而且对中国商人遭受外国殖民者的杀戮与剥夺置之不理。西班牙殖民者分别在1603年、1639年、1662年和1672年四次在马尼拉对华商进行大屠杀，造成中国商人到马尼拉经商的船只大幅度减少②。对此，中国政府不但没有采取任何措施保

---

① （明）王圻：《续文献通考》卷31，《市籴考·船舶互市》，明万历三十年松江府刻本，北京：中国基本古籍库。
② 范金民：《16世纪后期至17世纪初期中国与马尼拉的海上贸易》，《南洋问题研究》，1989年第1期。

护商人，反而谴责这些华人是愧对祖坟的逆子①。荷兰殖民者视在印度尼西亚经商的华人为自己的竞争对手，于 1740 年在巴达维亚发动"红溪事件"，屠杀华商，捣毁华店。事件发生后，闽浙总督策楞在向皇帝上奏此事时竟然宣称"噶喇吧番目戕害"的汉人是孽由自取②。

第四节　建立和维持贸易体系的方式

　　国家与商人的关系不同，所以两个体系建立与维持的方式也不相同。在西方贸易体系中，各国要与其他国家竞争，争夺贸易利润，国家常常采取武力手段支持商人开拓贸易；这个体系是依靠军事与暴力形成的体系，带有征服与被征服、剥削与被剥削、掠夺与被掠夺的不平等性。传统中国建立的"华夷秩序"是一种和平的贸易关系，朝贡贸易建立的基础是他国对中国经济的需要，而不是中国对他国的武力强迫，所以不存在中国剥夺他国的状况。

　　西方国家建立的贸易体系带有很大的不平等性与暴力性质，包括独占贸易市场，剥夺他国商人从事贸易的机会，以及将殖民地强制纳入欧洲生产贸易体系。西方国家建立资本主义世界贸易体系的过程，就是国家间相互征服与剥夺的过程。葡萄牙与西班牙率先殖民扩张。双方就如何瓜分世界多次发生冲突，最后经罗马教皇的调节才暂停纠纷。为了称霸印度洋，葡萄牙军队摧毁了摩尔人与埃及大商人的贸易据点。16 世纪，西班牙为了排挤他国商人，保护本国商船，成立了无敌舰队，最终垄断了欧洲与东方及美洲的贸易。荷兰独立后，展开对西班牙和葡萄牙殖民地的抢夺，终于在 17 世纪中叶取代西班牙成为世界海洋贸易霸主。英国也积极展开海外贸易争夺，于 1588 年重创西班牙无敌舰队，在 17 世纪中后期与荷兰角逐海上贸易垄断权，从 17 世纪末开始与法国多次发生战争，争夺印度、北美殖民地和海上霸权，最终

---

① （明）陈子龙：《明经世文编》卷 433，《初报红毛番疏》，明崇祯平露堂刻本，北京：中国基本古籍库。
② 中国人民大学清史研究所编：《清史编年》第 6 卷，北京：中国人民大学出版社，2000 年，第 156 页。

在"英法七年战争"中于 1763 年击败法国，成为全球海上第一霸主，殖民地遍布亚、非、拉、美、成为一个名副其实的"日不落帝国"。

按照彭慕兰和王国斌的观点，西方的发展得益于来自新大陆的"生态横财"，然而"生态横财"的获得是靠军事暴力手段，将新大陆经济强制纳入欧洲生产贸易体系的结果。西班牙、葡萄牙占领美洲之后，美洲开始向欧洲提供贵金属、原材料和粮食。这种转变并不是基于美洲大陆自身的经济发展需要而产生的，而是基于欧洲宗主国经济发展的需要。宗主国对美洲土著居民的殖民掠夺，其对印第安人和非洲人的奴役是这种转变发生的前提。西班牙等殖民者首先在美洲圈占土地，迫使大量土著居民变成奴隶或没有生产资料的雇佣劳动者，并迫使这些劳动力从事种植园和美洲金银矿的开采工作。由于美洲劳动力缺乏，欧洲人又另辟蹊径，展开黑奴贸易，将非洲黑人贩卖到美洲，使他们成为奴隶农场的奴隶劳动力。

为了更有效地与其他国家进行贸易竞争，英国于 1600 年首先成立英国东印度贸易公司，公司获有垄断经营的特许状，并被授予可以发动战争，攻城略地，建立殖民地政权的权利。为了与英国相匹敌，荷兰也很快于 1602 年成立了自己的东印度贸易公司，也授予其东印度公司可以代表国家宣战媾和，建立武装，构筑炮台，建立殖民机构等特权。对于英国东印度公司，马克思曾说，其是"一个军事的和拥有领土的强权"①。正是在这种军事暴力的强制手段下，西欧国家可以低成本地获得美洲白银，并用美洲白银到亚洲大量购买亚洲产品；同时欧洲国家本土还可以腾出来自己的土地搞工业，从殖民地进口农矿产品和工业原材料，然后再将其生产出来的工业品输向全世界，并利用殖民特权强迫殖民地成为其工业产品的销售市场。

相比之下，华夷关系则是一种和平和相对平等的关系。所谓的"华夷关系"，其所依靠的并不是武力征服下的他国的屈从，而是依靠施布恩惠的"怀柔远人"政策，使他国产生"向化之心"。客观利益上，不过是用财物来换取周边国家对自己的恭奉，本质上也就是

---

① 中共中央马克思恩格斯列宁斯大林著作编译局译：《马克思恩格斯全集》第 9 卷，北京：人民出版社，1958 年，第 169 页。

周边国家对自己的和平而已（不骚扰，不捣乱）。

理论上，朝廷把"耀德不观兵"的"德化"作为朝贡体系的基本精神，也就是孔子的"远人不服，则修文德以来之"，还有《礼记·中庸》中的"柔远人，则四方归之"。明初朱元璋在谈到对外政策之时说："海外蛮夷之国，有为患于中国者，不可不讨；不为中国患者，不可辄自兴兵。"[①]武力只是维护国家基本安全的手段，而不是征服他国的工具。朝贡贸易体系得以维持几百年，一是朝贡国从朝贡中的封赏和从朝贡贸易中获得了巨大的经济利益，二是中国的宗主国地位得到周边国家的承认。从这个角度讲，华与夷的关系是互惠互利的关系，完全没有西方宗主国与其殖民地经济关系的影子。中国从朝贡贸易体系中得到了周边边境的和平和稳定，但并没有得到额外的财富，领土的扩张和经济分工上的好处。

两种体系相比，西方强调的是积极扩张，而中国追求的是"四夷来朝"，"德化来远"，一个强调的是"去"，一个是"来"。正是朝贡制度的这种特征，决定了朝贡贸易体系不可能以中国对夷国的掠夺为机制，而是以周边地区对中国文明的内在需求为动力。"华夷"之间的经济交往虽然较少，但是经济关系是平等互惠的，经济交流促进了各国经济的发展和社会的进步。相反，西方贸易体系的建立，是以掠夺殖民地的财富、资源和劳动力为基础的。资源和财富从殖民地向宗主国流动，从而形成了一种征服与被征服、剥削与被剥削、掠夺与被掠夺的国际贸易关系，这是西方贸易体系的一个基本特征。

第五节 结论：贸易体系差异与"大分流"

当西方国家在16世纪来到亚洲与中国展开正式贸易之时，他们发现，亚洲已经存在着自己的贸易体系。在这个体系中，中国商人占据主导地位。西方人根本拿不出有竞争力的商品与中国贸易，只能依靠美洲白银"在亚洲经济列车上买了一个三等车厢的座位"[②]。然而

---

① （明）陈仁锡：《皇明世法录》卷6，《太祖高皇帝祖训》，北京：中国基本古籍库。

② ［德］弗兰克·贡德著，刘北成译：《白银资本：重视经济全球化中的东方》，北京：中央编译出版社，2000年，第69页。

中国在贸易中的这种优势地位并没有为中国带来"生态横财",帮助中国摆脱"马尔萨斯陷阱";而起初在产品生产和贸易市场份额控制中都毫无优势的西方人却后来从国际贸易中赚足了利润。中西经济发展最终出现了"大分流"。其中的一个重要因素正是因为中西所建立的贸易体系的不同。

中国政府由于缺少外来竞争者,经济上对他国商品需求较少,所以更加关注国际关系中的华夷秩序,从而增加国家政权的合法性。出于这种目的,政府并不鼓励商业往来。其建立的贸易秩序实际上并不在于贸易,而是政治性的华夷关系,鼓励经济与社会的发展内向化,而不是通过贸易或者远征对外扩张;相反,西方国家很早就确立了相互竞争的理念,将国际贸易看作增加国家财富的手段,不但从政策上支持商人,而且采用武力手段帮助商人开拓市场,从而走上了通过武力扩张掠夺他国财富的道路。贸易体系的这种不同最终帮助西方国家建立了一个世界殖民体系,源源不断地将海外的"生态横财"输入欧洲,最终走上工业化的道路;而中国的贸易秩序却不能帮助商人扩展海外贸易,最终没有摆脱马尔萨斯的人口陷阱。

参考文献

中文参考文献

阿吉里·伊曼纽尔著，文贯中等译：《不平等交换——帝国主义贸易研究》，
　　北京：中国对外经济贸易出版社，1988 年。

阿谢德著，任菁等译：《中国在世界历史之中》，石家庄：河北教育出版社，
　　1993 年。

埃里克·罗尔：《经济思想史》，北京：商务印书馆，1981 年。

艾田蒲著，许钧、钱林森译：《中国之欧洲：西方对中国的仰慕到排斥》
　　（上、下卷），桂林：广西师范大学出版社，2008 年。

爱德华多·加莱亚诺著，王玫等译：《拉丁美洲被切开的血管》，北京：人民
　　文学出版社，2001 年。

安德烈·贡德·弗兰克著，刘北成译：《白银资本：重视经济全球化中的东
　　方》，北京：中央编译出版社，2000 年。

安格斯·麦迪森著，伍晓鹰等译：《世界经济千年史》，北京：北京大学出版社，
　　2003 年。

白焜：《晚明至清乾隆朝景德镇外销瓷研究》，《福建文博》，1995 年第 1 期。

白文刚、胡文生：《寻找晋商》，北京：光明日报出版社，2003 年。

比尔·弗瑞斯：《令人瞠目的不同世界：西欧与中国近代早期的国家与经济》，
　　《南开经济研究》，2007 年第 2 期。

彼罗·斯拉法主编，郭大力、王亚南译：《李嘉图著作和通信集·第 1 卷·政
　　治经济学及赋税原理》，北京：商务印书馆，2009 年。

布罗代尔著，施康强、顾良译，《15 至 18 世纪的物质文明、经济和资本主
　　义》（第 3 卷），北京：生活·读书·新知三联书店，1992 年。

财政部贸易委员会：《贸易月刊》，1941 年第 2 期。

曹国庆、萧放：《景德镇考察记》，《中国社会经济史研究》，1988 年第 2 期。

曹天生：《旧中国十大商帮》，《文史博览》，2003 年第 9 期。

潮西：《山东商帮》，《竞争力》，2006 年第 7 期。

陈柏坚：《广州外贸 2000 年》，广州：广州文化出版社，1989 年。

陈慈玉：《近代中国茶业的发展与世界市场》，台北："中央研究院"经济研究
　　所，1982 年。

陈东有：《明末清初的华东市场与海外贸易》，《厦门大学学报》（哲社版），
　　1996 年第 4 期。

陈高华、吴泰：《宋元时期的海外贸易》，天津：天津人民出版社，1981 年。

陈国栋：《东亚海域一千年》，济南：山东画报出版社，2006 年。

陈立立：《景德镇千年瓷业兴衰与崛起的思考》，《江西社会科学》，2004 年第
　　12 期。

陈玲玲：《18 世纪广州彩绘瓷的发展》，《中国文物世界》，1993 年第 92 期。

陈尚胜：《也论清前期的海外贸易 —— 与黄启臣先生商榷》，《中国经济史研
　　究》，1993 年第 4 期。

陈诗启：《从明代官手工业到中国近代海关史研究》，厦门：厦门大学出版社，
　　2004 年，第 5 页。

陈万里：《陈万里陶瓷考古文集》，北京：紫禁城出版社，1990 年。

陈万里：《宋末—清初中国对外贸易中的瓷器》，《文物》，1963 年第 1 期。

陈希育：《清代中国与东南亚的帆船贸易》，《南洋问题研究》，1990 年第 4 期。

陈学文：《历史上的龙游商帮》，《今日浙江》，2004 年 05 期。

陈熏民：《今世中国贸易通志》，上海：商务印书馆，1933 年。

陈雨前：《中国陶瓷文化》，北京：中国建筑工业出版社，2004 年。

陈子龙：《明经世文编》（卷 219），北京：中华书局，1962 年。

崔高维校点：《礼记》，沈阳：辽宁教育出版社，1997 年．

戴逸：《中国近代史通鉴》（第一卷上），北京：红旗出版社，1997 年。

戴裔煊：《倭寇与中国》，《学术研究》，1978 年第 1 期。

刁书仁：《关于嘉靖朝"倭寇"的几个问题》，《史学集刊》，1995 年第 3 期。

樊亢、宋则行：《外国经济史》，北京：人民出版社，1984 年。

范金民、金文：《江南丝绸史研究》，北京：中国农业出版社，1993 年。

范金民：《明清江南商业的发展》，南京：南京大学出版社，1996 年。

范金民：《16 世纪后期至 17 世纪初期中国与马尼拉的海上贸易》，《南洋问题
　　研究》，1989 年第 1 期。

范金明：《明代地域商帮的兴起》，《中国经济史研究》，2006 年第 3 期。

菲律乔治：《西班牙与漳州之初期通商》，《南洋资料译丛》，1957 年第 4 期。

冯先铭等：《中国陶瓷史》，北京：文物出版社，1982 年。

弗里德里希·李斯特著，陈万煦译：《政治经济学的国民体系》，北京：商务
　　印书馆，1961 年。

傅衣凌：《明清社会经济史论文集》，北京：人民出版社，1982年。

傅振伦：《中国伟大的发明——瓷器》，北京：轻工业出版社，1988年。

傅筑夫：《中国经济史论丛续集》，北京：人民出版社，1988年。

高梁：《对跨国公司并购我国装备制造业骨干企业的反思》，《学习与实践》，2006年第3期。

高王凌：《明清时期的中国人口》，《清史研究》，1994年第3期。

郭蕴深：《中俄茶叶贸易史》，哈尔滨：黑龙江教育出版社，1995年。

郝延平著，李荣昌译：《19世纪的中国买办——东西间桥梁》，上海：上海社会科学院出版社，1988年。

黑格尔著，王造时译：《历史哲学》，上海：上海书店出版社，1999年。

亨利·科尔蒂埃著，康玉清译：《18世纪法国视野中的中国》，上海：上海书店出版社，2006年。

洪银兴：《从比较优势到竞争优势：兼论国际贸易的比较利益理论的缺陷》，《经济研究》，1997年第6期。

华勒斯坦等著，刘锋译：《开放社会科学：重建社会科学报告书》，北京：生活·读书·新知三联书店，1997年。

黄纪阳：《明清华瓷外销研究》，硕士学位论文，南昌大学，2007年。

黄鉴晖：《山西票号史》，太原：山西经济出版社，2002年。

黄仁宇：《中国大历史》，北京：生活·读书·新知三联书店，1997年。

黄炎培、庞松：《中国商战失败史》，上海：商务印书馆，1917年。

简·迪维斯著，熊寥译：《欧洲瓷器史》，杭州：浙江美术学院出版社，1991年。

杰弗里·霍奇逊著，高伟、马霄鹏、于宛艳译：《经济学是如何忘记历史的：社会科学中的历史特性问题》，北京：中国人民大学出版社，2008年。

金碚：《1978年以来中国发展的轨迹与启示》，《中国工业经济》，2007年第5期，第7页。

金国平、吴志良：《流散于葡萄牙的中国明清瓷器》，《故宫博物院院刊》，2006年第3期。

靳海彬：《中国近代海关瓷器进出口贸易研究（1868—1936）》，硕士学位论文，河北师范大学，2006年。

柯文著，林同奇译：《在中国发现历史：中国中心观在美国的兴起》，北京：中华书局，1989年。

肯尼迪著，王保存等译：《大国兴衰：1500—2000年的经济变迁与军事冲突》，北京：求实出版社，1988年。

孔多塞著，何兆武、何冰译：《人类精神进步史表纲要》，北京：生活·读书·新知三联书店，1998年。

冷东：《中国瓷器在东南亚的传播》，《东南亚纵横》，1999年第1期。

李伯重：《楚材晋用：中国水转大纺车与英国阿克莱水力纺纱机》，《历史研究》，2002年第1期。

李长傅:《中国殖民史》(复印版),上海:上海书店出版,1984 年。

李长年:《中国农业发展史纲要》,杨陵:天则出版社,1991 年。

李刚:《陕西商帮史》,西安:西北大学出版社,1997 年。

李刚:《陕西商人研究》,西安:陕西人民出版社,2005 年。

李国荣等:《帝国商行》,北京:九洲出版社,2007 年。

李国柱:《外商直接投资与环境污染的因果关系检验》,《国际贸易问题》,2007
　　年第 6 期。

李辉柄:《两宋瓷器》(下),香港:商务印书馆,1996 年。

李辉柄:《青花瓷器的起始年代》,《故宫博物院院刊》,1995 年第 1 期。

李嘉图著,王亚楠、郭大力译:《政治经济学及赋税原理》,北京:商务印书
　　馆,1976 年。

李金明:《明代海外贸易史》,北京:中国社会科学院出版社,1990 年。

李金明:《明清时期中国瓷器文化在欧洲的传播与影响》,《中国社会经济史研
　　究》,1999 年,第 2 期。

李军:《五代越窑青瓷的外销与制瓷技术的传播》,宁波与"海上丝绸之路"国
　　际学术研讨会论文,宁波,2005 年 12 月。

李隆生:《晚明海外贸易数量研究——兼论江南丝绸产业与白银流入的影响》,
　　秀威资讯科技股份有限公司,2005 年。

李卿:《论宋代华北平原的桑蚕丝织业》,《厦门大学学报》,2002 年第 1 期。

李庆新:《海上丝绸之路》,北京:五洲传媒出版社,2006 年。

李三谋:《近代晋商与茶文化》,穆雯瑛编著:《晋商史料研究》,太原:山西人
　　民出版社,2001 年。

李绍强:《论明清时期官窑与民窑的关系》,《齐鲁学刊》,1999 年第 4 期。

李绍强、徐建青:《中国手工业经济通史》(明清卷),福州:福建人民出版
　　社,2004 年。

李书琴、胡光华:《中国瓷器与 18 世纪中西经济美术文化的交流和互动》,《美
　　术史研究》,2005 年第 4 期。

李文治:《中国近代史农业资料 (1840—1911)》,北京:生活·读书·新知三
　　联书店出版社,1957 年。

李金明:《清嘉庆年间的海盗及其性质试探》,《南洋问题研究》,1995 年第
　　2 期。

李锡经:《中国外销瓷研究概述》,《中国历史文物》,1983 年第 00 期。

李一矗:《重新评析明清"海盗"》(上),《炎黄春秋》,1997 年第 11 期。

李知宴:《12 至 14 世纪中国瓷器的发展和外销》,《中国历史文物》,1992 年第
　　00 期。

利奇温著,朱杰勤译:《18 世纪中国与欧洲文化的接触》,北京:商务印书
　　馆,1962 年。

梁嘉彬:《广东十三行考》,广州:广东人民出版社,1999 年。

梁森泰:《景德镇历史概述》,《历史教学》,1983 年第 3 期。

梁森泰:《明清景德镇城市经济研究》,南昌:江西人民出版社,1991 年。

梁四宝、燕红忠:《江右商帮与晋商的差异及其主要特征》,《生产力研究》,2002 年第 4 期。

廖新平:《中国传统十大商帮的兴衰分析与闽商可持续发展》,《福建商业高等专科学校学报》,2007 年第 5 期。

林齐模:《近代中国茶叶国际贸易的衰减——以对英国出口为中心》,《历史研究》,2003 年第 6 期。

林仁川:《明末清初私人海上贸易》,上海:华东师范大学出版社,1987 年。

林毅夫、蔡昉、李周:《比较优势与发展战略——对“东亚奇迹”的再解释》,《中国社会科学》,1999 年第 5 期。

林毅夫、蔡昉、李周:《赶超战略的再反思及可供替代的比较优势战略》,《战略与管理》,1995 年第 3 期。

林振草:《论英国都铎王朝的重商主义》,《贵州大学学报》,1995 年第 4 期。

林左鸣:《广义虚拟经济》,北京:人民出版社,2010 年。

刘昌兵:《海外瓷器贸易影响下的景德镇瓷业》,《南方文物》,2005 年第 3 期。

刘锦藻:《清续文献通考》卷三百八十六,民国景十通本,中国基本古籍库。

刘平:《清中叶广东海盗问题探索》,《清史研究》,1998 年第 1 期。

刘强:《中国制瓷业的兴衰(1500—1900)》,硕士学位论文,南开大学,2008 年。

刘新成:《全球史观与近代早期世界史编纂》,《世界历史》,2006 年第 1 期。

刘新园:《白焜·高岭土史考——兼论瓷石高岭与景德镇十至 19 世纪的制瓷业》,全国第一届黏土学术会议论文,1981 年。

栾成显:《明初人口数值研究中的两个问题》,《中国社会经济史研究》,2001 年第 4 期。

罗伯特·马克斯著,夏继果译:《现代世界的起源》,北京:商务印书馆,2006 年。

罗二平、胡菁惠:《景德镇陶瓷作坊历史初探》,《陶瓷研究》,第 17 卷第 4 卷,2002 年。

罗苏文:《景德镇:中国瓷业的近代印迹——商品瓷与职业化经营的变迁》,《史林》,2007 年第 1 期。

马尔萨斯著,周进编译:《人口原理》,北京:商务印书馆,2001 年。

马克·曼考尔:《中国在中心:对外政策 300 年》,纽约:自由出版公司,1984 年。

马克思、恩格斯著,中共中央马克思恩格斯列宁斯大林著作编译局译:《马克思恩格斯选集》(第 2 卷,第 9 卷),北京:人民出版社,1972 年。

马克思著,中央编译局译:《资本论》(第 1 卷,第 3 卷),北京:人民出版社,1975 年。

马克斯·韦伯著，王容芬译：《儒教与道教》，北京：商务印书馆，1995年。

马克斯·韦伯著，于晓、陈维纲等译：《新教伦理与资本主义精神》，北京：生活·读书·新知三联书店，1987年。

马克斯·韦伯著，甘阳等译：《民族国家与经济政策》，北京：生活·读书·新知三联书店，1997年。

马士著，区宗华译：《东印度公司对华贸易编年史》（第一卷），广州：中山大学出版社，1991年。

马士著，张汇文等译：《中华帝国对外关系史》（第一卷），北京：商务印书馆，1963年。

马士著，中国海关史研究中心译：《东印度公司对华贸易编年史》（第二卷），广州：中山大学出版社，1991年。

曼昆著，梁小民译：《经济学原理》（上册），北京：机械工业出版社，2006年。

门多萨撰，何宝济译：《大中华帝国史》，北京：中华书局，1998年。

孟德斯鸠著，张燕深译：《论法的精神》，北京：商务印书馆，1994年。

莫里斯·梅斯纳著，张瑛等译：《毛泽东的中国及其发展——中华人民共和国史》，北京：社会科学文献出版社，1992年。

木宫泰彦著，陈捷译：《中日交通史》（下册），北京：商务印书馆。

穆雯瑛：《晋商史料研究》，太原：山西人民出版社，2001年。

聂德宁：《明末清初的民间海外贸易结构》，《南洋问题研究》，1991第1期。

欧·马·阿利普：《华人在马尼拉》，中外关系史学会编，《中外关系史译丛》第1辑，上海：上海译文出版社，1984年。

庞新平、黄启臣：《明清广东商人》，广州经济出版社，2001年。

彭慕兰著，史建云译：《大分流：欧洲、中国及现代世界经济的发展》，江苏：江苏人民出版社，2004。

彭泽益：《中国近代手工业史资料》（第1、2卷），北京：生活·读书·新知三联书店出版社，1958年。

齐运东：《试论清代中俄茶叶贸易》，《中国茶叶》，2006年第6期。

杞晨：《元明时期广州的海外贸易》，陈柏坚编：《广州外贸两千年》，广州：广州文化出版社，1989年，第177页。

钱江：《1570—1760年中国和吕宋贸易的发展及贸易额的估算》，《中国社会经济史研究》，1986年第3期。

钱江：《17至18世纪中国与荷兰的瓷器贸易》，《南洋问题研究》，1989年第1期。

秦含章：《中国农业经济问题》，上海：新生命书局，1931年。

青柳洋子：《东南亚发掘的中国外销瓷器》，《南方文物》，2000年第2期。

轻工业部陶瓷工业科学研究所：《中国的瓷器》，北京：轻工业出版社，1983年。

全汉升、李龙华：《明中叶后太仓岁入银两的研究》，《中国文化研究所学报》

（香港），1972 年第 5 卷 1 期。

萨米尔·阿明著，高铦译：《不平等发展——论外围资本主义的社会形态》，北京：商务印书馆，1990 年。

萨缪尔森著，高鸿业译：《经济学》（上册），北京：商务印书馆，1982 年。

三上次男著，李锡经等译：《陶瓷之路》，北京：文物出版社出版，1984 年。

三上次男：《13—14 世纪中国陶瓷的贸易圈》，《东南文化》，1990 年第 3 期。

上海社会科学院经济研究所：《上海对外贸易》，上海：上海社会科学院出版社，1989 年，第 53 页。

邵继勇：《明清时代边地贸易与对外贸易中的晋商》，《南开学报》，1999 年第 3 期。

申家仁：《岭南陶瓷史》，广州：广东高等教育出版社，2003 年。

沈光耀：《中国古代对外贸易史》，广州：广东人民出版社，1995 年。

施敏雄：《清代丝织工业的发展》，台北：商务印书馆，1968 年。

石帮：《中国古代十大商帮》，《协商论坛》，2007 年第 8 期。

石涛、李志芳：《清代晋商茶叶贸易定量分析》，《清史研究》，2008 年第 4 期。

斯当东著，叶笃义译：《英使谒见乾隆纪实》，上海：上海书店出版社，2006 年。

斯塔夫里阿诺斯著，吴象婴等译：《全球通史：1500 年以后的世界》，上海：上海社会科学院出版社，1999 年。

宋可为：《虚数对广义虚拟经济的启示》，《广义虚拟经济论文集》，北京：航空工业出版社，2008 年。

苏永明：《行帮与清代景德镇城市社会》，《南昌大学学报》（人文社会科学版），第 38 卷第 1 期，2007 年。

孙锦泉：《华瓷运销欧洲的途径、方式及其特征》，《四川大学学报》（哲学社会科学版），1997 年第 2 期。

台湾银行：《台湾文献丛刊》，台北：台湾银行经济研究室出版，1987 年。

谭中：《英国—中国—印度三角贸易 1771—1840 年》，中外关系史学会编：《中外关系史译丛》（第 2 辑），上海：上海译文出版社，1986 年。

唐文基：《16—18 世纪中国商业革命》，北京：社会科学文献出版社，2008 年。

陶德臣：《近代中国茶农的经营状况（1840—1917）》，《中国农史》，2003 年第 1 期。

陶德臣：《近代中国茶叶对外贸易的发展阶段与特点》，《中国农史》，1996 年第 2 期。

陶德臣：《晋商与西北茶叶贸易》，《安徽史学》，1997 年第 3 期。

陶德臣：《外国列强对中国茶业的早期资本输出与后果》，《农业考古》，1995 年第 4 期。

陶德臣：《印度茶业的崛起及对中国茶业的影响与打击》，《中国农史》，2007 年第 1 期。

陶德臣：《英属印度茶业经济的崛起及其影响》，《安徽史学》，2007 年第3 期。

田中正俊：《中国社会的解体与鸦片战争》，武汉大学鸦片战争研究组编：《外国学者论鸦片战争与林则徐》（上卷），福州：福建人民出版社，1989 年。

涂重阳：《试论古代景德镇制瓷业崛起的原因》，《景德镇陶瓷》，1990 年第2 期。

涂重阳：《试析商品经济在古代景德镇制瓷业崛起中的作用》，《景德镇陶瓷》，1992 年第4 期。

托马斯·孟：《英国得自对外贸易的财富》，北京：商务印书馆，1965 年。

万明：《明代白银货币化：中国与世界连接的新视角》，《河北学刊》，2004 年第5 期。

汪崇筼：《明代徽州盐商论述》，《盐业史研究》，2001 年1 期。

汪敬虞：《19 世纪西方资本主义对中国的经济侵略》，北京：人民出版社，1983 年。

汪敬虞：《中国近代茶叶的对外贸易和茶业的现代化问题》，《近代史研究》，1987 年第6 期。

王赓武：《中国和海外华人》，台北：台湾商务印书馆，1994 年。

王关林、吴春桂：《景德镇瓷器的历代贸易》，《陶瓷研究》，1988 年第1 期。

王光宇：《论封建社会后期徽商经营的主要行业及其特征》，《安徽史学》，1996 年第2 期。

王国斌著，李伯重、连玲玲译：《转变的中国》，江苏：江苏人民出版社，1998 年。

王廷元：《论徽州商帮的形成与发展》，《中国史研究》，1995 年第3 期。

王新天、吴春明：《论明清青花瓷业海洋性的成长》，《厦门大学学报》（哲学社会科学版），2006 年第6 期。

王勇红、刘建生：《乾隆年间河东盐商经营贸易额的估算》，《盐业史研究》，2005 年第2 期）。

王钰欣：《明清两代江西景德镇的官窑生产与陶政》，中国社会科学院历史研究所清史研究室编：《清史论丛》（第3 辑），北京：中国广播电视出版社，1983 年。

王曾瑜：《中国古代的丝麻棉》，台湾《历史月刊》，1991 年4 月第39 期。

韦红：《16—19 世纪前期中西国家政权在东南亚海上贸易中的作用》，《中南民族学院学报》（哲学社会科学版），1990 年第6 期。

翁舒韵：《明清广东瓷器外销研究，1511—1842》，硕士学位论文，暨南大学，2002 年。

吴建雍：《清前期中国和巴达维亚的帆船贸易》，《清史研究》，1996 年第3 期。

吴承明：《中国资本主义与国内市场》，北京：中国社会科学院出版社，1985 年。

吴建雍：《清代外销瓷与早期中美贸易》，《北京社会科学》，1987 年第1 期。

吴建雍：《清前期中国和巴达维亚的帆船贸易》，《清史研究》，1996 年第3 期。

吴建雍：《18 世纪的中西贸易》，《清史研究》，1995 年第 1 期。

吴敬梓、辛安潮：《中国陶瓷史》（复印版），上海：上海书店出版，1984 年。

夏秀锐：《佳瓷传友情——我国瓷器出口史话》，《国际贸易问题》，1979 年第 1 期。

夏秀瑞、孙玉琴：《中国对外贸易史》（第 1 册），北京：对外贸易出版社，2001 年。

萧放：《宋至清前期景德镇的形成和发展概述》，《江西社会科学》，1987 年第 3 期。

萧振松：《清代景德镇陶瓷兴衰谈》，《景德镇陶瓷》，2000 年第 2 期。

晓林、秀生：《看不见的心》，北京：经济出版社，2004。

晓林、秀生：《广义虚拟经济论文集》，北京：航空工业出版社，2008。

谢力军：《浅析江右商帮的没落》，《江西社会科学》，2002 年第 2 期。

谢天祯：《有关近代中国茶叶贸易兴衰的统计资料》，《福建茶叶》，1984 年第 4 期。

熊寰：《克拉克瓷研究》，《故宫博物院院刊》，2006 年第 3 期。

熊廖、熊微：《中国陶瓷古籍集成》，上海：上海文化出版社，2006 年。

熊梅萍：《从嘉靖"倭寇"的成分看嘉靖"倭患"的性质》，《安徽教育学院学报》，1999 年第 3 期。

许涤新、吴承明：《中国资本主义发展史》（第一卷），北京：人民出版社，1985 年。

许涤新、吴承明：《中国资本主义发展史》（第一卷，第二版），北京：人民出版社，2003 年。

许二斌：《近代早期（1492—1647 年）欧洲战争原因类型研究》，《鞍山师范学院学报》，2003 年第 10 期。

许檀：《明清时期山东经济的发展》，《中国经济史研究》，1995 年第 3 期。

许檀：《区域经济与商品流通——明清时期中国经济发展轨迹探讨》，《史学月刊》，2008 年，第 8 期。

许正贞、赵世瑜：《区域经济史视野下的泽潞商人》，《史学月刊》，2006 年第 9 期，第 65—78 页。

薛翘、劲峰：《赣南出土文物看明清之际景德镇瓷器外销路线的变迁》，《南方文物》，1993 年第 3 期。

亚当·斯密著，杨敬年译：《国富论》，西安：陕西人民出版社，2001 年。

亚当·斯密著，郭大力、王亚南译：《国富论》（上册），上海：上海三联书店，2009 年。

严中平等：《中国近代经济史统计资料》，北京：科学出版社，1955 年。

严中平：《中国棉纺织史稿》，北京：科学出版社，1963 年。

颜石麟：《殷弘绪和景德镇瓷器》，《景德镇陶瓷》，1986 年第 4 期。

杨端六、侯厚培：《六十五年来中国国际贸易统计》，北京：国立中央研究院社会科学研究所，1931 年。

杨仁风：《明清之际澳门海上丝路贸易述略》，《中国社会经济史研究》，1992年第 1 期。

姚贤镐：《中国近代对外贸易史资料》（第 1 册），北京：中华书局，1962 年。

叶文程、罗立华：《中国古外销陶瓷的年代》，《江西文物》，1991 年第 4 期。

叶文程：《宋元时期我国陶瓷器的对外贸易》，《中国社会经济史研究》，1984年第 2 期。

叶文程：《文献记载的中国外销陶瓷（一）》，《陶瓷研究与职业教育》，1988 年第 4 期。

叶文程：《中国古外销陶瓷的港口和路线》（上），《陶瓷研究与职业教育》，1990 年第 2 期。

叶文程：《中国古外销陶瓷的港口和路线》（下），《陶瓷研究与职业教育》，1990 年第 3 期。

叶喆民：《中国陶瓷史纲要》，北京：轻工业出版社，1989 年。

伊曼纽尔·沃勒斯坦著，吕丹等译：《现代世界体系》（1—3 卷），北京：高等教育出版社，1998 年。

于兰华：《浅论明清时期官窑瓷器的商品化》，《江苏陶瓷》，第 38 卷第 5 期，2005 年。

余勍：《论官窑对景德镇瓷业发展的贡献》，《中国陶瓷》，第 40 卷第 6 期，2004 年。

喻继如：《太平洋上的"丝绸之路"与"中国之船"》，《江西社会科学》，1990年第 1 期。

袁胜根、钟学军：《论清代广彩瓷与中西文化交流的关系》，《中国陶瓷》，第 40 卷第 6 期，2004 年。

约尔格：《荷兰东印度公司对华贸易》，中外关系史学会编：《中外关系史译丛》（第 3 辑），上海：上海译文出版社，1986 年。

詹嘉：《明清时期海上陶瓷之路的繁荣》，《中国陶瓷》，第 38 年第 6 卷，2002 年。

张宝奉：《中国丝绸史稿》，学林出版社，1989 年。

张德昌：《清代鸦片战争前之中西沿海通商》，《清华大学学报》（自然科学版），1935 年第 1 期。

张海鹏、王廷元：《徽商研究》，合肥：安徽人民出版社，1995 年。

张海鹏、张海瀛：《中国十大商帮》，合肥：黄山书社，1993 年。

张铠：《明清时代中国丝绸在拉丁美洲的传播》，《世界历史》，1981 年第 6期，第 63—72 页。

张铠：《晚明中国市场与世界市场》，《中国史研究》，1998 年第三期。

张丽：《非平衡化与不平衡：从无锡近代农村经济发展看中国近代农村经济的转型》，北京：中华书局，2010 年。

张丽：《两次世界经济全球化》，第一次世界经济全球化中的中国与欧洲研讨会，天津，2005 年。

张丽：《鸦片战争前的全国生丝产量和近代生丝出口增加对中国近代蚕桑业扩张的影响》，《中国农史》，2008 年第 4 期。

张世均：《中国瓷器在拉美殖民地时期的传播》，《中华文化论坛》，1997 年第 1 期。

张守广：《明清时期宁波商人集团的产生和发展》，《南京师大学报》，1981 年第 3 期。

张夏准著，肖炼等译：《富国陷阱：发达国家为何踢开梯子?》，北京：社会科学文献出版社，2007 年。

张馨宝著，徐梅芬等译：《林钦差与鸦片战争》，福州：福建人民出版社，1989 年。

张燕华：《论道光中叶以后上海在徽茶贸易中的地位》，《历史档案》，1997 年第 1 期。

张应龙：《鸦片战争前中荷茶叶贸易初探》，《暨南学报》（哲学社会科学），1998 年第 3 期。

张宇燕、高程：《美洲金银和西方世界的兴起》，北京：中信出版社，2004 年。

张远鹏：《近代无锡茧市的形成及其影响》，《中国农史》，1995 年第 3 期。

张正明：《晋商兴衰史》，太原：山西古籍出版社，1995 年。

赵亚楠：《近代西方海外扩张与华茶生产贸易的兴衰》，硕士学位论文，南开大学，2007 年。

中国第二历史档案馆：《中国旧海关资料》，北京：京华出版社，2001 年。

中国硅酸盐学会：《中国陶瓷史》，北京：文物出版社，1982 年。

中国农科院农业遗产研究室：《太湖地区农业史稿》，北京：农业出版社，1990 年。

中国农科院农业遗产研究室：《中国农业史资料》（第 85 卷），未出版资料。

中国人民大学清史研究所编：《清史编年》（第 6 卷），北京：中国人民大学出版社，2000 年。

周宁：《世纪中国潮》，北京：学苑出版社，2004 年。

周宁：《风起东西洋》，北京：团结出版社，2005 年。

周宁：《天朝遥远》，北京：北京大学出版社，2006 年。

朱大为：《16 至 18 世纪中国远距离贸易和全国性市场的形成》，《福建论坛》，2003 年，第 6 期。

朱杰勤：《1740 年印度尼西亚华侨反抗荷兰殖民者的斗争——红溪事件》，《历史教学》，1962 年第 11 期。

朱杰勤：《17、18 世纪华瓷传入欧洲的经过及其相互影响》，朱杰勤编：《中外关系史论文集》，郑州：河南人民出版社，1984 年。

朱莉叶·艾莫森、陈洁：《瓷器贸易的曙光——白瓷与青白瓷》，《南方文物》，

2000 年第 4 期。

朱培初：《明清陶瓷和世界文化的交流》，北京：轻工业出版社，1984 年。

庄国土：《茶叶、白银和鸦片：1750—1840 年中西贸易结构》，《中国经济史研究》，1995 年第 3 期。

庄国土：《论 15—19 世纪初海外华商经贸网络的发展》，《厦门大学学报》（哲学社会科学版），2000 年第 2 期。

左大培：《中国对外贸易战略选择》，《战略与管理》，2000 年第 4 期。

古典参考文献

（明）陈仁锡：《皇明世法录》，北京：中国基本古籍库。

（明）陈子龙：《明经世文编》卷 433，北京：中国基本古籍库。

（明）凌濛初：《初刻拍案惊奇》，北京：长城出版社，1981 年。

（明）王圻：《续文献通考》卷 31，北京：中国基本古籍库。

《弘治延安府志》

《乾隆潞安府志》

《乾隆沂州府志》

《顺治潞安府志》

《无锡道光县志》（1840）

《无锡弘治县志》（1494）

《无锡嘉庆县志》（1813）

《无锡金匮县志》（1881）

《无锡开化乡志》（1916）

《无锡康熙县志》（1690）

《无锡乾隆县志》（1751）

《无锡万历县志》（1574）

英文参考文献

Abu－Lughod, Janet L. *Before European Hegemony：The World System A. D.1250－1350.* Oxfort University Press, 1989.

Abu-Lughod, Janet. *Before European Hegemony：The World System A. D. 1250-1350.* Oxford University Press, 1991.

Amin, Samir. "Imperialism and Globalization," Monthly Review, vol.53, no.2 (2001a), pp.6－24.

——. "Capitalism's Global Strategy," Houtrart, Francois and Francois Polet, eds. *The Other Davos..* London and New York：Zed Books, 2001b, pp.17－24.

——. *Capitlaism in the Age of Globalization：the Management of Contempo-*

rary Society. London: Zed books, 1997.

——. *Imperialism and Unequal Development*. New York: Monthly Review Press, 1977.

——. Translated by Brian Pearce. *Accumulation on A World Scale: A Critique of the Theory of Underdevelopment*. London: Monthly Review Press, 1974 [1970].

Auscher, E.S., William Burton, translated and edited. *A History and Description of French Porcelain*. London, Paris, New York and Melbourne: Cassell and Company, Limited, 1905.

Ball, Samuel. *An Account of the Cultivation and Manufacture of Tea in China*. London: Longmans, 1848.

Bhagwati, Jagdish. *In Defense of Globalization*. London: Oxford University Press, 2004.

Blaut, J.M. *The Debate on Colonialism, Eurocenterism, and History*. African World Press Inc, 1992.

Blussé, Leonard. *Strange Company: Chinese Settlers, Mestizo Women and the Dutch in VOC Batavia*. Detroit: Cellar Book Shop, 1988.

Bordo, Michael D., Alan M. Taylor and Jeffrey G. Williamson, eds. *Globalization in Historical Perspective*. Chicago: Chicago University Press, 2003.

Boxer, C.R. *The Dutch Seaborn Empire 1600—1800*. London: Penguin, 1977.

Burton, W. *A General History of Porcelain*, vol.1. London: Cassell, 1921.

Cavanagh, John and Jerry Mander, et al. *Alternatives to Economic Globalization*. San Francisco: Berrettt —Koehler Publishers, Inc., 2002.

Chaudhuri, K.N. *The Trading World of Asia and the English East India Company, 1600—1760*. Cambridge: Cambridge University Press, 1987.

Chilcote, Ronald H. *Globalization or Imperialism?* Latin American Perspective, vol.29, no.6 (2002), pp.80 —84.

Chomsky, Noam. *Hegemony or Survival: America's Quest for Global Dominance*. New York : Metropolitan Books, 2003.

Corbeiller, Clare Le. *China Trade Porcelain: patterns of Exchange*. New York: Metropolitan Museum of Art, 1974.

Daly, Herman E. "Globalization Versus Internationalization," http: //glassnet.tripod.com/globalforum/id4.html, 1999, 2007/12/05.

Danaher, Kevin and Burbach Roger, eds. *Globalize This! The Battle Against the World Trade Organization and Corporate Rule*. Monroe, ME: Common Courage Press, 2000.

Danaher, Kevin and Roger Burbach, ed. *Globalize This! The Battle Against the World Trade Organization and Corporate Rule*. Copyrighted Materials, 2000.

Federico, Giovanni. *An Economic History of the Silk Industry, 1830–1930*. Cambridge University Press, 1997.

Ferguson, Niall. "Sinking Globalization," *Foreign Affairs* (March/April 2005), pp.64–77.

——. "Political Risk and the International Bond Market Between the 1848 Revolution and the Outbreak of the First World War," *Economic History Review* 59, no.1 (2006), pp.70 –112.

——. "The Empire Effect: The Determinants of Country Risk in the First Age of Globalization, 1880 —1913," *Journal of Economic History* 66, no. 2 (2006), pp.283–312.

Fisher, Harold. *The Portugal Trade: A Study of Anglo Portuguese Commerce, 1700–1770*. London: Methuen & Co Ltd, 1971.

Ford, Lyall. *Below These Mountains: The Adventure of John Henry Mills Pioneer Photographer and Gold Miner*. Australia: Taipan Press, 2001.

Frank, Andre Gunder, and Barry K. Gills, eds. *The World System: Five Hundred Years or Five Thousand?* London: Routledge, 1993.

Frank, Andre Gunder. *Dependent Accumulation and Underdevelopment*. London: Macmillan Press, 1978.

Frank, Andre Gunder. *World Accumulation, 1492 – 1789*. The Macmillan Press, 1978.

Frank, R. Mason. "The American Silk Industry and Tariff," *American Economic Association Quarterly* vol.XI, No.4, 1910, pp.1–182.

Friedman, Thomas L. *The Lexus and the Olive Tree*. New York: Farrar, Straus, Giroux, 1999.

——. *The World Is Flat: A Brief History of the 21st Century*. New York: Farrar, Straus, Giroux, 2005.

Fromer, Julie E. Fromer, Julie E. *A Necessary Luxury: Tea in Victorian England*. Athen: Ohio University Press, 2008.

——. "Deeply indebted to the tea-plant: representations of English national identity in Victorian histories of tea," *Victorian Literature and Culture*, vol.36.2008.

George, Susan. "A Short History of Neo-Liberalism: Twenty Years of Elite Economics and Emerging Opportunities for Structural Change." *The Other Davos*, edited by Francois Houtart and Francois Polet. London and New York: Zed Books, 2001.

Glamann, Kristof. *Dutch-Asiatic Trade, 1620–1740*. Hague: Maritinus Nijhoff, 1981.

Goody, Jack. *Capitalism and Modernity: the Great Debate*. Cambrigde: Polity Press, 2004.

Gordon, R. *Internationalization, Multinationalization, Globalization: Contradictory World Economies and New Spatial Divisions of Labor*. Santa Cruz: University of California Center for the Study of Global Transformations, 1994.

Gunn, Geoffrey C. *First globalization: the Eurasian exchange, 1500 –1800*. Rowman & Littlefield Press, 2003.

Hamilton, Earl. "American Treasure and the Rise of Capitalism, 1500 – 1700," *Economica*, 27, vol.IX (Novermber), 1929.

Hardt, Michael and Antonio, Negri. *Empire*. Harvard University Press, 2000.

Ha-Joon-Chang. *Kicking Away the Ladder: Development Strategy in the Historical Perspective*. London: Anthem Press, 2003.

Held, David. "Globalisation: the Dangers and the Answers," http://www.opendemocracy.net/globalization-vision _ reflections/article _ 1918.jsp, 2007/10/29.

Hertz, Gerald B. "The English Silk Industry in the 18th century," *The English Historical Review*, vol.24, no.96.1909, pp.710–727.

Hirst, P. and G. Thompson. *Globalization in Question: The International Economy and the Possibilities of Governance*. Cambridge: Polity Press, 1996.

Hopkins, A.G. *Globalization in World History*. University of Texas Austin, 2002. http://www.opendemocracy.net/debates/article.jsp? id = 6&debateId = 27&articleId, 2004.

Jacobs, Els M. *Merchant in Asia. The Trade of the Dutch East India Company during the 18th century*. Leiden: CNWS Publications, 2006.

Jean, Mudge. *Chinese Export Porcelain for the American Trade, 1785–1835*. Newark: University of Delaware, 1981.

Jones, E.L. *The European Miracle*. Cambridge University Press 1981.

Jorg, C.J.A. *Porcelain and Dutch China Trade*. Hague: Martinus Nijhoff, 1982.

Keynes, John M. *The Economic Consequences of the Peace*. London: Mac Millan, 1919.

Lee, Thomas H., ed. *China and Europe, Images and Influences in Sixteenth to Eighteenth Centuries*. Hong Kong: the Chinese University of Hong

Kong Press, 1991.

Li Bozhong. *Agricultural Development in Jiangnan, 1620－1852*. Macmillan Press LTD, 1998.

Li M.Lillian. *China Silk Trade: Traditional Industry in the Modern World, 1842－1937*. Harvard University Press, 1981.

Marks, B. Robert. *Tigers, Rice, Silk, and Silt*. Cambridge University Press, 1998.

McMichael, P. *Development and Social Change: A Global Perspective*. Pine Forges Press, 2000.

Mittelman, James H. *Globalization: Critical Reflections*.Lynne Rienner Publishers, 1996.

Mittelman, James H. *The Globalization Syndrome: Transformation and Resistance*. Princeton: Princeton University Press, 2000.

Mokyr, Joel. *The Enlightened Economy: An Economic History of Britain 1700－1850*. New Haven: Yale University Press, 2010.

Mola, Luca. *The Silk Industry of Renaissance Venice*. John Hopskin University Press, 2000.

Newitt Malyn, *A History of Portuguese Overseas Expansion, 1400 －1668*. London: Routledge, 2005.

Newitt, Malyn. *A History of Portuguese Overseas Expansion, 1400 －1668*. London: Routledge, 2005.

Pak, Hyobom, ed. *China and the West: Myths and Realities in History*. Leiden: E.J.Brill, 1974.

Pohl, Hans, ed. *The European Discovery of the World and Its Economic Effects on Pre-Industrial Societh, 1500 － 1800*. Stuttgart: Franz Steiner Verlag, 1990.

Pomeranz Kenneth. *The Great Divergence*. Princeton: Princeton University Press, 2000.

Raudzens, George. *Empires: Europe and globalization, 1492－1788*. Sutton Publishing, 1999.

Reid, Anthony. "The System of Trade and Shipping in Maritime South and Southeast Asia, and the Effects of the Development of the Cape Route to Europe," Hans Pohl, ed. *The European Discovery of the World and Its Economic Effects on Pre-Industrial Societh, 1500 －1800*, Stuttgart: Franz Steiner Verlag, 1990, pp.73－96.

Robertson, Robbie. *Three Waves of Globalization: A History of A Developing Global Consciousness*.London and New York: Zed Books, 2003.

Rodrik, Dani. "Sense and Nonsense in the Globalization Debate," *Foreign*

Policy .no.107 (1997), pp.19 −37.

———. *The Debate over Globalization: How to Move Forward by Looking Backward* .http: //ksghome.harvard.edu/˜drodrik/debate2.pdf, 1998.

Rupert, Mark. *Ideologies of Globalization: Contending Versions of A New World Order* .London: Routledge, 2000.

Sakakibara, Eisuke. *New Globalization and A Need for Strategic Alliance.* www.map.gsec.keio.ac.jp/files/chile_mar01.pdf, 2001.

Schiffer, Herbert and Peter Berwind Schiffer. *Chinese Export Porcelain, Standard Patterns and Forms , 1780−1880* .Pennsylvania: Schiffer Pubishing Ltd, 1997.

Scholte, Jan Aart. *Globalization: A Critical Introduction* .Palgrave Mac Millan, 2000.

Schumpeter, Elizabeth. *English Overseas Trade Statistics, 1697 −1808* .Oxford: Oxford University Press, 1960.

Shih Min-Hsiung, translated by E-tu Zen Sun. *The Silk Industry in Ch'ing China.* University of Michigan, 1976.

Shillington, Violet, and Wallis Chapman. *The Commercial Relations of England and Portugal* .New York: Burt Franklin, 1970.

Sideri, Sandro. *Trade and Power: Informal Colonialism in Anglo −Portuguese Relations.* Rotterdam: Rotterdam University Press, 1970.

Souza, G. B. *The Survival of Empire.* Cambridge: Cambridge University Press, 1986.

Stiglitz, Joseph E. *Globalization and Its Discontents.* London: Penguin, 2002.

———. *Making Globalization Work.* London: W.W.Norton, 2007.

Volker, T. *Porcelain and the Dutch East India Company.* Leiden: E.J.Brill, 1954.

Von Glahn, Richard. *Fountain of Fortune, Money and Monetary Policy in China, 1000−1700* .University of California Press, 1996.

Wagner, Christopher. "Trousers: Historical Development," http: //histclo.hispeed.com/style/pants/trouser/trouserh.html, 2007/10/2.

Wallerstein, Immanuel. "Globalization or The Age of Transition? A Long-Term View of the Trajectory of the World-System ," http: //fbc.binghamton.edu/iwtrajws.htm, 1999, 2007/9/26.

Wallerstein, Immanuel. "World System versus World-Systems: A Critique," Frank and Gills, eds. *The World System: Five Hundred Years or Five Thousand?* London: Routledge, 1993, pp.292−296

———. "Globalization or The Age of Transition? A Long-Term View of the

Trajectory of the World-System," http: //fbc. binghamton. edu/iwtra-jws.htm, 1999.

——. "Ecology and Capitalist Costs of production: No Exit", Conference Paper, PEWS XXI Conference, http: //fbc. binghamton. edu/iwecol. htm, 2007/9/26.

——. "A Left Politics for An Age of Transition." Monthly Review, vol. 53, no.8, 2002.

Warner, Frank Sir B. *The Silk Industry of the United Kingdom: Its Origin and Development.* London: Drane's, 1862.

Whitehouse, David. "Chinese Porcelain in Medieval Europe," *Medieval Archaeology*, vol.16, pp.67−78.

Wittfogel, Karl. *Oriental Despotism: A Comparative Study of Total Power.* New Haven: Yale University Press, 1957.

Wolf, Martin. *Why Globalization Works.* Yale University Press, 2004.

Zanier, Claudio. "Worldwide Web of Silk Production, 1300 − 2000," http: //eh.net/XIIICongress/cd/papers/64Zanier440.pdf, 2010/2/18.

——. *Capitlaism in the Age of Globalization: The Management of Contemporary Society.* London: Zed books, 1997.

——. *Capitlaism in the Age of Globalization: the Management of Contemporary Society.* London: Zed books, 1997.

——. *Dependent Accumulation and Underdevelopment.* The Mac Millan Press, 1978.

——. *Globalization: Critical Reflections.* Boulder/London: Lynne Rienner Publishers, 1996.

——. *Imperialism and Unequal Development.* New York: Monthly Review Press, 1977.

——. *Making Globalization Work.* London: W.W.Norton, 2007.

——. *ReORIENT: Global Economy in the Asian Age.* Berkeley: University of California Press, 1998.

——. *The Debate over Globalization: How to Move Forward by Looking Backward.* http: //ksghome.harvard.edu/~drodrik/debate2.pdf, 1998.

——. *The Globalization Syndrome: Transformation and Resistance.* Princeton University Press, 2000.

——. *The World Is Flat: A Brief History of the 21st Century.* New York: Farrar, Straus, Giroux, 2005.

——. Translated by Brian Pearce. *Accumulation on A World Scale: A Critique of the Theory of Underdevelopment.* London: Monthly Review Press, 1974 [1970].

——. "A Left Politics for An Age of Transition," Monthly Review, vol. 53, no.8, 2002.

——. "Capitalism's Global Strategy," Houtrart, Francois and Francois Polet, eds. The Other Davos. London and New York: Zed Books, 2001b, pp.17 −24.

——. "Deeply indebted to the tea-plant: representations of English national identity in Victorian histories of tea," Victorian Literature and Culture, vol.36.2008.

——. "Ecology and Capitalist Costs of production: No Exit," Conference Paper, PEWS XXI Conference, http://fbc.binghamton.edu/iwecol.htm, 2007/9/26.

——. "Globalization or The Age of Transition? A Long-Term View of the Trajectory of the World-System," http://fbc.binghamton.edu/iwtrajws.htm, 1999.

——. "Political Risk and the International Bond Market Between the 1848 Revolution and the Outbreak of the First World War," Economic History Review 59, no.1 (2006), pp.70 −112.

——. "The Empire Effect: The Determinants of Country Risk in the First Age of Globalization, 1880 −1913," Journal of Economic History 66, no.2 (2006), pp.283−312.

"Dresses in the French Revolution and Empire Periods," http://www.rijnlands-rls.nl/aktiviteriten/txt/comenius/fashionfrench.pdf, 2007/10/2.

"Industries Silk-weaving," British History Online, http://www.british-history.ac.uk/report.aspx? compid =22161, 2010/3/4

"Sevres Porcelain − The Company History," http://www.antique-marks.com/sevres-porcelain.html, 2010−6−25.

索　引